Thomas Hauschild

Weihnachtsmann

Die wahre Geschichte

S. Fischer

MIX
Papier aus verantwortungsvollen Quellen
FSC® C083411
FSC
www.fsc.org

Karten: Peter Palm, Berlin
Satz: Dörlemann Satz, Lemförde
Druck und Bindung: CPI – Clausen & Bosse, Leck
Printed in Germany
ISBN 978-3-10-030063-8

Für Carmen
und Simon, Melanie, Zora, Henry, Lea, Lucia,
Benjamin, Matilda, Milene, Jakob, Anton, Konrad
aus Deutschland

und Meyling aus Nicaragua, Jerry aus Haiti,
Kai aus Sierra Leone, Samia aus Marokko, Michel aus Kongo,
Endrit aus Kosovo, Alikhan aus Tschetschenien, Mahdi aus Iran,
Nikita aus Indien, Dam aus Laos, Do aus Vietnam
Phoas aus Kambodscha, Zarahni aus Indonesien
und Yan Chao aus China.

(http://kids.handicap-international.de/,
www.sos.kinderdorfinternational.org)

Inhalt

Einleitung

Im Asyl

Ich werde Euch die Geschichte vom Weihnachtsmann erzählen. Schon knackt das Eis unter meinen Stiefeln. Es ist spät geworden, bald wird es dunkel sein. Ich trabe los, im dicken roten Mantel, ein künstlicher Bart kitzelt mein Gesicht. Die rote Zipfelmütze ist mein Signal, von weither schon starren die Leute mich an. Doch wenn ich näher komme, verliert sich ihr Blick in meinem Bart, um schließlich an den Stiefeln hängen zu bleiben. Ich bin ein Mensch, der sonst eher schlendert oder schleicht, aber jetzt setze ich Fuß auf Fuß, Hacke auf Hacke, stapfe durch das Gerinnsel aus Eis und Matsch, aus Asche und Kies. Ständig habe ich das Gefühl, bergauf zu gehen, das liegt wohl an Mantel und Sack, die an meinem Rücken ziehen. Ich schwinge meinen Zigeunerbesen, dick und schwer, das bringt das vordere Ende meiner Maskerade wieder in Schwung. Ich bin zu einer Figur geworden: Weihnachtsmann, Santa Claus. Als ich einen Jugendlichen mit Hiphop-Kutte und Banditenhosen überhole, zieht er instinktiv den Kopf ein, schielt unter der Kutte hervor auf meine Stiefel und auf den Besen. Ohne dass ich darüber nachgedacht hätte, dringt ein dumpfes Lachen aus meiner Kehle. „Ho-Ho-Ho“. Hinter mir bleibt es still.

Weiter geht's, in der Vorstadt sind die Straßen menschenleer. Vernachlässigte Mietshäuser der 1920er Jahre wechseln sich ab mit hübsch ökologisch erneuerten schwäbischen Einfamilienhäusern an beengten Kleingärten voll winterlichem Mulm und abgetragenem Gehölz. Ich kenne mich nicht mehr, im Schwung der Maskerade nehme ich die Kurve zu der halb verlassen liegenden alten Sägerei. Meine behandschuhte Faust kommt mir vor wie ein Stück von einem anderen Menschen. Mit hohlem Schlag lässt diese Hand die verquollene Holztür eines Gebäudes zittern, das vielleicht einmal dazu gedient hat, den Weg frisch geschlagener Schwarzwälder Tannenstämme in die halbstaatliche Holzindustrie des Deutschen Reichs zu bahnen. Schweigen im eisigen Wind, von irgendwoher kreischt eine einsame Säge. Dann öffnet sich die Tür einen Spalt. „Pssst, die Kinder sind schon hinten." Auch Frau Hohlers Blick zielt nach unten: „Ha, Ha, wo haben Sie nur diese Stiefel her … und der Besen, richtig echt, ist ja toll!" Hastig füllen wir weitere Geschenke in den Sack aus Rupfen. Es hatte Tage gedauert, bis ich den ergattern konnte, in einem alten Haushaltsgeschäft. Frau Hohler drückt mir einen Zettel in die Hand, der in Großschrift Namen und Eigenschaften der Kinder auflistet. „Woran erkenne ich, wer was bekommt?" – „Das ist egal, die können ja tauschen!" Sie zieht mich den dunklen Gang entlang zu einer Tür, aus deren Ritzen helles Licht dringt und verhaltenes Gemurmel. Jetzt bin ich ganz und gar Klaus. Tief sauge ich die vom künstlichen Bart gefilterte Luft ein, auf der Zunge habe ich weiße Fasern aus chinesischem Plastik. Mit einem Ruck öffnet Frau Hohler die Tür – vor mir ein hell erleuchteter Raum mit Tannenbaum im vollen Schmuck und zwanzig aufgeregte Kinder. Die Kleinen starren freudig-verkrampft auf meine Gesichtsmaske. Die Größeren mustern meine Stiefel.

Es läuft wie am Schnürchen, „Ho-Ho-Hooo!" rufe ich. Die Kinder nicken verständig, das haben sie erwartet, wie ein gebildetes Konzertpublikum bei der Vorführung eines gelungenen Streichquartetts den Auftakt erwartet. Als Konsumenten amerikanischer Videos wissen sie, was „Ho" bedeutet (was denn eigentlich?), nur bei den deutschen Weihnachtsliedern schnallt die Mehrheit schon wieder ab. Dann singen sie aber doch, „Oh Tannenbaum …", mal in schwachem, mal in trittfesterem Deutsch, offensichtlich haben sie das vorher geübt. Sie singen mit hohen, dünnen, dunklen und tiefen Stimmen, doch nicht alle singen mit. Dann Stille. Betreten schauen wir uns an, schnell drückt Frau Hohler mir die Liste in die Hand und das erste Geschenk. „Fitim, du hast dich gut in das Heimleben eingefügt, aber manchmal bist du noch zu wild, das kann besser werden! Und hier ist dein Geschenk!" Ein Gesicht leuchtet mir über den störenden Bartflausen zu, hell wie ein Scheinwerfer. Noch nie habe ich ein so hell strahlendes

Gesichtchen gesehen. Weiter geht es, neue Leuchtegesichter drängen in meinen von der Maske beengten Gesichtskreis: „Roza und Luftar, ihr dürft nicht immer streiten – sonst seid ihr doch so liebe Kinder. Bald kommt euer Papa aus dem Kosovo, was soll der nur dazu sagen … und hier sind Geschenke für euch, vom Weihnachtsmann persönlich!“ Roza reißt die Verpackung von Luftars Geschenk auf, Luftar zerrt an Roza, und schon wollen sie wieder streiten. Nach den Leuchtegesichtern mache ich nun eine zweite Entdeckung: Wenn ich die Hand an meinen alten Zigeunerbesen lege, ist sofort Ruhe. „Ruhe!“, ruft auch Frau Hohler in die Stille. Dann geht es weiter mit Lauresha, Serkan, Yasemin und Alban. Mir gegenüber, gerade noch sichtbar am Rand des beengten Gesichtskreises der Maske, steht ein größerer Junge. Schritt für Schritt rückt er näher. Als der Streit zwischen Roza und Luftar wieder aufkeimt und ich abgelenkt bin, macht er Ernst: „Du bist doch gar nicht der Weihnachtsmann.“ Alle Kinder schauen auf meine Füße, dann auf Ramiz. „Doooch!“, heult Adelina, aber Ramiz tritt den letzten Schritt vor und greift in den Sack, den Frau Hohler in den Händen hält. Meine Reaktion ist nicht überlegt, plötzlich zeigt der struppige Besen nicht mehr nach unten, sondern nach oben. Und ebenso plötzlich hat Ramiz sich in die hinterste Ecke des Raums verkrümelt. Er kommt erst wieder hervor, als ich ihn aufrufe, brav holt er sich seine Gabe bei Frau Hohler ab. Im Vorbeigehen schaut er auf den Besen und versucht einen Blickkontakt mit meinen hinter der Maske gleißenden Augen. Ich brauche nur mit dem Besen zu rucken, da haut er wieder ab, und hinter ihm her, wie ich jetzt erst bemerke, zwei kleine Kerlchen, die sich unterhalb des Gesichtskreises meiner Maske an den Manteltaschen zu schaffen gemacht hatten. „Ruhe!“, ruft Frau Hohler. Dann werden noch einige Geschenke nachverhandelt, und ich verspreche Luftar, von Frau Hohler beflüstert, dass er morgen einen Ball bekommt. Wieder rücken die Kinder näher und starren neugierig auf meine Schuhe, meine Hände. Ich straffe meine Körperhaltung. Da leuchten die Gesichter auf, sie schauen hoch zu meinen Augen, und wir singen.

Jahre später werde ich eine Art Gebrauchsanweisung lesen, die der amerikanische Santa-Claus-Darsteller Bob Litak für solche Gelegenheiten verfasst hat: „Es wird ihnen vielleicht schon aufgefallen sein, dass Kinder oft den Blick senken, wenn sie Santa begegnen. Wir

Abb. 1: Der Autor in einer schwierigen Situation seiner Kindheit, Heidelberg 1958.

Erwachsenen … gehen immer davon aus, dass dies ein Ausdruck von Scheu ist. Wie falsch …, sie schauen nur nach seinen Stiefeln, sie benutzen die Stiefel als eine Art Barometer, an dem sie die Identität des Santa-Darstellers messen wollen." Ja, das ist mir aufgefallen. Ramiz kommt schon wieder auf mich zu, diesmal macht er ein entschlossenes Gesicht. Ich trapse mit dem Stiefel, er zögert – und schaut auf den Boden, auf meine Stiefel. Frau Hohler, resolut und erfahren, wie es die Leiterin einer Familienunterkunft für Flüchtlinge und Asylsuchende in Schwaben nur sein kann, zieht mich auf den Gang. Hinter der Tür rumoren die Kinder, aber keines traut sich, uns zu folgen. „Das war knapp", schnauft sie, „ich muss gleich wieder 'rein, also vielen, aber vielen, vielen Dank – wir sehen uns ja nächste Woche wieder beim „Runden Tisch Asyl." Und dann, leiser: „Ich hätte nie gedacht, dass ein Professor das so hinbekommt! Eigentlich habe ich Sie nur gefragt, weil Sie so groß geraten sind, und mir fiel niemand anders ein." Die magere, von Sorgen gezeichnete schwäbische Protestantin hebt den Blick und strahlt mich an, schiebt mich dabei aber schon wieder auf die Straße, und im Nu bin ich allein mit Dunkelheit und Schneematsch. Ich bin erleichtert und mache mich auf den Weg nach Hause, mein Outfit ist mir in diesem Moment egal. Was für ein Glück, dass ich die alten Bundeswehrstiefel dabeihatte. Sie stammen vom Flohmarkt, früher habe ich sie zur Gartenarbeit benutzt, und der Zigeunerbesen stammt von einem Korbflechter im Hunsrück. So etwas haben nicht mehr alle Leute im Keller stehen. Als Pubertierender erlebte ich die Straßenunruhen der späten 1960er Jahre – eine gewisse Leidenschaft für ländliches derbes Schuhzeug und grobe Instrumente blieb zurück, ein Faible für Wanderstöcke, Knüppel, Hexenbesen und Schlimmeres aus dem Arsenal der Gärtner und der alten Krieger. Erst Wochen später habe ich begriffen, dass diese Kinder zum großen Teil aus muslimischen Familien stammten. Die Grundlage unserer Verständigung war aber nicht die christliche Lehre von der Geburt des Herrn, sie lag in Körperarbeit, Landarbeit, Gewalterfahrungen und familiären Tabuisierungen – und in dem Wunsch, auch mal etwas Schönes geschenkt zu bekommen, einfach so. Und das war ja passiert, die Kinder hatten mich reich beschenkt.

Weihnachtsmann ist Kult

Es ist Hochsommer. Ich hole Britta von einem Fortbildungsseminar ab, das an einem brandenburgischen See stattgefunden hat. Wir machen eine Wanderung nach Himmelpfort. Es soll dort religiöse Geheimnisse geben! Wir erwandern uns ein großes, an der Schleuse zwischen Haussee und Stolpsee gelegenes Gelände. Schon von weitem erkennt man dort die Ruinen der verfallenen Klostergebäude. Coeli porta, Himmelpfort, 1299 vom brandenburgischen Herrschergeschlecht der Askanier zur Kolonisierung der Landschaft gegründet, besaß zehn Mühlen und 39 Seen. Die Techniker und Arbeiter des Zisterzienser-Ordens siedelten immer gerne an Orten, wo sie die Bewässerung der umliegenden Ebenen kontrollieren konnten. Wasser, gut kontrolliertes Wasser, nicht zu viel und nicht zu wenig, war damals eines der kostbarsten Güter und ist es noch heute. Die genialen mönchischen Ackerbauern haben Sankt Nikolaus ganz besonders verehrt, den Heiligen des Wassers, der Seefahrer und der freien Wege. Ihre zentrale Schulungsstätte war 1385–1582 das Kollegium zum Hl. Nikolaus in Wien.

Wir entern Himmelpfort, ermüdet von der Wanderung. Auch das Weihnachtspostamt mit seinen Informationsschildern kann uns nicht vom Weg zur nächsten Quelle von Flüssigkeit und Nahrung abbringen. Wir landen im Gemeinschaftshaus des kleinen, stark auf Tourismus angewiesenen Luftkurortes. Vor lauter Hunger entgeht uns erst, was wir dort alles sehen können, ein Weihnachtszimmer mit Schlitten, maskierten Santa-Puppen und geschmückten Kunsttannen, und eine Tafel, aus der hervorgeht, dass sich die Zahl der Briefe, die im Weihnachtspostamt eingehen, zwischen den Jahren 1985 und 2008 sehr gesteigert hat: von drei auf zweihundertachtzigtausend! 20 Mitarbeiterinnen beschäftigt die Post von Himmelpfort im Winter, um jedem Kind eine vorgestanzte Antwort unter seinem Namen zukommen zu lassen. In der Spätphase der DDR wurden das Weihnachtsfest und der damit verbundene Konsum auch offiziell geduldet. Die Weihnachtsfeiertage abzuschaffen hatte man ohnehin nie gewagt. Himmelpfort war schon seit den 1920er Jahren Luftkurort, und ab den 1950er Jahren gab es dort zahlreiche Schulungsstätten gesellschaftlicher Organisationen der DDR, verbunden mit viel Fremdenverkehr. Manche

Besucher werden sich gefragt haben, warum der Ort diesen seltsamen Namen trägt. Vielleicht hatten einige auch von den Weihnachtspostämtern gehört, die es schon seit Jahrzehnten im Westen gab. Die ersten Briefe kamen aus Sachsen und Berlin. Postfrau Kornelia „Konni“ Matzke brachte es anscheinend nicht über sich, sie als unzustellbar zurückzuschicken. So fing es an, und jedes Jahr kamen mehr Briefe. 1989 wurde die „Weihnachtspost Himmelpfort“ in die Wendezeit hinübergerettet, ein im Jahre 1991 ausgestrahlter Bericht im damaligen DFF-Fernsehen zeigte große Wirkung. Heute gehört Himmelpfort zu den acht großen Weihnachtspostämtern Deutschlands, man findet sie zum Beispiel in Himmelsthür in Niedersachsen, in Himmelstadt in Bayern und im nordrhein-westfälischen Engelskirchen. Die Leiterin des Gemeinschaftshauses von Himmelpfort ist eine sportlich gekleidete Frau um die fünfzig, blass, das Gesicht in strenge Falten gelegt. Als Britta und ich uns bei Kaffee und Broten erholt haben, fällt uns wieder ein, dass wir ja Ethnologen sind. Wir versuchen, die Gastgeberin auszufragen. Doch wir beißen auf Granit. „Stimmt es, dass hier sogar ein Schauspieler angestellt wurde, der im November und Dezember den Weihnachtsmann spielt?“ (Das hatten wir vom Nebentisch gehört) – „Dazu kann ich Ihnen nichts sagen, ich kann Ihnen nur eins sagen, nämlich dass Weihnachtsmann hier bei uns im Hause ist.“ Es könnten ja Kinder mithören, und sie könnten dabei auf die Idee kommen, dass der Weihnachtsmann ein Schauspieler ist. „Wie schaffen es die Frauen, in wenigen Wochen je über 10 000 Briefe zu beantworten?“ Unsere Gesprächspartnerin spielt ihre Rolle in aller Ruhe weiter. „Fragen sie bei der Pressestelle der Post! Die machen das hier!“ Die Post will das Briefeschreiben in das Zeitalter des Internet retten, sie verdient an jedem Postverkehr. Wir fragen: „Ach so, die Post verdient daran?“ – „Ich sage Ihnen, Weihnachtsmann ist hier bei uns im Haus, ab Mitte November, und wenn Sie wollen, können Sie ihn hier erleben.“ Sie sagt „Weihnachtsmann“ und nicht „der Weihnachtsmann“ – in demselben Ton sprechen gläubige katholische und evangelische Christen oft von „Kirche“, anstatt „die Kirche“ zu sagen wie die anderen. Unbeirrt schaut sie uns dabei an mit ihren hellblauen Augen. Auch die vom Heimatverein Himmelpfort erstellte Broschüre „Lieber guter Weihnachtsmann“ hält sich streng an diesen Tonfall: „Zum großen Bedauern von Weihnachtsmann und seinen Helferinnen vergessen doch recht viele Briefschreiber, ihren Absender anzugeben, selbst Kindergärtnerinnen und Muttis passiert so etwas. Man weiß hier um die Enttäuschung derer, die keine Antwort bekommen und man bemüht sich um eine Lösung. Da schlägt die große Stunde von ‚Oberengel Konni', die sich über Telefonauskünfte, Einwohnermeldeämter, Postleitzahlenverzeichnisse ... bemüht, den Wohnsitz der Briefschreiber zu ermitteln, manchmal leider vergeblich ..."

So steht es mit dem Kult um Weihnachtsmann. Weltweit scheinen ihn viele Kinder für eine reale Figur zu halten, sie sind zwischen dem zweiten und dem sechsten, siebten Lebensjahr, manchmal auch noch etwas älter. In Berlin stammen die Eltern dieser Kinder aus deutschen christlichen oder auch unchristlichen Familien, aus Familien der türkisch-islamischen, der arabisch-sozialistischen oder der arabisch-islamischen Tradition und aus hundert und mehr weiteren Religionen, Lebensstilen und Traditionen. Eltern oder Alleinerziehende, KindergärtnerInnen oder HeimerzieherInnen aus dem Deutschland der 2000er Jahre würden lügen, wenn sie behaupten wollten, dass sie es nicht irgendwann mit Weihnachten und dem Weihnachtsmann zu tun bekommen – und sei es nur in der Form banger oder frecher Fragen der Kinder, die nicht aus christlichen Traditionen stammen und wissen wollen, was das soll und ob sie auch etwas abbekommen werden beim großen Geschenkefest der deutschen Ureinwohner. Allerdings habe ich in Berlin noch nie einen erwachsenen Menschen getroffen, der ernsthaft von der Existenz des Weihnachtsmannes überzeugt war. Manchmal ist es gut, sich in einem fernen Spiegel zu sehen, so fern, dass man sich im ersten Moment kaum wiedererkennt. Der Kult von Weihnachtsmann hat vieles von einer Religion: Gläubige (Kinder); zahlreiche weitere Anhänger, die vielleicht früher geglaubt haben, aber nicht unbedingt von allen Glaubenssätzen dieser Religion überzeugt sein müssen. Es gibt heilige Legenden und Glaubenssätze, die man nachsprechen muss, Abzeichen, rituelle Vorschriften, Statuen und Verkleidungen, Zeremonien und ethische Vorschriften. Offiziell sind die im 20. Jahrhundert geformten Kulte um Weihnachtsmann (oder Babbo Natale, Père Noël usw.), um den US-amerikanischen Santa Claus und das in allen Regionen der ehemaligen Union der Sozialistischen Sowjetrepubliken bekannte „Väterchen Frost" jedoch nicht als Religion erkannt oder anerkannt. Die

Anhänger dieser Bräuche würden auch niemals verlangen, dass ihre Kulthandlungen in den Rang einer Religion erhoben werden, dass ihre Gesandten an den Verhandlungen des Ökumenischen Rates der Weltreligionen teilnehmen müssten und Ähnliches. Es handelt sich um eine Religion, die dadurch gekennzeichnet ist, dass man zunächst selbst daran glaubt, dann eines Tages den Glauben verliert, doch das nur, um ein paar Jahre später wieder andere in ihrem Glauben zu bestärken. Viele nichtgläubige Förderer des Glaubens an Weihnachtsmann haben als Kinder nicht einmal selbst geglaubt, wenn sie z.B. aus der Türkei stammen oder aus Ostdeutschland. Wie bei jeder Religion gibt es scheinbar absurde Grundsätze, die von den religiösen Praktikern nicht diskutiert werden. Ein alter Mann, irgendwo am Nordpol beheimatet, soll in einer einzigen Nacht des Jahres allen Kindern der Welt Geschenke bringen? Er soll Millionen von Briefen lesen, die aus Weihnachtspostämtern sämtlicher herkömmlicher Industriestaaten von Bayern bis Alaska an ihn weitergeleitet werden? Selbst wenn flugbegabte Rentiere wirklich seinen Schlitten durch die Lüfte ziehen würden, wie wäre das machbar? Weihnachtsmann erscheint als übernatürliche Macht, die irgendwo zwischen Glauben und Nichtmehrglauben aktiv wird und fliegt und schenkt. Manche sagen, hier würde einfach die materielle Macht der Konsumgesellschaft verzaubert und verschleiert. Aber hinter diesem Brimborium scheint wiederum die Macht der Selbstlosigkeit und der Fürsorge zu stehen, welche Eltern ihren Kindern oder alle Erwachsene allen Kindern der Welt entgegenbringen wollen oder sollten, und gerade nicht kalte Berechnung. Warum verstecken sich Eltern und Erzieher hinter einer idealen Gestalt, hinter dem alten Mann? Jenseits der rein materiellen Interessen einzelner Menschen werden Zukunftshoffnungen sichtbar, Wünsche nach ewiger Fortsetzung des Lebens. Ähnlichen Wünschen und Hoffnungen unserer prähistorischen, antiken, mittelalterlichen und neuzeitlichen Vorfahren verdanken wir, dass wir heute da sein können. Religionen sind Aussagen und Handlungen, die sich auf etwas beziehen, was nicht zur Natur und Kultur der Menschen gehört – Nichtalltägliches, Unreales, Übermächtiges. Doch ihre Überzeugungskraft ziehen sie in paradoxer Weise aus dem Beweis der Wirkung des Übernatürlichen in unseren Hirnen und Körpern, in der materiellen Realität. Jede Aussage über das Natürliche, das Reale, grenzt das Natürliche vom Übernatürlichen ab – und bestätigt dadurch irgendeine Form der Existenz dieses religiösen Anderen, und sei es nur in der Form der Verneinung oder Abgrenzung. Jede noch so kritische Aussage über Religion nimmt Religion in irgendeiner Weise ernst, und sei es als „Phantasie", als falsches Denken, als Ausdruck von Ängsten und Wünschen oder als Kapriole des Gehirns.

Richtige Religion?

Es kann zum Beispiel damit beginnen, dass ein durch und durch unreligiöser Mensch in einem Moment der Verunsicherung oder Not zu beten beginnt, Kerzen stiftet, sich an religiöse Lieder erinnert oder an sehr seltsame Heilmittel, die eher aus Wörtern bestehen als aus Pillen. Religion beginnt beim Geben, Beten, Bitten und Wünschen: Sei unser Gast, iss' mit uns, sing' mit uns, oder lass' uns nur ein bisschen zusammen vor dem Fernsehapparat sitzen – Guten Appetit, Gute Besserung, Frohe Ostern, oder eben: Frohe Weihnachten. Als wenn man die Realität durch das Wünschen beeinflussen könnte. Mehr oder weniger fromme Wünsche zielen auf übernatürliche, nicht einfach nachvollziehbare Wirkungen. Kaum jemand glaubt ernsthaft, dass Wünsche eine direkte und überprüfbare Wirkung haben – aber wir tun „es", wir wünschen. Um gute Laune zu stiften, wünscht man sich gegenseitig das Beste zu Feiertagen, gutes Gelingen. Man wünscht sich das in dem Moment auch für sich selbst, und die Wunschäußerung wird auch meistens schnell vom Nächsten erwidert. Magie wirkt immer am stärksten auf den Magier selbst, der durch seine Zauberkünste Zuversicht gewinnt. „… Frohe Festtage … season's greetings …" Wir wünschen uns Wunscherfüllung, denn Weihnachten werden vor allem Geschenke verteilt, von Weihnachtsmann persönlich, als Garant des Glücks und des immergleichen immergrünen Festivals der Schenkenden. Religionen können immer wieder Konjunktur haben; wenn man denkt, sie seien am Ende, kommen sie am anderen Ende schon wieder ins Spiel. Sie werden immer wieder neu erfunden, neu erwünscht, wenn es so weit ist, dass die Menschen wieder zu Kindern werden.

Das finde ich faszinierend an diesem Fest „Weihnachten", „Christmas" oder, bis zur Unkenntlichkeit des christlichen Gehalts verkürzt: „X-mas". So, wie es heute in den westlichen Gesellschaften und in vielen nichtwestlichen Gegenden der Welt gefeiert wird, hat es sich von den christlichen Kirchen abgelöst, es ist kein Zeichen von Religion im klassischen Sinne des Wortes. Evangelische und katholische Kirchenvertreter polemisieren sogar oft gegen den „Konsumismus", der sich heute mit Weihnachten verbindet. Nachdem die christlichen Kirchen das Fest lange Zeit getragen, kultiviert und genutzt haben, wollen sie es heute manchmal loswerden. Man kann ihre Gründe nachvollziehen, auch wenn man kein Christ ist. Aber wenn wir uns mit Weihnachtsfeiern in den Börsenhochhäusern von Shanghai oder mit dem Kinderglauben in Berliner Tagesstätten beschäftigen, lernen wir vielleicht auch vieles über „richtige Religion". Das Fest lebt aus lokalen und familiären Traditionen heraus, breitet sich aber immer weiter aus, über viele verschiedene Kulturen hinweg. Weihnachten ist offensichtlich ein Kult des Kaufens und Konsumierens, aber die Gaben und Dienstleistungen werden gegeben, ohne dass man deren Wert und die Gegengabe genau kalkuliert. Das hat mit Kommerz wieder gar nichts zu tun. Viele Teilnehmer und Teilnehmerinnen an diesem Fest haben kaum eine Gegengabe zu bieten, es sei denn etwas „Selbstgebasteltes". Es lohnt sich, dieses eigenartige Fest zu erforschen, so, wie die fremdartigen Riten der Eingeborenen von Ethnologen erforscht worden sind. Man lernt dabei die menschliche Gier besser kennen, aber auch Freigiebigkeit, Altruismus, Fanatismus, Materialismus und die Macht der Phantasie. Viele wollen sich gerne bereichern an Weihnachten oder politisch mit diesem Fest glänzen, aber letztlich lebt nur das Fest weiter, in seiner Großzügigkeit und Wärme.

Fromme Lügen gehören dazu

Meistens geht es um die Kinder. Damit sie eine schöne Kindheit haben, werden sie beschenkt. Wann sollen sie ihre Schuld zurückzahlen? Sie müssen es nicht tun, denn der Weihnachtsmann hat es gegeben, nicht die Eltern oder andere Erwachsene. Es ist eine Einladung, nicht mehr und nicht weniger. Sie geben es vielleicht später an ihre Kinder weiter oder an die Kinder von Freunden und Verwandten, wenn sie keine eigenen Kinder haben wollen oder können. Vielleicht wird der „Geist der Gabe", wie es der Ethnologe Marcel Mauss genannt hat, diese Kinder eines Tages zur Gegengabe veranlassen. In manchen Fällen werden sie viel Gelegenheit dazu haben, z. B. wenn ihre Eltern eines Tages alt und schwach sind. Wer will schon gerne als alter und schwacher Mensch von Leuten betreut werden, die das nur noch aus Pflichtgefühl tun oder nur für Geld? Darum es ist besser, alles in der Schwebe zu halten: Das hat Weihnachtsmann gebracht, fühl' dich nicht verpflichtet, das ist nicht von uns, sondern von ihm. Auf der anderen Seite wird die ewige Wiederkehr von Weihnacht und Weihnachtsmann die erwachsen gewordenen Kinder an die Leistungen der Eltern erinnern. Weihnachtsmann ist vielleicht die am häufigsten abgebildete Person der westlichen Welt.

Weihnachtsmann trägt die Verantwortung. Man macht den Kindern keine Schuldgefühle, und gerade dadurch entsteht eine Verpflichtung. Das Problem von Wunscherfüllung und Dankbarkeit wird auf eine andere Ebene verschoben. „Ich glaube doch nicht an den Weihnachtsmann!", sagen wir, wenn wir eine unwirkliche Behauptung zurückweisen. Wer will schon als Kind dastehen, wenn er oder sie doch erwachsen ist. Jedes Jahr zu Weihnachten mischt sich eine Autorität in das Familienleben ein, die keine ist. Darum sind Geschenke verpackt, Preisvergleich und die Zuordnung zu einzelnen Gebern kommen später. Santa nimmt die Wünsche, die Gaben, die Schuld- und Dankgefühle der Menschen auf sich und lässt uns in aller Ruhe weitergrübeln über das Problem von Großzügigkeit und Egoismus.

Frohe Weihnachten, Guten Appetit, Schönes Wochenende, Herzlichen Glückwunsch, Gute Zeit, Viel Spaß ... wir zeigen einander, dass wir uns respektieren und beachten. Wir machen uns Gedanken darüber, wie unsere Mitmenschen ihre Zeit verbringen werden, und wünschen ihnen gutes Gelingen. Der übernatürliche Charakter des Noch-nicht-Realisierten, des Gewünschten, des Zukünftigen verrät die hinter dem Wunsch brodelnde Sorge, all das könne auch nicht in Erfüllung gehen. Die Sorge ist groß, denn bei all diesen Aktivitäten und Festen handelt es sich nur um ein flüchtiges Maskenspiel. Die

Sorge öffnet einen Raum, der mehr umfasst als banale Konventionen, Zufall und Schicksal, Mit-Leiden und Mit-Hoffen. Sigmund Freud, der Begründer der Psychoanalyse, schrieb Folgendes in einem Brief, den er an den Schriftsteller Arthur Schnitzler richtete, als dessen 60. Geburtstag bevorstand:

> „Wenn ich noch einen Rest von Glauben an die ‚Allmacht der Gedanken' bewahrt hätte, würde ich jetzt nicht versäumen, Ihnen die stärksten und herzlichsten Glückwünsche für die zu erwartende Folge von Jahren zuzuschicken. Ich überlasse dies törichte Tun der unübersehbaren Schar von Zeitgenossen, die am 15. Mai Ihrer gedenken werden."

Die guten Wünsche wurden übermittelt, der berühmte Freud hat an den Geburtstag des berühmten Schnitzler gedacht – ohne dass sich der aus einer jüdischen Familie stammende Freigeist Freud zum Glauben an die illusionäre und kindliche „Allmacht der Gedanken" bekennen musste, denn gerade diesen Glauben wollte er doch mit Hilfe der Psychoanalyse zu einem ausgeglicheneren Weltverständnis heranreifen lassen. Mit seinem ungewünschten Wunsch entzog sich Freud der Frage, welcher Weltreligion er angehörte im multikulturellen Wien der 1920er Jahre, hielt aber doch die guten Sitten ein und bekundete Schnitzler seine Sympathie. Man „wünscht" oder man ist „gekränkt", die Sache kann schnell sehr real werden, körperlich, aber ihre Substanz ist ein Scheck auf die Zukunft, eine Wette oder auch ein Gebet, verbunden mit der Sorge über das, was wohl geschehen würde, wenn der andere einem in Wahrheit Böses wünscht. Wenn die Notwendigkeit besteht, einen Wunsch auszusprechen, steht schon das Gegenteil des Gewünschten im Raume, die Katastrophe, das Misslingen, das Übelwollen. Wünsche sind paradox, und jederzeit kann einem das Wort im Munde herumgedreht werden.

Das Wünschen ist die einfachste Form von Religion, die Form, aus der wahrscheinlich alle anderen hervorgegangen sind, Geisterkulte, Polytheismus, Hochreligionen, Fundamentalismen und auch noch die Heilserwartung und Unduldsamkeit, die wissenschaftlichen Lehren anhaften können. Basis all dessen ist die menschliche Fähigkeit, in mehreren Zeitdimensionen zugleich zu denken und zu fühlen, Vergangenheit, Gegenwart und Zukunft. Die ältesten Zeugnisse für Religion sind prähistorische Funde, Grabbeigaben, die den Toten ganz offensichtlich ein Fortleben nach dem Tode wünschen. Sie sind schon bei Neandertalern nachweisbar. Die ältesten schriftlichen Äußerungen, welche Menschen hinterlassen haben, verraten ihre Wünsche: Die chinesische Schrift entstand aus Krakelmustern auf den Panzern von Schildkröten, die man ins Feuer geworfen hatte, um aus diesen Mustern die Zukunft zu lesen. Die mesopotamische Keilschriftkultur entstand aus Notizen über Wünsche. Die Täfelchen der Babylonier und Sumerer erzählen von Krediten, Besitztümern und Zaubersprüchen.

Wer darf mitmachen?

Das Wünschen stellt Verbindungen und Trennungen her unter Menschen. Wer mitwünscht, der oder die gehört dazu, wer nicht mitwünscht, gehört nicht dazu. In Deutschland feiern viele Menschen, die aus türkischen, kurdischen oder anderen zugewanderten Familien stammen, indem sie wünschen, schenken, einen Weihnachtsbaum aufstellen[1] – allein die Kinder werden oft dafür gesorgt haben. Der deutsch-türkische Journalist Cigdem Ikpek schreibt im Jahre 2005 in einem Blog: „Heute haben viele türkische Familien auch einen Weihnachtsbaum im Wohnzimmer und Lichterketten an den Fenstern, nur eben verbinden sie diesen Schmuck mit dem Neujahrsfest (am 31. 12. feiert man in der Türkei „Yýl baþý", den „Kopf des neuen Jahres"). Aber ist das in Ordnung? Was spricht dagegen, sich aus verschiedenen Einflüssen sein eigenes Fest zu kombinieren? Oder fällt das auch schon unter den Begriff der gefährlichen Parallelgesellschaft?"[2] Cigdem Ikpek befürchtet, dass Deutschtürken selbst noch durch die Art und Weise unangenehm auffallen könnten, in der sie Weihnachten feiern. Diese Sorge ist nicht unbegründet, wenn man die Reden mancher deutscher Eingeborener über ihre Mitbürger in Betracht zieht. Weihnachten scheidet die Geister, manche pochen auf die christliche Identität des Festes, manche auf seinen unislamischen Charakter. Das kommt von beiden Seiten her, von Islamisten wie von Antiislamisten, die sich zu Bewahrern des Christentums ernannt haben, oft, ohne selbst wirklich an den christlichen Gott zu glauben. Dabei kommt Weihnachtsmann in der Bibel gar nicht vor, und ich wüsste nicht, dass der Koran verbietet, irgendwann im Winter die Kinder zu beschenken oder eine lustige Maske zu tragen. In einem deutsch-türkischen Blog berichtet die dreiundzwanzigjährige Kindergärtnerin Nadine über türkischstämmige deutsche Hortkinder, die überhaupt nicht Weihnachten feiern. „Ich find das einfach traurig so. die kinder sind noch so klein und kriegen das gleich in den kopf gedonnert. findet ihr das richtig??? Bzw. was sagen die türken unter euch? Ist das richtig? Wie habt/macht ihr das mit euren Kindern?" Ein Muslim antwortet: „Also ich finde es nicht schlimm, dass türkische Familien dieses Fest nicht feiern. Sie haben ja auch keinen Grund dafür. Früher, als ich noch in der Schule war, haben alle meine deutschen/christlichen Freunde von Weihnachten erzählt ... Welche Geschenke sie bekommen haben usw. ... Im Kindergarten und in der Schule wurde uns – nicht Christen – erklärt, was Weihnachten bedeutet ... Ich fands nicht schlimm, fands schön, dass sie so etwas feiern, aber vermisst habe ich dieses Fest zu Hause nicht ... Meiner Meinung nach müssen die muslimischen Kinder keine Weihnachten feiern, auch heute nicht." Das klingt, als würde gewissermaßen Zwang auf die Kinder ausgeübt, Weihnachten zu feiern, während sich Nadine doch nur Sorgen macht, dass es schlecht für die Kinder sein könnte, wenn man es ihnen verbietet. Ein deutscher Internetnutzer schreibt dazu: „Ich kenne genug türken, die Weihnachten son bisschen mitmachen, aber sonst die freien Tage für Familienbesuche nutzen. Ich finde das auch ok so."[3] Das hört sich fast schon wieder so an, als ob dieser Blog-Autor überzeugt davon sei, dass ihm als eingeborenem Deutschen das Fest gewissermaßen gehört. Er erlaubt den Türken das Mitfeiern. Aber bestimmt war das mal wieder nicht so gemeint.

Durch einen Beitrag der Fernsehsendung „Aktuelle Stunde" (Westdeutscher Rundfunk)[4] trat im Jahre 2010 zutage, dass Diskussionen dieser Art manchmal schon praktische Konsequenzen haben. Die Leiterin einer städtischen Kindertagesstätte in Bochum untersagte im Herbst, dass der Martinsumzug der Kita im Jahre 2010 wie gewöhnlich von einem Reiter begleitet wurde, weil dieser ja einen christlichen Heiligen verkörpert. Es gab nur einen Laternenumzug, bei dem die Kinder auch nicht mehr die populären Martinslieder singen durften. Das weihnachtliche Krippenspiel fiel ebenfalls aus, und es wurden keine Weihnachtsdekorationen mehr angebracht. Einige türkischstämmige Eltern bedauerten öffentlich diese Entscheidung, die doch angeblich zur Wahrung ihrer Interessen getroffen worden war. Im Interview mit der „Aktuellen Stunde" erklärte ein junger Vater, Weihnachten und St. Martin seien doch universelle Feste, die man einfach gemeinsam feiern sollte, jenseits aller religiösen Abgrenzungen. Auch die türkischstämmige Integrationsbeauftragte der Stadt, Nurhan Dogruer-Rütten, steht nicht zu der harten Linie religiöser Neutralität, welche die Leiterin der Kita ihrer Einrichtung verschrieben hatte. Die Integrationsbeauftragte regte an, dass man in den Kitas alle großen Kinderfeste der Weltreligionen feiern sollte, Weihnachten ebenso wie z. B. das muslimische Zuckerfest. Die Furcht vor kultureller Verarmung steht für sie über dem Wunsch nach religiöser Neutralität. Wenn die Lokalpolitikerin und die türkischstämmigen Eltern den Beschluss der Kita-Leiterin kritisieren, haben sie erkannt, dass Kinder Märchen und Rituale brauchen, egal, welcher Weltreligion sie zugeordnet werden können. Wie schwach der Zusammenhang zwischen Weihnachtsfest und Weihnachtsmann mit dem Christentum ohnehin ist, werden wir noch sehen.

Ich bin überzeugt, dass die kurze mediale Aufregung über die Bochumer Kita nur das Vorspiel zu weiteren, eines Tages vielleicht noch sehr heftigen Debatten über die Beziehung zwischen Religion, Politik und Bräuchen war, die wir noch erleben werden. Brauchtum funktioniert oft lange Zeit ohne Lenkung durch Politik und Religion, um dann plötzlich spektakulär zum Gegenstand von Streit und Politisierung zu werden. Es ist wie mit dem Wetter: Alle Menschen machen so ihre Erfahrungen mit öffentlichen Bräuchen, alle können mitreden und im Kleinen ständig mitentscheiden, wie es weitergeht mit einem Lied, einer Maskerade, einem Segenswunsch oder einem festlichen Umzug. Gerade in Zeiten finanzieller Knappheit und starker innenpolitischer Spannung werden Debatten über Bräuche und Feste deshalb leicht zum Nebenkriegsschauplatz, auf dem selbsternannte Interessenvertreter ihr Spiel treiben. Wichtig scheint mir darum, dass bei künftigen Debatten über Weihnachtsdekorationen und Weihnachtsfeste in öffentlichen Einrichtungen die „Menschen mit Migrationshintergrund" auch wirklich selbst zu Wort kommen. Auf ihre Empfindlichkeiten, ihre Erfahrungen und ihr Handeln wird oft gerne Bezug genommen, ohne dass breit angelegte Befragungen oder Forschungen stattgefunden hätten. Was Zugezogene, Flüchtlinge und neu eingebürgerte Menschen mit nichtdeutschen kulturellen Erfahrungen über Weihnachten zu sagen haben, ist oft überraschend anders als das, was Islamkritiker oder Anhänger einer peniblen religiösen Neutralität als Meinung „der Migranten“ darstellen. Meiner Erfahrung nach kommt bei diesem freien, sozusagen privaten interkulturellen Dialog immer wieder eines zu Wort: Dieses Fest kann genauso gut ausschließen wie integrieren. Es liegt an uns allen, wie wir damit umgehen. Manch einer, manch eine können oder wollen an der allgemeinen Gemütlichkeit der Festkultur teilnehmen, andere können oder wollen es nicht – viele, auch viele „eingeborene Deutsche“, erfinden und finden immer wieder ganz eigene Wege, Weihnachten zu feiern oder auch nicht zu feiern. Für Eingeborene wie für Neubürger ist dabei nur eines nicht möglich, nämlich das Weihnachtsfest einfach zu ignorieren. Die weihnachtlichen Straßen mit ihren Dekorationen in Deutschland sind unübersehbar und stecken einen mit ihrer Hektik an. Und dann, während der eigentlichen Festtage, wenn die Mehrheit privat feiert, sind die Straßen auf einmal unbelebt. Sie vermitteln denen, die nicht mitfeiern können oder wollen, auch schon mal das Gefühl der Einsamkeit.

Der deutsche Skandal-Rapper Bushido ist Sohn eines tunesischen Vaters – und hat nichts gegen Weihnachten. „Seine Mutter ist dem Islam beigetreten. Trotzdem habe ihm seine Mutter immer eine Kleinigkeit zu Weihnachten geschenkt, sagt Bushido. Auch wenn sie es sonst nicht feierten. Bushido hatte vielleicht nie viel mit Weihnachten zu tun, aber auf der anderen Seite hat er auch nichts gegen Weihnachten.“ Friedlich gelaunt nach der Versöhnung mit seinem alten Feind, dem Rapper Sido, erzählt Bushido sein Weihnachten: „Ich bin Muslim, aber es ist ja glaubensunabhängig, dass du empfänglich bist für dieses Flair, das in der Luft liegt. Das ist gemütlich. Das ist warm. Und deshalb ist es eine Zeit, die dazu animiert, mit der Familie enger zusammenzurücken.“[5] Was würde geschehen, wenn alle Menschen, die in Deutschland leben, offen dafür wären, in derselben Weise das islamische Zuckerfest mitzufeiern?

Auf der anderen Seite stelle ich fest, dass junge türkischstämmige

Bürger den Deutschen einen neuen Weihnachtsbrauch geschenkt haben, nämlich den Besuch von Weihnachtsdiscos am 24. Dezember, nachts, im Anschluss an die Feier mit den Eltern. Die deutsch-türkische DJ Aziza A., die in ihrer Musik konsequent östliche Stile mit westlichem Hiphop mischt, erzählt, wie sie ungeplant den neuen deutschen Jugendbrauch zu Weihnachten erfand: Partys nach der Bescherung und dem Weihnachtsessen mit den Eltern, wie man sie heute überall in Deutschland finden kann. „‚Ob ich jetzt am 24. irgendwo auftrete oder an einem anderen Tag, das spielt keine Rolle', sagt Aziza-A. Es sei ein Tag wie andere. Zu Hause, bei ihren moslemischen Eltern in Steglitz, habe es immer einen Weihnachtsbaum gegeben, weil alle einen hatten. Von sich selber sagt Aziza-A: ‚Ich bin religionslos.' Einen Baum hat sie nicht (‚Die sind kitschig'), will auch keinen haben. Über die Feiertage wurden immer Familie und Freunde eingeladen, oder man ging selbst hin. Das hält sie bis heute auch so. Da sei es kein Problem, im Laufe des Abends wegzugehen, wenn es sein muss, auch zur Arbeit. Einen schönen Abend wolle sie haben am Heiligabend, sagt sie, bloß keinen Stress. Vier türkischsprachige Lieder von ihrem zweiten Oriental-Hiphop-Album wird sie auf der Party des türkischen Sosyete Club im Sage singen. Da sollen doch bitte, bitte auch Deutsche kommen, denn, sagt Aziza-A: ‚Die Leute essen, machen Bescherung – aber hey, wie lange willst du sitzen bleiben?'" Bei der Weihnachtsparty „People Like You For Christ's Sake" kann dann „getanzt oder in der eigens eingerichteten Nussknacker-Lounge an den mutmaßlich letzten Plätzchen des Jahres geknabbert werden."[6]

Ich treffe Melanie Geiffes. Sie arbeitet als Heilpädagogin mit Kindern, die Schwierigkeiten haben, in Berliner Kindertagesstätten mitzukommen. Die Kinder sind in Berlin geboren, stammen aber aus Familien, die von Albanien, der Türkei oder Ägypten nach Deutschland gekommen sind. Mit den türkischen Eltern gibt es Weihnachten keine Probleme, bei den arabischen schon eher, aber bei Melanie feiern sie alle Weihnachten mit, „im Dezember werden nur noch Plätzchen gebacken, wir basteln Schmuck und spielen Weihnachten mit Playmobil-Figuren". Melanie ist aus ihrer katholischen Heimat in Westdeutschland herausgewachsen, aber sie denkt gerne an die Nikolausspiele und St. Martinsumzüge ihrer Kindheit. Melanie versucht, den

Kindern diese Erfahrungen nahezubringen. Im Umgang mit den Kindern ist Respekt das Wichtigste, auf beiden Seiten, sie nimmt die Kinder ernst und überlegt genau, was sie zu ihnen sagt und was nicht. Die Kinder fragen viel, sie wollen mehr wissen über das Fest, mit dem sie in Deutschland aufwachsen. Bei Sankt Nikolaus ist wichtig, dass es ihn wirklich gab, dass er einmal gelebt hat, wie St. Martin auch. „An den Weihnachtsmann glauben sie alle, ich misch' mich da nicht ein." Kinder brauchen Feste, das weiß sie ganz genau. Melanie bedauert sehr, dass viele Erzieher heute gar keine Zeit finden, über die Gestaltung der Gefühlskulissen in ihren Tagesstätten nachzudenken, weil sie überlastet sind. Multikulturelle Pädagogik ist noch Neuland. Ein Erzieher berichtet in einem Blog von seinem Kindergarten, „‚wo die Erzieherinnen mit den christlichen Kindern den muslimischen Familien zum Opferfest gratulierten, was weitere Kreise zog.' Die Erfahrung hat gezeigt, daß in der praktischen Arbeit des Kindergartens mit Kindern und Eltern und auf der ihnen zugänglichen Erlebnisebene mehr Spielraum für gemeinsames Feiern vorhanden ist, als eine dogmatische Gegenüberstellung möglich erscheinen läßt. Bedingung: Es darf nichts von der Substanz der Feste verloren gehen. Vielleicht kann aber auf diese Weise zur Substanz von Festen zurückgefunden werden, die durch folkloristische und kommerzielle Überfremdung verschüttet ist."[7]

An dieser empfindlichen Schnittstelle des kulturellen Wandels bilden sich neue übergreifende Identitäten heraus, aber es kann auch geschehen, dass entscheidende, wichtige Schritte zur Integration nicht gegangen werden. Viele Menschen, die aus anderen Ländern nach Deutschland gekommen sind, um hier zu leben, tragen ein kleines, sehr persönliches Archiv von Erlebnissen der Ablehnung und des Missverstehens mit sich. In den USA hat man schon viel mehr Erfahrung mit multikulturellem Leben als in Deutschland, darum heißt es mittlerweile oft nur noch vorsichtig: „Season's Greetings", „saisonbedingte Grüße". Wer will schon jüdischen oder muslimischen, marxistischen, indianisch-naturreligiösen oder hinduistischen Freunden, Verwandten oder Kollegen mit Segenswünschen für die Christnacht auf die Nerven fallen? Mit „Season's Greetings" ist man immer auf der richtigen Seite. In Deutschland heißt es auch schon immer häufiger bloß noch „Schöne Feiertage" oder „Frohes Fest" statt „Frohe

Weihnachten". Darum finde ich es wichtig, darauf hinzuweisen, dass Weihnachtsmann asiatische Verwandte hat, die zum Teil älter sind als das Christentum.

Streit um Weihnachten

Im Zeichen kleiner Grüße, Geschenke und Geheimnisse werden große Fragen verhandelt: Vertrauen, Glaube, unser Umgang mit Arbeitszeit und Freizeit, kulturelle Identität, Integration anderer Kulturen und die Pflichten der Generationen gegeneinander, die Zukunft des privaten Lebens, die Zukunft all dessen, was wir für intim halten und beschützen wollen, unsere Reserven. Auf der anderen Seite geht es um große Geschäfte. Im August 2009 warb in den USA eine Kette von Spielwarendiscountern mit einem computeranimierten Bild, das Santa Claus mit nacktem Oberkörper und Sonnenbrille am Strand zeigt. Die Vorweihnachtszeit 2010 soll schon im Juli begonnen haben, mit großen Preisnachlässen, „Santa Claus kämpft gegen die Rezession" titelte das deutsche Nachrichtenmagazin Focus.[8] Mit Hilfe des bärtigen fröhlichen Alten soll der Vertrauensschwund wettgemacht werden, Folge der katastrophalen Krise des Finanzmarktes im Herbst 2008. Wer den Weihnachtsmann kennt und schätzt, wer wann mit wem Weihnachten feiert, Geschenke tauscht und damit einen Beitrag zur langen Geschichte des Weihnachtsfestes und seiner tragenden Gestalten leistet – das scheint alles wichtig zu sein, überlebenswichtig, zumindest für die westlichen Gesellschaften und ihre Ökonomien.

Es gibt also auch gute Gründe, im Familienalltag und in Schulen und Kindergärten, aber auch in Internet-Blogs, Zeitungen, Fernsehsendungen um die „richtige" Herleitung der Figur des Gabenbringers zu streiten und um das „richtige" Ritual des Schenkens. Islamisches Zuckerfest und die Konsumorgie Weihnachten, Christkind, Weihnachtsmann, Nikolaus und Knecht Ruprecht werden gegeneinander aufgestellt. Aus dem übrigen Europa kommen die italienische Weihnachtshexe Befana dazu, die 23 isländischen Weihnachtsmänner,[9] „Väterchen Frost" und Tausende von lokalen Bräuchen. Es gibt Streit um deutsche Kinder, die nicht an christlichen Bräuchen teilnehmen wollen, sollen, dürfen. Unter eingeborenen Deutschen geht es um die richtigen Rezepte für das weihnachtliche Festessen, Gans oder Karpfen, bloß Würstchen mit Kartoffelsalat oder doch schon eine richtige fette Gans, wie sie von vielen erst am 25. Dezember verzehrt wird? Panettone oder Plumpudding? Und nach welchem Rezept soll die Gans gekocht werden? Und sollen wir etwas mitbringen, oder will Mutter wieder alles alleine machen? Und die Füllung, wie soll sie sein, holsteinisch mit Äpfeln und Grieben oder eine Fleischfüllung unbekannter Herkunft, an der Vater aber sehr hängt, oder polnisch mit Kartoffeln? Isst man am 24. Dezember nicht eigentlich Fastenspeisen, und darf man sie mit viel Fett kochen oder nicht? Es gibt unzählige Rezepte. Viele wollen die Speisen, die Dekorationen, die Zeitabläufe so haben, wie sie es als Kind kennengelernt haben. Aber ganz genau so wie damals wird es nie mehr sein. Empfindlich und kindlich mobilisieren wir Erinnerungen an unser „Früher", weil wir irgendwo zu Hause sein wollen.

In einem anderen „Früher", als es noch eine nennenswerte jüdische Minderheit gab in Europa, bis zum Zweiten Weltkrieg, kam es zu großen Kompromissen zwischen dem jüdischen winterlichen Lichterfest Chanukka und dem christlichen Weihnachten – in Berlin wurde häufig „Weihnukka" gefeiert.[10] Zugleich zog sich damals durch ganz Europa ein Graben des Brauchtums, der die Völker des Weihnachtsbaumes von den Völkern der Weihnachtskrippe trennte. Diese Grenze überlappte sich grob mit der Grenze zwischen Protestanten und Katholiken – der neapolitanische Philosoph Luciano de Crescenzo spricht darüber in seinen Lebenserinnerungen, wo es auch um seinen rechthaberischen Onkel Alfonso geht, der einen Doktor in „Krippenkunde" gemacht hatte.[11] All der Streit um richtig und falsch wurde durch den Zweiten Weltkrieg beendet und erst recht wieder aufgewühlt, als Millionen von Familien vernichtet, umgesiedelt, deportiert, wiederangesiedelt, zusammengeführt oder neu gegründet worden sind. Während der Zeit des Wirtschaftswunders der 1950er Jahre kam es allein im Gebiet des ehemaligen Deutschen Reiches zu unzähligen Kompromissen zwischen schlesischen und bayrischen, schleswig-holsteinischen und ungarischen Elternteilen, zwischen italienischen Vätern und polnischstämmigen Müttern im Ruhrgebiet, zwischen Vertriebenen und Deportierten, Amerikanern und Franzosen, zwischen muslimischen und aus allen Windrichtungen zusammengewürfelten katholischen und evangelischen Familien, zwischen areligiösen Weihnachtsfreunden und nordafrikanischen Sozialisten, zwischen bekennenden Atheisten und christlich-fundamentalistischen Feinden des Weihnachtskonsums. Wieder einmal wurden die Familien zu Schmelztiegeln der Kulturen. Wer heute in Deutschland meint, die Integration „der Türken" sei ein Problem, sollte dabei einmal bedenken, wie groß die Integrationsleistungen waren, welche Ost- und Westdeutschland nach dem Krieg vollbracht haben. Wer so redet, weiß auch nicht, wie viele türkisch-deutsche Familien heutzutage Weihnachten feiern, jede auf ihre Art. Und an das typische deutsche Weihnachtserlebnis vieler Ausländer denken eingeborene Deutsche erst gar nicht gern: Es ist die Langeweile. Alle freuen sich und feiern oder tun wenigstens so als ob, aber das passiert vornehmlich im Kreis der Familien und engsten Freunde. Schon für christliche Süd- und Nordeuropäer, die Weihnachten auch gerne öffentlich feiern, ist das oft irritierend.

Heute wird dieses komplizierte Patchwork der Kulturen durch eine Fülle von medialen Erzeugnissen aus den USA überformt, die Vielfalt der winterlichen Gabenbringer verschmilzt immer mehr zu einer Figur, die das Winterlich-Raue und das Heimisch-Weiche, das Gütige und das Strafende, das Laute und das Leise, das Fliegen und das mühsame Wuchten eines dicken alten Körpers den Kamin hinab mit großer Eleganz vereint: Santa Claus oder: Weihnachtsmann. Was hindert uns eigentlich daran, in diesem Prozess auch Gestalten aus nichtchristlichen Gesellschaften aufzunehmen, zumal diese teilweise älter sind als die Kulte von Sankt Nikolaus und Jesus Christus?

Streiten ist sinnlos, Weihnachtsmann kommt sowieso aus China – oder so.

Es ist an der Zeit, den kleinlichen Streit um diese Figur und ihr Fest zu beenden. Doch dazu muss man noch einmal in die Geschichte der Kulte um Santa Claus und den Weihnachtsmann einsteigen – diesmal nicht mit der Frage, was der einen oder anderen Gruppe von Menschen gehört, wo die besondere Identität liegt, wie es richtig geht –, sondern mit der Frage, ob diese Kulte nicht ein Teil der Geschichte der gesamten Menschheit sein könnten oder werden könnten – oder wieder dazu werden könnten! Bisher hat man nur selten die Frage gestellt, ob das Weihnachtsfest oder Weihnachtsmann auch von nichtchristlichen Traditionen getragen werden kann. Ab und an kam diese Frage im Zusammenhang mit europäischen vorchristlichen Kulten auf: Weihnachtsmann als germanischer Gott Wotan, weil der durch die Lüfte saust mit seinem Gefolge, den Walküren; Sankt Nikolaus als Nachfahre des antiken Wasser- und Wettergottes Poseidon, weil der einen Bart hat, eine hohe Stirn und weil er mit stürmischem Wetter verbunden ist; Santa Claus als Urschamane, weil die Schamanen von ihren Seelenreisen Gaben aus der Anderwelt mitbringen; alle drei, Weihnachtsmann, Santa Claus und Nikolaus als „indoarischer Gott Zervan", weil das ein weißhäutiger, weißbärtiger Gott der Fruchtbarkeit war, den Vertreter einer „arischen Rasse" aus dem Himalaya in den alten Iran und nach Europa mitgeführt haben sollen. Diese Ursprungstheorien sind heute entwertet, weil sie teilweise mit den Versuchen der Nazis zusammengingen, weißen Mitteleuropäern eine angeborene kulturelle Überlegenheit anzudichten, und weil die Übergänge von der einen zur anderen historischen Figur oft nicht glaubhaft bewiesen werden können. Ich werde in diesem Buch nicht versuchen, irgendwelche gewagten historischen Verbindungen zu konstruieren, auch wenn die Versuchung dazu oft groß ist angesichts der verblüffenden Ähnlichkeiten zwischen Methoden des Schenkens und dem Aussehen der Gabenbringer in Eurasien. Die wahre „Geschichte" des Weihnachtsmannes liegt nicht in spekulativer Suche nach weit hergeholten Verbindungen, sondern im Vergleich weltweit verbreiteter Rituale der Gegenseitigkeit, der Einweihung und der Gabe.

Im Zentrum meiner Überlegungen steht dabei ein Gott, den viele Asiaten als „den alten Gott" bezeichnen oder auch als den Gott der alten Religion und den Gott der Langlebigkeit. Er wird von ihnen tatsächlich als alter weißhaariger Mann dargestellt und vorgestellt, der Santa Claus und Weihnachtsmann nicht unähnlich sieht. Er könnte sein Verwandter sein. Im Ernstfall entwickelt dieser Alte eine enorme Vitalität, als wenn sein weißbärtiger bulliger Schädel auf einem jugendlichen Körper sitzen würde, der hinter mönchischen Kleidern oder imperialen Roben oder Hirtenkleidung und manchmal auch schweren Stiefeln verborgen ist. Manchmal hat er eine riesige Beule auf der Stirn, dort, wo bei St. Nikolaus die hohe Bischofsmütze ansetzt und beim Weihnachtsmann die rote Zipfelmütze. Manchmal wächst sein Kopf hoch wie ein Flaschenkürbis. Er trägt einen langen Stab mit einem gewundenen Drachenkopf. Damit kann er Quellen auffinden und fließen lassen, und Wasser ist in der Mongolei und in China so lebenswichtig wie überall auf der Welt. Mal gibt es zu viel Wasser, dann leiden die Viehherden an Krankheiten und die Felder saufen ab, mal gibt es zu wenig, dann verdursten erst die Pflanzen, dann die Tiere und dann die Menschen. Der Weiße Alte ist ein Gott der Berge, des Schnees und des Wassers, denn aus den Bergen kommt das Wasser, das die Menschen brauchen für ihre Gärten und Herden. Das Wasser muss frei fließen, von der Milchstraße in die schneebedeckten Berge, wie eine himmlische Milch. Unten kommt mal zu viel, mal zu wenig Wasser an. Es ist nicht immer so günstig verteilt wie in den gemäßigten Breiten Europas. Damit das Wasser gerade richtig kommt, gibt es den Weißen Alten. Mit seinem kahlen weißbekränzten Schädel und mit seiner bulligen Figur ist er wie ein Bild der Schneekränze auf Gipfelgraten geformt. Es ist der mongolische, sibirische, tibetische, nepalesische Gott der freien Wege und der Freigiebigkeit, der Gott des Kinderreichtums, der Hirtenclans und des langen Lebens. In der Mongolei ist er der Gott der entfernten Verwandten, der Stämme, die sich in die Generationenbeziehungen der Kleinfamilie einmischen, so wie er im anonymen Leben des Westens heute mit unsichtbarer Hand die Geschenke verpackt und zwischen Eltern und Kindern steht, als Denkmal der Gegenseitigkeit und als „Geist der Gabe“. In China war er der Gott, der das Überleben der Kaiserhäuser sichern sollte, und am Ende einer langen Entwicklung soll er heute allen Menschen schon in der Kindheit ein langes Leben versprechen. Ich ziehe es vor, diese Gestalten zu vergleichen, anstatt mich mit historischen Spekulationen, mit Gerede über Ursprung, Identität und kulturelle Abgrenzung aufzuhalten. Der Weiße Alte und andere asiatische Figuren der Lebensverlängerung, der guten Gaben und des Wohlergehens lehren uns, dass die großen kulturellen Konstruktionen Eurasiens nicht so viele fundamentale Unterschiede aufweisen, wie immer wieder behauptet wird.

Es ist an der Zeit, den kleinlichen Streit um das richtige Weihnachten und um die einzig wahre Herkunft von Weihnachtsmann zu beenden. Natürlich sollen Familien, Firmen, Freunde und einzelne Menschen weiter so feiern oder nicht feiern, wie sie wollen. Aber die Behauptung, dass man mit seinem kleinen Weihnachten immer die ganze große Geschichte der Religionen auf seiner Seite hat, sollte man in den Abstellraum der Kulturgeschichte verbannen. Über Eurasien und Nordamerika zieht sich heute ein riesiges Flechtwerk alter und neuer Bräuche, die eng miteinander verwandt sind. Auf dieser Ebene haben sich die Weltreligionen von Anfang an ineinander verwoben, auch wenn das Dogmatikern, Fanatikern und manchen Theologen überhaupt nicht gefiel und gefällt. Die wahre Geschichte von Weihnachtsmann lehrt uns, dass die großen kulturellen Konstruktionen der Menschheit nicht so viele fundamentale Unterschiede aufweisen, wie immer wieder behauptet wird.

Darum geht es in diesem Buch: Wie schnell das Wünschen zur Maskierung führt, zur Entlastung von Familien und ganzen Gesellschaften durch den Glauben an übernatürliche Figuren. Und wie schnell Maskierungen und Statuen und Legenden, individuelles und kollektives Wünschen auch zu Zusammenkünften größerer Menschenmengen führen können, die mal friedlich oder auch mal unfriedlich enden. Und dass alle religiösen Kulturen vor dem Problem stehen, dabei das richtige Maß zu finden zwischen Macht und Gegenmacht, Imperien und Völkern. Und wie sehr die Religionen der Menschen einander gleichen, wenn man sie aus der Perspektive der „Völker" erlebt, der Praktiker und Konsumenten von religiösen Schauspielen und Ideen. Wir lernen auch, dass es sich lohnt, um Identität zu streiten, solange man nicht den Blick dafür verliert, wie sehr sich die Lösungen ähneln, auf die Menschen verfallen, wenn sie an ihren Grundproblemen arbeiten: Kindheit und Alter, Großzügigkeit und sozialer Zwang, Wille zur Freiheit und kulturelle Gleichschaltung. Weihnachtsmann, der Weiße Alte, der chinesische Gabengott des langen Lebens, sie gehören allen Menschen, und der moderne globale Konsumismus macht es uns heute leicht, die Gemeinsamkeiten zu sehen – wer weiß, wie lange das noch möglich sein wird! Wir müssen jetzt die Potentiale dieser alten Traditionen nutzen, wenn wir weitergehen wollen bei der Entwicklung einer friedlichen Weltkultur, die in Zukunft, in guten wie in schlechten Zeiten, eine Reserve des Überlebens darstellen kann.

Der moderne globale Warenverkehr erlaubt Santa, sein Maskenspiel weltweit zu betreiben. Die Menschen, die daran teilnehmen, wissen oft gar nicht, dass sie sich in diesem Moment auf eine tiefere Verpflichtung einlassen, als sie im ersten Moment glauben. Darum sollte man ihnen nicht weiter einreden, Weihnachten wäre ein rein christliches Fest und der Weihnachtsmann eine besonders christliche Figur. Er kommt auch in anderen Traditionen vor als der christlichen, und Winterfeste hat es immer und überall gegeben, wo es den Winter gab und gibt oder wo man zumindest weiß, dass es irgendwo anders sehr kalt werden konnte, in der Vergangenheit, in den Eiszeiten, auf anderen Kontinenten. Reflexartig betonen Zeitungen und Bücher Jahr für Jahr in den westlichen Gesellschaften die christliche Genealogie des Weihnachtsfestes, obwohl die Hauptfigur, Weihnachtsmann alias Santa Claus, für die christliche Religion eine völlig unwichtige Erscheinung ist. Manche Christen stören sich sogar an seiner winterlichen Gegenwart und an der Tatsache, dass er die Feiern zur Geburt Jesu Christi überformt mit Klamauk und Konsum. Viele Chinesen schmunzeln darüber, denn sie wissen, dass Santa Claus und der chinesische Gott des langen Lebens, Shou Xing „Mitarbeiter derselben Firma sind“: Beide betreiben „Express-Home-Lieferservice und ihre Kunden sind Kinder“, wie es in einem chinesischen Witz heißt, ihre hohen weißbärtigen Köpfe zeigen denselben vitalen Ausdruck – es geht um den Tiefpunkt des Jahres, um die Erneuerung und die Fürsorge für die schwächsten der Gesellschaft, die Kinder. Ich werde darum nicht an der Herkunftsfrage kleben bleiben. Es klingt paradox, aber gerade darum muss ich im ersten Hauptteil des Buches die christlichen Ursprünge noch einmal durchmustern, ihre Geschichte Revue passieren lassen. Wenn wir die Traditionen von Santa Claus und Nikolaus unter diesen Voraussetzungen studieren, werden überall offene Enden sichtbar, die in den Osten weisen, zu nichtchristlichen Religionen hin, und wir gewinnen einen Ausblick auf dieselben Risiken, die Menschen im nördlichen Eurasien im Winter durchstehen mussten und weiter müssen.

Der zweite Hauptteil des Buches ist den östlichen Verwandten unserer westlichen Gabenbringer gewidmet. Bis in die Details des Aussehens hinein, bis in den tieferen Sinn ihrer Legenden und Bräuche hinein entfalten Wintergeister und Götter der Großzügigkeit in China, in Tibet und in der Mongolei, in Sibirien erstaunliche Ähnlichkeiten mit den westlichen Figuren. Nun wird das große Geflecht der eurasiatischen Winterbräuche einigermaßen sichtbar, ohne dass man im Einzelnen sagen könnte, wo genau die Ursprünge liegen, wie die Traditionen im Einzelnen übertragen worden sind. Selbstverständlich spielen Buddha und Jesus, die beiden Kraftzentren der eurasiatischen Religionen, ihre Rolle bei der Ausarbeitung der Gabenbringer. Aber sie sind nicht mit ihnen identisch, und es kann im „Kampf der Kulturen" aus ihnen keine Grundlage für die Rechtfertigung von Fanatismus oder Ausgrenzung gemacht werden. Sie sind für alle da, vor allem für die Kinder.

Wie wird die Zukunft dieser Feste und Gestalten im Zeitalter des Klimawandels und der forcierten Globalisierung aller Waren und Bilder sein? Dieses Buch zeigt unerwartete Verwandtschaften und seltsame Hintergründe westlicher Weihnachtsbräuche, die sich tief in nichtchristliche Kulturen hinein verfolgen lassen. Von diesem Punkt aus, wenn wir einen gewissen Überblick haben, so unvollkommen er auch sein mag, können wir auch streiten, können wir ausprobieren, wie sich das Winterfest weiter entwickeln soll.

I.

Am Nordpol und im Westen

1. Warum Weihnachtsmann?

Die Fabrik am Nordpol

Weihnachtsmann wohnt am Nordpol. Er hat dort eine Fabrik, die in einem Berg versteckt ist. Zwerge helfen ihm, sie füttern seine Rentiere und basteln Geschenke für die Kinder. Vielleicht hat Weihnachtsmann auch eine Frau, die ihm hilft, aber die sieht man nur ganz selten. In Amerika nennen sie ihn Santa Claus. Am 24. Dezember packt Weihnachtsmann alle Geschenke in einen Sack. Er legt den Sack in den Schlitten, der von Rentieren gezogen wird. Er fliegt auf seinem Schlitten zu den Häusern der Menschen. Für alle Kinder hat er etwas dabei. Heimlich bringt er ihnen die Geschenke, sie merken nichts. Eines der Rentiere hat eine rote Nase, es heißt Rudolph und ist sehr lustig. Manchmal fliegt Weihnachtsmann auch ohne Geschenke los. Er trifft Kinder in Warenhäusern oder Einkaufszentren. Er merkt sich ihre Weihnachtswünsche und fragt, ob sie auch brav waren. Seine Geschenke legt er meistens unter den Weihnachtsbaum, manchmal tut er sie auch in Socken, die am Kamin aufgehängt werden. Vorher hat er in einem großen Buch nachgesehen, ob die Kinder auch brav waren. Wenn nicht, gibt es keine Geschenke, aber eigentlich sind ja alle Kinder brav. Manche Leute sagen, dass er gar nicht am Nordpol wohnt, sondern auf Grönland oder in Russland. Manche sagen, dass er in Himmelpfort wohnt, das ist in Brandenburg, oder in Himmelstadt (Bayern), Nikolausdorf (Niedersachsen) oder in Engelskirchen (Nordrhein-Westfalen). Da gibt es nämlich Weihnachtspostämter, wo die Kinder Briefe mit Wunschzetteln hinschicken können. Solche Postämter gibt es auch in Belgien, Norwegen, Australien, in der Ukraine und in Alaska. Die Kinder bekommen immer eine Antwort. Sie können den Wunschzettel aber auch einfach per E-Mail schicken, zum Beispiel an „http://www.emailsanta.com/“ oder an „http://www.weihnachtsstadt.de/Kontakt/mailanwm.htm“. Und die Eltern können sich eine Antwort herstellen und ausdrucken lassen, unter „http://www.freelettersfromsantaclaus.com/free_printable_letters_from_santa“.

Oder sucht euch doch bei Google euren eigenen Weihnachtsmann, es gibt so viele Einträge! Und eine der wichtigsten Fragen zum Weihnachtsmann beantworte ich gleich hier. Diese Frage stellt sich heute ganz besonders, weil auf der Welt mittlerweile circa zwei Milliarden Kinder leben. Auf der Website „http://www.weihnachtsmanndorf.de“ wird diese wichtige Frage gestellt, dort wurde sie folgendermaßen formuliert: „Wie schafft es der Weihnachtsmann, alle Geschenke zu verteilen?“ Die Antwort wird auch gleich gegeben: „Der Weihnachtsmann zieht einen Nutzen aus den unterschiedlichen Zeitzonen, die es auf der Welt gibt. Wenn die Kinder in Finnland wach sind, schlafen die Kinder in Japan und umgekehrt. Er beginnt seine Reise auf den australischen Weihnachtsinseln, wo der Weihnachtstag beginnt, und endet im westlichsten Zipfel Amerikas, wo der Tag endet. Es ist auch ein bisschen Zauber dabei. Manchmal lässt der Weihnachtsmann auch seine Wichtel ausliefern. Die wichtigste Sache ist, dass die Geschenke auf der ganzen Welt rechtzeitig ankommen.“

Eine Suchmaschine meldet mir „ungefähr 3 900 000 Suchergebnisse“ für „Weihnachtsmann“ und „ungefähr 33 800 000 Ergebnisse“ für „Santa Claus“, manchmal sind es auch 202 000 000 Ergebnisse für Santa und 5 600 000 für Weihnachtsmann und Ähnliches, die Zahlen schwanken häufiger. Deutsch ist offensichtlich nicht die wichtigste Sprache des Internet. Ganze Bilderteppiche mit den Porträts der winterlichen Gabenbringer sendet mir Google ins Haus. Er ist dick, hat schwarze Stiefel und rote Hosen und Jacken an, und rote Mützen, alles mit einem weißen Rand aus Pelz. Weihnachtsmann oder Santa hat rote Backen, obwohl seine Haare weiß sind, und er trägt einen langen weißen Bart. Wenn Weihnachtsmann alle Geschenke gebracht hat, muss er sich ausruhen. Manchmal trinkt er dann eine Coca-Cola. Er lacht gerne: „Ho-ho-ho." Manche sagen, dass er mit dem Christkind unterwegs ist und dass die Geschenke eigentlich vom Christkind kommen. Er kann auch streng werden, wenn die Kinder nicht brav waren. Dann gibt es keine Geschenke. Er bringt sogar den Kindern Geschenke, die nicht an ihn glauben.

Viele Kinder auf der ganzen Welt kennen sein Gesicht, seine Gestalt, seine Kleider, seine Rufe, seine Begleiter und seine Gaben. Sie glauben an ihn, so heißt es immer wieder. Dieser Glaube wird nicht nur durch das Internet bestärkt, sondern auch durch Kinderbücher, Reklamebilder und Filme, welche die Geschichte vom Weihnachtsmann erzählen. Aber erklärt das den Glauben der Kinder? Es werden ja auch Geschichten über Donald Duck und seinen geizigen Onkel Dagobert Duck erzählt. Darum „glauben" die Kinder aber noch lange nicht, dass es irgendwo auf der Welt eine Kleinstadt namens Entenhausen gibt, die von sprechenden Tieren bewohnt wird, die Auto fahren, Fußball spielen und ein Familienleben haben wie Menschen. Und „glauben" die Kinder an „Uncle Scrooge", den Geizhals aus dem Weihnachtsmärchen von Charles Dickens? In mehreren Disneyfilmen wurde Scrooge von Onkel Dagobert verkörpert. Dagoberts englischer Name ist Uncle Scrooge. Die Figur des geizigen Entenmilliardärs entstand in Anlehnung an Dickens' störrischen Geizhals. Kinder sehen heutzutage so viele Bilder, an die sie nicht „glauben". Wichtiger ist wohl, dass sie einfach wissen, dass Weihnachtsmann für sie da ist. Sie glauben an Weihnachtsmann, weil sie darin von ihren Erwachsenen bestärkt werden, die selbst nicht an Weihnachtsmann glauben. Kinder schreiben Briefe an Weihnachtsmann, sie machen Erfahrungen mit Menschen, die sich als Weihnachtsmann verkleiden. Designer bringen sein Bild auf Plakate und auf digitale Oberflächen, auf Schokoladen und Innendekorationen, auf Kaffeetassen und Plastikspielzeug, auf Trucks und auf weibliche oder männliche Körper, auf Coladosen und Horrorgestalten. Auch wenn die Werbestrategen und Künstler sich wirklich Mühe geben, Weihnachtsmann immer neue Aspekte abzugewinnen, fallen sie letztlich immer bloß auf denselben alten Vorrat an Bildern und Bräuchen zurück, der sich mit dem Glauben der Kinder an den Weihnachtsmann verbindet. Der Glaube scheint dem medialen Bilderrausch vorauszugehen und nicht durch die Medien ausgelöst zu sein. Wie alt dieser Glaube ist, woraus er besteht, werden wir noch sehen.

Der Fundus von Bildern, Texten und Ritualen um den Wintergott der Europäer und Nordamerikaner bereitet uns auf das größte Fest der westlichen Welt vor und auf seine Hauptperson, den Gabenbringer. Es geht um einen Mann, von dem die Kinder wissen, dass er für sie da ist, und um ein Kind, das für alle da ist. Der Mann scheint aber heute manchmal bei Kindern und Erwachsenen besser bekannt zu sein als dieses besondere Kind, um das es angeblich vor allem gehen soll. Der Weihnachtskult wächst immer weiter in der Welt, doch viele Menschen wissen nicht mehr, was in dieser Nacht geweiht und eingeweiht wurde.

Santa Coca

Die Fähigkeit, Kulturgrenzen zu überspringen, haben Santa Claus und Weihnachtsmann mit vielen Produkten und Marken der westlichen Industrien gemeinsam, z. B. mit Coca-Cola. Die Entwicklung der Vorstellungen von Santa Claus ist tatsächlich eng mit der Geschichte von Coca-Cola verknüpft. Die braune Brause entstand ursprünglich im Labor des Apothekers und Drogisten John Stith Pemberton (1831–1888), der mit den Zutaten europäischer Kräuterliköre experimentierte, mit Auszügen der leicht anregend wirkenden afrikanischen Kola-Nuss und mit südamerikanischen Kokablättern.[1] Pemberton und seine Nachfolger bei der Coca-Cola Company haben altes Wissen über Heil- und Nutzpflanzen modernisiert. Überlieferte Kräuterrezepte und volkstümliche Ernährungslehren aus Europa und Südamerika wurden so lange bereinigt und modernen Geschmäckern und Erwartungen angepasst, bis sie im Sinne der westlichen Gesetzgebungen drogenfrei und kulturneutral geworden waren und überall verkauft werden konnten. In der Werbung geht es manchmal um Cola als Aufputschmittel, um den „Cola-Rausch". Eine gewisse Wirkung der Limonade auf die Verdauung ist geblieben, auf das Körperinnere, das alle unsere Wohlgefühle und Übelkeiten steuert.[2] Doch diese kulturneutral gewordene milde Medizin ist auch zum Markenzeichen einer eigenen Kultur geworden, der Kultur der Amerikanisierung. In dieser Kultur ist das Markenzeichen mittlerweile gealtert, und irgendwann wird es vielleicht auch an die Grenze seiner Expansionsmöglichkeiten stoßen – heute muss Coke zum Beispiel mit muslimischer „Mekka-Cola" und „Haji-Cola" und mit der deutschen ökologischen Bionade konkurrieren. Coca-Cola wird also selbst zur Reserve, zum Gegenstand von Nostalgie, so wie vorher das Sammeln und Zubereiten von Kräutern für private Zwecke für viele Menschen in den westlichen Industriestaaten zu einer Sache persönlicher Nostalgie geworden war.

Eine Coca-Cola-Reklame brachte in den frühen 1930er Jahren den Kult um Santa Claus auf das bis heute gültige Bild. Im Auftrag des amerikanischen Getränkeherstellers gestaltete der Zeichner Hadden Sundblom Bilder eines vitalen alten Mannes in dicker rotweißer Winterkleidung, der sich eine Coke genehmigt.[3] Dieser Alte ist als ein weltweiter Lieferant von Waren dargestellt. Er transportiert Geschenke für die Kinder der Welt und fliegt dazu auf einem Schlitten durch die Luft. Aber der Lieferant ist auch selbst ein Konsument. Irgendwann hat er Feierabend und genehmigt sich eine Coca-Cola. Diese Werbung funktioniert etwa so wie Fernsehspots, in denen Profiköche für bestimmte Kochtöpfe plädieren oder Zahnärzte eine besonders heilsame Zahnpasta empfehlen. Santa, der Weltspezialist für Konsumwaren, trinkt zur Erholung von seinem stressigen Flug um die Welt eine ganz bestimmte Brause. Im Sommer weckt diese Reklame Erinnerungen an die erfrischende Kälte des Winters, im Winter erinnert sie an die Heimeligkeit und Wärme der Festtage. Darum scheint Werbung mit Santa Claus immer und überall auf der Welt zu funktionieren, in jeder Klimazone. Die erste Coca-Cola-Reklame mit Sundbloms Santa wurde 1931 veröffentlicht, zur Zeit der Weltwirtschaftskrise, die auf den „schwarzen Freitag" des Jahres 1929 gefolgt war. Die „große Depression" der frühen 1930er Jahre wurde unter anderem durch Konjunkturprogramme überwunden, vom „New Deal" des amerikanischen Präsidenten Roosevelt bis zum Autobahnbau unter Hitler. Genauso hoffen gegenwärtig die Konzerne der globalen Konsumindustrie Jahr für Jahr, dass eine Neuauflage und festliche Umsetzung des Bildes vom Gabenbringer Weihnachtsmann ihre Konjunktur rettet.

Abb. 2: Santa Claus macht Pause
(Coca Cola-Reklame der 1950er Jahre).

Heute ist gar nicht mehr so deutlich zu erkennen, wer zuerst von wem profitiert hat – war Santa Claus (heute ungefähr 125 000 000 Ergebnisse im Internet) eine amerikanische Starpersönlichkeit, von deren Ruhm Coca-Cola (heute ungefähr 221 000 000 Ergebnisse im Internet) profitieren wollte, oder wurde Weihnachtsmann 1931 zum Trittbrettfahrer einer berühmten Limonadenmarke? Jedenfalls haben die Werbestrategen von Coca-Cola die Bilderserie zwischen den Jahren 1931 und 1964 ständig weiter ausgebaut. Heute ist der Cola-Claus Teil einer weltweiten Kampagne, die als Nostalgiewerbung funktioniert oder als Werbenostalgie. In der Allianz mit dem großzügigen Gabenbringer wurde die Limonade zum Objekt eines Kultes – Kult in dem doppelten Sinn des Wortes, der den Gebrauch dieses Wortes in modernen westlichen Massengesellschaften begleitet: Religion und Popkultur, Massenmedium und Suche nach Identität. All die Hoffnungen auf Freundschaft, Erfrischung und Gemütlichkeit, die mit der Limonade verbunden wurden, haben sich in ein Wesen verwandelt, das weit über diese Hoffnungen hinausgeht, eine eigene Persönlichkeit.

Weihnachtsmann im Konsumtempel, wie oft habe ich ihn bei meinen Recherchen für dieses Buch gesucht und besucht. Manchmal war er nicht sofort zu erkennen. Träge bemüht sich da zum Beispiel ein weißbärtiger Mann, ganz in Weiß gekleidet, auf seinen weißen Thron. Blass sieht er aus, seine Arbeitszeit scheint schon lange zu dauern, er hat nur eben mal eine kurze Pause machen können. Er trägt einen Mantel mit Pelzborten und ein rundes, mit Pelz besetztes Mützchen, wie es Kirgisen und Kasachen manchmal tragen oder sibirische Pelztierjäger. Sein Thron steht unter einer riesigen schneeweißen Tanne mitten im Kunstschnee, in einem weißen Kunstwald. Dieser Wald wird von hoch dimensionierten Schwarzweiß-Fotografien des Central Park in New York überwölbt, von Bildern schneebedeckter Bäume und Hochhäuser, aufgenommen aus der Mitte des Parks heraus. Wir stehen also gewissermaßen mitten im Central Park.

Zwischen die weißen Kunstbäume haben die Innendesigner in Weiß gehaltene Verkaufsstände gestellt, auf denen ausschließlich weiße und silberfarbene Gegenstände angeboten werden, die mit Weihnachten zu tun haben: Baumschmuck, Tischdekorationen, Santa-Figuren und Lichterketten, z. B. in der Form von Rentieren und

Schlitten. Die Kinder, die zunächst noch in einigem Abstand um den Thron herumstehen und vielleicht auch schon eine Weile darauf gewartet haben, dass Weihnachtsmann auf seinen Thron zurückkehrt, scheinen die ausgefallene Dekoration im „Kaufhaus des Westens" kaum wahrzunehmen. Sie verschwenden wohl auch keine Gedanken darauf, dass die weiß dekorierte Halle des KdW einmal der Showroom der „Freien Welt" gewesen ist, mitten im Westen der durch die Mauer des Kalten Krieges geteilten Stadt Berlin. Schon sitzt ein sehr schick und fein gekleideter kleiner Junge mit Rotznase auf den Knien des erschöpften Darstellers im weißen Kostüm. Der Mann ist in Berlin eine kleine Berühmtheit, noch Jahre später, im Mai 2012, entdeckte ich einen Artikel in einer Boulevardzeitung, wo über seine Sommergewohnheiten berichtet wurde und über seinen natürlichen Weihnachtsmann-Bart. Der Artikel war von einem Foto begleitet, das den beliebten Santa-Darsteller in einer Art sommerlichem Weihnachtskostüm zeigt.

Zwei Mädchen, die deutlich weniger sorgfältig gekleidet sind als die Rotznase, müssen noch warten und haben sich deshalb an einem Computerterminal zu schaffen gemacht, das ihre Wünsche aufzeichnen kann. Zwei größere Jungen stehen und unterhalten sich angeregt auf Englisch, ihre Finger deuten auf Weihnachtsmann. Glauben sie noch an ihn? Immer mehr Kinder werden aus allen Ecken des weitläufigen Untergeschosses angezogen und versammeln sich vor dem Alten im Designerkostüm, den sie als Weihnachtsmann erkennen, trotz oder gerade wegen der asiatischen Mütze, trotz oder gerade wegen des weißen Mantels. Weihnachtsmann wirkt jetzt belebter und spricht eindringlich mit ihnen. Den Finger hält er immer oben beim Sprechen, das scheint die Rute zu ersetzen, die er zur Zeit meiner Kindheit immer dabeihatte. Die Kinder lassen sich durch die falsche Farbe, die Unfarbe Weiß, nicht täuschen und auch nicht durch das kirgisische Mützchen in Weiß: Das ist Weihnachtsmann, der Weihnachtsmann, Santa Claus. Doch, ja, sie glauben an ihn oder jedenfalls macht er sie immer noch sehr, sehr neugierig.

Warum stellen wir uns vor, dass ein weißbärtiger Alter mit Fellmütze den Kindern Geschenke bringt? Was hat das mit multinationalen Konzernen, Einkaufzentren und Versandhäusern zu tun? Warum verrenken sich Eltern und viele andere Erwachsene Jahr für Jahr dabei, die Figur des Weihnachtsmannes für ihre Kinder plausibel zu machen, obwohl sie selbst nicht daran glauben, dass es ihn gibt? Diese Fragen werden häufig mit historischen und kulturkritischen Argumenten beantwortet: Wir feiern Weihnachten und „glauben" an den Weihnachtsmann, weil diese Gestalt von irgendwem irgendwann in die Welt gesetzt wurde – von den Christen mit ihren Weihnachtsbräuchen und ihrem Nikolauskult, von amerikanischen Designern, von Malern der deutschen Romantik oder von Werbestrategen, die den Konsum ankurbeln wollten. Das würde bedeuten: Wir lassen uns von den christlichen Kirchen, von Werbeagenturen und von anderen Unternehmen Bildwelten aufdrängen, mit denen wir dann immer weiter leben müssen, weil uns selbst nichts Besseres einfällt. Diese Theorien klingen fast so naiv, als würde jemand sagen, dass wir all das machen, weil es den Weihnachtsmann wirklich gibt. Aber Menschen tun nicht irgendetwas, weil irgendwann jemand ein Bild gezeichnet hat oder weil irgendwann ein Bischof namens Nikolaus zur Legende wurde oder weil eine Firma ihre Werbung so und so gestaltet hat. Alle Bräuche und Bilder haben eine Geschichte, aber sie besteht nicht aus mehr oder weniger genialen Erfindungen allein, sondern aus einer Fülle von menschlichen Nöten und Sehnsüchten, aus materiellen, praktischen Zwängen und aus dem Kampf um ein gutes Leben. Dabei setzen sich nur die kulturellen Erfindungen durch, die den Lebensbedingungen und Bedürfnissen der Menschen entgegenkommen. Eine wahre Geschichte von Weihnachtsmann und Santa Claus schildert diese Triebkräfte, sie darf sich nicht auf die mehr oder weniger genialen Erfindungen als solche beschränken. Wir werden sonst gar nichts erklären oder verstehen, und wir werden auch nicht für die Zukunft lernen – und darum geht es doch eigentlich bei der Beschäftigung mit der Vergangenheit und mit Fragen nach dem Warum.

2. Der Fetisch und die Liebe

Santa Claus und Weihnachtsmann werden erfunden

Die Geschichte der Gabenbringer Weihnachtsmann und Santa Claus ist als Geschichte von „Erfindungen" schnell erzählt in ihren groben Umrissen. In Deutschland, in den Beneluxstaaten und im Alpenraum haben sich seit dem 16. Jahrhundert die Winterbräuche teilweise vom katholischen und evangelischen Christentum abgelöst, eine neutralere Figur wurde in den Mittelpunkt gestellt.[1] Manchmal wurde dieser Weihnachtsmann oder Nikolaus, der am 5. und 6. wie am 24. und 25. Dezember in Aktion treten konnte, von einem Knecht oder einem teuflischen Helfer begleitet, Knecht Ruprecht oder „Kohlenpitter" oder „Pelzmunk" usw. Manchmal begleitete ihn auch ein gabenbringendes „Christkind". Parallel begann auch die Erfolgsgeschichte des Weihnachtsbaumes. Die winterlichen Maskenträger, die dem modernen Weihnachtsmann und Santa Claus vorausgehen, beschränkten sich darauf, zu kontrollieren, ob die Kinder brav gewesen waren. Die Geschenke waren karg, ein paar Äpfel, etwas Kuchen, vielleicht ein bisschen Spielzeug. Irgendwann begannen sie damit, Wunschzettel entgegenzunehmen. Die Gabenbringer zogen eine Art Jahresbilanz der Kinder und verteilten immer mehr Geschenke. Manchmal mussten Nikolaus oder sein Knecht mehr oder weniger harmlose, mehr oder weniger schmerzhafte Schläge mit einer Rute austeilen. Die Weihnacht der christlichen Religion wird dabei leicht zur Nebensache, zum Anlass einer pädagogischen Überprüfung der Kinder bezüglich ihrer Kenntnisse der christlichen Lehre. So sollte nach und nach Weihnachtsmann entstehen, wie wir ihn heute kennen, als leicht vom Gedenken an die Geburt Christi abgelöst handelnde Gestalt des Winterbrauchtums.[2] Die Geschichte Weihnachtsmanns und der Weihnachtsbräuche hängt eng mit dem Aufstieg des Bürgertums zusammen und mit der Abkehr von älteren Traditionen der Herrschaft von Kirche und Adel.[3] Vielleicht trägt der bürgerliche Weihnachtsmann deshalb oft die rote Mütze oder Kapuze, die in der Geschichte Eurasiens immer wieder mal das Aufbegehren gegen die Zentralmacht signalisiert hat und die Sehnsucht nach Gleichheit.[4] Insgesamt überwog aber die kauzige, freundliche, merkwürdig kindliche Ausstrahlung des milden Alten mit dem langen Bart.

Und schließlich begann die rasante Erfolgsgeschichte vom Weihnachtsmann in den Medien der Neuzeit. Mitte des 19. Jahrhunderts brachte ein Münchener Verlag die „Fliegenden Blätter" heraus, eine in allen deutschsprachigen Gebieten sehr beliebte Zeitschrift. Hier veröffentlichte der Maler Moritz von Schwind (1804–1871) im Jahre 1847 seine Zeichnung des „Herrn Winter". Das Bild zeigt einen

Abb. 3: „Herr Winter" im deutschen Biedermeier
(Moritz von Schwind, 1847).

grimmigen, eisigen, aber auch irgendwie wieder gemütlichen und bärtigen Uralten, der, angetan mit einer Kutte, durch die Kälte wandert. Erste Vorbilder für solche winterlichen Figuren sind ab 1800 überliefert.[5]

Auf dem Rücken transportiert Schwinds „Herr Winter“ einen Tannenbaum.[6] Aus der Wildnis wird etwas in die Dörfer und Städte gebracht: „Von draus’ vom Walde komm’ ich her …“ Viele kennen dieses Weihnachtsgedicht, wissen aber nicht mehr, von wem es eigentlich stammt – ich war jedenfalls überrascht zu erfahren, dass es Theodor Storm (1817–1888) war, der dieses Gedicht unter dem Titel „Knecht Ruprecht“ im Jahre 1862 in eine weihnachtliche Erzählung eingebaut hat. Storm ist heute noch einigen Lesern durch den „Schimmelreiter“ bekannt, eine der unheimlichsten Erzählungen deutscher Sprache, gilt aber eher als eine Art gehobener norddeutscher Heimatdichter. Angeregt durch eine Fülle solcher Gedichte, Erzählungen und Bilder nahm im vorkaiserlichen zerspalteten und romantischen Deutschland unser heutiger Weihnachtsmann Gestalt an, und für Generationen von Kindern sollte er so bleiben. Oft hat man auch mit einem Maskenträger nachgeholfen, der den Herrn Winter zu einem echten Weihnachtsmann machte, den man begrüßen, berühren oder auch fürchten konnte.

In den Vereinigten Staaten von Amerika kam es ab 1800 zu einer ähnlichen Entwicklung wie in Mitteleuropa ab dem 16. Jahrhundert. Die Eliten der jungen multikulturellen Nation entwickelten einen Weihnachtsbrauch, der die Einkehr des gemütlichen Dicken vom Nordpol zum Thema hat: Durch den Kamin steigt er in die Häuser der Familien ein. Diesen Besucher nannten sie manchmal „Nick“ oder „Nicholas“, dann aber zunehmend „Santa Claus“ oder einfach „Santa“. Eine große Rolle in diesem Prozess der Umbildung und Verschmelzung europäischer Vorbilder spielte das im Jahre 1823 anonym veröffentlichte Gedicht „A Visit from St. Nicholas“ des New Yorker Patriziers Clement Clarke Moore (1779–1863). Aus ganz bestimmten Gründen, die wir später besser verstehen werden, wurde dieser „Nick“ oder „Santa“ nicht als Maskenträger in das Haus gebeten, sondern öffentlich nachgespielt, bei Paraden und bei einer Art Sprechstunde in den frühen Warenhäusern. Die Idee zu diesem neuen Nikolaus hatte Washington Irving (1783–1859) gehabt, der erste amerikanische Schriftsteller, der so erfolgreich war, dass er vom Schreiben leben konnte – in seiner romantischen „Geschichte der Stadt New York von den Anfängen der Welt bis zum Ende der Holländerherrschaft“, die unter dem alteuropäisch, aber auch komisch wirkenden Verfassernamen „Diedrich Knickerbocker“ im Jahre 1809 veröffentlicht wurde.[7] Bald hat man diese Santa-Vorläufer auch gezeichnet und in den neuen Papier-Medien jener Zeit vervielfältigt. In populären amerikanischen Zeitschriften der 1860er bis 1880er Jahre findet man immer wieder Darstellungen eines „Old Santa Claus“, die schönsten stammen von dem Deutschamerikaner Thomas Nast (1840–1902).

Abb. 4: Old Santa Claus (Thomas Nast, USA, 1881).

Anders als der mitteleuropäische Weihnachtsmann wirkt dieser Klaus verschmitzt und verknorzt, halb wie ein Gnom, halb wie ein verwahrloster Waldschrat, anfangs trägt er einen enganliegenden Anzug aus Fell, oder er scheint wirklich ein Fell zu haben wie ein Bär. Die Mutter von Thomas Nast hatte ihren Sohn in die Emigration mitgenommen. Aus der tief verarmten pfälzischen Heimat reiste sie mit dem Sechsjährigen bis in die USA. Vielleicht hat Nast in seinen Bildern Eindrücke aus den Kindertagen in Landau in der Pfalz verarbeitet, Erinnerungen an Weihnachtsbräuche um Knecht Ruprecht und Weihnachtsmann oder an die seltsamen Mischformen aus Heiligem Nikolaus und Knecht, die man damals noch in vielen deutschen Gebieten als Maske bei Bettelbräuchen beobachten konnte, beim „Heischegang". Aber es scheinen auch die englischen Traditionen der Darstellung von Elfen und Faunen eine Rolle zu spielen. Und Nast reagierte mit seinen Zeichnungen auf die Ideen von Moore und Irving über einen altholländischen Gabenbringer, der fröhlich mit Kutte, Tonpfeife und Geschenken für die Kinder unterwegs ist in einem Schlitten, der fliegen kann. New York war einst als „Nieuw Amsterdam" von Holländern gegründet worden, Holländer galten später nach den Indianern als eine Art Urbevölkerung. Besonders durch die Tonpfeife war Nasts „Nick" als Holländer erkennbar. Die Bilder von Nast machten die Idee eines altniederländischen mystischen fliegenden Gabenbringers in den gesamten USA populär, und nur durch seine Bilder hindurch können wir ohne weiteres verstehen, welche urtümliche, struppige Anziehungskraft der alte Klaus in den USA entwickelt haben muss. Es ging um die Suche nach einer neuen Identität der weißen Siedler und aller Menschengruppen, die im Laufe von Jahrhunderten nach Amerika ausgewandert waren. Es lag nahe, dabei an die ersten Siedler anzuknüpfen, die das einzige auch noch im 19. Jahrhundert aktive Zentrum des jungen Staates bildeten, Neuengland, vor allem aber New York. Die spanisch-amerikanischen Ansiedlungen im Süden und die französischen Zentren in Louisiana und im nordamerikanischen Waldland blieben außer Acht, denn sie hatten sehr an Bedeutung verloren. Etwa 1820 besannen sich die Eliten der Stadt, von denen freilich kaum jemand noch direkt von den holländischen Siedlern abstammte, zunehmend auf wirkliche wie auf vermeintliche niederländische Wurzeln. Holland ist aber auch, wie wir noch sehen werden, eines der wichtigsten Ausbreitungszentren des Nikolauskultes im mittelalterlichen Europa gewesen. Bis heute wird der Nikolaustag dort von einer mehrheitlich protestantischen Bevölkerung mit allem Drum und Dran und vielen Geschenken gefeiert, als Gott der Familie und der Gemeinschaft – der niederländische Psychoanalytiker A. D. de Groot nennt Nikolaus darum den „Patron des Lebens“.[8] Aus dem Neu-Amsterdam des 17. Jahrhunderts ist bekannt, dass die Sprecher der puritanisch-britischen Minderheit in Neu-Amsterdam, nun New York, gegen das Feiern der Weihnacht wetterten, weil dieses Fest nicht von der Bibel vorgesehen war. Ihre Gegner wehrten sich mit der Klage, hier würde dem guten „Vater Weihnacht“ für nichts und wieder nichts der Prozess gemacht, die Kritiker seien eben nichts als Geizhälse und Menschenhasser.[9] Die Basis der New Yorker Bevölkerung ließ sich den Spaß an Weihnachten und „Vater Weihnacht“ schon damals nicht verderben, und dieser Spaß wirkt bis heute weltweit nach. Wir können das nachvollziehen, auch wenn die Gedichte und Kampfschriften, welche die frühen amerikanischen Weihnachtsbräuche umgaben, heute ohne weitere Erklärungen kaum noch verständlich sind. Wir kennen diesen amerikanischen Spaß an Weihnachten aus eigener Erfahrung, aus Filmen und Werbebildern und amerikanisierten Weihnachtsritualen noch und noch, er ist Teil des Brauchtums auch der europäischen Länder geworden, die einst Siedler an die USA abgegeben hatten. Es geht um einen fröhlichen Alten mit Rauschebart und um Lieder wie dieses: „Oh, jingle bells, jingle bells / Jingle all the way. / Oh, what fun it is to ride / In a one horse open sleigh. / Jingle bells, jingle bells, / Jingle all the way“.[10] 1857, als das heute weltweit bekannte amerikanische Weihnachtslied entstand, wurde Santas Schlitten noch von einem Pferd gezogen, später von Rentieren. Wie beim „Herrn Winter“ des Deutschen von Schwind vermischen sich auch in den USA die Gestalten des freundlichen Gabenbringers und die energischeren Züge eines bepelzten Helfers zum Bild eines rauen, aber freundlichen und dabei erstaunlich flink daherkommenden Weihnachts-Schrats. Der fand dann später, viel später auch Einzug in die Bilderwelt der Coca-Cola-Werbung, wo „Santa“ schließlich auch im Flugzeug und per Auto unterwegs ist.

Abb. 5: „Väterchen Frost“, Dezember 2009, vor dem russischen Imbiss am Stuttgarter Platz in Berlin, Aufnahme von Thomas Hauschild.

Im 19. Jahrhundert, mit der Entstehung der modernen Industrie- und Medienkultur, häufen sich in den christlichen Gebieten der Erde Entwicklungen dieser Art. Sie stehen wahrscheinlich nie für sich allein, sondern haben sich gegenseitig beeinflusst, denn immer lief die Erfindung der winterlichen Symbolfiguren auch über das Werk profilierter Maler, Zeichner und Schriftsteller. Die russische Revolution von 1917 verbot und verdrängte die Weihnachtsriten und Nikolauskulte der russisch-orthodoxen Kirche, propagierte aber den Gabentausch im Zeichen von „Väterchen Frost“ (Ded Moros) und „Snegurotschka“ („Schneeflöckchen“ – eine Art weibliches Christkind). Väterchen Frost kann man eine gewisse Verwandtschaft mit Weihnachtsmann und Santa Claus ansehen. Bis auf die Farbgebung ist dieser Gabenbringer kaum von ihnen zu unterscheiden. Die Revolutionäre konnten bei ihrem Werbefeldzug für ein atheistisches Fest am Jahresende auf Märchenerzählungen ihrer Nationaldichter Alexander Afanassjew (1826–1871) und Alexander Puschkin (1799–1837) zurückgreifen. Zugleich verarbeiteten sie eine Fülle europäischer, amerikanischer und asiatischer Bildtraditionen.

Und im Ursprungsland der westlichen Nikolauskulte, in Italien, ist bis heute eine Fee namens „Befana" die wichtigste Gabenbringerin. Sie zieht sie auf ihrem Besen durch das Land und sucht das Christkind, dessen Geburt sie verpasst hat. *La Befana scende dal camino, e porta doni ad ogni bambino ... Die Befana steigt im Kamin herab, jedes Kind bekommt Geschenke ab ...*[11] Berühmte klassische Dichter Italiens wie Giovanni Pascoli (1855–1912) und der Renaissancepoet Agnolo Firenzuola (1493–1543) spielten die Rolle der Beobachter und Anreger von Befana-Bräuchen. Diese Hexe fliegt am 6. Januar umher und steckt den Kindern Geschenke in die Socken, die sie zum Trocknen am Kamin aufgehängt haben. Hat die italienische Tradition der „Befana"-Hexe die entscheidende Anregung für die Erfindung eines fliegenden Santa Claus gespielt, der dasselbe tut? Es ist gar nicht so unwahrscheinlich, dass Clement Clarke Moore und Washington Irving die Dichtungen von Agnolo Firenzuola kannten, denn beide entstammten der gebildeten, Latein lesenden Oberschicht der USA. Irgendwann wird sich vielleicht jemand aufmachen und Hunderte von italienischen und amerikanischen Akten, Flugblättern, Kinderbüchern, Kalendereinträgen und Tagebüchern überprüfen, um herauszubekommen, wie der Zusammenhang von frühneuzeitlicher Dichtung aus Italien und amerikanischer Romantik des 19. Jahrhunderts funktioniert.[12] Der Flug der Befana wird jedenfalls auch im Italien des dritten Jahrtausends mit großen Umzügen in den Stadtzentren nachgespielt, ihre Geschichte wird in Büchern und Filmen nacherzählt. Obwohl die Gestalt der Hexe Befana im Aussehen viele negative Züge der europäischen und amerikanischen Hexentraditionen an sich gezogen hat, gibt sie weiterhin in vielen italienischen Haushalten die Geschenke, und das nicht am 6. oder 24. Dezember, sondern erst am 6. Januar, „Epiphanias", Tag der Taufe Christi, seiner „Erscheinung", und der Anbetung durch die Heiligen Drei Könige. Das italienische Wort „Epifania" wurde zu „Befana" verformt, auch damit hat dieser Brauch zu tun. Heute ist die gute Hexe aber häufig von „Babbo Natale" verdrängt, „Weihnachtspapa", so heißt Weihnachtsmann in Italien.

Christkind und Befana werden zu Nebenfiguren, der Kult von Weihnachtsmann und Weihnachtsbaum, von Santa Claus und Rentieren wird international. Das kann sich schnell wieder ändern, zum

Beispiel ist bei den Weihnachtsdekorationen der 2000er Jahre in Deutschland und auch in den USA das Vordringen von Weihnachtsfrauen zu beobachten, die als eine Art sexy Ergänzung zu dem Alten neckisch in Erscheinung treten – noch sind sie in einer Nebenrolle, aber vielleicht wird es eines Tages eine imposante Weihnachtsmutter geben, welche den Kindern die Leviten liest und die Geschenke bringt.

Die Erfindungen von Thomas Nast, Theodor Storm und Haddon Sundblom, von Puschkin und Pascoli und vielen anderen Dichtern, Malern und „Meistern der Volksbräuche"[13] verdichten sich in den letzten Jahren immer mehr zu einem einzigen Erkennungsmerkmal, der roten Santa-Mütze. Bei Jahresabschluss-Partys in London, Shanghai, Ankara, Neu Delhi und Singapur kann man sie in der Menge aufblitzen sehen. Diese Mützen treten aber auch bei Betriebsfesten und Weihnachtsparaden in Kapstadt, Sydney, New York, Brandenburg und Tokio in Erscheinung. Jiang Jiangping aus der chinesischen Provinz Zhejang ist der weltweit größte Produzent von Santa-Caps.[14] Doch noch entziehen sich manche Gebiete der Welt diesen neuen Bräuchen, den Mützen, den Partys, den Geschenken, den Weihnachtsmännern – allen voran Länder, in denen die Muslime Bevölkerungsmehrheit sind. Jahr für Jahr predigen vereinzelt Imame gegen den neuen Brauch.[15] Zugleich stellen immer mehr Bewohner der Türkei zur Feier des Neuen Jahres Weihnachtsbäume auf, sie tauschen Geschenke aus und amüsieren sich mit Weihnachtsmannmützen. Vielleicht wird sich die internationale Kultur des Weihnachtsmannes und des Santa Claus nicht überall auf der Welt durchsetzen können, weil sie in offensichtlicher, wenn auch nur loser Weise an die Weihnachtsfeste der christlichen Kirchen gebunden ist und an die Konsumkultur des Westens – wobei diese beiden Tatsachen ursprünglich nicht viel miteinander zu tun haben. Sie haben sich in der Geschichte vom Weihnachtsmann vielleicht nur zufällig überkreuzt.

Ist Weihnachtsmann ein Konsumfetisch?

Im Verlaufe von zweihundert Jahren verstärkter Globalisierung und Industrialisierung ist ein internationaler Gott der Gabe entstanden, oder, wie es manche unfreundlicher ausdrücken, ein Fetisch. Ein Fetisch ist ein Idealbild, das man fälschlich mit der Erfüllung von Wünschen verbindet. Fetische sind für die Fetischisten absolut, wie das Bildnis eines Gottes, sie sind „Kult", und doch handelt es sich offensichtlich bloß um käufliche Sachen: das „grüne Band der Sympathie", mit dem eine deutsche Bank um Kunden warb, der „Tiger im Tank" eines Benzinproduzenten oder das „goldene Kalb" der abtrünnigen Juden, die von Moses gestraft werden.[16] Den Vorwurf des Fetischismus hat man zuerst den „Negern" des kolonialen Afrika gemacht, ohne dass sich die Missionare, die diese Theorie mit erfunden haben, Gedanken über einen möglichen Fetischcharakter ihrer Kruzifixe gemacht hätten. Konsequent richtete sich der Begriff dann auch gegen Katholiken mit ihren Bilderkulten, weiter gegen die Konsumenten der industriellen Warenwelt und schließlich gegen Menschen mit objektbezogenen sexuellen Orientierungen. Letztere waren aber so klug, den Begriff für sich zu akzeptieren – stolz berichteten sie über ihren „Fetischismus" in Fernsehsendungen und so weiter. Damit unterlaufen sie den Vorwurf, der immer mitschwingt bei allem Gerede über den Fetischismus der anderen: den Vorwurf der Dummheit, der dummen Verwechslung von Sachen mit Gefühlen und Werten, von Freiheit mit irgendwelchem Krempel aus Gummi oder Leder. Feiern wir Weihnachten, weil wir uns von fetischistischen Werbetricks abhängig gemacht haben, von Erfindungen der Reklame? Sind wir abhängig von den Einfällen populärer Maler und Werbedesigner, die eine Figur in die Welt setzen, welche dem Konsumrausch und der Warenkultur der modernen Industriegesellschaft entspricht?[17]

Dass Weihnachtsmann ein Genießertyp ist und dass Weihnachten und Weihnachtsmann die Wirtschaft ankurbeln, ist unbestreitbar. In einem heute noch sehr beliebten, deutlich von Thomas Nasts Bildern und Clement Clarke Moores Gedicht beeinflussten Disney-Film, „Santa's Workshop", wurde die Heimat des Weihnachtsmannes am Nordpol sogar als Fabrik beschrieben, in der die Zwerge Spielzeug herstellen.[18] Als fröhliche Sklaven der Industrie fertigen sie Geschenke am laufenden Montageband, während Santa mit dem Oberzwerg die Wunschzettel der Kinder mit ihren guten und bösen Taten abgleicht, welche ein strenger Oberzwerg in einem großen Buch der Schicksale notiert hat. Das Spielzeug entwickelt in diesem Zeichentrickfilm ein fetischistisches Eigenleben. Erst ist diese Lebendigkeit noch in den Produktionsprozess eingespannt. Die Zwerge halten den unbelebten Puppen, die in der Fabrik hergestellt werden, eine große Spinne vor das Gesicht, was sie zu schreckhaftem Leben erweckt – nun können die Zwerge die im Schock aufgerichteten Haare der Puppen bequem zu Zöpfen formen. Santa persönlich bringt dann den zum Leben erwachten bezopften Puppen bei, wie man „Mama" sagt.[19] Er spielt mit den Miniatursoldaten und Modellautos und Modellflugzeugen herum, bis sie wie magisch belebt erscheinen. Der Alte lacht, „Ho-ho-ho", ein großes Kind, dann gibt es ein großes Durcheinander, und auf einmal marschieren alle Spielzeuge zum Takt eines Weihnachtsmarsches, beseelt von eckiger Lebhaftigkeit, auf einen großen Sack zu, den Santa für sie aufhält.

Abb. 6: Belebte Spielwaren in
„Weihnachtsmanns Werkstatt" (Walt Disney, 1931).

Santa macht den Sack zu, er stolziert zu seinem Schlitten, beschwingt und jugendlich, man hätte es dem schwergewichtigen Alten nicht zugetraut. Die seltsame zwergenhafte Nordpolbesatzung schmettert ein Lied, und schon saust der von den Rentieren gezogene Schlitten hoch zum winterlichen Vollmondhimmel, Richtung Welt. Um den Nordpol mit einer Schiffsexpedition zu erobern, musste man auch in den 1920er Jahren noch ein echter Seelenverkäufer sein, den die erfrorenen Nasen usw. seiner Matrosen nicht weiter kümmerten.[20] Singen sollten sie und weitermachen. Die Spielwaren in Walt Disneys Kurzfilm vom weihnachtlichen Nordpol sind käufliche tote Sachen, aber sie gewinnen eine Seele, sie wollen verschenkt werden und nicht verkauft. Das bestätigt die Theorie vom Warenfetisch und von der Erfindung des Kultes um Santa Claus als Ausdruck des Massenkonsums, und es widerlegt sie zugleich. Die Kritiker des Warenfetischismus haben einfach nicht genau hingesehen. Ja, es wird die Illusion geschaffen, dass in entfremdeter Fabrikarbeit geschaffene Sachen, dass Waren die überspannten Erwartungen der Menschen erfüllen können. Aber die Illusion geht viel weiter, der Schöpfer der Spielzeuge zwinkert nicht umsonst, lacht nicht grundlos sein stetes „Ho-ho-ho" und fliegt uns allen auf seinem Schlitten davon. Er macht sich über unseren Fetischismus lustig mit seinen lebendigen Puppen.

Die Theorie, dass Santa Claus ein Warenfetisch sei, Teil der künstlichen, einer „erfundenen" Ersatzreligion des Konsums, beruht aufeiner einseitigen Betrachtung des Weihnachtsrituals. Der Aspekt der Selbsttäuschung wird überbetont und das kritische Potential der Gabenbräuche wird übersehen. Wenn wir Weihnachten feiern, sind wir nicht nur im Kaufrausch, sondern wir setzen uns zugleich über die Erfahrung der Käuflichkeit von Sachen und Menschen hinweg. Die Kritik des Warenfetischs übersieht, dass die Erwachsenen selbst nicht an den Weihnachtsmann glauben, sondern dass sie den Kindern ermöglichen wollen, noch eine Weile wirklich jenseits der Warenwelt zu leben, in einer Welt der belebten Puppen und Masken, wo Zwerge eine Menge Spaß dabei haben, wenn sie das ganze Jahr hindurch in einem finsteren Berg am Nordpol schuften. Das heißt, die Erwachsenen wehren sich auch dagegen, dass ein Kultobjekt ihrer Kinder, der Weihnachtsmann, zu einem wirklichen Warenfetisch wird.

Abb. 7: „Lebt wohl, ihr Zwerge, nun lebt wohl“: Weihnachtsmann hebt ab (Walt Disney, 1931).

Dieses „Andere“ an Weihnachten, dieser Rest, der nicht von den kritischen Theorien geklärt wird, interessiert mich hier besonders. Die Anhänger der Theorie vom Warenfetisch machen sich nicht ausreichend Gedanken darüber, dass mit Weihnachten Jahr um Jahr kurzfristig ein Freiraum aufgetan wird: Eltern verbergen vor ihren Kindern, dass sie die Urheber der Geschenke sind. Hinter der Selbsttäuschung über den Fetischcharakter der Ware steht die Täuschung der Kinder durch Erwachsene, und dahinter steht wiederum eine Wahrheit, die Liebe der Eltern zu ihren Kindern. Liebe ist immer ein verrückter und doppelsinniger Zustand, sie kann schnell in Hass umschlagen und in quälerische Abhängigkeiten, wie wir alle aus unserer eigenen Kindheit wissen. Aber hier geht es um die verrückte Bereitschaft von Eltern, das schlechteste Geschäft der Welt zu machen. Heute im Zeitalter der Empfängnisverhütung wird dieser Aspekt immer deutlicher sichtbar, denn heute zeugen wir unsere Kinder in gewisser Hinsicht aus freien Stücken. Die Aufzucht von Kindern bringt nur in seltenen Fällen irgendeinen direkten finanziellen Gewinn. Man muss sehr lange auf den Gewinn warten und sich darauf einstellen, dass er vielleicht niemals ausgezahlt, niemals kassiert werden kann – das ist die heutige Situation von Elternliebe.

In allen früheren sozialen Systemen kannte man keine Rentenversicherung, und die Eltern waren schlussendlich auch auf die Hilfe ihrer Kinder angewiesen. Schon deshalb wird in diesen Gesellschaften viel Wert auf die Achtung der Alten gelegt. Und trotzdem gibt es zahllose Berichte über die Chancen und Versuche der Jungen in Gesellschaften ohne Rentenversicherung, sich um ihre schwere Aufgabe zu drücken, von der Abschiebung in religiöse Institutionen bis hin zu Mord und Grausamkeit gegen die Alten. Man kann aber auch eine Menge gegenläufige Erfahrungen zitieren, Geschichten von lang andauernder Fürsorge und rührender Trauer der erwachsen gewordenen Kinder um ihre alten Eltern.[21] Gerade das Nebeneinander von Fürsorge und berechnender Grausamkeit zeichnet Menschen aus. Sie sind so doppelgesichtig wie das konsumistische Weihnachtsfest, das wir aus lauter Liebe zu unseren Kindern veranstalten. Weihnachtsmann schiebt hier eine Plattform ein, auf der Kinder und Eltern nach und nach frei vereinbaren können, wem die guten Gaben zugeschrieben werden, die sie sich geben. Das entlastet beide Seiten von der Doppelsinnigkeit ihrer Gefühle, von Liebe und Hass, von Abhängigkeit und Aufgehobensein. Manche Kinder erkennen früh, dass es Weihnachtsmann nicht gibt, spielen aber weiter mit, weil auch sie diese Freiheit zu schätzen wissen und sie ihren Eltern gönnen. So gesehen sind die Gaben von Sankt Nikolaus auch eine „Art umgekehrter Diebstahl: Man schmuggelt das Geschenk buchstäblich bei Nacht und Nebel in das Haus des Empfängers, so dass niemand weiß, wer es gebracht hat. Die Figur des Nikolaus (der, erinnern wir uns, nicht nur der Schutzheilige der Kinder ist, sondern auch der Heilige der Diebe) ist wohl die fromme Legende zu diesem Prinzip: ein großzügiger Einbrecher, mit dem es keine soziale Beziehung geben kann und dem man deshalb auch nichts schuldet – im Fall des Nikolaus, weil es ihn gar nicht gibt."[22]

Ein Fetisch ist nicht nur eine Täuschung, sondern auch ein Transportmittel der Liebe, einer Liebe, die sich dermaßen in Zeit und Raum ausdehnt, dass die individuelle Urheberschaft der Eltern an ihren Geschenken unwichtig oder sogar absichtlich verheimlicht wird. So entsteht eine Sphäre, die von Geschäftsbeziehungen frei ist, vom Geben und Nehmen, von Ehrfurcht wie Rebellion – aber auch von Verantwortung. Darum passt dieses Prinzip der Liebe genauso in die dichte soziale Szene einer Stammesgesellschaft wie in den entfesselten, die Menschen auseinandertreibenden Kapitalismus des frühen dritten Jahrtausends. Selbstverständlich ist das Lieben und Schenken eine flüchtige Erfahrung in einer Gesellschaft, für die das gesamte Leben auf Berechnungen basiert. Das Scheitern ist vorprogrammiert. Doch hartnäckig hält sich der Brauch, dass der Weihnachtsmann die Geschenke bringt und dass Geschenke verpackt sein müssen. Die Verpackungen machen die Urheberschaft der Schenkenden auf den ersten Blick unkenntlich (oft wird sie dann doch wieder geltend gemacht durch ein kleines Zettelchen, das an das Geschenk angehängt ist). Und die Geschenke sollen untereinander nicht auf den ersten Blick vergleichbar sein, denn man sieht nur noch, ob sie groß sind oder klein, und das Kleine kann kostbarer sein als das Große. Damit geht es um das Schenken selbst, nicht um das Geschenk, und die Geschenke werden zum Ausdruck der Liebe und der Hoffnung auf eine gute Zukunft, die man zum Teil selbst nicht mehr erleben wird, sondern allenfalls die Beschenkten.

Das führt direkt zum Vorbild von Weihnachtsmann und Santa Claus, zum mittelalterlich-katholischen und orthodox-christlichen Sankt Nikolaus. Häufig wurde er mit drei Kugeln aus Gold in der rechten Hand abgebildet, die linke Hand hält den hohen Bischofsstab, ernst schaut er meistens drein mit hoher Stirn und Bischofshut, das Gesicht verlängert durch einen großen Bart.[23] Die Kugeln hält Nikolaus in der Hand, weil er heimlich bei seinem Nachbarn goldene Kugeln oder runde Geldbörsen in den Garten oder in das Wohnzimmer gelegt oder geworfen haben soll. Der Nachbar war drauf und dran, seine Töchter in ein Bordell abzugeben, er kann sie nicht mehr ernähren, nun sollen sie ihn ernähren – so war das vielleicht manchmal vor der Ära der Rentenversicherungen. Er kann sie nicht verheiraten, weil er kein Geld für die Mitgift hat, das wäre die anständige Alternative zum Bordell. Als Nikolaus vom Nachbarn beim „Einlegen“ des Goldes erwischt wird, bittet ihn der junge Mann, der bald ein Heiliger werden wird, niemandem die Geschichte mit den Goldkugeln zu erzählen. Nikolaus will nicht als

Sponsor von Hochzeiten berühmt werden, es steckt viel mehr in ihm. Der Mann, der seine Töchter als Prostituierte gehen lassen wollte, damit sie nicht verhungern, verheiratet sie nun standesgemäß und schweigt. Von dieser Geschichte ist bei Walt Disney, bei Moritz von Schwind, Thomas Nast, Hadden Sundblom und anderen Erfindern des Weihnachtsmannes nicht die Rede. Aber die Story von der geheimgehaltenen Gabe, welche die Familien zusammenschweißt, hat im Santa Claus und Weihnachtsmann des 19. und 20. Jahrhunderts überlebt, 1600 Jahre nach dem mutmaßlichen Todesdatum des mutmaßlichen Nikolaus, Bischof von Myra. Manche Christen setzen heute den „echten" Sankt Nikolaus frontal gegen den Weihnachtsmann,[24] doch das ist genauso fanatisch wie die Kritik an Weihnachtsmann als bloßer Warenfetisch oder wie islamische Hasspredigten gegen das Mitfeiern bei Nachbarn und Freunden aus anderen Religionen. Die Kritiker schauen zu sehr auf Weihnachtsmann als Brauchfigur, die mit dem christlichen Weihnachten verbunden ist, sie studieren zu wenig das Bild selbst und die Legende und den mit ihr verbundenen Brauch. Seit den ersten Legenden, die uns aus der Wende vom fünften zum sechsten Jahrhundert n. u. Z. überliefert sind, ist mit dem Nikolaus das Schenken verbunden, die Gabe, die den Urheber der Gabe verschleiert. Über diesen Inhalt hat sich das Bild entwickelt und durchgesetzt und nicht etwa, weil es einfach so von Künstlern erfunden, von Christen propagiert oder von Werbestrategen gepusht wurde.

Was wurde nicht schon alles erfunden im Bereich der Märchen, Mythen und Bräuche! Selbst bei generalstabsmäßig mit viel Geld geplanten Werbekampagnen für neue Produkte im engen überschaubaren Rahmen der Warenwelt ist der Erfolg nicht vorhersagbar. Santa Claus & Co. sind weltweit erfolgreich, so dass sich unzählige Markenprodukte an ihr Bild, an ihre Legende anzuheften versuchen. Santas Glanz soll auf die Waren abfärben, nicht umgekehrt. Der Siegeszug der Weihnachtsmänner beruht auf einem aktuellen und zugleich sehr alten menschlichen Bedürfnis: Man will sich gegenseitig beschenken und sucht nach einem festlichen Anlass dafür, nach einer Bestätigung durch Legenden und Regeln. Menschen wollen einfach schenken, auch wenn es manchmal fast nichts mehr zu schenken gibt. Als Mitteleuropa endlich vom Dritten Reich befreit war, nach dem

Ende des Zweiten Weltkrieges, gab es nur noch sehr wenige Konsumartikel. Der aus bescheidenen Verhältnissen stammende Duisburger Heinrich Schulz erinnert sich:

„Heiligabend 1946 gingen wir, um Heizmaterial zu sparen, früh schlafen. Wir, das waren meine Mutter, mein 16jähriger Bruder und ich, 14 Jahre alt. Unser Vater, der schwerkriegsbeschädigt war, hatte seinen Nachtdienst als Wächter bei einem Fremdunternehmer auf einer Schachtanlage in Walsum angetreten. Gegen Mitternacht wurden wir aus dem Bett geholt. Vater ist mit einem Glas Senf, einem Liter Senf, erschienen. Den Senf hat er von einer ehemaligen Schulkollegin, die in der Betriebsküche beschäftigt war, bekommen. Nun saßen wir um den Tisch und aßen trockenes Brot mit dick Senf darauf. Es war ein Festessen."[25]

Der kleine Moment von Freigiebigkeit und Überfluss überwindet reines Nützlichkeitsdenken. Als Zeugnis derselben Nachkriegszeit können wir aber auch eine Erzählung verstehen, die der deutsche Nobelpreisträger Heinrich Böll im Jahre 1952 veröffentlicht hat.[26] „Nicht nur zur Weihnachtszeit" ist eine absurde Story über den Verfall einer Familie, deren Mutterfigur durchgedreht ist und nun täglich eine Weihnachtsfeier erzwingt, immer und immer wieder. Im Nazireich war unbeirrt bis 1944 Weihnachten gefeiert worden, auch in den Notunterkünften der Bombenopfer und unter den Wachmannschaften der Lager. Für die Millionen Verschleppten, Kriegsgefangenen und Inhaftierten gab es nichts zu feiern. Bölls Kritik an der Sinnlosigkeit der Rituale angesichts von Krieg, Verbrechen und Nachkriegselend reibt sich am Versuch des Neuanfangs, den die Duisburger Familie mit ihren Senfbroten unternimmt.

Großzügigkeit und Gegenseitigkeit haben enge Grenzen in Raum und Zeit. Aber der kleine Ausschnitt, den wir aussuchen, um andere zu beschenken und mit ihnen solidarisch zu sein, braucht sich hinter den vielen langen Phasen des Egoismus nicht zu verstecken. Altruismus beginnt beim Abenteuer der Erzeugung und Aufzucht von Kindern, und diesem Altruismus, weitergegeben in einer kulturellen und biologischen Evolution von ein, zwei Millionen Jahren, verdanken alle heute lebenden sieben Milliarden Menschen ihr Leben. Altruismus wird in den westlichen Kulturen heute wieder gerne mit christlichen Idealen in Zusammenhang gebracht. Es ist auch nicht schwierig, christliche Ideale darin zu erkennen: Nikolaus lebt Jesus nach, wenn er sein Erbe in der Form goldener Kugeln an die Töchter des Nachbarn verschenkt. Christliche Eltern- und Nächstenliebe hat die Entwicklung und Aufnahme der Gestalt des Gabenbringers in das Winterbrauchtum der europäischen und amerikanischen Gesellschaften zweifellos begünstigt. Aber Eltern- und Nächstenliebe gibt es auch in anderen Religionen und Zivilisationen, nicht nur im Christentum.[27] Und an vielen „nichtwestlichen" Orten der Welt gibt es den Wunsch, das Ende des (Geschäfts-)Jahres großzügig zu feiern oder einfach zu bestimmten Terminen des Sonnenjahres und der Jahreszeiten ein festliches Zeichen der Großzügigkeit zu setzen, wie berechnend die Intentionen bestimmter Organisatoren und Teilnehmer dieser Events auch immer im Einzelnen sein mögen.

Damit tritt die Frage nach der Geschichte des Festes auf einer anderen Ebene wieder in Erscheinung, sie wird unwichtiger und wichtiger in einem. Nun geht es nicht mehr um die Erfindung von Bildern und deren fetischistische, automatisch gedachte mediale Wirkung, sondern um die tiefer greifenden Rituale, mit deren Hilfe Menschen Zeitabschnitte gliedern. Sie versuchen, in bestimmten Momenten des Jahres Bilanz zu ziehen und ihr Gemeinschaftsleben neu zu ordnen. Erst seit wenigen Jahrzehnten ist das Jahresende in den Kalendern der internationalen Geschäftswelt völlig an die Daten des christlichen Kalenders gebunden, der dazu allerdings viele Kompromisse mit den Berechnungen der wissenschaftlichen Astronomen eingehen musste. Der 31. Dezember ist kein objektives Datum. Dass sich langsam alle menschlichen Kalender auf dieses Datum als Jahresende mehr oder weniger einzuschwingen scheinen, kann man sicherlich als Ausdruck einer imperialen Ausbreitung der westlichen Waren- und Konsumgesellschaft verstehen. Doch der so nah beim 31. Dezember platzierte 21. oder 22. Dezember ist auf der Nordhalbkugel der Erde auch ein „objektiver" Termin, ein Augenblick der Wende, der Wintersonnenwende nämlich – unabhängig von astronomischen, politischen und ökonomischen Systemen. Vielleicht überspringen Weihnachtsmann und Santa Claus immer wieder so mühelos die Grenzen zwischen den Kulturen, weil ihr Mythos und ihr Ritual in der westlichen Hälfte Eurasiens strikt an den Weihnachtstermin und an den Winter gebunden sind. Der Sprung von Norden nach Süden dagegen gelingt nicht immer so leicht, obwohl wir im Zeitalter der klimatisierten Einkaufszentren und der Interkontinentalflüge in Wintersportgebiete oder zu tropischen Sonnenstränden leben.[28]

Dieses wandernde und sich ständig in neuen Erfindungen fortsetzende Geflecht von Bräuchen und Bildern, Sachen und Hoffnungen ist durchzogen von der seltsamen, selbstzufriedenen Fröhlichkeit eines alten, aber sehr energiegeladen wirkenden Menschen, der sich für andere abarbeitet, ohne sichtbaren Gewinn daraus zu ziehen. Santa und Weihnachtsmann sind nicht nur mediale Bilder, sondern Zustände, die weder in den Theorien der Kritiker des Warenfetischismus so ganz unterzubringen sind noch in den Dogmen der Weltreligionen oder gar in den Werbeversprechen internationaler Konzerne. Jahr für Jahr wird diese Gebefreudigkeit durch die Gestalt des Weihnachtsmannes beschworen, nicht immer zur Freude der christlichen Kirchen, die gerne Gottvater oder wenigstens das Christkind an seiner Stelle sehen würden. Wie ein Wind scheint sich das Fest mit der Warenwirtschaft über die ganze Welt auszudehnen – als Kultur der Geschäftsuntüchtigkeit (ein Fabrikant, der seine Waren verschenkt, ist wohl der schlechteste Geschäftsmann, den man sich denken kann), als Gegenpol zur Käuflichkeit (ein Gegenpol, der paradoxerweise wieder Käufe anregt). Doch noch hängt dieser Brauch an christlichen Terminen. Überall dort, wo Christentum und andere Religionen im Streit liegen, kann es auch Probleme bei der Ausbreitung des Jahresabschluss-Festes und der Bescherung durch den Santa geben. Im kommunistischen Russland der 1920er Jahre musste „Väterchen Frost" betont werden, damit man sich nach der Abschaffung des Weihnachtsfestes und des russisch-orthodoxen Kultes von Sankt Nikolaus am Ende des Jahres, in dunklen Wintertagen, etwas Schönes schenken und zusammen fröhlich sein konnte. Durch Globalisierung und Immigration kommt das mitteleuropäische Weihnachtsfest heute in eine ähnlich revolutionäre Krise des Übergangs, in den USA ist dieser Prozess schon viel weiter fortgeschritten – christliche und nichtchristliche Kulturelemente müssen zu einem gemeinsamen Jahresabschluss verbunden werden, Altruismus und das Schenken müssen jenseits rein christlicher Ethiken wiederbelebt werden, Endjahresgrüße müssen kulturell neutral formuliert werden: „Season's greetings" schickt man sich oft auf Postkarten mit naturmystischer, ironischer oder sozialer Bildwahl, nicht „Merry Christmas", das hatte ich bereits erwähnt. Darum wirkt die weniger dicht an die christliche Religion gebundene Figur des Santa Claus heute auch so stark auf die mitteleuropäischen Überlieferungen zurück, aus denen sie letztlich selbst stammt.

Die Frage nach der Geschichte des Kultes wird in diesem Zusammenhang gerne umgangen. Dass Figuren wie Santa oder Weihnachtsmann sich verändern, eine Geschichte haben können, tritt in den Hintergrund, wenn Menschen Weihnachten einfach so feiern. Wenn man sie fragt, sagen manche, ihr Weihnachtsmann, ihr Santa sei einfach so von einem bei Coca-Cola angestellten Werbegraphiker erfunden worden. Viele erkennen die Herkunft der Figuren von Weihnachtsmann und Santa Claus aus der Gestalt des Nikolaus nicht mehr mit Deutlichkeit, manche haben noch nie davon gehört, anderen ist es schlichtweg egal, und wieder andere ärgern sich, wenn sie verstehen, dass die mitteleuropäischen Rituale des Schenkens und des Jahresabschlusses an einen in allen christlichen Kirchen und lange Zeit auch von den Protestanten verehrten Heiligen gebunden sind. Der Streit um eine eventuelle, nie wirklich bewiesene „heidnische" oder altgermanische Herkunft des Gabenbringers und seiner Bräuche ist in Deutschland bald zweihundert Jahre alt, weil es ab 1800 immer mehr neue Deutsche gab, Anhänger einer entstehenden Nation, die nicht akzeptieren wollten, dass ihr Lieblingsfest christliche und mediterrane, also „fremde" Ursprünge hat.

Mein Ziel ist nicht, irgendeine historische Wahrheit des Weihnachtsfestes und des Weihnachtsmannes zu verkünden, seine eindeutige Herkunft aus dem Christentum oder aber aus dem Heidentum. Ich will diese Ursprünge auch nicht zugunsten einer abgestandenen und pauschalen Kritik des Warenfetischismus beiseitelegen. Meine Strategie ist sehr einfach: Ich werde die vielfach nachgewiesene Abstammungslinie von Weihnachtsmann und Santa Claus bis zurück zum historischen Sankt Nikolaus noch einmal abgehen und dabei nach verborgenen Potentialen dieser Figur fragen, nach Reserven, die man im Moment der Neuschöpfung mobilisieren kann – heute, wo es darum geht, Weihnachtsmann und das Ritual des Schenkens und die

Jahresabschlussfeste allen Menschen der Welt zu öffnen. Bei meinem Vorhaben wird mir sehr hilfreich sein, dass Sankt Nikolaus von Anfang an in Europa eine fremde, eine östliche Figur ist, die eine Fülle von Ideen in das Christentum integrierte, welche dort auch gut hineinpassten wie zum Beispiel die Geschichte vom heimlichen Geschenk der Goldkugeln und damit von der Rettung einer verzweifelten Familie. Bei dieser Geschichte handelt es sich offensichtlich nicht um eine klassische christliche Geschichte allein, sondern um die Weiterentwicklung viel älterer, weltweit verbreiteter Sagen und Märchen, in denen zerbrechende, nicht mehr der Solidarität mächtige Familien durch eine übernatürliche Gabe gerettet werden.[29] Es ist die Geschichte der Gegenseitigkeit und der Solidarität unter den Menschen, und es ist zugleich die Geschichte von den Grenzen der Großzügigkeit.

Das Christentum kann ohne den Nikolaus leben, ohne Weihnachtsmann und Santa Claus sowieso. Aber diese Gestalten haben auf der anderen Seite einen Resonanzbereich, der weit über die christlichen Gesellschaften hinausweist. Es gibt viele Götter des Gebens und des Lebens und der Zeitabschnitte, die in Asien zu Hause sind, unter Buddhisten und Indoeuropäern, bei chinesischen Daoisten und in den schamanischen Riten Sibiriens. Sicherlich haben ihre Legenden und Rituale immer wieder auch im Austausch mit christlichen Ideen gestanden, aber manche von ihnen sind deutlich älter als das Christentum. Es hat aber auch keinen Zweck, aus multikulturellen Rücksichten heraus der Geschichte des europäischen und nordamerikanischen Kindergottes ausweichen zu wollen, im Gegenteil, wenn wir diese Geschichte studieren, können wir unsere Bräuche in einen größeren Horizont stellen und unseren falschen Stolz auf vermeintliche kulturelle Identität des „Abendlandes“ verarbeiten, anstatt einfach so zu tun, als hätte der Westen alles und jedes erfunden. Erst dann kann das Jahresfest der Gaben, das große Winterfest der Eurasiaten, von allen Kulturen her frei gestaltet werden und sein Potential voll entfalten: als kritischer, überlebenswichtiger Begleiter der Ausbreitung industrieller Warenkulturen.

3. Christentum und Weihnachtsmann – eine unlösbare Verbindung?

Name und Geburtsdatum

Wenn wir die Geschichte von Weihnachtsmann, Väterchen Frost, Santa Claus und Sankt Nikolaus in ihrem geschichtlichen Zusammenhang aufblättern, dann treten, weit über die formalen Ähnlichkeiten in Rolle und Outfit hinaus, Gemeinsamkeiten dieser Gestalten ans Licht. Verbindende und trennende Elemente werden sichtbar, Zusammenhänge von Brauch und Bildern, die selten ausgelotet wurden. Wir geraten auf eine seltsame Spur, die sich jedoch aus ziemlich offensichtlichen Tatsachen zusammensetzt. Der christliche Heilige Nikolaus ist nicht bloß ein christlicher Heiliger, obwohl man ihn auf dem Höhepunkt seiner Verbreitung, in Byzanz und später im hohen europäischen Mittelalter, sogar als „Hyperhagios" bezeichnen wird, als „Superheiligen", oder auch als „Weltenrichter", der am Ende aller Tage an der Stelle von Jesus die Toten richten wird. Sein Siegeszug in der christlichen Welt und später in den Zentren der industriellen Weltwirtschaft ist aus den christlichen Dogmen und Legenden des Mittelalters heraus allein nicht erklärbar. Das Christentum als organisierte, auf biblischen Texten basierende Religion kommt sehr gut ohne den Nikolaus aus. Es kannte in den ersten drei Jahrhunderten seiner Existenz keine mit dem 6. Dezember und dem Advent verbundene Weihnachtszeit und kein mit dem 24. Dezember verbundenes Weihnachtsfest.[1] Es gab und gibt bis heute immer wieder anerkannte und von ihren Glaubensgenossen respektierte Christen, denen die Gestalt des Gabenbringers nicht wichtig ist. Bibelfesten Christen kann die Wandlungskraft der Vereinigung mit dem wiedergeborenen Gottmenschen Jesus Christus genügen, ihnen kann es im Grunde egal sein, wann ihr Erlöser Geburtstag hatte. Es genügte, seine Taten, seine Schicksale zu kennen. Gemessen daran hat die Frage nach dem Geburtstag etwas Kleinliches – sollen wir etwa jemanden mit einem kleinen Geburtstagsgeschenk günstig beeinflussen, der am Jüngsten Tage himmelhoch erhaben als Richter über uns steht? Aber genau so ein kleinliches Datum, der Geburtstag sozusagen, ist eigentlich alles, was man vom Nikolaus des Mittelalters und vom amerikanischen Santa Claus weiß – sie haben feste Tage, den 6. und den 24. Dezember. Auch der deutsche Weihnachtsmann ist auf den 24. Dezember fixiert, dem von der verstaatlichten christlichen Kirche des vierten Jahrhunderts er- und gefundenen Geburtstag Jesu Christi.

Fangen wir noch einmal bei den Namen an – selbst von Jesus muss man, wenn schon nicht das Geburtsdatum, so doch den Namen kennen, um ihn verehren zu können. Santa Claus – der Name sagt alles, das stammt eindeutig von Sankt Nikolaus, Hagios Nikolaos, wie er bei den Griechen hieß. Er soll als Bischof in der byzantinischen Hafenstadt Myra gelebt haben, Hüterin eines der Leuchttürme, welche die Fortsetzung der antiken Seidenstraße auf dem Seeweg entlang der anatolischen Küste markierten. Heute liegt dort, wo einst das antike Myra stand, der verschlafene Badeort Demre. Die türkische Stadtverwaltung führt Touristen gerne zu den Höhlenkirchen der byzantinischen Christen. In einem verfallenen Gotteshaus sieht man dort einen zerbrochenen leeren Steinsarg, in dem Nikolaus nach seinem Tode (vielleicht im Jahre 365) gelegen haben soll, bis ihn im Jahre 1087 süditalienische Kaufleute nach Bari abtransportierten. Dort, in Bari, wird ein Leichnam des Heiligen Nikolaus heute noch in der größten Kirche der Stadt verehrt. Doch die Stadtverwaltung von Demre hat Nikolaus auch in der Gestalt eines weltumfahrenden Weihnachtsmannes ein schönes Bronzedenkmal gesetzt. Sehr früh soll sich der Kult des Heiligen Nikolaus, Bischof von Myra, mit dem Kult eines anderen heiligen Bischofs der byzantinischen Kirche vermischt haben – das heißt, der historische Gehalt der Legende um

Nikolaus ist unsicher. Doch schon im 7. Jahrhundert schwappte die „Nikolausbewegung", wie der größte Historiker des Kultes, Karl Meisen, dieses Phänomen genannt hat, nach Europa hinüber, und bald gehörte der Bischof von Myra zu den größten Heiligen aller christlichen Kirchen von Armenien, Griechenland und Russland bis nach Italien, Frankreich und Schweden.[2] Man verehrte ihn als Gabenbringer und Befreier der Schwachen, der Gefangenen, der Kinder, der Kaufleute, der Seeleute und aller Menschen, die auf freie Wege angewiesen sind.[3]

Von dieser Gestalt stammt Weihnachtsmann ab, ebenso Santa Claus. „Santa" ist eine entchristlichte Version des Heiligen Nikolaus. Allerdings wurde der griechische, lateinische und mittelalterliche Name des Heiligen in den USA verballhornt, er klingt ein wenig nach „Santa Maria", dem italienischen und spanischen Namen der Mutter Gottes, und ein wenig nach dem norddeutschen und holländischen Namen „Klaus" oder „Klaas". Als der Name „Santa Claus" entstand, in den USA zu Beginn des 19. Jahrhunderts, hat man den Gabenbringer auch auf Englisch „Saint Nick" genannt, aber das hat sich letztlich nicht halten können. Santa sollte anscheinend irgendwie fremd, altertümlich und europäisch wirken. Und „Weihnachtsmann" – das kommt von Weihnachten, der christlichen Weihnachtszeremonie. Der Heilige Nikolaus wiederum soll seinen Namen den Menschen verdanken, die ihn und seinen Kult vielleicht erfunden, in jedem Falle erst richtig groß gemacht haben – dem Volk. Niko-Laos heißt, je nach Geschmack, „Sieger über das Volk" oder „Sieger des Volkes" oder „Sieger aus dem Volk", von griechisch laos, Volk, und niké, nikos, Sieg, Sieger.

In der Bibel steht jedoch von all dem kein Wort, vom Nikolaus-Volkssieger nicht und von „Santa Claus" schon gar nicht und auch nichts vom Geburtstag Jesu Christi. Über das Datum, ja über die bloße Tatsache von Jesu Geburt gibt es keinerlei historisch einwandfreie Aufschlüsse, und der Termin, den die Planer des neugegründeten römisch-christlichen Staates für den Geburtstag Jesu ausgemacht haben, fällt mit einem römischen Lichterfest zusammen, bei dem man in der Antike die Wintersonnenwende gefeiert hat, den Beginn der verstärkten Sonneneinstrahlung. Weihnachten steht in einer langen Reihe eurasiatischer Winterfeste, mit denen die Menschen ihre

Sehnsucht nach wärmeren Zeiten gezeigt haben – beim geringsten Anzeichen einer Wende zu mehr Sonne fingen sie an zu feiern. Um das zu verstehen, braucht man nicht über primitive Opferkulte zu spekulieren, mit denen die Menschen den Lauf der Sonne anfeuern wollten oder Ähnliches. Sie, die Leute, das Volk, haben einfach wieder Mut geschöpft und sich gefreut. Kulte, die diesen Moment im Wechsel der Jahreszeiten anzeigen, zum Beispiel auch zwischen dürren und feuchten Wetterphasen, gibt es sogar bei den indigenen Kulturen Afrikas, Südamerikas und Australiens. Nur in den tropischen Gebieten mit weitgehend gleichbleibender Wetterlage, vor allem in Ozeanien und zum Beispiel am Amazonas, sind sie nicht nachweisbar.

Aus päpstlicher Perspektive

Wir haben zunächst nichts außer winterlichen Daten, den 24. Dezember, den 6. Dezember, und wir haben Namen, Weihnachtsmann, also Mann der Weihnacht, und „Santa Claus", also irgendwie Nikolaus und doch nicht Nikolaus, und „Nikolaus", Name des katholischen und orthodoxen Heiligen, der von den Liturgien der orthodoxen und der katholischen Kirche eindeutig dem Dezember, dem Winter zugeordnet wird – angeblich soll Sankt Nikolaus von Myra an einem 6. Dezember gestorben sein. Nikolaus, Weihnachtsmann, Santa Claus – es scheint sich um eng verwandte Figuren zu handeln. Das bestätigt auch die äußere Erscheinung von Weihnachtsmann und Santa Claus. Der Heilige Nikolaus des Mittelalters hat mit dem deutschen und dem amerikanischen Weihnachtsgott viele Merkmale gemeinsam. Da sind die Bärte, die hohen Köpfe, die farbigen, oft in Rot gehaltenen Roben; und da sind immer wieder seltsame Kopfbedeckungen, Bischofshüte, Zipfelmützen, Kapuzen und pompöse Bommelmützen. Papst Benedikt XVI. hat Weihnachten 2005, kurz nach seiner Wahl, mit Hilfe einer seltsamen Kopfbedeckung den Weihnachtsmann für die Weltpresse gespielt. Dieser deutsche Papst ist ja sowieso schick, im Frühjahr 2011 wurde er sogar einmal mit Schuhen der noblen Marke Prada gesichtet. Doch im Jahre 2005 zeigte sich Benedikt XVI. bei seinem ersten Weihnachtsfest als Papst

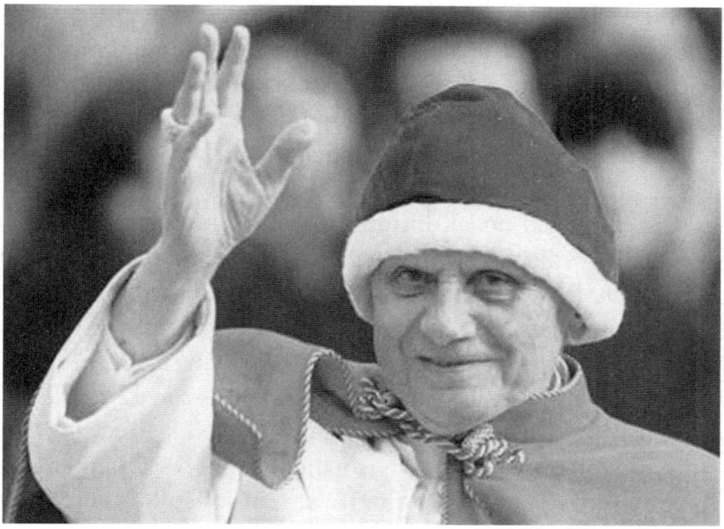

Abb. 8: Benedikt XVI. tritt Weihnachten 2005 im päpstlichen „Camauro" auf und kritisiert den Konsumismus.

auf dem Petersplatz in Rom mit einer sehr selten gewordenen Kopfbedeckung, dem „Camauro". Das ist eine runde Mütze aus rotem Samt mit weißem Pelzbesatz. Papst Benedikt XVI., so hieß es, wollte damit deutlich machen, dass Weihnachtsmann und Santa Claus viele ihrer Gestaltungselemente aus dem altmodischen Pomp der Päpste und Bischöfe beziehen.[4] Doch wird das Ganze dadurch gleich christlich?

Jahrzehntelang hatte kein Papst diese Kopfbedeckung getragen, nur formal betrachtet galt sie noch als Bestandteil der päpstlichen Grundausstattung. Das Wort „Camauro" soll von „Kamilavkion" stammen, von „Kamel" also, von den Kamelhaar-Hüten hoher byzantinischer Beamter, die heute noch von den griechisch-orthodoxen Priestern getragen werden. Die mit Hermelinfell umkränzte rote Samtmütze des Papstes ähnelt aber mehr den Pelzmützen kirgisischer und mongolischer Nomaden und der „Yarmulke" orientalischer Juden, von der es übrigens im Rahmen des Zusammenflusses amerikanischer Weihnachtsbräuche mit dem jüdischen Hanukka-Fest (Chrismukka, Weihnukka) hübsche Santa-Versionen in Rot-Weiß gibt.[5]

Angetan mit dieser urtümlichen Tracht, warnte der Papst die Jugend der Welt vor dem Konsumismus der Weihnachtszeit und rief die Welt zur Gebetsmeditation auf. Er wollte dabei an Ursprünge von Santa Claus erinnern, mit Kutte oder Zipfelmütze, darum hatte der mit mitteleuropäischen Weihnachtsbräuchen gut vertraute Papst aus Deutschland den Camauro gewählt.

Der Papst gegen den Konsum – warum kann sich der Mann in Rom eigentlich solche Machtwörter leisten? Das hat wohl mit einem komplizierten Prozess der Ausbildung und Auswahl zu tun, der schließlich einen gelehrten und mit der Kirche sehr erfahrenen Mann an die Spitze der ältesten Institution der Welt treten lässt. Es hat mit dem weltweit arbeitenden Apparat der katholischen Kirche zu tun und mit den mystischen Erlebnissen und Gewohnheiten, die Millionen und Millionen von Menschen an die Realität Jesu glauben lassen, dessen Stellvertreter auf Erden der Papst sein soll. Doch ein Stück der Wirksamkeit des Papstes liegt auch in dem Pomp des mit großartigen Kunstwerken bestückten Vatikans in Rom und sogar in den altertümlichen Trachten, welche die Päpste tragen. Der Vatikan ist einer der ältesten durchgängig bis heute benutzten großen Ritualplätze der Welt und das Papsttum die älteste regierende königliche Dynastie. Die eigenartigen päpstlichen Kleidungsstücke, der Rock, der Überwurf, die textile Brustwehr, die Handschuhe und eben auch die Kopfbedeckungen, sind lebendige Spuren einer in die römische Antike zurückreichenden Bewegung, aus der die Päpste Autorität schöpfen: der Papst als oberster Seelsorger mit einem einfachen Käppchen, wie es auch die frommen Juden tragen; der Papst im weiten Mantel, wie ihn auch muslimische Imame und sibirische Schamanen tragen, zum Zeichen ihrer schwebenden, himmlischen Macht; der Papst mit der Brustwehr des „Obersten Brückenbauers“ der heidnischen Römer, dessen Amt irgendwann an den Bischof der heiligen Stadt des katholischen Christentums übergegangen ist (Pontifex Maximus) – und schließlich der Papst im Camauro, der Mütze eines Kameltreibers, eines östlichen Weisen, eines Schamanen oder eines zentralasiatischen Rabbiners. Die flatternden Umhüllungen und hohen Hüte der zu Heiligen herangewachsenen christlichen Bischöfe und Päpste erinnern uns an die bei Katholiken auf der ganzen Welt verbreiteten Legenden von fliegenden Priestern, fast schon hexerisch oder schamanisch begabten katholischen Ordensleuten und allgegenwärtigen, luftig im Raum hin und her fahrenden Kirchenfürsten.[6] Es geht um die unheimliche Fähigkeit, sich durch die Luft zu bewegen, an mehreren Orten gleichzeitig zu sein und sich in jedes Haus einzuschleichen. Früher war die Farbe der päpstlichen Kleidung vor allem das Samtrot, der Purpur der antiken Kaiser. Das verbindet den Papst ebenso deutlich mit Santa und Weihnachtsmann wie der mit einem weißen Hermelinpelz besetzte Camauro. Viele Heilige der Legendenbücher und eine Reihe historisch bezeugter Päpste des 20. Jahrhunderts werden in Verbindung mit mal pompösen, mal flotten Mitteln der Fortbewegung gebracht, mit von Engeln verzierten wolkigen Kutschen oder Schiffen, später auch mit Flugzeugen und Raumschiffen, mit dem gläsernen „Papamobil" – oder wenigstens mit dicken Stiefeln, auf denen man schnell vorankommt bei Eis und Schnee.

Die Mehrheit der von Katholiken verehrten Bilder des Heiligen Nikolaus zeigen einen Mann in späten Jahren, der aber erstaunlich kraftvoll und entschlussfreudig wirkt, der einen langen Bart trägt und entweder seinen Schädel hinter einer Kutte oder der Kopfbedeckung eines katholischen oder orthodoxen Bischofs verbirgt oder aber eine

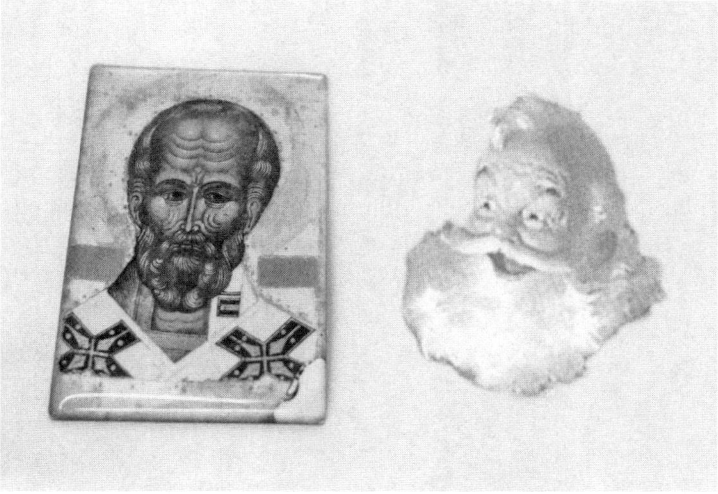

Abb. 9: Nikolaus und Weihnachtsmann im Vergleich.

enorme Stirnglatze zeigt, auf der sich manchmal noch eine Art Buckel gebildet hat. Beim Weihnachtsmann ist sie meist hinter der Kutte verborgen, aber man kann an ihrer Höhe erkennen, dass dahinter ein hoher kräftiger Schädel versteckt sein kann. Mit überaus hohem, unnatürlich hohem Schädel zeigt die griechische und russische Ikonenmalerei den Hagios Nikolaos, manchmal in größter Verfeinerung und Meisterschaft,[7] während die Legendentexte kaum mehr Auskunft über das Aussehen des Heiligen geben als die Angabe, dass er eine hohe Stirn haben soll und einen langen Bart. Die Bibel gibt schon gar keine Information über diese Gestalt. Ihre Herkunft ist dunkel.

4. Faktor „N“

Die Legende des Heiligen Nikolaos von Myra

Es geht hier nicht um einen historisch nachweisbaren Menschen, sondern um einen Typ. Aber das ist ein Typ, den man ernst nehmen muss – auch wenn er immer wieder kritisiert, veralbert und totgesagt wurde. Er hat sich stets durchgesetzt. „N“ hat der amerikanische Medienwissenschaftler[1] Charles Williams Jones die Gestalt Nikolaus-Weihnachtsmann-Santa treffend genannt, „N“ wie Nikolaus, aber das ist kein realer Mensch allein, kein durch Zeugnisse und Dokumente unmissverständlich bezeugter Name, Vorname, Geburts- und Todestag, sondern mehr als das und zugleich weniger. „N“ ist ein vom Volk wie von den Kirchen und, wie wir bald sehen werden, auch von den weltlichen Herrschern geschaffene Figur, die sich aber schnell gegen ihre Schöpfer wenden kann und dabei ein unheimliches Eigenleben entwickelt. Reale Menschen, die sich vielleicht hinter diesem Faktor verbergen, könnte man möglicherweise in den wenigen verlässlichen historischen Zeugnissen aus Ostrom und Byzanz im fernen fünften und sechsten Jahrhundert unserer Zeitrechnung finden: Da ist manchmal von einem Bischof namens Nikolaus (*zwischen 270 und 286, †326, 345, 351 oder 365) die Rede, in der kleinasiatischen Stadt Myra, heute Demre. Es gibt auch eine Reihe weiterer frühmittelalterlicher Nikoläuse, immer wieder im kleinasiatischen Zusammenhang, als die heutige Türkei noch weitgehend heidnisch und christlich war, multireligiös, lange bevor die riesige mediterrane

Halbinsel von den muslimischen Türken erobert wurde, deren Nachfahren sie bis heute vor allem bewohnen.[2] So unklar diese Ursprünge sind, so deutlich lässt sich schon für das sechste und siebte Jahrhundert – also lange nach dem Leben des angeblichen Bischofs von Myra im dritten und vierten Jahrhundert – eine starke Wirkung des Faktors „N" beobachten, seine rasante Ausbreitung, von Kleinasien nach Griechenland, dann nach Russland in das alte Kiewer Reich, in alle byzantinischen Ländereien der Ostkirche, und schließlich, ab dem 9. Jahrhundert, in das päpstliche Europa. Diese rasante Karriere ist mit immer neuen Höhepunkten verbunden, vor allem nach der angeblichen Überführung seiner Reliquien von Myra nach Bari. Doch auch die protestantische Kritik und der Kollaps des altchristlichen Europa um 1500 scheinen nur dazu geführt zu haben, dass der Kult des Nikolaus als Volksbrauch immer noch beliebter wurde, bis er schließlich in die USA wanderte, in den Kulten von Weihnachtsmann und Santa Claus aufging, die heute, weit über die christlichen Länder hinaus, zu den am weitesten verbreiteten Symbolen der Menschheit herangewachsen sind.[3]

Diese „Nikolausbewegung" ist heute eigentlich schwer zu verstehen. Ihr Geheimnis liegt für uns in griechischen und lateinischen Heiligenlitaneien und Legenden verborgen, die kaum jemand mehr auf Anhieb ohne Übersetzungen einfach so lesen kann.[4] Und auch aus einer sehr guten deutschen Übersetzung der lateinischen Legende des Heiligen Nikolaus können Leser und Leserinnen des 21. Jahrhunderts noch nicht ohne weiteres eine spannende und einleuchtende Geschichte für sich machen.[5] Nikolaus, so heißt es in den wohl seit dem 6. Jahrhundert kursierenden Vorlagen für die Lesungen, die während der Gottesdienste für diesen Heiligen zu hören waren, wurde als Sohn reicher Eltern in der byzantinischen Stadt Patara aufgezogen, an der lykischen Küste, westlich von Demre und Kas. „Als sein Vater und seine Mutter tot waren, begann er zu betrachten, wie er den großen Reichtum verzehre in Gottes Lob und nicht zu der Ehre der Menschen. Da war ein Nachbar, edel von Geburt und arm an Gut, der hatte drei Töchter, die wollte er in seiner Not in die offene Sünde der Welt stoßen, dass er von dem Preis ihrer Schande leben möchte. Als das Sanct Nicolaus hörte, entsetzte er sich über die Sünde; und ging hin und band einen Klumpen Goldes in ein Tuch und warf ihn des Nachts heimlich dem Armen durch ein Fenster ins Haus und ging heimlich wieder fort …" Im 21. Jahrhundert, wo man glaubt, alles offen benennen zu dürfen und zu können, brauchen wir eine gewisse Zeit, um die vorsichtige und verklausulierte Sprache der Legende zu verstehen. Es handelt sich hier um so etwas wie einen Freikauf aus Zwangsprostitution, der wiederum in eine Zwangsheirat münden wird, denn der Nachbar wird aus den Goldkugeln eine Mitgift für seine Töchter machen und sie nach dem „Einwurf" der Kugeln durch den Heiligen so schnell wie möglich verheiraten – „am nächsten Morgen", wie es in dem alten Legendenbuch heißt.

Legenden von St. Nikolaus nehmen in der von dem mittelalterlichen Mönch Jacobus de Voragine verfassten „Legenda aurea", dem goldenen Geschichtenbuch der Heiligen aus dem fernen 13. Jahrhundert, den ersten Platz ein, gleich nach einem Bericht über das Leben eines der ersten Jünger Jesu, des Apostels St. Andreas, des „Erstberufenen", der später als Apostel und erster Bischof in Byzanz gewirkt haben soll. Nikolaus' Leben als Heiliger steht damit weit vor den Lebensläufen der Apostel St. Peter und Paul, hinter denen man heute die eigentlichen Gründer der christlichen Religion vermutet, vor dem heiligen Antonius, den heute noch mancher Europäer oder Südamerikaner bei der Suche nach verlorenen Gegenständen um Beistand bittet. Nikolaus steht auch vor Sankt Franziskus, der im Jahre 1224 angeblich während einer Vision mit den Wundmalen Jesu stigmatisiert wurde und heute noch in aller Welt bekannt ist als Heiliger der Armut, als Vorbild von Mutter Theresa, als Naturfreund, der mit den Vögeln und den Tieren gesprochen haben soll und deshalb auch manchmal als Patron der Umweltbewegung unserer Zeit dient. „Hyperhagios"[6] wird Nikolaos genannt, das kommt von Hagios, „Heiliger", er ist also der Ober- oder Superheilige. Im europäischen Mittelalter wurde Nikolaus zum „Weltenherrscher" stilisiert, der Jesus beim Schätzen der Seelen der Toten hilft im Moment des Jüngsten Gerichts.[7] Warum? Was hat das mit den Goldkugeln zu tun und den anderen, heute oft verquer und geschraubt wirkenden Wundererzählungen aus der „Legenda aurea"? Wir können festhalten, dass es vor allem um eine Geschichte des Gebens geht, um Großzügigkeit. Das könnte vielleicht die schnelle Ausbreitung der Kulte erklären, die „Nikolausbewegung". Gingen mit der Gestalt dieses Heiligen in Byzanz und im christlichen Europa bereits massenhafte Bräuche des Gebens einher, wie sie heute mit den Bildern von Weihnachtsmann und Nikolaus verbunden sind? Leider geben die byzantinischen Legenden und Quellen kaum deutliche Auskunft über Alltagsbräuche, und auch in den Tafelbildern und Nikolausliturgien des christlichen Hochmittelalters sieht man keine Kinder, die von Haus zu Haus ziehen und um Gaben für Sankt Nikolaus bitten, oder einen Heiligen, der über den Kamin in die Häuser einsteigt und den Kindern gute Gaben bringt. Und trotzdem wird uns die Deutung vor allem der mittelalterlichen europäischen Bilder des Heiligen auf Themen bringen, die wir wiederum im heutigen Weihnachtsbrauch und in den historischen Bräuchen um Weihnachtsmann und Nikolaus wiedererkennen können. So ist das eben oft mit historischer und ethnologischer Forschung über die schlecht dokumentierten kleinen Dinge des menschlichen Lebens – wir gehen von einer These aus, die uns aber auf Quellen führt, welche vordergründig unsere These gar nicht weiter zu bestätigen scheinen. Doch wenn wir dieses Datenmaterial voll ausschöpfen, finden wir auf Zickzacklinien doch noch eine Art Beleg für unsere Ausgangsthese.

Comics aus dem Mittelalter

Lassen wir die heute schwer verständlichen Legendentexte erst einmal beiseite. Nähern wir uns der mittelalterlichen Gestalt „N“ über die Bilder an. In unserem Zeitalter der Bilderfluten verstehen wir schließlich alle etwas von Bildern. Das Heiligenbuch des Jacobus von Voragine (1230–1298) sagt nichts über das Aussehen des Heiligen. Aber in der christlichen Malerei hat man jahrhundertelang immer wieder um eine angemessene Darstellung des Hyper-Heiligen gerungen und um eine überzeugende bildliche Darstellung der teilweise haarsträubenden Geschichten, die sich um Nikolaus von Myra zugetragen haben sollen. Einige der größten Künstler der europäischen Kunstgeschichte haben sich mit dieser fernen, damals schon tausendjährigen und für uns heute fast unzugänglichen Botschaft um den Faktor „N“ abgeplagt. Aus der Hochphase der europäischen Nikolausverehrung des Mittelalters sind Bilder überliefert, die mit einem ganz besonderen Schmelz, mit Virtuosität und viel Ideenreichtum die Taten des Bischofs von Myra verherrlichen.

Die Basilika Santa Croce in Florenz ist größer als die Kathedrale von Notre Dame in Paris. Sie liegt beim mittelalterlichen Festplatz der Stadt, dort, wo die florentiner Herzöge prachtvolle Inszenierungen ihrer Macht veranstaltet haben. Santa Croce ist heute einer der meistbesuchten Orte in Florenz – und das wohl nicht so sehr, weil der Grundstein der Kirche von Sankt Franziskus persönlich gelegt worden sein soll. Viel ausschlaggebender scheint für die Touristen zu sein, dass sie als Anhänger einer Religion der Schönheit die weltberühmten Fresken von Santa Croce sehen wollen und dass sie als Anhänger des Kultes der Kunst auch gerne die Grabmäler berühmter Maler und Musiker besuchen, die in Santa Croce zu sehen sind, vom Maler und Bildhauer Michelangelo Buonarroti (1475–1564) bis zu dem Komponisten Gioachino Rossini (1792–1862), der wiederum einer Reihe berühmter Bars und Eiscafés in Europa seinen Namen geliehen hat. Florenz war zur Zeit der Ausstattung dieser Kirche, im späten 13. und 14. Jahrhundert, eine der größten und prachtvollsten Handelsstädte der Welt, mit vielfältigen Verflechtungen in alle Himmelsrichtungen, besonders auch in den Nahen und Mittleren Osten und weiter nach Ostasien. Eine der Seitenkapellen dieser Kirche ist mit Lebensbildern der Mutter Gottes und der größten Heiligen ausgestattet. Mit deren Ausführung hatten die Florentiner seinerzeit eine der bekanntesten Malerwerkstätten Mittelitaliens beauftragt, die Familie Gaddi. Taddeo Gaddi (1290–1366) schuf mit seiner Verbildlichung der Marienlegenden ein immer wieder zitiertes und nachgeahmtes Bild der Mutter Gottes, sein Sohn Agnolo Gaddi (1350–1396) fügte die Legenden mehrerer Heiliger hinzu, die in Florenz besonders verehrt wurden. Dabei durfte Sankt Nikolaus nicht fehlen, der im Hochmittelalter auch als Schutzpatron der Kaufleute und der Geldwechsler verehrt wurde.

Mit ihrer perfekten Arbeit auf schnell trocknendem Putz entwarfen Gaddi und seine Mitarbeiter ein Bild von Nikolaus als dynamischer, kraftvoller junger Mann. Das Wunder der goldenen Kugeln, Erkennungsmerkmal des Heiligen in der Statuenbildnerei und Porträtmalerei jener Zeit, soll sich ja zu einer Zeit zugetragen haben, als Niko-

Abb. 10: Die Jungfrauenlegende des Heiligen Nikolaus (Agnolo Gaddi, 1350–1396).

laus noch sehr jung war, als er sich noch gar nicht zum Priester hatte weihen lassen und als er noch fern davon war, ein langbärtiger wuchtiger Bischof der Ostkirche zu sein. Auf Gaddis Bild sieht man, wie Nikolaus eine der goldenen Kugeln mit Schwung in das Haus dieses Nachbarn schmeißt, der drauf und dran ist, seine Töchter als Prostituierte zu verkaufen. Der Heilige hat gerade Anlauf genommen zu seinem Wurf, das mittelalterliche Gewand weht in der Luft. Schnell soll das Ganze über die Bühne gehen, damit ihn keiner erkennt. Später, als Nikolaus wieder eine Kugel für eine weitere der Töchter einlegt, wird der Nachbar den jungen Wohltäter verfolgen, er will ihm die Füße küssen. Nikolaus wird sich entziehen und ihn inständig bitten, anderen Leuten nichts von seiner Wohltat zu erzählen. So steht es in der Legende: Er hat es für sich getan und für Gott „und nicht zur Ehre der Menschen". Genauso entschlossen und kraftvoll geht Nikolaus bald auch vor, als er seinen übrigen Reichtum wegschmeißt. Das Haus des Mannes und seiner drei Töchter wird von Gaddi gezeigt, wie man es manchmal in Comics sieht. Es ist an der Seite offen, damit man hineinschauen kann und weiß, was dort drinnen passiert. Man sieht drei beschämt oder auch schläfrig herumsitzende junge Frauen und einen älteren Mann, der wie gebannt das Geschehen verfolgt. In einer viel später als Gaddis Fresco entstandenen Darstellung von Sebastian Dayg oder Daig (1508–1553/54), die heute im Museum der Stadt Ulm zu besichtigen ist, wird der Ablauf ähnlich, aber noch bewegter geschildert:

Die Töchter liegen im Bett und schlafen, der Mann aber hängt mit dem Oberkörper vornüber im Eingang des Hauses und will nach den Füßen des Heiligen greifen. Nikolaus, diesmal als Bischof gekleidet, steht mit flatterndem, wehendem Gewand unter dem Fenster, in das er die goldene Kugel wirft. Es sieht aus, als würde ein Papst oder Bischof in vollem Ornat Basketball spielen. Das wirkt vielleicht „mystisch“, ist aber doch auch realistisch gemalt.

Abb. 11: Jungfrauenlegende
(Sebastian Dayg, 1508–1553/54).

In der päpstlichen Bildersammlung des Vatikans wird eine Version der „Jungfrauenlegende“ aufbewahrt, die der Schule des genialisch-gotischen Malers Gentile da Fabriano (1370 oder 1385–1427) zugeschrieben wird. Hier ist das „Einlegen“ der Kugel in einer Weise dargestellt, die weit in die Zukunft weist, bis hin zu Santa Claus, der mit seinem fliegenden Schlitten die Dächer anfliegt und sich dann mit seinem Sack in den Kamin wirft, um die Kinder zu beschenken. Die Bewegung, die auf Daygs Bild in den Kleidern steckt, hat bei da Fabriano die ganze Figur erfasst, hier springt oder schwebt der junge Heilige ein gutes Stück über einer Sitzbank vor der Gittertür des Nachbarhauses, das rechte Bein hoch erhoben wie ein Luftgänger auf den Hexenbildern der Frühen Neuzeit. Mit der Linken hält er sich am Gitter fest, zu dem er hochgeschwebt oder -gesprungen ist. Es wirkt so, als müsse Nikolaus sich festhalten, weil er sonst hinunterfallen würde, doch man kann es auch so sehen, dass er sich mit dem Arm nach unten drückt, damit er nicht zu hoch saust. Mit der Rechten wirft Nikolaus die goldene Kugel in ein Fenster des Nachbarn, der sich gerade von seinen Töchtern ein Bad bereiten lässt, was vielleicht schon ein bisschen an die Arbeit der Huren in den Badehäusern des Mittelalters erinnern soll (siehe Abbildung 1 im Farbbildteil).

Diese Bilder lassen einen Schluss zu, der uns erklären würde, warum der Kult dieses Heiligen dermaßen populär war. Der Bischof von Myra gibt nicht nur sein ganzes Geld weg, damit die armen Nachbarmädchen heiraten können, sondern er kann auch fliegen. Der Heilige der Seefahrer und der Weizenschiffe, die er als fürsorglicher Bischof in das hungernde Myra umleiten lässt, der Heilige der fliegenden Goldgeschenke ist der direkte Vorläufer von Santa Claus: aus dem Schiff ist der Schlitten geworden, von oben wird die Gabe eingelegt. Wie die fliegenden Rentiere ihren Weg in diese Geschichte gefunden haben, wird später noch zur Sprache kommen. Und das ist noch nicht alles. Nikolaus war schon als Säugling seltsam. „Des ersten Tages, da man … das Kindlein baden sollte, da stund es aufrecht in dem Becken …“ So heißt es im goldenen Legendenbuch. An solchen Schnellentwicklern ist man heute besonders interessiert, es gibt sogar schon Schwimmkurse für Babys. Trotzdem würde es ziemlich Aufsehen erregen, wenn es heute ein kleines Baby gäbe, einen Säugling, der plötzlich in seiner TÜV-geprüften und mehrfach gesicherten

Babywanne aufrecht steht. Aber es geht noch weiter, der kleine Nikolaus „wollte auch am Mittwoch und Freitag nicht mehr denn einmal saugen an seiner Mutter Brust". Es war ihm wohl peinlich, seine Mutter nackt zu sehen. Jedenfalls hielt er sich auch später von den „Freuden der anderen Jünglinge" fern. Während die Florentiner also auf dem Platz vor Santa Croce ihren wilden Verkleidungs- und Verwechslungsspielen nachgingen – unter anderem wurde auf diesem Platz der europäische Fußball erfunden[8] –, waren sie froh, dass aus dem Dunkel der riesigen Kirche hervorleuchtende Bildwände an die Geschichte eines Mannes erinnern, der sich von all dem fernhielt, nie eine Frau berührte und sein Geld wegwarf, damit seine Nachbarinnen heiraten können, ein Mann, der schließlich in dermaßen großem Ruf als Asket und Reinheitsfanatiker stand, dass eine Versammlung nicht minder fanatischer Bischöfe oder anderer Gemeindemitglieder der frühen Märtyrerkirche so lange von schweren Träumen heimgesucht wurden, bis sie den völlig unbekannten jungen Mann mit einem Mal zum Bischof von Myra ernannten. Nach der Wahl wird dann überdeutlich, was wir auch schon auf den Bildern aus seiner Jugendzeit erkennen können, die von hochmittelalterlichen und frühneuzeitlichen Künstlern gemalt wurden: Angesichts seiner Reinheit und Heiligkeit wirkt die Sache mit dem Fliegen fast nebensächlich. Wie Superman oder Batman über ihren Städten schwebt er über dem Mittelmeer und lenkt Boote in den Hafen der Stadt Myra, wo seine Landsleute hungern. Er fliegt hinter Schiffen her und warnt sie vor gefährlichen Ladungen. Er wird an mehreren Orten gleichzeitig gesichtet. Das ist das Urbild, das sich vier-, fünfhundert Jahre nach der Ära der italienischen Malerei der Frührenaissance als die millionenfach verbildlichte Idee von Santa Claus entfalten sollte, der schwebend, von oben her, den Segen bringt.

Auf einem anderen Bild aus der italienischen Tafelmalerei des 15. Jahrhunderts sehen wir diesen Super-Nikolaus in voller Aktion. Er steht oder schwebt, sein Kopf, mit dem goldgelben Bischofshut und dem weiten Heiligenschein, zeichnet sich vor einem dunkel aufragenden Felsen ab wie ein Fernsehapparat, der aus dem abendlichen Grau einer verlassen wirkenden Wohnung herausleuchtet. Im Verhältnis zu allen anderen Männern auf dem Bild ist Nikolaus einen Kopf größer oder höher. Seine Körperhaltung und sein Gesichtsaus-

Abb. 12: Der Heilige Nikolaus rettet Schiffbrüchige, von Massaccio (1401–1428).

druck wirken, als sei er wütend und doch beherrscht, wie die asiatischen Kampfkünstler der Samuraifilme des 20. Jahrhunderts. Mit bloßen Händen hält Nikolaus die Schneide eines Schwertes fest, eines zum Schlag erhobenen riesigen scharfen Schwertes – eine Szene, wie man sie wiederum manchmal in den fernöstlichen Kungfu-Filmen sehen kann. Das Schwert ist ein Richtschwert, und der Scharfrichter hat es schon über dem Kopf eines von drei Männern erhoben, die vor ihm auf dem Boden knien.

Wenn man genau hinschaut, kann man auch die Geräusche hören: Scharfrichter: „Huaah!“ Gefangene: „Heul!“ Nikolaus: „Grrr“ … und dann das Geräusch, wenn er mit bloßen Händen das Schwert aufhält: „Tschack!“ Das Eisen bleibt in der Luft, der Kopf bleibt dran. „Uih“, scheinen die frommen Begleiter des Bischofs zu sagen, „Schluck“ schlucken die kriegerischen Begleiter des Scharfrichters, „Staun!“ steht in den Gesichtern der drei byzantinischen Offiziere, die sich auf ihren Pferden links ins Bild gestellt haben. Und damit hat es sich, die Gefangenen sind frei.

Aus der „Legenda aurea“ erfahren wir, dass Nikolaus danach noch zum Haus des Landpflegers gezogen sein soll, des Richters also, der

Abb. 13: Der Heilige Nikolaus rettet Männer,
die der ungerechte Richter zum Tode verurteilt hat
(Lorenzo di Niccolò, zwischen 1391 und 1412).

die drei Männer zum Tode durch Kopfabschlagen verurteilt hatte. Und hier wird die Geschichte erst so richtig skandalös und populär – wie große Schlagzeilen aus der BILD-Zeitung. Beim Haus des ungerechten Richters angekommen, soll der Bischof nämlich randaliert haben, so steht es da. Nikolaus „stieß die verschlossenen Türen mit Gewalt auf". Offensichtlich glaubte er fest an die Unschuld der drei Männer und hielt den Richter für einen korrupten Mörder, der durch seine Urteile Menschen aus dem Weg räumt – z. B. im Auftrag ihrer Feinde. Der Landpfleger fürchtet sich vor dem randalierenden Bischof, er eilt ihm entgegen, will ihn begrüßen, doch Nikolaus schimpft: „Du Feind Gottes, du Brecher des Gesetzes …" Er nennt den Landpfleger „schamlos", weil der es wagt, ihn nach seinem Mordversuch an drei Unschuldigen zu begrüßen, als sei nichts geschehen: „… dass Du mein Antlitz nach solcher Bosheit magst anschauen".[9] Dieser Bischof ist mit dem Richter gesellschaftlich gleichauf, ergreift aber die Partei der Schwachen. Nikolaus – das ist nicht bloß diese hölzerne und angestaubte Statue eines bärtigen alten Mannes, die wir manchmal in den Kapellen katholischer Kirchen stehen sehen, nichtssagend geworden, kaum zu erkennen als der Ahnherr von

Abb. 14: Nikolaus und der Scharfrichter.

Weihnachtsmann und Santa Claus. Der wahre Nikolaus war für die Menschen vergangener Zeiten unheimlich, gewalttätig, gerecht und äußerst machtvoll.

Die Geschichte von den drei Männern, die Nikolaus vor dem Scharfrichter rettet, ist Teil einer längeren Erzählung, in deren Verlauf der Bischof einer Provinzstadt des oströmischen Reiches sich nicht nur mit einem kleinen korrupten Richter vor Ort anlegt. Er wird den mächtigsten Mann des Zentrums herausfordern, den Imperator, und das auch noch auf dessen ureigenem Feld, im Traumkrieg. Auch das muss man wieder genauer erklären. Die Berittenen links im Bild der Szene von der aufgehaltenen Hinrichtung (man erkennt sie an den seltsamen Schnörkeln auf ihren Helmen), sind oströmische Offiziere, die von Konstantinopel, der Hauptstadt des oströmischen Reiches aus, unterwegs in eine ferne Randprovinz waren, um dort einen Aufstand niederzuschlagen. Sie waren auf dem Meer unterwegs, um „das Volk" einer entlegenen Provinz des Imperiums „zu bezwingen".[10] Doch sie gelangten gar nicht bis zu den aufständischen Gebieten, ein Sturm, solch ein Sturm, wie er oft im Bündnis mit dem Heiligen zu sein scheint, zwingt sie zum Halt im Hafen von Myra. Hier wird der dröge Legendentext auf einmal spannend und auch sehr genau – wie wird sich der „Volks-Sieger" verhalten, wenn das Militär anrückt in seiner kleinen Gemeinde – ist er ein Mann der Zentralmacht oder des aufständischen Volkes? Weder noch, Nikolaus bringt eine dritte Variante ins Spiel. Auch das Militär konnte nämlich zum Unruhefaktor in jenen Zeiten werden, und darüber macht der Bischof sich mehr Sorgen als über Aufstände und deren Niederschlagung. Er lädt die drei Offiziere, die Feldherren zu Tisch, „denn er wollte hindern, dass ihr Kriegsvolk auf den Märkten Raub täte, wie es solchen Volkes Gewohnheit ist."[11] Das Interesse des Hyperhagios besteht also darin, den bis heute so empfindlichen Frieden der freien Märkte zu schützen. Er setzt nicht auf politischen Kampf, sondern auf friedliche Entwicklung. Bischof „Volks-Sieger", der Heilige der freien Märkte und des friedlichen Handels empfängt das Kriegs„volk" freundlich und schützt damit sein Kirchenvolk von Myra vor Übergriffen. Bei dieser Gelegenheit, bei diesem Essen, erfahren der Bischof und die fremden Feldherren, dass der Richter von Myra, der „Landpfleger", drei unschuldig angeklagte Ritter zum Tode verurteilt hat. „Als der Heilige das vernahm, bat er seine Gäste, dass sie eilends mit ihm kämen zu der Stätte, da man die Ritter sollte enthaupten."[12] Und so kommt, was kommen musste, der Heilige verhindert die Hinrichtung, zieht dann zum Landpfleger, pöbelt ihn an. Man muss dabei bedenken, dass er dabei immer die fremden Feldherren aus der Zentrale des Reiches dabei hat, seine Gäste. Vielleicht erklärt auch das seinen Mut, Nikolaus versteht es, die weltlichen Kräfte gegeneinander auszuspielen im Namen des Guten, der Gerechtigkeit. Selbst seine Randale vor dem Palast des Landpflegers scheint die drei Offiziere nicht gestört zu haben, schon glauben sie an ihn. Die Gestalten eines „Siegers mit dem Volk" oder für das Volk und die Figur der Bezwinger des Volkes, der Generäle – Bilder von Unterdrückung und Befreiung – vermischen sich in dieser Legende auf eine Weise, die uns heute fremd ist, weil wir immer glauben, wir wüssten ganz genau, wer der Unterdrücker ist und wer der Befreier, weil wir die ganze Welt in „freiheitliche" und „unterdrückerische" Systeme einteilen und politisch danach handeln wollen, zeitnah und konsequent.

Das Ganze hat ein Nachspiel. Wenig später, zurück im Zentrum des Reichs, werden die Feldherren, nachdem sie vorher auf der Durchreise in Myra den Heiligen Nikolaus als Befreier von unschuldig Verurteilten erlebt haben, selbst zu Angeklagten. Der Ankläger ist Kaiser Konstantin der Große und nicht irgendein kleiner Landpfleger aus Myra. Kaiser Konstantin lässt die Offiziere in das Gefängnis werfen, Konstantinos o Megas, Herrscher des gesamten Römischen Reiches, mächtigster Mann in der den Römern, Christen und Westasiaten bekannten Welt (denn von den Kaisern der Jin-Dynastie in China, etwa Yongija, der von 306–313 regierte und sich „Ewige Exzellenz" nennen ließ, wussten die Oströmer wohl wenig). Im Jahre 312 hatte Konstantin im Traum das Kreuz angenommen, er hatte sich dem Christentum zugewandt, und im Zeichen des geträumten Kreuzes hatten seine Truppen bei der Schlacht an der Milvischen Brücke in Rom die Soldaten seines Konkurrenten Maxentius verjagt. Dieser Kaiser kontrollierte nicht nur die Körper seiner Millionen von Bürgern und Sklaven und ihre Ländereien und Häuser, sondern – durch die Verquickung von Christentum, alter Religion und absoluter Macht – auch ihre Träume. Im Jahre 315 errichteten ihm die Römer den Konstantinsbogen. Das gigantische Tor auf dem Forum Romanum war so massiv gebaut, dass es heute noch steht, Jahr für Jahr bewundert von unzähligen Touristen. Ausgerechnet im Traum, der damals anscheinend auch ein Feld der Politik war, fordert der kleine Bischof von Myra den Kaiser heraus, weil er seine „Freunde", die Feldherren vor einer Verurteilung schützen will. Nikolaus erscheint Konstantin im Traum, wie diesem einst das Kreuz im Traum erschienen ist. „Warum hast du die drei Fürsten gefangen und hast sie ohne Ursach in den Tod verdammt? Stehe bald auf und befiehl, dass man sie ledig (frei) lasse. Tust du das nicht, so wisse, ich werde Gott bitten, dass er einen Krieg wider dich aufrege, in welchem du umkommst und eine Speise wirst den Tieren!" Auch dem obersten Ratgeber des Kaisers erscheint Nikolaus im Traum: „Gehe eilends hin und rate, dass sie ledig werden, oder dein Leib wird voll Würmer und dein Haus wird zerstört."[13] Der träumende Kaiser will noch im Traum wissen, mit wem er es hier zu tun hat. „Du sollst wissen, ich bin Nicolaus, ein Bischof zu Myra in der Stadt." Am Morgen berät sich der Kaiser mit seinem obersten Rat, wobei sie sich ihre Träume erzählen. Der Rat und der Kaiser erkennen die merkwürdige Doppelung der Träume und lassen nun die eingekerkerten Feldherren vorführen. Konstantin verhört sie, weil er glaubt, dass sie Zauberkünste veranstaltet haben, um in seine Träume einzudringen. Aber die Gefangenen begreifen erst gar nichts. Nach und nach verstehen sie, um wen es geht, und sie verstehen wohl auch, dass es eine gute Idee gewesen ist, Gebete an Nikolaus zu richten, den sie ja schon als Gefangenenbefreier kennengelernt haben. Nun begreift auch der Kaiser, er lässt die Feldherren frei, es ist ein Wunder. Konstantin lässt Nikolaus teure Geschenke schicken. „... und (ich) bitte ihn, dass er mir hinfort nicht drohe, sondern Gott für mich und mein Reich bitte".[14]

Der Bischof, der den Traumkaiser im Traum bedrohte, soll im Jahre 343 bei vollem Bewusstsein und unter Engelgesang verschieden sein, und sein Körper soll in Myra in einem Sarg aus „Marmelstein" gelegen haben, Marmor, aus dem ständig wundertätiges Öl und Wasser geflossen ist – bis Kaufleute aus Bari die Wirren um die Eroberung Kleinasiens durch die Türken nutzten und am 9. Mai 1087 seine Reliquien, seine Knochen, nach Bari brachten, wo sie immer noch verehrt werden. Jahr für Jahr wird in Bari bis heute das heilige Öl vom Erzbischof persönlich aus dem Reliquienbehälter geschabt. Man verdünnt es mit Wasser und füllt die Flüssigkeit in wunderbar verzierten Fläschchen ab, denn sie gilt als äußerst wundertätig, sie ist „gesund wider alles Siechtum", wie es schon in der „Legenda aurea" heißt.[15] Das hat den Menschen im Mittelalter als Beweis für die Existenz des Heiligen Nikolaus gereicht und seine Geschichten glaubhaft gemacht. Doch die Berichte über die Wunder und das Leben des Heiligen haben einige Schönheitsfehler, die es uns heute sehr schwer machen, einfach an die Existenz eines Bischofs Nikolaus in Myra zu glauben. In den historisch zuverlässigen Zeugnissen der ersten großen Zusammenkunft christlicher Kleriker, des Konzils von Nicäa im Jahre 325, fehlt der Name Nikolaus. Auch der Kirchenvater Hieronymus (347–420), von dem man sagt, dass er am „meisten von allen Menschen gewusst hat“, erwähnt in seinen umfangreichen Schriften Nikolaus nie.[16] Außerdem sind einige Wunder, die Nikolaus von Myra zugeschrieben werden, auch einem anderen Bischof Nikolaus aus Kleinasien zugeschrieben worden, Nikolaus Archimandrit von Sion bei Myra (gest. 564). Aus diesen Gründen wurde Nikolaus im Jahre 1969 als unumgänglicher Bestandteil aus den Liturgien der katholischen Kirche getilgt. Die Kirche hatte sich im Laufe vieler Jahrhunderte immer mehr der historischen Wahrheit verpflichtet und ihren Legendenschatz entsprechend bereinigt.[17] Der Medienwissenschaftler Charles Williams Jones lässt seine Geschichte des „Faktors N“ darum mit dem Jahre 1969 enden.[18]

Der Überheilige

Der Hyperhagios hat seinen Ort nicht in den Akten der Historiker, sondern in den Legenden, welche nicht nur von Priestern und Mönchen aufgeschrieben, sondern auch von einfachen Menschen erzählt wurden. Einige alte byzantinische Geschichten über den Bischof von Myra handeln von Schiffen, Schiffstransport und Schiffslasten, man kann annehmen, dass er schon von den griechischen Christen als Schutzpatron der Seeleute angesehen wurde, der Nikolaus nachweislich im europäischen Mittelalter gewesen ist.[19] Soldaten und ihre Offiziere träumten vielleicht von diesem Gott der Gerechtigkeit, und mit ihnen alle, die der Willkür der bürokratischen und intriganten, eben „byzantinischen“ Machthaber ausgesetzt waren. Es sind Geschichten, wie sie Mädchen erzählen, die keiner heiraten will, weil sie zu arm sind, und die nur noch ihren alten Vater haben, und der will sie auch schon auf den Strich schicken, damit dieser Rest seiner Familie noch etwas zu essen hat. Immer wird in den frühen Legenden die Macht der Schwachen sichtbar, die nicht in der Auflehnung liegt, sondern in der Duldung und im Vertrauen auf eine glückliche Wendung. Seine Anhänger setzten ihre Hoffnungen auf die wenigen Guten in einem bösartigen System – diese Guten, denen der Historiker Karl August Wittfogel nachgesagt hat, dass ihr Wirken in politischen Systemen wie dem von Byzanz letztlich völlig sinnlos ist, weil sie das System nicht ändern können: „Gute Herrscher und gerechte Beamte heben die herrschende Tendenz (der despotischen Systeme) nicht auf.“[20] Vielleicht muss man das ähnlich vorsichtig behandeln wie die Theorie vom Warenfetisch: Es gibt nichts Gutes, außer man tut es, darum ist es paradox, auf das „System“ hinzuweisen, wenn es darum geht, selbst Gutes zu tun oder nicht. Immerhin ist in der Gestalt des „Guten“, der sich nicht mal vor dem Kaiser fürchten muss, der Weg zu Demokratie und Zivilgesellschaftlichkeit schon angedeutet. Alle Völker der Welt und der Weltgeschichte kennen die Freiheit, aber manchmal kennen sie die Freiheit eben nur als Legende oder als Vorschein der Zukunft.

Diese nutzlose Macht des Volkes lässt einen kleinen Bischof fliegen, der „Volks-Sieger“ heißt. Er kann kämpfen wie ein Samurai und ist großzügig wie Hans im Glück. Vor den großen Mächten seiner Zeit fürchtet er sich nicht. Nikolaus droht Konstantins Ratgeber an, dass dieser bei lebendigem Leibe von Würmern gefressen werden wird. Ohne Zweifel wird genau das eines Tages wirklich mit dem Körper dieses Ministers geschehen und sogar mit dem Körper des Kaisers. Aber aus den Knochen des Heiligen, so heißt es, tropft duftendes heilsames Öl, Nikolaus wirkt auch als Toter Wunder. Die Kraft dieses Heiligen ist die Kraft des Lebens selbst und damit auch die Kraft des Todes. Die frühen griechischen Legenden, die heute so schwer zu verstehen sind, waren Anleitungstexte für Gedenkfeiern, die man einem lebenden Toten veranstaltet hat. Legende heißt einfach nur „das (während der Feier vor-) zu Lesende“. Diese Legenden handeln auf der einen Seite von Schwäche, Willkürakten, Gefangenschaft und Tod, auf der anderen Seite von explosiver Kraft, mystischen Kampfkünsten, Traumduellen … und von übermenschlichen modernen Technologien. „N“ lenkt ein Schiff mit Getreide um, das während einer Hungersnot am Leuchtturm von Myra vorbeisegelt, und überredet die Schiffsleute, ein paar Scheffel Korn an die hungernde Bevölkerung auszugeben. Als die Seeleute später weiterfahren und am Ziel ankommen, fehlt wunderbarerweise nichts von ihrer Ladung, genau wie es der Bischof versprochen hat. Während die Schiffe aus der Kornkammer des Mittelmeerraums, aus Alexandria in Ägypten, auf hoher See unterwegs sind, erscheint er unvermittelt als Kaufmann verkleidet an Deck und bietet drei Goldklumpen für die Herausgabe der Ladung an

Abb. 15: Der nordöstliche Mittelmeerraum im 6. Jahrhundert nach unserer Zeitrechnu

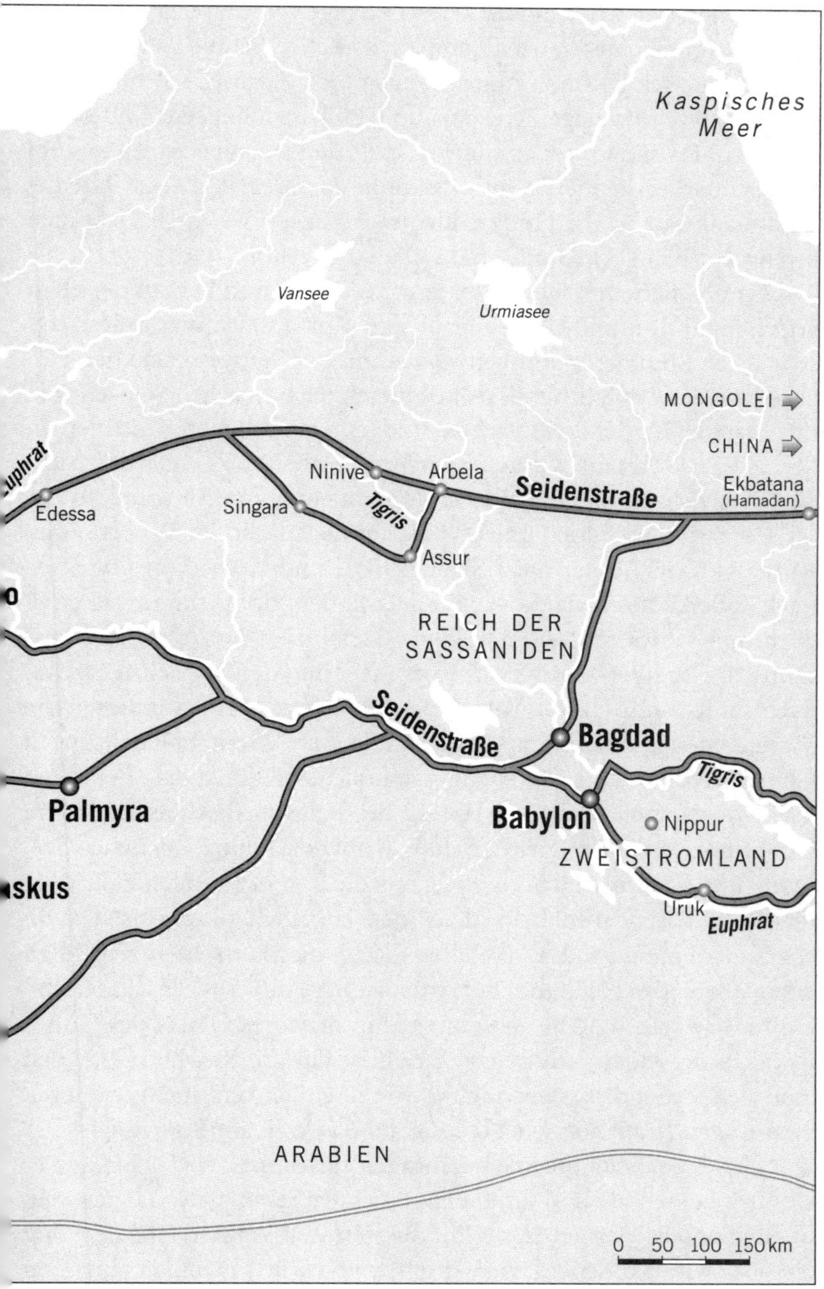
Kaspisches Meer
Vansee
Urmiasee
MONGOLEI
CHINA
Euphrat
Edessa
Singara
Ninive
Arbela
Tigris
Seidenstraße
Ekbatana (Hamadan)
Assur
REICH DER SASSANIDEN
Seidenstraße
Bagdad
Tigris
Palmyra
Babylon
Nippur
ZWEISTROMLAND
Uruk
Euphrat
ARABIEN
0 50 100 150 km

seine hungernde Gemeinde.[21] Dieser Heilige sorgt für Cargo, er stellt die Versorgung eines ganzen Landstrichs sicher. Schiffe waren zu dieser Zeit das schnellste Fortbewegungsmittel. Auch in solchen Wundern des Bischofs zeigt sich seine unheimliche Fähigkeit, Entfernungen zu überwinden, sei es nun, dass er den sozialen Abstand zum Kaiser überbrückt im Traum oder über das Meer hinweg Getreideschiffe anlockt für die Hungernden in Myra, sei es durch Gebrauch mystischer Fähigkeiten oder mit Hilfe von Technik.

Myra heißt heute, wie schon gesagt, Demre und liegt in der alten griechischen Kolonie Lykien, nicht weit von Antalya, wo viele Deutsche ihren Sommerurlaub verbringen, an der Südwestküste der Türkei. Ende des 11. Jahrhunderts beendeten die türkischen Seldschuken die Herrschaft der heidnischen und der christlichen Griechen in Myra. Von Myra aus wurde in der Antike aber auch einer der wichtigsten Leuchttürme des östlichen Mittelmeerraumes versorgt, an der Strecke zwischen Syrien und Zypern im Osten und im Westen, über Rhodos, nach Athen, nach Sizilien, Bari und Rom. Von Myra aus nach Süden konnte man auch schnell mit dem Boot Alexandria erreichen, mit Glück in drei, vier Tagen Seefahrt.[22] Von Alexandria aus führte der Handelsweg auf das Rote Meer und den Indischen Ozean, nach Indien und China. Von Zypern und Syrien aus wanderten die Waren wiederum auf die Seidenstraße und damit ebenfalls nach China. Myra ist eine Durchgangsstation des Fernhandels der Alten Welt. Im Herbst, wenn der Festtag des heiligen Bischofs von Myra heranrückte, blieb manches Schiff, manche Ladung, mancher Seemann und Kaufmann hier hängen, bis die Zeit der gefürchteten Winterstürme vorbei war. Und als es den christlichen griechischen Bischof noch nicht gab und die alten Götter hier herrschten, war Myra ein bedeutendes Heiligtum der Artemis, Beschützerin der Kinder und Göttin der Jagd, und es gab ein weithin beliebtes Orakel des Gottes Apoll in derselben Landschaft. Apoll ist ein griechischer Gott, den man sich fliegend vorstellen muss, von oben her verschießt er mit seinem Bogen Krankheit wie Heilung auf das Volk am Boden.

Nikolaos scheint Stürme besänftigen zu können, vielleicht kann er sie auch aussenden und dirigieren. Er ist der Schutzpatron einer weltoffenen und modernen Stadt. Für die stärksten Waffen seiner Zeit hat Nikolaus ein Händchen, wie wir schon von seinem Umgang mit dem

Scharfrichterschwert her wissen. Eine häufige Kombination des Faktors „N“ ist nicht nur die mit dem Faktor „S“, dem Schwert, sondern auch mit dem Faktor „W“ wie „Wasser“ und Faktor „F“ wie Feuer. So sollen einmal byzantinische Seeleute von einer seltsamen Dame eine geheimnisvolle Beiladung erhalten haben. Sie gibt ihnen den Auftrag, das Paket in eine ferne Hafenstadt zu transportieren, nach Myra. Auf hoher See erscheint Nikolaus der Schiffsbesatzung in den Lüften. Nach etlichen anderen Wundern kennt der Hyperhagios offensichtlich keine Hemmungen mehr und fliegt ganz offen vor den Küsten Kleinasiens hin und her. Er befiehlt den Seeleuten, sofort die Beiladung in das Meer zu werfen, die seltsame Dame sei niemand anders gewesen als die schreckliche heidnische Artemis der Griechen, für die Römer dann Diana, die Göttin der Hexen, die Kinder nicht mehr beschützt, wie es Artemis zugeschrieben wurde von ihren Anhängern, sondern verzehren und zu Hexensalben verarbeiten will. Nikolaos soll für die Zerstörung des Heiligtums der Artemis in Myra zuständig gewesen sein, eines der größten im oströmischen Reich – dafür wollte sie sich jetzt rächen.[23] Noch im späten Mittelalter wird Artemis / Diana durch die Legenden der Europäer geistern, die wilde Frau, Herrin der „Wilden Jagd“, der Totenseelen und Dämonen.[24] Erschreckt werfen die Seeleute das Paket ins Wasser, wo es sofort explodiert oder zu brennen beginnt. Der entschiedene Eingriff des fliegenden Heiligen hat sie gerettet vor dem, was man heute einen Terroranschlag nennen würde, ein Bombenattentat.[25]

Diese Art des Terrors war damals technisch möglich und wurde auch ausgeübt. Zwischen der späten Antike, der Zeit des Bischofs Nikolaus und Konstantins des Großen, und dem Jahre 1300 drangen zahlreiche neue Kriegstechnologien aus dem Osten nach Kleinasien und Europa vor, aus Persien und letztlich aus China. Es gab diverse Waffen, die mit Erdöl und mit Schwarzpulver funktionierten. Die Chinesen legten damals schon ganze Ortschaften mit Raketen in Schutt und Asche, sie benutzten dazu Bomben, die mit Katapulten abgeschossen wurden und mit Schwarzpulver gefüllte Bambusstämme, deren Abschnitte als die Vorläufer heutiger Raketen mit ihren Brennstufen gelten können.[26] Auch die Oströmer und Byzantiner kannten den Krieg mit Feuerwerfern, und sie gaben dieses Wissen in der Zeit der Kriege gegen die muslimischen Invasionen ab dem siebten Jahrhundert an den Westen weiter. Insbesondere geht es dabei um das Naphtafeuer, Rohbenzin, das auf dem Wasser ausgegossen oder in Behältern ausgesandt, abgeschossen und schließlich entzündet wurde. Naphtafeuer konnte ganze Schiffe zerstören, wenn man es mit großem Geschick anzuwenden verstand, eine gefährliche Waffe, die sich in Meer und Winden schnell gegen ihren Nutzer wenden kann.[27]

Faktor „N" wendet sich gegen die Willkür der Kriegsleute wie gegen den Terrorismus seiner Zeit, gegen Hunger in einer Welt des Aufschwungs und der immer weiter wachsenden Handelswege, gegen den sozialen Absturz vieler Familien und gegen die Selbstsicherheit der Machthaber, die sich in ihren Palästen verschanzen, wenn die Barbaren in das christliche Reich eindringen oder wenn sich die Pest ausbreitet oder wenn die Ernten ausbleiben. Er kennt sich aus mit neuen Technologien und deren Tücken, und er sorgt überall dafür, dass Waren und Menschen frei wandern können, dass sich neue Chancen auftun. Der ungerechte Richter und der launische Kaiser stehen vor Nikolaus ebenso dumm da wie der Schuldner, der einem Juden Geld schuldet und versucht, mit einem Trick davonzukommen. Auch das ist eine Legende dieses modernen Heiligen im „finsteren Mittelalter": Der Schuldner steckte das Gold in einen ausgehöhlten

Abb. 16: Der Heilige Nikolaus im Kampf gegen den Anschlag der Artemis (Sebastian Dayg, 1508–1553/54).

Stock. Vor Gericht zitiert, behauptete er, der Gläubiger würde sein Geld schon wieder in den Händen halten. Als der falsche Schuldner schwören soll, macht er sich frei und gibt dem als Zeugen dazugerufenen Gläubiger mal kurz seinen Stock zum Halten. Jetzt hat er die Hände frei und tut den Schwur, dann lässt er sich seinen Stock mitsamt dem darin versteckten Geld wiedergeben und spaziert davon. Die Rache des Hyperhagios folgt auf den Fuß. Nikolaus mobilisiert die Mächte von Traum und Technik in einem. „Da der Betrüger heimging, überkam ihn eine Müdigkeit und er entschlief auf der Straße bei einem Kreuzweg. Da kam ein Wagen in schneller Fahrt und fuhr ihn tot und zerknirschte den Stab, da das Gold inne war, und das Geld rollte heraus."[28] Der Gläubiger, ein jüdischer Geldverleiher, kommt zufällig hinzu. „Das Volk riet ihm, er sollte das Gold nehmen; er aber sprach ‚Das tu ich nicht, es sei denn, dass der Christ von Sanct Nicolaus Gnaden wieder auferstehe: geschieht das, so will ich mich taufen lassen und gläubig werden.'"[29] Das ist ein seltenes Dokument, denn den Juden wird in christlich-mittelalterlichen Texten meist nicht viel Barmherzigkeit nachgesagt und schon gar nicht zugebilligt, dass sie recht haben könnten. Unter europäischen Gelehrten lief bis in das 20. Jahrhundert hinein eine „interessante Diskussion" über die Frage, ob das jüdische Gesetz gläubigen Juden überhaupt ermöglicht, sich solidarisch gegenüber Nichtjuden zu verhalten.[30] Mittelalterlich-christlich ist jedoch die Idee, dass der Jude am Ende der Geschichte zum Christen wird. Doch so viel Wahlfreiheit auf dem Wege dahin haben die Juden in anderen mittelalterlichen Texten selten. Ihnen war das Geldverleihen zugewiesen, die Finanzwirtschaft, oftmals durften sie keine handwerkliche oder bäuerliche Arbeit ausüben, ganz zu schweigen etwa von Staatsstellen oder, später im Hochmittelalter, Lehraufträgen an Universitäten. Nikolaus ist der Herr der freien Wege zu Wasser und zu Lande, Wege, auf denen Geld, Waren und Menschen fließen, hin und her. Darum ist er auch der Schutzpatron der jüdischen und der wenigen christlichen Geldwechsler.

Der Jude der Legende konvertiert zum Christentum, Faktor „N" ist eine Konvertiermaschine, er kann alles wandeln. Er macht Attentate hinfällig und hebt Hinrichtungstermine auf, und er rückt Menschen hin und her vom Himmel her – z. B. holt er Kinder zurück nach Europa, die von Muslimen als Sklaven nach dem Osten entführt wurden.[31] Immer ist der Orient ein Bezugspunkt für ihn, er ist selbst ein Orientale, wie sehr, das werden wir noch sehen. Die Juden, die Mauren, Kleinasien, Ostrom sind Thema seiner Legenden, und er wird Nationalheiliger des weit nach Asien hineinreichenden Russischen Reiches werden. Doch auch im mittelalterlichen Westeuropa steigt er, vor allem zur Zeit der Kreuzzüge, zu höchsten Würden auf, wird zum Namensgeber für Päpste, zum Stellvertreter Jesu in öffentlichen Schauspielen, die das Ende der Welt veranschaulichen sollen und das Weltgericht.[32]

„Der Okzident wie der Orient besingen und preisen ihn. Es gibt kein Volk, kein Land, keine Stadt, keinen Flecken, keine Insel, wäre sie selbst in den entferntesten Gebieten der Welt, wo man seinen Namen nicht verehrte und wo ihm nicht Kirchen errichtet worden wären: man setzt ihm Standbilder, man verehrt ihn durch Lobgesänge und Feste, und alle, die den Namen Christen führen, Jünglinge, Greise, Männer, Frauen, Kinder, Jungfrauen, feiern sein Gedächtnis und erflehen seine Fürsprache; und seine Wohltaten, die nicht nur auf seine Zeitspanne beschränkt waren, sondern von Jahrhundert zu Jahrhundert fortdauern …“[33] So steht es in einer Litanei, die wohl um das Jahr 1000 herum in Byzanz verfasst worden ist. Es ist das Zeugnis einer frühen Globalisierung, ausdrücklich sind nichtchristliche Völker der Erde einbezogen. Nikolaos' Wundertaten, so heißt es, „sind über die ganze Erde verbreitet: der Skythe kennt sie wie auch der Inder und der Barbar, der Italiener und der Afrikaner.“ Unter „Skythen“ verstand man damals nördlich von Indien und Persien sowie südwestlich von China lebende Reitervölker, wie die frühmittelalterlichen Russen, Turkmenen und Sibirier. Die Russen haben sich erst zur Zeit der Abfassung unserer Weltlitanei des Überheiligen zunehmend christianisiert. Manche der übrigen „Skythen“, zentralasiatische Gesellschaften, hängen bis heute nicht dem Christentum an. Ausdrücklich werden Inder und andere „Barbaren“ erwähnt. Ob das nur Überschwang ist oder ob damit bloß die damals noch viel weiter als heute verbreiteten orientalischen christlichen Kirchen gemeint waren oder ob hier eine viel weiter gehende Wahrheit über einen transkulturellen Gott der Gaben und des Winters angedeutet wird, sollen die Leser dieses Buches nach und nach für sich selbst entscheiden – vor allem bei der Lektüre des zweiten Teiles.

5. Der Winter, das Ritual

Pökelwunder und Halloween

Haben Sie Angst vor dem nächsten Winter? Nein? Das sollten Sie aber, denn auch heute noch, in einer Zeit der scheinbar totalen medizinischen Versorgung, sterben jedes Jahr im Januar und Februar mehr Menschen als in allen übrigen Monaten, und das ist in Milwaukee so wie in New York und in Baden-Württemberg wie in Paris, Kairo, Peking oder Moskau.[1] Im Winter breiten sich aus den alten Weltzentren der Geflügelzucht in Ostasien die Grippeviren aus. Kälte ebenso wie Heizungsluft schwächen die Atemwege, Lichtmangel führt zu Vitaminmangel, und eine Fülle von Krankheiten nimmt ihren Lauf. Armut macht den Winter zu einer gefährlichen Zeit, auch heute noch erfrieren in Mitteleuropa und in den USA Jahr für Jahr Obdachlose beim Übernachten im Freien. Der schwere europäische Winter des Jahres 1988/89 führte zu Versorgungsengpässen in sämtlichen Ostblockstaaten und trug zum Sturz der DDR-Regierung bei. Mangelhafte Räumung von Schnee und Eis brachte Berlins Regierenden Bürgermeister Klaus Wowereit im Februar 2010 in eine der schwierigsten Situationen seiner nun schon zehn Jahre anhaltenden Lufthoheit über die politischen Geschäfte der Stadt.

Über ein paar winterliche Daten (6. Dezember, 24. Dezember) und ein paar Namen (Nikolaus, Weihnachtsmann, Santa Claus), die sich mit diesen Daten verknüpfen, sind wir auf Bilder und menschliche Situationen gekommen, wo nur Wunder helfen können. Menschliche Not, Armut, Gewalt, Ungerechtigkeit und Willkür müssen überwunden werden. Es geht um Grobheiten und einen schlagkräftigen Übermenschen, der die dunkle Jahreszeit regiert. Es geht um Machthaber und drohenden Tod. In den ältesten Anleitungen für einen christlichen Nikolauskult, aus dem byzantinischen Griechenland und Kleinasien im sechsten, siebten, achten Jahrhundert, aus dem „finsteren Mittelalter" also, sind erstaunlich viele Geschichten überliefert, in denen die Anhänger des Heiligen seine Aufmerksamkeit auf sich ziehen wollen, indem sie sein Standbild beschimpfen und prügeln.[2] Die Wunder des Heiligen Nikolaus sind befreiend, handfest und zugleich seltsam düster, wie z. B. die Story von der Randale am Haus des Landpflegers, aber auch ein bisschen skurril und phantastisch wie die Geschichte von den drei Goldkugeln. Gelegentlich haben sie mit Gewalt zu tun, wie man sie einem Bischof nicht zutraut. Nikolaus soll auf dem ersten Konzil der frühen christlichen Kirchen in Nicäa im Jahre 325 den Priester Arius aus Alexandria geohrfeigt haben, den Führer der Gegenpartei – wenn er denn teilgenommen hat, wenn es ihn denn gab als historische Person.[3] Im europäischen Hochmittelalter äußerst beliebt war noch eine Art Krimi mit Kommissar Nikolaus. Um ihn zu verstehen, muss man wissen, dass damals häufig Schweinefleisch gesalzen und in Fässern eingepökelt wurde, um eine Reserve für den Winter zu haben.

Es geht um einen Wirt, der drei wandernde Klosterschüler in seine Herberge lockt, in der Nacht ermordet und dann einpökelt. Er setzt das Fleisch anderen Gästen vor. Das macht er auch bei Sankt Nikolaus, der unerkannt umherreist. Der Heilige durchschaut sofort, was ihm da vorgesetzt wurde, sagt es dem Wirt auf den Kopf zu, lässt sich das Fass zeigen und erweckt die Jungen zum Leben. Dem Wirt wird seltsamerweise verziehen. Das führt uns direkt zum heutigen Kult um Nikolaus-Weihnachtsmann-Santa. Denn im historischen Dunkel hinter den mittelalterlichen Tafelbildern und den fast unlesbar gewordenen griechischen und lateinischen Legenden lodern die winterlichen Rituale, mit denen sich die mittelalterlichen Menschen die kalte Jahreszeit aufgeheizt haben. Aufgrund dieser weitverbreiteten Legende hat man Sankt Nikolaus im westeuropäischen Mittelalter oft mit einem Fass abgebildet, aus dem drei nackte Jungen auferstehen, oft mit hoch erhobenen Armen. Und manchmal ist die Geschichte durch

Abb. 17: Der Heilige Nikolaus erweckt die eingepökelten Knaben zum Leben (Holzschnitt aus der „Legenda aurea", Ausgabe Lyon 1488).

die Randmalereien auch in die Jahreszeit versetzt, von der wir sprechen, man sieht Leute, die ein Schwein hinter sich herzerren, weil sie es schlachten wollten, man sieht Schnee und Pökelfässer.

Wenn es einem gelungen war, im Sommer zum Beispiel ein oder mehrere Schweine großzuziehen, diese gierigen Nahrungskonkurrenten der viel- und allesfressenden Menschen, dann konnte der Winter gut laufen. Man musste die Schweine nur im richtigen Moment töten, auf dem Höhepunkt des „Schweinezyklus",[4] um mit den Fettreserven der lästigen und doch so nützlichen Mitesser weitermachen zu können. Anfang Dezember ist die Zeit dafür, um den Nikolaustag herum (6. Dezember). Die Schweine haben die Eichelmast, die Herbstfrüchte hinter sich, jetzt wird monatelang keine Nahrung mehr nachwachsen. Die kostbaren Getreidereserven wollte man lieber nicht an sie verfüttern. Zugleich macht die Kälte das Schlachten leichter, man kann tagelang an der Zubereitung der Würste und Schinken arbeiten, ohne dass das Fleisch gleich fault. Und dann steht Weihnachten vor der Tür, „wo man isst und trinkt“ – so sagten es die weit unter den europäischen Armutsgrenzen lebenden süditalienischen Bauern immer andächtig, bei denen ich noch in den 1980er Jahren meinen ethnologischen Forschungen nachgegangen bin, Bauern, die es so heute nicht mehr gibt: Holzwerkzeuge, Esel, religiöser Respekt vor sozialen „Paten“, karge Behausungen, knochenharte körperliche Arbeit und eine riesige bunte Welt der Heiligenlegenden prägten ihre Welt. Für meine süditalienischen Ratgeber, Freunde und Erzähler war das Schlachtfest nicht nur ein froher Augenblick, sondern auch mit tiefen Ängsten besetzt. Damals, in den 1980er Jahren, stopften sich noch viele Familien einen eigenen Wurstvorrat für die zweite Hälfte des Winters. Das ist ein schwieriges Geschäft, denn die luftgetrocknete Wurst kann leicht in Fäulnis geraten, auch in der wunderbar klaren und reinen Luft Lukaniens, jener Elendsprovinz, in der ich meine Forschungen gemacht habe und aus der schon die Römer luftgetrocknete Wurst als Marschverpflegung für ihre Truppen bezogen haben (lucaniche).[5]

Wenn beim Würstestopfen zufällig jemand das Haus betrat, riefen sie manchmal „San Martino!“ – und dann schickten sie einen freundlich, aber bestimmt wieder weg, doch nie ohne eine Wurst als Souvenir.[6] Wenn der Eintretende nicht in dieser Weise abgefertigt wird, könnte sein ungewollt neidischer Blick nämlich die Würste verderben. Sankt Martin von Tours, der seinen Mantel mit einem Armen geteilt hat, wird zum Heiligen der plötzlich aufkeimenden Gier, zum Gegenbild des Neides. Der Besucher wird mit dem Namen des Heiligen Martin angesprochen, beschenkt und aus der gefährlichen Zone entfernt, wo ein böser Blick das frische Fleisch in den Wursthäuten in Gammelfleisch verwandeln kann. In der Geschichte von den eingepökelten Knaben geht es um das Gegenteil dieses Brauchs. Im lukanischen Martinsbrauch wird der Fremde zum Heiligen, der das Fleisch im Haus nicht beschädigt, in der Pökellegende vom Heiligen Nikolaus wird der Fremde als Fleisch ins Haus gelockt, und der Heilige muss diesen tödlichen Vorgang wieder rückgängig machen. Beide Geschichten handeln von Gier, Knappheit, Überfluss und vom richtigen Verhalten. Die Atmosphäre vieler europäischer und nordamerikanischer Winterbräuche folgt bis heute solchen mittelalterlichen oder älteren Vorbildern, auch wenn kaum ein Mitteleuropäer oder Amerikaner jemals die Schlachtung eines Schweins erleben wird. Bis heute sind Thanksgiving, Halloween, St. Martin, St. Nikolaus und Weihnachten Feste des Überflusses, bis heute werden dabei haltbar gemachte und fettreiche Nahrungsmittelreserven verbraucht, von den Weihnachtsgänsen und gepökelten Entenbrüsten zu den hoch verdichteten Broten und Kuchen, die in Mitteleuropa unter dem Namen „Stollen" oder „Weihnachtsbrote" beliebt sind, über die zahlreichen, zum Teil altindianischen Zutaten des amerikanischen Truthahnessens bis zu den Schokoladen- und Zuckerorgien der postmodernen globalen Weihnachtsindustrie. All das ist auffällig oft mit orientalischen Gewürzen angereichert, an Lebkuchen, Plätzchen, Stollen kann man asiatische Düfte erschnuppern. Ohne die Beute der Handels- und Kriegszüge aus dem Osten wäre die mittelalterliche Gesellschaft weitaus ärmer gewesen, in jeder Hinsicht. Orientalisch-gemütliche Möblierung und Kleidung und luxuriöse Nahrungsmittel bildeten Reserven der Bequemlichkeit in den kolonialen Zentren der Kreuzfahrerzeit, dazu erzählte man sich die orientalischen Legenden vom Nikolaus.

Der Winter beginnt im europäischen Mittelalter mit den Gedenktagen der Heiligen Martin und Nikolaus, am 11. November und am 6. Dezember. Vielleicht setzte der Winter schon mit dem Doppelfest Allerheiligen und Allerseelen (1. und 2. 11.) ein – auch das waren Feste, bei denen man seine Reserven mit seinen Mitmenschen teilt: Allerseelen-Brote, Allerheiligen-Striezel. Am 1. und 2. November feierte man „alle" Heiligen und „alle" Toten, keiner sollte sich ausgeschlossen fühlen, alle sollen durch gute Gaben verpflichtet sein – manchmal sind sogar Juden und Muslime eingeschlossen, wie es in den Legenden des Heiligen Nikolaus vorgebahnt ist. In Südeuropa und in der neuen katholischen Welt Südamerikas sind die Fremden – Zigeuner, Türken, Mauren – zumindest in der Form einer Maske oder Parodie anwesend und verstärken noch die rituelle Befremdung durch das Fest der Narren und der Totengeister.[7] Heute gehen Kinder und Jugendliche in mitteleuropäischen und nordamerikanischen Städten am 31. Oktober wieder zum „Halloween" auf Betteltour um Süßigkeiten und tragen dazu die Masken der Toten und der Fremden. Das Geben und Nehmen unter den Menschen soll weitergehen, auch wenn der Tod allgegenwärtig ist. Die Erinnerung an den Abgrund von Fremdheit und Tod, mit dem jedes Leben rechnen muss, regt das Mitleid und die Gebefreudigkeit an und damit die Fähigkeit, Winter und Krisenjahre, schlechte Jahrzehnte und Eiszeiten zu überleben – bis an einen bestimmten, äußerst kritischen Punkt, wo nur ein paar wenige für ihr Überleben sorgen und man froh sein kann, dass es überhaupt noch weitergeht. Viele politische Missgeschicke der Vergangenheit haben damit zu tun, dass jeder und jede sich für auserseben halten kann auf diesem Gebiet: „die" Partei, bestimmte Schichten der Gesellschaft oder bestimmte menschliche „Rassen". Und von all dem erzählen schon die Rituale und Mythen um die Wintergötter und die Winterheiligen der Vergangenheit.

Vom Risiko des Winters können Impulse ausgehen, die Menschen verbinden, und solche, die Menschen in grausamer Weise voneinander trennen. Am 6. Dezember, dem Nikolaustag, wird heute noch im Dom von Bari das flüssige Fett von den Knochen des Heiligen Nikolaus geschabt, der Tote gibt Gesundheit und Leben. Es scheint für Katholiken alten Schlages einen guten und einen schlechten Kannibalismus zu geben – den schlechten Kannibalismus des Wirtes, der Knaben einpökelt, und den guten des Erzbischofs von Bari, der Fett aus den Knochen eines verstorbenen griechischen Amtskollegen schöpfen lässt, der nun schon seit über 1600 Jahren tot daliegen soll. In manchen süditalienischen Kirchen werden am Nikolaustag Brote ausgegeben, die mit ostmediterranen Rosinen und gezuckerten Früchten bestückt sind, erst im 20. Jahrhundert wurde der unvermeidliche italienische „Panettone" daraus, den man möglichst mit süßem Wein oder Sekt an Weihnachten und Silvester zu sich nehmen soll. Solche Weihnachtsbrote nennt man in anderen Gebieten Europas auch „Stuten" oder „Spekulatius" – das stammt von dem lateinischen Wort „speculum" ab, Spiegel, d.h. hier „Abbild des Heiligen Nikolaus", als Prüfer, Beobachter der Kinder, Spiegel der Kinder, die sich am Bild des tugendsamen Überheiligen messen lassen müssen. Die Häufigkeit von Hefegebäcken in diesem Zusammenhang ist auffällig, möglicherweise sollte diese Zubereitung helfen, Mehl besser zu verdauen, das schon seit dem Sommer aufgehoben wird. Die Geschichte der Feste und ihrer Nahrungsmittel ist voller Geheimnisse, die man noch genauer studieren muss.

Wenn's passt, wenn die Kinder brav waren, bekommen sie etwas

Süßes zugesteckt.[8] Im Mittelalter war das oft genug nur ein begehrter vitamin- und zuckerreicher Apfel, doch auch die verwöhnten und oft überernährten Kinder der postmodernen Massengesellschaften können gewissen Winterleckereien etwas abgewinnen – Weihnachtsmänner aus reiner Schokolade, was für ein Luxus aus der Sicht vergangener Zeiten, denen das südamerikanische Nahrungsmittel lange als Luxusware galt! Heute tragen diese Nikolausbrote und Schokoladenmänner keine Ruten mehr, und es gibt auch keine mit Süßigkeiten behängten Ruten mehr zu kaufen. Noch vor 20 Jahren wurden in deutschen Supermärkten Ruten aus natürlichen Zweigen verkauft, an die industriell konfektionierte Süßigkeiten gehängt waren. Genuss war an den Gedanken der drohenden Strafe bei Fehlverhalten geknüpft. Bei den Ritualen um Weihnachten und Nikolaus ging es darum, dass die Kinder etwas „aufsagen" konnten oder dass man sie streng ermahnte, was wiederum auf umfangreiche Aufzeichnungen über ihr Verhalten gestützt wurde, die angeblich das Jahr über gemacht worden waren. Das war lange vor „Süßes oder Saures!". Heute drohen die Kinder mit Prügeln, nicht mehr die Erwachsenen. Egal wie, unter Strafandrohung oder ohne: Wenn es kalt wird, will man gerne essen, zum Leidwesen der Diätberater, die schon im Herbst damit beginnen, vor der Weihnachtsschlemmerei zu warnen, während die Supermärkte schon mal die Sortimente im Süßwarensektor umstellen. So hat sich in den Zentren der großen industriellen Massenkulturen des Westens viel nach Innen verlagert, in das Körperinnere und in das Gewissen des Einzelnen, was früher außen am Körper und zur Not mit Hilfe von Prügeln durchgezogen werden musste – wenn es zum Beispiel darum ging, vorweihnachtliche Fastengebote mit der Rute durchzusetzen.

Mit den Festen von St. Martin und St. Nikolaus beginnt im Mittelalter und in der Frühen Neuzeit eine Reihe festlicher Höhepunkte, die Weihnachtstage, das Silvesterfest, der Dreikönigstag, und das mündet direkt im Karneval, im großen Fasten und dann, mit dem Ende des großen Fastens, im Frühlingsfest. Im alten Europa begann die winterliche Festsaison mit Allerheiligen oder Sankt Martin und endete mit Ostern, d. h. die ganze Kälteperiode hindurch wurde immer wieder gefeiert, geschenkt, geteilt, gegessen, getrunken – auch wenn manchen Teilnehmern bei alldem der letzte Bissen im Hals stecken geblieben sein mag, denn Sankt Martin war auch der Tag, an dem man die Dienstleute im Haus, die Knechte und Mägde und Melker und Landarbeiter und Schweinehirten entweder entließ oder für ein weiteres Jahr anstellte. Die wichtigsten Masken des alten europäischen Karneval waren lange Zeit (und bis in das 21. Jahrhundert hinein) die Träger von Totemhemdchen und vertierte oder zu bösen Geistern mutierte Menschen, Hexengeister und Orientalen, kurzum, wie schon bei den Aufzügen zu Allerheiligen und zu Allerseelen, das ausgeschlossene „Andere", das Gegenteil, die Welt der Toten und der Geister. Wer jetzt den Winter schaffen möchte, erinnert sich und seine Mitmenschen erst einmal an die, die es bis zu diesem Winter nicht geschafft haben.[9]

Leuchtfeuer der Totenseelen, die uns in der dunklen Periode des Jahres den Weg weisen, das lassen sich auch reiche und etwas weniger reiche deutsche Kinder des 21. Jahrhunderts nicht nehmen. Die im Deutschen Reich noch so mächtigen protestantischen Kirchen hatten zeitweise Erfolg mit der Strategie, die Feier des 1. 11. durch den Reformationstag am 31. Oktober zu ersetzen, doch heute ist auch der protestantische Feiertag gemeinsam mit dem katholischen Allerseelen schon lange als offizieller Feiertag untergegangen. Selbst Allerheiligen steht auf der Liste der zeitnah abzuschaffenden Feiertage, ist in einigen Bundesländern bereits gestrichen worden. Doch deutsche Großstadt-Kinder und -Jugendliche legen seit ca. 15 Jahren erst recht wieder los, mit „Halloween". Das durch Filme, Bilder und industriell hergestellte Verkleidungen aus den USA importierte Fest hat seltsamerweise exakt dieselbe Grundform aufgegriffen, die winterliche Zeremonien im mittelalterlichen Europa oftmals angenommen haben. Fachleute nennen diese Grundform mit einem heute fast vergessenen Wort der deutschen Sprache die „Heische", den „Heischegang". „Heischen" ist der Versuch, etwas von anderen zu erhalten, ohne direkt zu betteln. „Beifallheischend" nennt man manchmal heute noch Menschen, die verbale oder sonstige Unterstützung bei anderen suchen, ohne dabei aber allzu direkt zu werden. „Sich anheischig machen" ist ein altmodischer Ausdruck dafür, dass man jemand anderem eine mehr oder weniger erwünschte Dienstleistung anbietet. Heischen heißt nicht betteln, aber es ist auch kein völlig unbescheidenes Auftreten damit gemeint, zugleich hat es etwas vom Einziehen der Steuern an sich. Man bringt sein Gegenüber dazu, freiwillig etwas herzuschenken. „Brauchtum" ummantelt das Ganze mit der Vorstellung von etwas Rechtmäßigem, Gewöhnlichem. Gabe und Gegengabe folgen ohne allzu genaue Berechnung aufeinander, man gibt und lässt sich geben, im Vertrauen darauf, dass es irgendwann zu einem gerechten Ausgleich kommt oder dass es eben eine gute Sache ist, wenn man mal etwas an andere abgegeben hat. Oft hilft dabei eine Figur, eine Art Gott der Heische, eine Verkörperung des Geistes der Großzügigkeit. Das Betteln und Fordern bekommt dadurch eine Tradition, einen Vorwand, sei es nun der sprichwörtliche „Blinde" (der dann hinter seiner schwarzen Brille hervorlugt, um das Geld zu zählen, das er eingenommen hat) oder die junge Frau, der gerade eben noch 50 Cent für ihren Fahrschein nach Hause fehlen, oder ein völlig reduzierter Mensch im abgerissenen Parka, begleitet von einem alten Hund, der aber nicht bettelt, sondern den Fahrgästen in der U-Bahn eine Obdachlosenzeitung verkauft. Im europäisch-amerikanischen Halloween geht man dazu als Totengeist umher oder als Vampir, in der Maske eines Monstrums, das einmal ein Mensch gewesen ist und darum einerseits bedrohlich wirkt, andererseits aber noch so weit an einen Menschen erinnert, dass es auch unser Mitgefühl verdient hat.

In der Form des Dreikönigs-Singens haben mittelalterliche Heischbräuche in katholisch geprägten Gebieten Europas und Nordamerikas überlebt, und gerade kehren sie als „Halloween" in die Zentren europäischer Großstädte zurück, irgendwo zwischen dem Erfahrungshunger postmoderner Kinder und der neuen Kinderarmut. Daneben steht das Weihnachtsfest mit seinen Wunschzetteln und seiner exzessiven Kultur des Schenkens – drei Varianten von Mischungen aus Betteln und Fordern in der Winterzeit. Halloween ist dabei nicht so eindeutig mit dem Christentum assoziiert wie Weihnachten, der Nikolaustag und das Dreikönigssingen. In manchen mitteleuropäischen Gegenden haben heute weit über 50% der Kinder Migrationshintergrund, stammen z. B. aus muslimischen Haushalten. Aber auch für viele deutsche, besonders ostdeutsche Kinder, deren Eltern keiner Religion mehr anhängen, ist Halloween eine gemeinsame Plattform mit Kindern, die noch christliche Bezüge haben. Auf der anderen Seite erleben die christlich geprägten Kinder Halloween doch auch wieder nicht als deutlich gegen das Christentum gerichtete Veranstaltung.[10] Vielleicht hat dieses Fest noch eine große Zukunft: Erst machen mehr oder weniger reich kostümierte Kinder zwischen vier und zwölf Jahren die Runde, manchmal sogar beaufsichtigt von ihren Müttern. Dann, am Abend und in der Nacht, sind die Größeren dran, dann heißt es nur noch „Trick or Treat", Süßes oder Saures. Heute laufen in manchen deutschen Städten nach Einbruch der Dunkelheit größere „Kinder" mit Eiern und Rasierschaumspray herum, ab und an wird auch ein kleines Feuerwerk gezündet. In den USA fragt man sich angesichts der Exzesse an Schabernack, Randale und Feuern in den Armenvierteln schon länger: „Has Halloween gotten out of hand?"[11] Ist das Fest mit seinen Feuerwerksduellen und Brandstätten, mit seiner Bettelei und seinem rüden Gerangel der Aufsicht von Eltern, Lehrern und Polizisten entglitten?

Zweimal Mittelalter und zurück

Und damit sind wir wieder bei Nikolaus gelandet, dem Heiligen, der dem korrupten Richter die Bude einrennt, seinen theologischen Widersacher ohrfeigt und als Einziger weiß, wie man richtig mit dem gefährlichen Feuer der heidnischen Artemis umgeht – und der sein ererbtes Gold einfach so mit ein paar Nachbarmädchen teilt. Wie den heutigen amerikanischen und europäischen Halloween muss man sich wohl auch manche Nikolausbräuche vergangener Jahrhunderte vorstellen – Kinder und Jugendliche ziehen umher, ein Kind, einen Jungen, haben sie als Bischof herausgeputzt, andere vielleicht als Teufelchen, die dem Heiligen zu Diensten sind, und sie alle „wollen was sehen": Äpfel, Würste, Brot, Kleingeld, vielleicht sogar was Süßes und sonst noch was. Eines der frühesten Zeugnisse für ein spezielles Spiel oder Ritual um Sankt Nikolaus, das den Boden der rein kirchlichen Feiern verlässt, finden wir im Bericht des Mönchs Ekkehard von Sankt Gallen (ca. 980–1060) über einen Besuch König Konrads I., der in Ekkehards Kloster den in Südwestdeutschland äußerst mächtigen Abtbischof Salomon von Konstanz treffen sollte.[12] Man hatte den Besuch mit dem „Schülerfest" am zweiten Weihnachtstag, dem Fest der von Herodes geschlachteten „unschuldigen Kinder“ von Bethlehem, verbunden und für den feierlichen Einzug der Schüler Äpfel auf dem Boden ausgelegt. Ekkehard lobt die Disziplin seiner Schüler sehr, weil sie die begehrten Früchte, eine der wenigen winterlichen Süßigkeiten, nicht aufsammelten. Die Begegnung des Königs und seines ritterlichen Gefolges mit dem mächtigen Abtbischof und seinen Klerikern und Klosterschülern wird dadurch zu einem Wettkampf kriegerisch-weltlicher mit mönchisch-außerweltlicher Disziplin. Wir können uns auch vorstellen, dass die Schüler nach dieser Kraftprobe erst recht mit Äpfeln beschenkt wurden, ganz im Stile des Nikolaus, der goldene Kugeln oder Früchte verschenkt. Manchmal wurden kleine Nikolaus-Imitatoren bei solchen Festen geradezu „Apffeln-Bischoff“[13] genannt, eine Mainzer Quelle aus dem 18. Jahrhundert spricht davon. Der Apfel hat diese Feste stets begleitet, noch im 20. Jahrhundert ist er ein Standard beim Baumschmuck deutscher Weihnachtsfeste. Paradiesische Früchte, Äpfel und Goldkugeln werden uns durch dieses Buch hindurch, auch wenn es dann um asiatische Feste und Götter geht, immer wieder begegnen.

In manchen Klosterschulen des Mittelalters und der Frühen Neuzeit wurden zur Erinnerung an diesen Tag billige Münzen geprägt und verteilt. „Diese Almosen, eine für das Schülerleben unerlässliche Dreingabe, hatten zugleich einen traditionellen und folkloristischen Charakter. Sie standen in der Tradition von bis auf die Antike zurück gehenden Bräuchen. Bei Mosellanus, einem Schriftsteller des 16. Jahrhunderts, heißt es dazu: ‚Morgen ist Sankt Martin – Na und? An diesem Tag machen wir Schüler reiche Ernte.‘“[14] Warum „na und“? Der Martinstag war für viele auch ein Unglückstag, denn an diesem Tage wurden die häuslichen Verträge erneuert und manche Dienstboten kurzerhand entlassen. Doch man konnte sich auch wehren: Bei den Winterfesten, von St. Martin angefangen über St. Nikolaus bis zu Weihnachten, den sogenannten Raunächten „zwischen den Jahren“, dem Dreikönigstag und Karneval ging es immer um das Geben, und wer nicht gab, wurde genervt. Im Falle der Klosterschulen wurden zweifellos vor allem der Abt und seine Mitbrüder genervt. Sie mussten einen Tag im Jahr ihre Macht mit den Kindern teilen. „An diesem Tag wurde der Kinderbischof … gewählt. Wie im Karneval wurden die oberen Ränge der Hierarchie auf die unteren verwiesen, das niedere Volk nahm deren Plätze ein, Verbotenes war erlaubt und umgekehrt. Die Scholaren äfften die Priester beim Gottesdienst nach. Sie tanzten, tranken, tafelten, verkleideten sich (manche sogar als Frauen), trugen Masken und brachten sogar Esel in die Kirche ... Der Kinderbischof ... ritt in Begleitung einer Schar von Sängern und Dienern aus, um ... Spenden einzusammeln.“[15]

Dieser Brauch hat sich im Mittelalter zwischen dem 10. und dem 13. Jahrhundert rasant ausgebreitet, zunächst als Narrenfest der Kinder, z. B. am „Tag der unschuldigen Kinder“ (28. Dezember), am Gedenktag des Kindermordes von Bethlehem, der das Kind Jesus vernichten sollte. Später wurden die Bräuche dann immer fester um den Tag des Heiligen Nikolaus gerankt, als wollte man sie unter die Aufsicht des strengen Alten mit dem Bart stellen. Nach und nach erfassten Nikolausfeste die kirchlichen und später die staatlichen weltlichen Schulen. Bettelzüge der Klosterschüler im Namen eines bärtigen Winterbischofs weiteten sich dann zu Bräuchen aus, an denen die Massen der mittelalterlichen Gesellschaft beteiligt waren, eine Art vorgezogener Karneval.

Heute noch kann man an vielen deutschsprachigen Orten die Reste der mittelalterlichen Heischegänge finden: in der Form feierlicher Umzüge mit einem als Heiliger Nikolaus verkleideten Menschen; in häuslichen Bräuchen, bei denen ein Nikolaus den Kindern aus einem großen Buch die Leviten liest und mit der Rute, dem Knecht Ruprecht oder einem pelzigen Wesen droht, bis das Christkind oder der Nikolaus persönlich aus einem großen Sack Geschenke überreicht; in traditionellen, meist ländlichen Umzügen junger Männer, die als Nikolaus, Knecht Ruprecht, als Teufel oder als Althergebrachte oder in Mischgestalten aus all dem verkleidet sind und mehr oder minder freiwillig gegebene gute Gaben einsammeln, jungen Mädchen und Frauen auf die Nerven gehen und schließlich doch wieder friedlich und demaskiert nach Hause trotten. Aber auch in Weihnachtsumzügen und Weihnachtsmannparaden können wir diese Grundform wiedererkennen. Solche Paraden sind nicht nur in ganz Nordamerika, sondern mittlerweile auch (wieder) in Deutschland anzutreffen, etwa in Brandenburg oder an allen vier Adventssonntagen in der Hamburger Innenstadt. Weihnachts(mann)paraden inszenieren Freigiebigkeit und Kaufexzesse, junge Mädchen flankieren in sexy

Posen den Gabenbringer mit Bart und geben ihm eine zusätzliche erotische Attraktion, das winterliche Dunkel im Dickicht der Städte leuchtet in hellem Rot und Gold – hier bekommt man vordergründig mehr, als man geben muss, und das Ganze entpuppt sich dann doch wieder als Werbung für verstärkten Kaufrausch.[16] Eine weitere Variante solcher Bräuche kehrt das Ganze wieder nach Innen, in die Vorstellungswelt der Kinder und in die Rituale der Privathaushalte – das ist dann die abgebildete und durch Geschichten und Lieder befestigte Phantasie, dass dieser Heilige Nikolaus in der Nacht vom 5. auf den 6. Dezember Schuhe oder Strümpfe mit Geschenken füllt, nachdem die Kinder sie vor der Tür oder am Kamin ausgestellt haben, oder dass Santa mit seinem Schlitten die Geschenke transportiert, die am 24. Dezember unter dem Tannenbaum liegen oder am Kamin abgeladen werden. Geben und Fordern, Erschrecken und Erfreuen, Spaß und Angst scheinen in all diesen Bräuchen dicht miteinander verbunden zu sein, und so kann man es sich auch für die mittelalterlichen Bräuche vorstellen.

Fordern, Erschrecken, Angst ... die Liste der Beschwerden war lang, damals, vor 500 bis 800 Jahren. In Frankreich waren die ersten bedeutenden Klosterschulen gegründet worden, und ihren Zöglingen musste immer wieder verboten werden, „irgendeine Versammlung oder ein Monopol in ihren Reihen zu bilden, oder einen Abbé (Abt), Prior (Klosterprobst) oder andere ihren Abschweifungen förderliche Führer zu wählen."[17] Von „Rotten von Flaneuren", also von umherwandernden und feiernden Klosterschülern und anderen Mitmenschen, fühlten sich die wahren Äbte und Priore bedrängt, belästigt. Angewidert waren sie vom „Klappern ihrer mit Nägeln beschlagenen Pantinen" auf den Pflastern der mittelalterlichen Städte.[18] „Galoschen", also „Stiefel", wurden die auf den Straßen herumalbernden Klosterschüler und Studenten auch genannt. Auf die Dauer ließ sich nur eine Minderheit der fahrenden Schüler fest in das Leben einer Schule einbinden.[19] Immer wieder feierten sie, und bei ihren Festen ahmten sie das harte Regiment der Schulen nach und zogen es dadurch ins Lächerliche: „Der frühere Kamerad wird zum Schulmeister, der mit der Fuchtel oder der Rute über sein Volk regiert."[20] Von „schlimmer Ausgelassenheit" und „lasterhaften Praktiken" ist die Rede, mit immer strengeren Worten verbot man, meist vergebens, den Kindern, den Bischofshut aufzuziehen und damit betteln zu gehen. Klosterschulleiter gingen gegen den „Unfug" vor, Äbte mussten „die schlimmsten Formen steuern".[21] Trotzdem oder gerade weil es offensichtlich Freiräume für Fez und „Unfug" gab, breiteten sich diese Bräuche zwischen der Zeit um das Jahr 1000 (mit einem deutlichen Schwerpunkt im 13. Jahrhundert) schnell über ganz Europa aus. Den eigentlichen Schub bekamen winterliche Narrenfeste, bei denen Kinder die Erwachsenen spielen durften, im 13. Jahrhundert, als sie von ihren ursprünglichen Terminen am Ende des Dezembers immer mehr auf den 6. Dezember zusammengedrängt wurden, immer fester in Zusammenhang mit dem Kult des Heiligen Nikolaus traten. Es wirkt, als sei der rebellische Heilige, der einst an der Pforte des ungerechten Richters rüttelte, auf die andere Seite gewechselt. Nun soll er die unruhigen Schüler in Schach halten. Auf dieselbe Art war ja auch schon der Bischof Nikolaus von Myra, Sieger im Traumkrieg über Kaiser Konstantin den Großen, letztlich zu einem von den byzantinischen Kaisern propagierten „Hyperhagios" geworden. Bis in das 20. Jahrhundert hinein werden seine populären Artverwandten, der Nikolaus und der Weihnachtsmann, regelmäßig eine Rute dabeihaben – aber sie wird jetzt nicht mehr gegen ungerechte Richter oder betrügerische Gläubiger gewendet, sondern gegen Kinder, die nicht brav gewesen sind. Aber die Kinder nehmen ihm Hut und Rute wieder ab. Bei den Narrenfesten wenden sie die praktische Waffe und das mächtige Zeichen der Heiligkeit wiederum gegen die heilige Hierarchie.

Damit tritt ein bei den Byzantinern wohl unbekanntes „Kinderpatronat" des Heiligen Nikolaus in Kraft, ein rein westeuropäischer Beitrag zu Ritual und Legende des nun schon gar nicht mehr jungen Heiligen. Stand bisher das Mit-Leiden mit Hungernden und mit ertrinkenden Seeleuten oder mit unschuldig Verurteilten oder mit unschuldig zu einem Armendasein, zur Ehelosigkeit und Schlimmerem verdammten jungen Frauen im Mittelpunkt der Legenden, geht es nun mehr und mehr um ein weiteres schwaches Glied der mittelalterlichen Gesellschaft, die Kinder.

Im Jahre 1931 veröffentlichte der Historiker und Volkskundler Karl Meisen einen dicken großformatigen Band über „Nikolauskult und Nikolausbrauch im Abendlande". Meisen ging es darum zu zei-

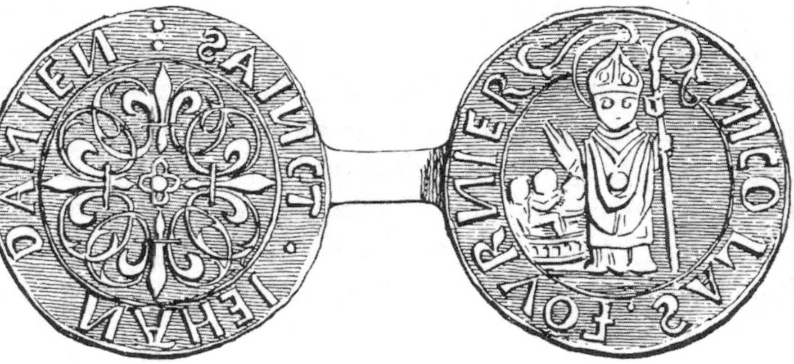

Abb. 18: Münze des Knabenbischofs Nicolas Fournier in Amiens, Nordfrankreich.

gen, dass die europäischen Weihnachtsbräuche seiner Zeit nicht von germanischen Bräuchen und Festen hergeleitet werden müssen, sondern aus kirchlich-katholischen Ritualen wie den „Knabenbischofsspielen" und winterlichen Heischefesten des Mittelalters. Dieses Buch hat Karl Meisen Ärger mit den Nazis eingebracht, die zwei Jahre nach der Veröffentlichung an die Macht kamen. Nationalsozialistischen Kulturpolitikern war die Umdeutung und politische Nutzung der großen Volksfeste eine Herzensangelegenheit. Doch Meisens Forschungen hatten klar ergeben, dass dem Nikolausbrauchtum nicht die winterlichen Umzüge eines germanischen „Wotankultes", sondern mittelmeerische Rituale der christlichen Milde zugrunde lagen. Unter Fachhistorikern hat Karl Meisen mit seinen Thesen letztlich recht behalten, eine direkte Abstammung deutscher Winterfeste und Karnevalsbräuche aus der Germanenzeit ist nicht beweisbar.[22] Allerdings wissen wir heute etwas mehr als zur Zeit Karl Meisens über das Publikum, bei dem die Einführung des „Faktors N" in Mitteleuropa besonderen Anklang gefunden hatte. Der unter byzantinischen Soldaten, Seeleuten und Prostituierten erprobte Nikolauskult fand die meisten Anhänger in einer rüden, oft von harter Armut und Gewalterfahrungen geprägten Klientel. Die Kinder, die dann ab dem Jahre 1000 die großen Traditionen auch des Weihnachtsmanns und des Santa Claus begründet haben, hatten alle Gründe dafür, christlich um eine milde Gabe zu bitten. Sie hatten auch gute Gründe, einen einzigen Tag im Jahr in der Rolle eines mächtigen Mannes auftreten zu wollen, einmal im Jahre für kurze Zeit aus der Kontrolle ihrer Erzieher entkommen zu wollen. Sie kannten die Rute und wollten sie endlich mal selbst handhaben. Die begleitenden wilden Rituale betrachtete Meisen als eine Art Dekadenz der christlichen Milde. Er übersah dabei, dass das Rüde und die Prügel bei Nikolaus von Anfang an dazugehörten und dass die Nazis mit ihren falschen Theorien über die germanische „Wilde Jagd" Wotans auf einer richtigen Beobachtung aufbauten: Der Winter konnte die Menschen wild machen, zumindest im Mittelalter.

Klosterschulen im Mittelalter – man stellt sich das vielleicht sehr fromm und brav vor, sehr demütig, Kinder in wallenden Gewändern, die beten und knien, himmelhohe düstere Kathedralenräume, erfüllt vom disziplinierten Gesang aus den goldenen Kehlen der Domspatzen. Auch bei Karl Meisen klingt das manchmal so an, der Verfasser des bis heute gültigen Klassikers der St.-Nikolaus-Studien war bekennender Katholik. Mittelalterfans sehen das auch gerne so, schon seit der vom Mittelalter begeisterten deutschen Romantik. Und sie haben ja auch recht mit ihrer Begeisterung, damals war die Welt noch größer als heute. Wenn ein Reich auseinanderfiel, konnten die Menschen in Steppen und Wälder ausweichen, um dort als Jäger und Sammler oder „Ureinwohner", als christliche Eremiten oder Räuber weiterzumachen. Und wenn die Reiche, Herzogtümer und Gemeinden funktionierten, waren durch Religion und Festkultur alle, auch die Ärmsten, am Reichtum beteiligt, unter anderem durch religiöse Feste. Jedes Jahr wurden zwischen 23 und 33 Feste begangen, die nicht auf Sonntag fielen. Viele begabte Kinder aus armen Familien hatten die Chance, über diese Formen von Kunst und Kult in die Gesellschaft einzusteigen, zumindest auf dem steinigen Wege einer klösterlichen Erziehung und Ausbildung. Doch die Missbrauchsskandale der 2000er Jahre haben auf solche idealistischen Versionen althergebrachter katholischer Erziehungspraktiken einen dunklen Schatten geworfen – individuelle Schicksale sind immer dann schwer, wenn es sich um kleine oder schwache Menschen handelt in den mittelalterlichen und dem Mittelalter noch ganz und gar nachfolgenden barocken Systemen der katholischen Landschaften.

Schon lange gibt es zwei sehr verschiedene Versionen des Mittelalters. Man kann es als rückständige und grausame Ära des Machtmissbrauchs betrachten – Sklaverei, Leibeigenschaft, häusliche Diktaturen in Adel und Bürgertum – oder als Ära der fruchtbaren Verbindung von kirchlicher Einheitskultur mit lokaler Selbstbestimmung und beginnender Zentralmacht, als Zeit glorreicher Feste und grandioser Architekturen, als Zeit einer noch stark in die Natur eingebrachten, die Natur wenig schädigenden menschlichen Ordnung. Wie bei einer Achterbahnfahrt wendet sich die Perspektive wieder und wieder, wenn man genauer hinsieht. Die Schüler der sich ab dem Jahre 1000 langsam ausbreitenden Klosterschulen jedenfalls lebten nicht nur im Licht des Glaubens, sondern oftmals auch im dunklen Schatten der Armut. Harte Prügelstrafen ebenso wie die Verheißung des Aufstieges aus dem Elend in die höchsten Hierarchien der christlichen Kirche formten ihr Denken und Handeln. Die Schulen wurden meist von autonom handelnden, der kirchlichen Kontrolle wenig unterworfenen Ordensleuten und Domherren betrieben. Viele Schüler waren „Externe", d. h., sie wanderten bettelnd umher, von Schule zu Schule, und manchmal waren sie mehr unterwegs, als dass sie sich in den Schulen aufhielten. Manche waren durch den Tod ihrer Eltern oder durch Ausstoßung aus ihrer Familie schutzlos, und nur unruhiges Hin- und Herwandern konnte sie davor schützen, ganz der Macht eines Lehrers oder Domherren zu verfallen. Vielleicht gelang es diesen wandernden Schülern irgendwann, einen richtigen Lehrer zu finden, der ihnen die Regeln der kirchlichen Riten und Latein beibrachte, damit sie befähigt waren, später einmal kirchliche oder weltliche Ämter wahrzunehmen und sich von ihrer meist bäuerlichen Herkunft zu lösen. Oft genug trafen sie auf prügelnde und unzüchtige Quäler, denen niemand das Handwerk legen konnte oder wollte. Die Kinder der Adeligen wuchsen entweder direkt in die Rolle des Machtmenschen hinein und mussten dazu nicht viel Buchwissen mitbringen, oder sie wurden von gelehrten Erziehern in Einzelbetreuung ausgebildet, die dann auch zunehmend in den Häusern reicher Kaufleute oder Handwerker zum Einsatz kam. Doch selbst in diesen Milieus, wo man sorgsamen Umgang mit den Nachfahren und Erben für wichtig hielt und eine starke Verfeinerung der familiären Gefühlsbindung pflegte, galt die Prügelstrafe zumindest für männliche Jugendliche als unumgänglich.

Leon Battista Alberti (1404–1472) galt zu seiner Zeit als der gelehrteste und am meisten kultivierte Humanist von Florenz. Er hat den Zwiespalt zwischen Vaterliebe und mittelalterlichen Erziehungsmaßnahmen in seinem zwischen 1437 und 1441 entstandenen Buch über das Familienleben einer Kunstfigur in den Mund gelegt, Adovardo. Der kritisiert die hochtönenden idealistischen Sprüche seines Gesprächspartners Lionardo über die Erziehung der Knaben mit der Bemerkung, dass Lionardo keine Ahnung von den Problemen der Väter habe, weil er eben noch kein Vater sei: „Und so muss der Lehrer her, du musst sie schreien hören, siehst sie gebläut von Schlägen, und oft bist du selbst gezwungen, es ihnen zu geben, sie zu züchtigen. Solche Dinge, ich weiß, erscheinen dir nicht der Rede wert, denn du kennst die Vaterliebe nicht, weißt nicht, wie zart und mitleidend sie ist. Zudem können die Kinder naschhaft werden, Gauner, verlogen und lasterhaft …“[23] Naschhaftigkeit gegen Prügel – irgendwie liegt hier auch noch der Ursprung von „Süßes oder Saures“ im modernen internationalen Winterritual Halloween.

Kinder aus den Unterschichten, auch wenn sie begabt waren, hatten es schwer, sich in den mittelalterlichen und frühneuzeitlichen Systemen gegen die harten Körperstrafen, gegen Misshandlungen und den Missbrauch durch Domherren, Lehrer, Priester zu behaupten. „In diesem 16. Jahrhundert denkt man an seine Kindheit nicht selten mit Bitterkeit als an eine Art Gefängnisaufenthalt zurück.“[24] Das Strafen und Misshandeln ging auch nach dem Mittelalter weiter, bis in das 17., 18. Jahrhundert hinein, bis zur Gründung aufgeklärter staatlicher Schulen, wo oft genug weiter die Rute, der Prügel, die Peitsche die wohlmeinenden Unterweisungen der Lehrer unterstrichen haben. Erst mit dem Ende des 18. Jahrhunderts setzte jener Wandel ein, der zur Abschaffung der meisten Körperstrafen im Bereich der Justiz, zur Milderung der Körperstrafen in den Schulen und zu einer kontrollierteren Form der Machtausübung führen sollte, die eher auf die Seele zielt als auf den Körper.[25]

In der Mitte des 16. Jahrhunderts berichtet der Bauernsohn Thomas Platter, wie er während einer langen Laufbahn als wandernder externer Klosterschüler wieder und wieder geschunden und geschlagen wurde, von Lehrern ebenso wie von älteren Mitschülern: „Er schlug mich grausam übel, nahm mich vielmal bei den Ohren.“[26] Erst mit 19 Jahren, nach jahrelangem Umherziehen, Betteln und Leiden, lernte Platter lesen. Im Sommer musste er auf Friedhöfen im Freien übernachten, im Winter mit vielen anderen in engen Zellen. Er wurde zum Betteln an „übelbeleumdeten Orten“[27] gezwungen, in Wirtshäusern, deren Betreten den Scholaren aus gutem Grunde streng verboten war[28] – der kleine Thomas Platter bettelte, wo die Scholaren der Nikolauslegende nach von einem unrechten Wirt ermordet und in Salz eingelegt worden waren. Platter ist es auch, der einen der seltenen Berichte über sadomasochistische Praktiken und sexuellen Missbrauch verfertigt hat. Für einen „Sechser“ soll er sich mit einer Rute schlagen lassen, er geht darauf ein und wird hinterher sogar noch um den „Lohn“ betrogen.[29]

Die schulischen Initiationsriten vergleicht Philippe Ariès, der große Historiker der Kindheit im Mittelalter, mit Äquatortaufen. Vielleicht sind manche dieser Riten wirklich von den strengen Genossenschaften der Seeleute mit ihren rauen Bräuchen auf das Leben der wandernden Scholaren übertragen worden. Patron der Seeleute war schon seit dem achten und neunten Jahrhundert Sankt Nikolaus, und so würde es nicht verwundern, dass er auch auf diesem „Seeweg“ zum Patron der immer wieder in Vereinigungen und Narrengemeinden verbundenen „Externen“ der Klosterschulen wurde.[30] Der schwankende Wohlstand mittelalterlicher Zentren zog die wandernden Kinder an und trieb sie wieder hinaus, setzte sie der Gewalt aus, die traumatisierte, hungernde, von Kriegen gezeichnete Menschen untereinander ausüben. Prügel waren an der Tagesordnung, Schläge unter Kindern, Schläge als Strafe,[31] Schläge als Ventil, in dem sich Erwachsene an Kindern austoben, Schläge aber auch als das einzige von allen Gruppen und Schichten anerkannte Erziehungsmittel. Schläge und Schlimmeres, die Geschichte vom Wirt, der kurzerhand drei wandernde Scholaren einpökelt, spricht in dieser Hinsicht Bände. Auch wenn ein Kind für einen Tag zum Nikolaus geworden war, zum Bischof, verraten seine Reden nicht nur das Aufbegehren, sondern auch tiefe Furcht vor der harten Hand der Erwachsenen. Der Knabenbischof hielt seinem „Volk“ und den zahlreichen versammelten feierlustigen Erwachsenen eine große Predigt, doch die war natürlich in Wahrheit von einem der mönchischen Lehrer verfasst worden. Diese Reden handeln „von der Ermordung der Unschuldigen Kinder (vom Kindermord in Bethlehem), appellieren an die Gläubigen, sie sollten von ganzem Herzen glauben und unschuldig sein wie die Kinder, kritisieren Staatsmänner und hohe Würdenträger der Kirche und verurteilen die Brutalität der Lehrer … Am Schluß forderte der Kinderbischof die Gläubigen auf, dafür zu beten, daß der Lehrer ihn nicht mehr schlage und dass sich alle Lehrer zum Henker scheren möchten."[32] Vergessen wir nicht, dass diese Rede von einem der Lehrer selbst geschrieben worden war. Die auf Erwachsene zielende propagandistische Wirkung ist genauso unübersehbar wie das den Kindern angebotene Ventil – mehr war nicht drin an Freiheit. Wenn der Kinderbischof seine Rede gegen die Prügelstrafe nicht anständig hielt, setzte es wahrscheinlich hinterher Schläge.

Es herrschten halt „raue Sitten", so kann man es freundlich verpacken, wenn man das Mittelalter trotz allem in Schutz zu nehmen versucht, im Stile der verniedlichenden Reden über die „alten Rittersleut'". Selbst Philippe Ariès ist nicht frei von diesem Ton. „Dazu muß allerdings auch gesagt werden, dass diese Lehrer mit der lockeren Hand es mit schrecklichen Bengeln zu tun hatten, die keine Gelegenheit zur Revolte ausließen."[33] Jugendlicher Waffenbesitz, Meutereien, Diebstahl aus den Vorratskammern der Hausherren waren tatsächlich an der Tagesordnung.[34] Vielleicht muss die Geschichte der Kindheit im Mittelalter noch gründlicher als bisher erforscht werden, was das Problem von Verrohung und Zivilisierung beider Seiten anbelangt, der Erwachsenen wie der Kinder, und unter Berücksichtigung der materiellen Verhältnisse, der Sterblichkeitsraten, der Hungerkrisen, Klimaschwankungen und so weiter.[35] Die von den Knabenbischöfen erhaltenen Reden zeigen zumindest, dass es durchaus ein Bewusstsein dafür gab, dass Schläge Leid verursachen und dass es Missbrauch und Missachtung der Menschenrechte gab. Obwohl die allgemeine „Kultur" das Wort nicht kannte, wusste man etwas von „Menschenrechten". Nikolaus wird zum Träger dieses Bewusstseins und gerade dadurch zum Inbegriff eines autoritären, sehr durchsetzungsfähigen Integrators von Bevölkerungsgruppen. Das ist ja der Sinn jeder väterlichen Inschutznahme und väterlichen Bevormundung, des „Patronats" lokaler Machthaber (patrons) für Menschen, die sonst leicht ganz über den Tellerrand der Mehrheitsgesellschaft fallen könnten. Integration, durchaus auch mit Gewalt, das hat sich schon in einer frühen byzantinischen Legende angekündigt, in der es auffällig auch um Geben und Nehmen geht und um das Problem der Freiwilligkeit: „Ein Mönch, der eine einsam vor der Stadt gelegene Nikolauskapelle bedient, findet bei seiner Heimkehr diese wie seine Zelle ausgeraubt und überhäuft den Heiligen mit Vorwürfen und Drohungen. Den Täter, einen Hirten, schlägt Nikolaus mit schwerer Krankheit und befiehlt ihm im Traum, das Gestohlene zurück zu erstatten. Der Hirte lässt in selbiger Nacht den Raub aus seinem Versteck holen und vor der Nikolauskapelle niederlegen; der Mönch dankt dem Heiligen, und der Dieb wird gesund."[36]

Auch der Wirt der Pökellegende kommt auf erstaunliche Weise straflos aus all dem heraus, wie der eben erwähnte Dieb. Nachdem er erlebt hat, wie Nikolaus den Schülern das Leben zurückgibt, bereut er seine grausige Tat und entwickelt sich zum treuen Diener des Heiligen. Schon die byzantinische, wohl auf das 9. Jahrhundert zurückgehende Legende vom Mönch und vom Dieb enthält alle Elemente der späteren rüden, von Drohungen, Beschimpfungen und Prügel durchzogenen Heischebräuche des europäischen Mittelalters, das Hin und Her von Geben und Nehmen um den drohend aufgerichteten, düsteren bärtigen Bischof Nikolaus. Letztlich zieht Nikolaus es vor, sogar noch Schutzpatron der Diebe zu sein, wenn nur der Fluss von Geben und Nehmen in Gang gehalten wird, der den Frieden unter den Menschen garantiert. Das hat auch der große Anthropologe Marcel Mauss erkannt, als er den „Geist der Gabe" beschwor:[37] „Man braucht nicht weit zu suchen, um das Gute und das Glück zu finden. Es liegt im erzwungenen Frieden, im Rhythmus gemeinsamer und privater Arbeit, im angehäuften und wieder verteilten Reichtum, in gegenseitiger Achtung und Großzügigkeit, die durch Erziehung erlernbar sind."[38] Von „erzwungenem" Frieden spricht Mauss, das ist hier wichtig.

Im 13. bis 17. Jahrhundert, das ist der Eindruck mancher Historiker der Kindheit und des Körpers, geriet das Geben und Nehmen der alten Gesellschaften immer mehr aus den Fugen. Die Erziehungsversuche nahmen in verzweifelt wirkender Weise mehr und mehr die Form der Steigerung der körperlichen Strafen an. Vielleicht verarbeitete diese Entwicklung auf verdrehte Weise die rasante gesellschaftliche Entwicklung Europas. Erst um 1800 mündet sie schrittweise in eine neue Kultur der Disziplinierung und der Selbstkontrolle, bei der letztlich das Schlagen immer unwichtiger wurde.[39] Aus dem „Externat" der draußen auf den Straßen und Märkten von Schule zu Schule wandernden Scholaren wird buchstäblich das „Internat" der disziplinierten und kasernierten Schüler an katholischen und evangelischen Schulen. Daraus wird das System der öffentlichen, kirchlichen und privaten Schulen des 19. und 20. Jahrhunderts hervorgehen. Schließlich kann die Prügelstrafe verboten werden, 1949 in der DDR, in den späten 1960er Jahren in der BRD, um 1980 in den USA, wobei Gewalt in der Schule und auch Prügelstrafen in bestimmten Bereichen des privaten und schulischen Lebens und in bestimmten Regionen des Westens durchaus weiter beobachtet werden können.[40] Aus der kritischen, von großer Dynamik, aber auch von schweren Einbrüchen durch Kriege und Hungersnöte geprägten Zwischenphase des 13. bis 17. Jahrhunderts stammen zahlreiche weitere Berichte über extrem unruhige, an heftigen Karneval, aber auch an Aufstände erinnernde Riten.[41] Die Teilnehmer fordern im Zeichen des Heiligen Nikolaus Rechte der Kinder ein, sie parodieren Erziehungsmethoden und Hierarchien, all das ist begleitet von lästigem, mit Gewaltdrohungen unterlegtem Betteln oder auch „Anmachen" zwischen den Geschlechtern. Teilweise existieren diese Bräuche heute noch, in gemäßigter Form als lokale Feste um „Nikolaus", „Klaasohm", „Klaubauf" und andere Phantasiegestalten. In diesen konflikthaften und manchmal schmerzhaften Bräuchen haben die geschundenen und schwierigen Kinder des Mittelalters und der Frühen Neuzeit ihre Leidensgeschichte bis zu uns Heutigen überliefert – sie aufzuschreiben wie Thomas Platter hatten sie nur äußerst selten Gelegenheit. Doch ihre Rebellionen, ihre Träume und ihre Versuche, in hierarchische Rollen der streng gegliederten Gesellschaft der Vergangenheit hineinzuwachsen, sind in den Gestalten von Nikolaus, Weihnachtsmann und Santa Claus dokumentiert.

6. Ritual und Gewalt

Ventile und Reserven

Man hat versucht, die „Rückkehr der Kinder in den Schoß der Familie“ nach einer rüden Phase der mittelalterlichen und frühneuzeitlichen Ausbeutung und Prügelei auch an der künstlerischen Darstellung kleiner Menschen deutlich zu machen.[1] Der große französische Historiker der Kindheit, Philippe Ariès, meinte, dass bis weit in das 17. Jahrhundert hinein kaum Bilder nackter Kinder existiert hätten. Ariès versteht das als Hinweis auf einen mitleidlosen Umgang mit Kindern, der sie zu kleinen Erwachsenen macht. Erst mit der Renaissance und ihrer Gefühlskultur kehrt Nacktheit in der Darstellung von Kindern wieder. Doch hier irrt der große Historiker der Kindheit, er hat die Abbildungen in religiösen Zusammenhängen übersehen – das Jesuskind ist nicht selten nackt oder halbnackt dargestellt und auch die drei Knaben, die der Nikolaus in der mittelalterlichen Legende aus dem Pökelfass des kannibalischen Wirtes gerettet hat. Ariès neigt dazu, sich die Lebensverhältnisse von Menschen als homogene „Kultur“ vorzustellen – wenn sich also „das Mittelalter“ dafür entscheidet, Kinder eher lieblos zu behandeln, und Prügelstrafe zum wichtigsten Mittel der Kindererziehung erklärt, dann darf es in diesem Mittelalter eben auch keine Anzeichen von Mit-Leiden geben, wie wir es aber unschwer in der Abbildung des unschuldigen nackten Jesuskindes und der drei nackten Scholaren in ihrer Tonne erkennen können.

Aggressive Bettelei und demütiges „Heischen“, prügelnder Knecht Ruprecht und gütiger Nikolaus, Gewalt und Liebe entwickeln sich nebeneinander, sie sind ineinander verwunden. Es gibt keine totale Kultur, in der ein einziger „Diskurs“, eine einzige Verhaltensregel jede menschliche Regung durchdringt. Es gibt nur „unsichere Feste“ mit einer „umkehrbaren Gewaltsamkeit“, wie Michel Foucault über die öffentlichen Hinrichtungen jener Zeit schreibt, eine „Masse von Diskursen“, in denen sich die Konfrontationen zwischen Strafjustiz und Reformbewegungen, Mitleid und Barbarei entlädt.[2] Auch wenn in der komplizierten, zerbrechlichen und daher wenig zivilen Kultur des Mittelalters und der Frühen Neuzeit die Schwächeren gegen die Gewalttätigen immer wieder den Kürzeren ziehen, heißt das nicht, dass die Beteiligten mitleidlos sind oder empfindungslos und dass nur wir heute sehen können, wo die Ungerechtigkeiten des mittelalterlichen Lebens lagen. Eines der bedeutendsten Motive der frühen Kunst der Renaissance, die Bilder von der Geißelung des nackten Christus durch seine Peiniger, haben durch die Ausstellung des zerschundenen nackten Körpers den Betrachtern ermöglicht, das Leben von der Verliererseite her zu sehen, auch wenn sie selbst alles dafür taten, nicht dort zu stehen. Mitleid kann schnell in eine politische Kraft verwandelt werden, Mitleid erregen ist eine wichtige Strategie menschlichen Zusammenlebens, aber zwischen dem Individuum und der Gesellschaft wird auch wirklicher Schmerz hervorgebracht und spontanes Mitleid. Gilles de Rais, vormals Marschall von Frankreich und Feldherr an der Seite der Heiligen Johanna im Krieg gegen die Engländer, wurde im Jahre 1440 wegen hundertfachen sadistischen Kindermords und Häresie zum Tode verurteilt. Auf dem Wege zum Galgen sollen ihn Tausende von Menschen begleitet haben, theatralisch war der bekennende Sünder de Rais in ein weißes Büßerhemd gekleidet. Im Namen der Unschuld der gemordeten Kinder begleiteten sie seinen Weg, voller Mitleidsbekundungen – und zugleich wohl auch mit der durch öffentliche Hinrichtungen geköderten Schaulust, welche Menschenmassen angesichts eines Monstrums erfassen kann. Im 19. Jahrhundert, als Hinrichtungen in ganz Europa wie heute noch in den USA adäquates Mittel der Verfolgung von Straftätern waren, gab es in der weiterhin altertümlichen religiösen Kultur Siziliens einen Kult der Erinnerung an die Seelen von Hingerichteten. Die Anhänger dieses Kultes störten sich nicht an der tatsächlichen oder vermeintlichen Schuld der hingerichteten Kriminellen, und sie betrachteten es als gottgefällig, Messen für die Hingerichteten lesen zu lassen. Ähnlich funktionieren auch die Rituale der „verkehrten Welt", Rituale der Rebellion, der Parodie realer Lebensverhältnisse, Karneval – jede Kultur hat eine Rückseite ihrer Ethik und Moral zu bieten, die mal wie ein Ventil, mal aber auch als Motor der gesellschaftlichen Veränderung funktioniert. Wenig sichtbar begleitet diese Reserve das aktive gesellschaftliche Leben, wie ein Bass, der den Takt der Musik einer Popband verlangsamt oder dem Spiel eines klassischen Orchesters eine dunkle Note verleiht. Auch wenn den aktiven Politikern, Funktionären und Priestern der Gesellschaft dieses widerständige Moment im Hintergrund oft nicht gefällt – sie müssen damit leben, das Volk will es so und pflegt, oft in einer für fortschrittliche wie konservative Denker sehr überraschenden Weise, Erinnerungen an Kulte und Gewohnheiten weiter, die im Moment keinen Gewinn bringen und keine direkte Optimierung des gesellschaftlichen Lebens.[3]

Sehr gut sichtbar wird dieser Zusammenhang von Austoben und Disziplinierung bei den heute noch beobachtbaren Formen von mittelalterlichem Winterbrauchtum in abgelegenen Gebieten, zum Beispiel das von Wissenschaftlern und Medien vielbeachtete Klaubauf-Gehen im Grenz- und Berggebiet um Matrei in Osttirol oder auch das „Klaasohm"-Fest auf der Nordseeinsel Borkum, das den alpinen Festen sehr ähnelt, aber völlig unbekannt geblieben ist. Diese Rituale konnten sich wohl auch deshalb über die Jahrhunderte hinweg halten, weil die Mächte der Modernisierung, die Kirchen und Verwaltungen Orte wie Matrei oder Borkum nicht für besonders wichtig hielten und sich wenig darum scherten, wie ein paar Bergbauernsöhne, Rekruten oder junge Seeleute ihren Winter feiern. Heute sind die jungen Maskenträger des „Klaasohm" und des „Klaubauf" mobile Weltbürger, aber sie halten an gemäßigten Versionen der Bräuche ihrer Vorväter fest und signalisieren damit lokale Verankerung und Zusammenhalt in historischen Rand- und Konfliktregionen. Im Zentrum ihrer Maskenspiele stehen Abwandlungen mittelalterlicher Nikolausspiele, Erinnerungen an die ehestiftende Funktion des Nikolaus, der den drei Nachbarmädchen die goldene Kugel zugeworfen hat. Der Ablauf ist recht ähnlich im alpinen Matrei und auf der heute 1125

Autokilometer von dort entfernten ostfriesischen Insel Borkum. Die Bräuche erlauben jungen Männern, in Masken eines mit dämonischen Zügen versehenen Nikolaus (Borkum) oder in Nikolausmaske und Masken seiner dämonischen Begleiter (Matrei) die Straßen zu beherrschen und offen junge Frauen zu belästigen, zu schlagen, zumindest jene, die den Fehler begangen haben, sich an diesem Abend sehen zu lassen, oder die mit Absicht erschienen sind, um sich auf einen ungleichen Kampf mit den Kläusen einzulassen. Während auf Borkum das Eindringen in die Häuser seit der Zeit nach dem Zweiten Weltkrieg verboten wurde, ist es den Maskierten in Matrei auch heute noch möglich, Häuser zu betreten und dort um die hinter einem Tisch verschanzten Mädchen zu rangeln. Das Kampfspiel der Geschlechter bietet den Rahmen für ein allgemeines Geben und Nehmen: Die Maskenläufer fordern ihren Tribut ein, verschenken aber auch selbst Süßigkeiten.[4]

Sehr unterschiedlich ist die Einpassung in die touristische Situation der beiden als Ferienziel beliebten Orte. Während es dem „Verein Borkumer Jungens von 1830 e. V." Jahr für Jahr[5] gelingt, am 5. Dezember, ohnehin ein Tiefpunkt der Saison, die Touristen und vor allem Touristinnen mit warnenden Handzetteln u. Ä. fernzuhalten, wirbt die Gemeinde Matrei offen mit ihrem Brauch, bei dem die Touristinnen dafür aber selten in die Rangelei einbezogen werden – und es sind am 5. und 6. Dezember auch mehr Touristen präsent, weil die Skisaison läuft. In beiden Fällen kann man die von dem Verhaltensforscher Otto Koenig für den Klaubauf der 1970er Jahre gestellte Diagnose anwenden, dass es sich hier nicht bloß um Folklore als Tourismuswerbung handelt, sondern weiterhin auch um ein winterliches Kampfspiel zur Beziehungsanbahnung und Aufmunterung, das als „Ventilsitte" heute noch jungen Männern und letztlich auch den im Kampfspiel sehr aktiven jungen Frauen Gelegenheit zur Abreaktion in einem großen körperlichen Einsatz gibt.[6] Bis heute müssen diese seit ca. 200 Jahren dokumentierten, aber letztlich in ganz offensichtlicher Weise auf den mittelalterlichen Festen beruhenden Traditionen immer wieder durch Gemeinderatsbeschlüsse, polizeiliche Verordnungen, Gerichtsurteile und allgemeine moralische Appelle diszipliniert werden.[7] Voraussetzung für die aktive Teilnahme ist eine gewisse Robustheit, die von der im Zustand der Randale gezeigten

Figur des Heiligen ausgehend bis in die historischen Abgründe von Teufels- und Tiermasken reicht. Prügel und Rangeleien stehen im Raum, wenn der „Klaubauf“ und der „Klaasohm“ losgelassen werden am Abend des 5. Dezember. In den 1990er Jahren war es auf Borkum üblich, dass der Vorstand des Jungensvereins den Kandidaten für die Rolle des Hauptdarstellers einleitend, fast rituell fragte: „Hast du Stiefel?“ Damit war schon fast alles gesagt, denn dieses robuste Stück Ausstattung zum Rennen und Treten ist ebenso wichtig wie die Zeitungspolster, welche sich die jungen Frauen in die Hosen stecken, wenn sie sich zum Klaasohm aufmachen – denn sie wollen ihm widerstehen und entweichen, sie wollen auf keinen Fall kneifen, wenn der Klaasohm mit einem Kuhhorn um sich schlägt (siehe die Abbildungen 2 und 3 vom „lieben“ und „bösen“ Klaasohm im Farbbildteil).[8]

Aus den ersten Berichten über die Randale eines kleinen Provinzbischofs vor dem Haus des unrechten Richters sind im Verlaufe von über 1000 Jahren und 3500 Autokilometer weiter westlich die konfliktreichen Bräuche geworden, die das Winterbrauchtum in Westeuropa zu bieten hat. Sie unterscheiden sich in vielem kaum vom neumodischen Halloween, schon gar nicht, was die antiquiert wirkenden alpinen und friesischen Maskenmotive von Klaasohm und Klaubauf angeht. Rahmen und Verbindungswege solcher Extrempunkte aber bilden die Gestalten von Nikolaus, Weihnachtsmann und Santa Claus, die zahlreiche Brauchformen in sich aufgesaugt zu haben scheinen. Sie sind zu einer machtvollen Reserve der Bilderfindung und der Gestaltung von Ritualen angeschwollen, die sich in immer neuen kreativen Entwicklungen ausformen kann und immer weiter in der Welt jenseits von Europa und Nordamerika ausgreift. Bevor wir im zweiten Teil des Buches klären, wie breit diese Reserve wiederum in tiefer liegenden, weit jenseits des Christentums angesiedelten Traditionen wurzelt, soll hier noch kurz die komplizierte Entwicklung vom Nikolaus zu Weihnachtsmann und Santa Claus in ihren reichen Angeboten der Identifikation und in ihrer Anpassung an immer neue Ökonomien und Gesellschafstypen aufgelistet werden. Erst in dieser kurzgefassten Form wird ganz deutlich werden, worauf die wahre Attraktivität und manchmal auch Gefährlichkeit sowie die Wirksamkeit der winterlichen Gabenbringer beruhen.

Wenn sich ein Brauch machtvoll ausbreitet und neue Landschaften und Gesellschaftsschichten erfasst, steht dahinter eine kompakte Interessengruppe. Aber solchen spezifischen Gruppeninteressen muss auch eine Aufnahmebereitschaft entgegenkommen. Wenn ein Brauch einmal erfunden ist, sei es von den Eliten, sei es vom „Volk", nehmen sich andere als die ursprünglich antreibenden Kräfte der Rituale, Bilder und Legenden an. Wer außer den Seeleuten, Soldaten, Klosterschülern und anderen Kindern stand hinter der Ausbreitung des Nikolauskultes in Byzanz, dann im früh- und hochmittelalterlichen Europa, und hinter der Umwandlung der mittelalterlichen Nikolausfeste und Winterbräuche in das Medienspektakel um Weihnachtsmann und Santa Claus?

Karl Meisen war vielleicht der letzte europäische Gelehrte, der in Sachen Nikolaus zahllose historische Quellen in den Archiven aufgesucht und im Original nachgelesen hat. Seitdem ist Quellenforschung in diesen Fragen immer seltener geworden. Unwiderlegt steht Karl Meisens These aus dem Jahre 1931 da: Der Nikolauskult des europäischen Mittelalters nahm zwar Motive der byzantinischen und russischen Nikolausverehrung auf – die Freigiebigkeit, die Parteinahme für die Schwachen, die Schutzherrschaft über die Freiheit der Wege, die Auseinandersetzung mit dämonischen Mächten und die Furchtlosigkeit gegenüber weltlichen Autoritäten. Aber in Europa trat nach der angeblichen Überführung dessen, was man für die Knochen des Heiligen hielt, der „Translatio" von Myra nach Bari im Jahre 1087, eine ganz bestimmte Interessengruppe in den Dienst des „Faktors N" – oder der Winterheilige wurde von einer bestimmten Gruppe der mittelalterlich-europäischen Gesellschaft in Besitz genommen, die sich auch schon länger, vor der „Translatio" dafür interessiert hatte. Nach den Soldaten und Seeleuten, den Geldwechslern und Kaufleuten, nach der alten orientalischen Anhängerschaft des Heiligen also und nach den neu hinzugekommenen Klosterschülern und anderen Kindern kamen die Betreiber von Schulen hinzu, die Gelehrten-Mönche, die späteren Universitäten und öffentlichen Schulen, welche den byzantinischen Schutzpatron der Wechselgelder, der freien Handelswege, der freien Gerichtsbarkeit und der Freisetzung von Kapital und Frauen in den Hauptdarsteller pädagogischer Rituale verwandelten und nebenbei noch in eine dämonische, gleichfalls die Fruchtbarkeit und Bindung unter jungen Menschen anfachende Schreckgestalt. Die Institutionen und früh schon der Zentralstaat verbanden sich mit kindlichem Leid und Sehnsüchten in der unwirtlichen Welt des mittelalterlichen Winters zu einem machtvollen Faktor, der bis heute fortlaufend neue Bilder und Rituale hervorbringt. Dabei lassen sich folgende Phasen in der Kürze zusammenfassen:

Frühes Mittelalter, Byzanz

In den ältesten überlieferten Quellen aus dem Byzanz des 6. Jahrhunderts ist Nikolaus, „Volks-Sieger" und Bischof von Myra, ein Schutzpatron der Freiheit: Freiheit des Wortes gegenüber dem Kaiser, Freilassung der unschuldigen Gefangenen, Freigabe von Kornladungen für Hungernde, Rettung von Schiffbrüchigen und verunglückten Reisenden aus tiefster Not, Löser von Lähmungen, Retter der Armen aus materieller Not durch üppige Geschenke.[9] Jede Form der Enge und Beklemmung ist ihm zuwider. Man nimmt an, dass Nikolaus besonders von mobilen Bevölkerungsgruppen verehrt wurde. Bezeichnend ist eine byzantinische Wundergeschichte aus dem späten neunten Jahrhundert. Ein sarazenischer, also muslimischer Geschäftsmann ist mit seiner Karawane auf der Seidenstraße unterwegs, nach Mittelasien, weit östlich von Anatolien und Myra. Wie es bis in das 20. Jahrhundert hinein bei Muslimen alten Schlages allgemein üblich war, ist er in seinen religiösen Praktiken nicht rigoros auf das beschränkt, was Muslime im Allgemeinen tun und denken.[10] Als der nomadische Kaufmann sich auf seinem Weg in der Wildnis verirrt und dort einen schweren Unfall mit seinem Pferd erleidet, betet er um die Hilfe des christlichen Heiligen Nikolaus, Schutzpatron der freien Wege. Sofort werden er selbst, sein Pferd und seine Karawane mit Geisterkraft zwölf Meilen aus der Wildnis durch die Luft getragen, bis zu einem zivilisierten Ort, wo man ihm weiterhelfen kann. „Seitdem trägt der Sarazene … ein goldenes Nikolausbild als Talismanbild bei sich" – freilich ohne etwas an seiner Identität als Muslim zu ändern.[11]

In den Pferden und Kamelen, die hier durch die Luft befördert werden, kann man Vorfahren der fliegenden Rentiere von Santa

Claus erkennen. Wie der Sarazene ist Santa mit seiner „Ware“ unterwegs.[12] Im Mittelpunkt der Klauskulte jener Zeit steht der magische Umgang mit Bildern und „Talismanen“. Diese Bilder konnten sich nicht wehren, wenn sie von den Anhängern anderer Religionen benutzt wurden, für Gebete und Versprechen in der Not, Schenkungen, Bußübungen. Man kann wohl auch davon ausgehen, dass alle, Christen und Nichtchristen, das Öl, das angeblich aus den Knochen im Sarg von Myra fließt, zu sehr handfesten körperlichen Heilungsversuchen benutzt haben.[13] Die eigenartigen Legenden, in denen Standbilder des Heiligen von seinen Verehrern geschlagen und misshandelt werden, um ihn auf ihre Notlagen aufmerksam zu machen, oder wo sie gewalttätig mit ihm streiten müssen, bestätigen diese Verfügbarkeit der Bilder und damit ihre Fähigkeit zur Wanderung zwischen den Kulturen.[14] Nikolaus ist zugänglich für jeden, der sein Bild besitzt, wie ein afrikanischer Fetisch, und damit erkämpft er sich erst recht den Respekt seiner Anhänger – nicht durch das für die meisten Menschen unlesbare geschriebene Wort und die Autorität der Gelehrten, sondern in Annäherungsversuchen und Konflikten. Das heißt, er ist vom Volk gemacht, wird aber schnell zu mehr heranwachsen, als ein einfacher Mensch verkörpern kann – er ist das Volk. Und das heißt, er ist wichtig für die Politiker jener Zeit, allen voran die Kaiser.

Nach Ansicht des Historikers und evangelischen Theologen Gustav Anrich ist der seit dem 6. Jahrhundert existierende byzantinische Kult des Heiligen Nikolaos im 7. und 8. Jahrhundert zunächst noch einmal zurückgegangen.[15] Das war zur Zeit der sogenannten „Sarazenennot“, als das christliche Byzanz von zentralasiatischen Einwanderern bedrängt wurde, den späteren Türken, die zum Islam konvertiert waren. In dieser Zeit konnte man ein Phänomen beobachten, das oftmals in der Weltgeschichte auftritt, wenn große „Kulturen“, Reiche oder politische Regionen aneinandergeraten: die heimliche gegenseitige Angleichung der Gegner, welche vordergründig so sehr um Abgrenzung und Erhaltung ihrer Identitäten ringen, und die mit diesen Prozessen verbundene Straffung elitärer, autoritärer Macht. Das gilt für Deutschland und Russland nach dem Ersten Weltkrieg ebenso wie für die Sowjetunion und die USA nach dem Zweiten Weltkrieg, zur Zeit des „Kalten Krieges“. Im griechisch-orthodoxen Anatolien fühlten sich Machthaber und Theologen dermaßen herausgefordert durch die nüchterne, bilderlose und in einem einzigen Text, dem Koran, klar gefasste Gotteslehre des Islams, dass sie begannen, ihre eigene Religion, Verwaltung und Gerichtsbarkeit zu verschlanken und zu modernisieren – gerade so, wie es 700, 800 Jahre später nochmals die Protestanten tun sollten, als sie in Europa das mit Sonderregulierungen und Bilderkulten überladene katholische Regiment herausforderten. Es kam zu einem heftigen „Bilderstreit", in dessen Verlauf der byzantinische Imperator versuchte, seine zentrale Macht auszuweiten. Heiligenbilder und Heiligenkulte wurden verboten zugunsten der Verehrung der alleinigen unsichtbaren Macht Gottes – und der Folgsamkeit gegenüber der zentralen kaiserlichen Macht. Das betraf natürlich in besonderem Maße die fluchenden, schlagenden, Amulette tragenden Anhänger des Heiligen Nikolaus, die von ihrem Heiligen wiederum selbst mit Krankheit geschlagen oder aus tiefster Not emporgetragen und gerettet wurden. Schließlich setzten sich die Ikonenverehrer unter der Kaiserinwitwe Theodora um das Jahr 843 wieder durch gegen die ikonenfeindlichen modernistischen Kaiser. Die seit dem 5. Jahrhundert bekannte Geschichte der unschuldig verurteilten Feldherren, für die Nikolaos beim Kaiser im Traum ein Machtwort spricht, diese Geschichte wurde, wie Anrich schreibt, „aktuelle Wirklichkeit". Und weiter: „... die große Zeit für Nikolaos war damit angebrochen".[16] Einer der Anführer der Partei der Bilderverehrer dichtete aus den legendenhaften Vorlagen des 6. Jahrhunderts den ersten Hymnus des Heiligen Nikolaus,[17] ein langes Loblied, das Nikolaus bis heute seinen Platz als erster Heiliger in den Gottesdiensten der griechisch-orthodoxen Weltkirche sichert, von Bosnien bis nach Sibirien, vom Kaukasus bis an die Grenze Finnlands. Dieser Nikolaos wird im Westen zu Nikolaus werden und zum Patron der Schwachen. Man kann sich die wahren Litaneien vorstellen, die im historischen Fallmaterial hinter den kirchlich wieder und wieder kontrollierten und bereinigten Texten fast verschwinden: „Nikolaus ... Hoffnung der Gefolterten ... Beschützer der zu Unrecht Verdächtigten ... Helfer der Verschollenen ... Retter der entführten Opfer des Militärs, der Justiz und der Barbaren ... Peiniger der Despoten ... Bitte für Uns!"[18] In einer Quelle aus der Zeit nach der Abschaffung des byzantinischen Bilderverbotes heißt es: „Vor seinen Wundern verblassen die des Elias und die des Elisa [alttestamentarische Propheten, T. H.], nur mit Christus selbst läßt er sich in dieser Beziehung vergleichen."[19] Im Verhältnis zu Christus hatte dieser Heilige sehr handfeste Hoffnung zu bieten, jenseits des vom Herrn Jesus ausgehenden allgemeinen Heils: goldene Kugeln; heilkräftiges Öl; Schimpf, Schande und Schläge für korrupte Mächtige; Getreidelieferungen; Rettung unschuldig Verurteilter; Rückführung oder Wiederbelebung von entführten, versklavten oder verunglückten Reisenden, Kaufleuten und wandernden Klosterschülern. Als größte Gestalt im orthodoxen und katholischen Pantheon neben Jesus und der Muttergottes brachte er Bodenhaftung in die Politik der Verheißung, die das Christentum umgibt. Die Zentralmacht, Kaiser und Könige, versuchten, sich auf den „Volks-Sieger" zu stützen – es war eine schwache, umstrittene Zentralmacht, die von einem hochorganisierten Feind bedroht wurde, vom Islam. Erst hatten die Kaiser versucht, den im wahrsten Sinne des Wortes populären (von „populus", Volk) Kult der Bilder des Heiligen Nikolaos zu beseitigen. Doch sie zogen den Kürzeren und machten daraufhin den Heiligen, seine Talismane, seine wunderkräftigen Bilder und Knochen, seine Cargokulte und Prügeleien zu einem Zentrum ihrer byzantinischen Religion. Mit der Einrichtung des Kultes von Nikolaos in der „Hagia Sophia", der Krönungskirche der byzantinischen Kaiser in Konstantinopel, wurde der Bischof vom Myra im 10. Jahrhundert zum „überheiligen" Vertreter des Volkes im Pantheon der Imperatoren. Das war aber schon vorgebahnt in seiner ältesten Legende, der Geschichte von den Feldherren, wo er vom Gegner des unrechten Richters und des der Ungerechtigkeit beschuldigten Kaisers aufsteigt zu einem vom Kaiser gefürchteten und hofierten Bündnispartner.

Schwer kontrollierbare, wandernde Anteile des „Volkes", Seeleute, Soldaten, Galeerensklaven, Entführungsopfer, Mönche und Kaufleute tragen den Kult des fliegenden Freisetzers nun in alle Welt, so dass er auch den langsamen Zusammenbruch von Byzanz überstehen wird, unter anderem mit Hilfe des Reliquienraubes von 1087. Immer wieder wird im Mittelalter behauptet werden, dass sogar „Nichtchristen den Heiligen verehren, in Gefahren anrufen, sein Bild etwa als Schutzmittel bei sich tragen".[20] Es ist ein Kult, der sich vom Rande des byzantinischen Reiches in die Zentren ausbreitet, vom Volk in die Eliten und von den Eliten ins Volk und sogar, von Byzanz aus, „bis zu den Enden der Erde, bis nach Indien und Britannien, ja bis zu den Barbaren".[21] Wie recht hatte Gustav Anrich im Jahre 1917 mit seinem Hinweis auf die zuletzt zitierte Quelle aus dem 10. Jahrhundert. Den Höhepunkt der Kulte von Nikolaus, Santa Claus und Weihnachtsmann im späten 20. Jahrhundert erlebte unser Spezialist für byzantinische und spätgriechische Texte über den Nikolaos nicht mehr, aber das Potential des „Volkssiegers" hatte er als bedeutendster Kenner der frühen Nikolauslegenden erfasst. Trotz, nein gerade wegen der rüpelhaften Züge des Heiligen wird er wichtig für schwache Kaiser im Kampf um die Macht. Trotz, nein gerade wegen seiner groben Gaben und seltsamen Entrückungswunder wird er der Schutzpatron eines umfassenden, auf unterdrückter Gewalt und dem friedlichen Geben und Nehmen gleichermaßen beruhenden Friedens. Und zumindest in den „weihnachtlichen Gefechtspausen" vieler Kriege, an denen Christen beteiligt sind, sowie vor allem in den kurzen Erholungspausen der Geschäftskriege unserer kapitalistischen Weltwirtschaft wird er genauso wichtig für die zerbrechliche globale Weltordnung des 19. bis 21. Jahrhunderts werden.

Mittelalter, Europa

Bereits im frühen Mittelalter ist der Heilige international; Faktor „N" dehnt sich aus bis zu den Sarazenen und nach Europa, als seine Knochen noch im byzantinischen Myra liegen. Süditalien gehört bis 1071 ohnehin zu Byzanz, und dort liegt seit dem 8. Jahrhundert das Ausbreitungszentrum des Kultes zu den Ländereien hin, die wir heute Europa nennen. Karl Meisen hat eine eindrucksvolle Liste von Nikolauskulten und Legenden in ganz Europa zu bieten, die bereits vor der Übertragung der Reliquien nach Bari außerhalb Süditaliens nachweisbar sind.[22] Auch hier sorgten wohl besonders Seeleute und seefahrende Kaufleute dafür, dass sich der Kult, von Italien kommend, über den Westen ausbreitete. Der Heilige wird nicht nur international bekannt gemacht, er treibt als Schutzpatron der freien Wege bald selbst den Ausbreitungsprozess an, die Christianisierung der mediterranen und europäischen Küsten, der Seewege im Kontinent und der paneuropäischen Straßen. Immer wenn seine Anhänger unter Druck geraten, wird sich der Kult wandeln, anpassen und auf der Grundlage der alten Legenden und Bilder weitere Interessengruppen anziehen, noch weiter wandern. Die sächsischen Ottonen (962–1024), auch Liudolfinger genannt, die ersten im engeren Sinne des Wortes „deutschen“ Könige und Kaiser, machen Propaganda für seinen Kult. Sie haben auch allen Grund, sich mit dem mobilen wie dem sesshaften Volk zu verbünden und das Geben und Nehmen zu loben, denn sie herrschen eher auf der Grundlage des Versprechens der Gegenseitigkeit in einem Netzwerk von Feudalherren und Stadtstaaten, sind eher getragen von einer gewissen Popularität, als mit wirklicher Zentralmacht versehen. Theophanu (955 oder 960–991), die Kaiserin an der Seite Ottos II. und Mutter von Otto III., war eine byzantinische Hochadelige. Die mit dem Nikolauskult verbundene Einbindung des „Volkes“ in die kaiserliche Religiosität muss ihr wohlvertraut gewesen sein. Sie war Gründerin und Förderin früher Zentren der Ausbreitung des Kultes am Nordrhein.[23] Wenn sich im „finsteren Mittelalter“ europäische Zentralmächte ausbildeten, geschah dies zunächst in der Form einer bürokratischen, rituellen und ökonomischen Vernetzung des Adels, der wiederum gelegentlich nach Führerschaft suchte, weil seine Herrschaft durch Invasionen von außen bedroht war. Auch wenn die Ottonen das Netz ihrer Macht dünn gesponnen hatten, waren ihre internationalen Verbindungen weitreichend, und sie handelten als Weltpolitiker, deren Land allerdings die ständig aufs Neue von Invasionen der seefahrenden Völker (Wikinger), der Reitervölker aus den Steppen und Wüsten (Mongolen, Araber) und von Randstaaten (Ungarn) erschüttert wurden, die selbst erst durch Druck aus dem Osten zu Eroberern geworden waren.

Die entsprechenden Auseinandersetzungen zwischen den großen Imperien oder „Zivilisationen“ einerseits und den „Barbaren“ andererseits hat der Welthistoriker William McNeill[24] als wichtigsten Beweggrund aller „zivilisierten“, sesshaften und staatenbildenden Politiken im Eurasien der Zeit von 1700 vor unserer Zeitrechnung bis 1500 nach unserer Zeitrechnung beschrieben, von China über Persien, das Zweistromland und den östlichen Mittelmeerraum bis nach Westeuropa. Es entstand ein „Wechselspiel zwischen der Überlegenheit durch höhere Bevölkerungsdichte, die durch Ackerbau ermöglicht wurde, mit der Überlegenheit, welche die politisch-militärische Organisation der Viehzüchter hervorbringt."[25] Man kann sich Eurasien als ein Kreuz aus zwei Achsen vorstellen: Von Norden und Süden drängen gelegentlich die Nomaden aus den Wüsten und Steppen in die ackerbautreibenden Reiche hinein – wenn sie günstige Entwicklungsbedingungen haben. Und wenn das Klima sich wieder ändert und die Herden sterben, werden sie auch schnell zum Nullpunkt hin reduziert. Dazwischen errichten die sesshaften ackerbautreibenden Gesellschaften ihre großen Organisationen, die Staaten. Im Westen sind diese Reiche insgesamt kleinteiliger als im Osten, es herrscht eine große Vielfalt an Systemen, die aber immer mit dem Problem der inneren landschaftlichen Vielfalt zu kämpfen haben. Wie verbindet man Berge und Ebenen, Küsten und Inland, unfruchtbare und fruchtbare Gebiete zu einem System? Diese Probleme stellen sich, je weiter man nach Osten geht, in immer größeren Dimensionen. Die geographisch zusammenhängenden, von Verbindungswegen wie Wasserstraßen durchzogenen Gebiete, aus denen man Staaten formen kann, werden größer. Durchorganisierte Reiche können sich im Osten früher bilden. Entlang der riesigen Flüsse Euphrat, Nil, Ganges, Yangtse bilden sich Imperien, später auch an Rhein und Donau. Die Mesopotamier des Zweistromlandes geben den Impuls zu Ackerbau, Viehzucht und Staatsentwicklung gleichermaßen nach Osten und Westen weiter, aber im Westen herrschen lange Zeit Vernetzungen von Händlerrepubliken und kleineren Gebieten vor, besonders im geographisch sehr vielgestaltigen und unwegsamen, aber immer durch die See vernetzten Mittelmeerraum.[26] Die großen Erfindungen, die auf der massenhaften Verdichtung und Zentralisierung von Wissen und Fähigkeiten beruhen, werden darum im Osten früher gemacht als im Westen, aber im Westen werden mögliche Formen der Organisation von Menschenmassen durch Technologien und Bürokratien dann zügiger neuen Grundbedingungen angepasst, in der Vielfalt durchexperimentiert und schließlich an Nordamerika weitergegeben.

Doch die Wasserscheide zwischen „Barbaren" und „Zivilisierten", zwischen den ackerbautreibenden Bewohnern von Staaten und den große Stammesföderationen bildenden Bewohnern der Steppen und Wüsten, war niemals eindeutig. Auf beiden Seiten hat man stets schnell Charakterzüge der feindlichen Partei angenommen: Aus den

Reiterkriegern der Steppen wurden sesshafte europäische Ritter; aus den Imperatoren West- und Ostroms und ihrer Nachfolgestaaten wurden mongolische und osmanische Herrscher, die eine Unmasse von Stammesgesellschaften im Aufbruch hinter sich versammeln konnten – und aus dem Nikolaus wurde ein in allen Lagern verehrter Schutzherr der freien Wege und der Rückführung in die Heimat nach Erfahrungen von Krieg, Wanderung, Entführung, Sklaverei und Gefangenschaft. Den Hintergrund dazu bildet die komplizierte Klima-, Seuchen- und Katastrophengeschichte des eurasiatischen Kontinents, in deren Verlauf sich schnelle Reiterheere der Hirtenvölker und die Schiffsladungen der Seevölker über den halben Kontinent ergießen konnten und andererseits in schlechten Zeiten die Vorratshaltung der ackerbauenden Gesellschaften für Stabilität und Zentralisierung sorgte. Inmitten von all dem tut auch unser Heiliger der freien Wege und der Rettung von Gefangenen seine Werke: „In Catania (des 10. Jahrhunderts) wird nächtlicherweise die Kirche von den Sarazenen überfallen. Ein eben zugereister junger Mann, der sich darin befand, fleht in seiner Angst zu Nikolaos, auf dessen Bild sein Auge gerade fällt, und wird von ihm in die Heimat entrückt."[27]

Eine wichtige Vernetzung stellen in Westeuropa die Normannen her, christianisierte Nordgermanen aus Skandinavien, die bei ihren Raubzügen in Westfrankreich und England hängengeblieben sind. In ihren ausgedehnten süditalienischen Besitzungen, einem durch Netzwerke von Rittern und später von Königen verwalteten süditalienisch-normannischen Kernland, treffen sie auf die Byzantiner und übernehmen von ihnen den Kult des Heiligen Nikolaus – er war so wichtig, dass man ihn ohne Federlesen auch von seinen Gegnern nahm, wenn es darauf ankam. Im Jahre 1071 verjagten die Türken die christlichen Herrscher aus dem Süden Anatoliens, wo Myra liegt, und die Normannen vertrieben die Byzantiner aus Süditalien. Doch der Kult des Heiligen Nikolaus ging in Myra wie in Süditalien ungebrochen weiter, und schon im Jahre 1087 wurden die aus Myra geraubten Knochen des Heiligen Nikolaus im normannischen Bari verehrt – oder was auch immer sonst die Kaufleute aus Bari in Myra gefunden und mitgenommen hatten. Gegen Ende des ersten Jahrtausends beherrschen die Normannen aber auch zahlreiche Ländereien in Nordfrankreich und in Flandern. Im Hochmittelalter, ab dem Jahre

1100 etwa, werden das dann dicht besiedelte, verkehrstechnisch bestens vernetzte und äußerst produktive Gebiete Europas sein – und genau dort steht der Heilige der freien Wege ganz besonders im Mittelpunkt des festlichen Lebens der kirchlichen Gemeinden und der bürgerlichen Kommunen. Auch nach Nordosten dehnt der Kult sich aus, auf den Spuren der Hanse, bei der Kolonisierung der slawischen Ländereien östlich von Rostock, und irgendwo dort schließt sich dann der eurasiatische Kreis, denn irgendwo im Osten müssen dann die westlichen Nikolausverehrer nicht mehr auf die polytheistischen Slaven allein, sondern auch auf Russen gestoßen sein, die Nikolaus schon längst aus Byzanz übernommen und zu ihrem wichtigsten Heiligen gemacht hatten.

Kulturschocks, Kulturkontakte, Kulturkonflikte jener Zeit werden in keiner Nikolauserzählung schöner erzählt als in der aus dem 11. Jahrhundert überlieferten Geschichte von Basilios, dem „Bauernsohn von der Küste bei Myra", der „von einfallenden kretischen Arabern in der Kirche des Heiligen gefangengenommen" wird.[28] „Seiner Schönheit wegen nimmt ihn der Emir von Kreta zum Mundschenk" – vielleicht kann man in dieser Umschreibung einen Hinweis auf sexuellen Missbrauch des Christenknaben sehen und damit auf die Patronate des Heiligen für eingepökelte Kinder und gequälte Klosterschüler im europäischen Hochmittelalter wiedererkennen. Aber diese Legende stammt noch aus Byzanz. Vielleicht ist das Amt des Mundschenks auch nur der Ausdruck der Wertschätzung und Macht, die dem Fremden oft anhaftet. Als die Eltern des Knaben ein Jahr später das Nikolausfest feiern, widerstrebend, weil sie so traurig sind über das Schicksal ihres Sohnes, bellen im Hof plötzlich die Hunde. „Der Bauer schleicht hinaus und erblickt, starr vor Schrecken, seinen Sohn in arabischer Tracht, mit einem vollen Becher in der Hand, wie geistesabwesend stehen. Als beide die Sprache wiedergefunden (haben), erzählt Basilios, wie er, während er als Mundschenk seines Amtes waltete, plötzlich von einer unsichtbaren Macht entrückt worden sei; vor Schrecken halb außer sich habe er Nikolaus gesehen, der ihm Mut zugesprochen."

Mittelalter und Neuzeit, Europa

Mit dem 12. Jahrhundert hat sich die Klima- und Wirtschaftsgeschichte so weit gewendet, dass die Einfälle der Hunnen, Wikinger und Sarazenen weitgehend beendet sind. Die zentraleuropäischen Mächte wenden sich nun plötzlich selbst als Eroberer nach außen, auf einmal sind sie in der Lage, die Traditionen des Römischen Reichs wiederaufleben zu lassen. Der Raub der Knochen des Heiligen Nikolaus aus der christlichen Kirche im zuvor von den muslimischen Türken eingenommenen Myra im Jahre 1087 war ein Vorspiel der im Jahre 1095 beginnenden Kreuzzüge. Nikolaus wird anscheinend zum Heiligen der Expansion, als Heiliger der Seefahrer, der östlichen Christen und der Soldaten. Die Geschichte des hochmittelalterlichen Europa ist immer wieder beherrscht von dem Versuch, das westliche Christentum bis zurück in das mehr und mehr türkisch und arabisch besetzte Anatolien, Syrien und Palästina auszudehnen, gegen das wachsende Osmanische Reich (1299–1923). Der Kult des Heiligen Nikolaus erhält im frühen 13. Jahrhundert wieder eine stärkere orientalische Komponente. Aus dieser Zeit stammen wohl auch die ersten Gewürzzubereitungen, die man später für „typisch weihnachtlich" halten wird, Gebäcke, die mit Mohn und Kardamom, Pfeffer und Zimt zubereitet werden, Substanzen, die man lange Zeit nur auf den Bahnen der Kauffahrer und Kreuzfahrer im Osten erhielt. Zugleich werden dem stets düster und machtvoll dargestellten bärtigen Bischof die Rituale der Kinder unterstellt, angefangen bei den Klosterschülern. Innere und äußere Bezwingung von Unruheherden sind das Metier des „Volks-Siegers", denn er ist das Volk. Und so wird Nikolaus wieder zum wichtigsten Heiligen, diesmal aber im Pantheon der päpstlichen Kirche, zum „Weltenrichter", der Jesus zur Hand geht, als dieser in einem riesigen pädagogischen Endzeitritual die guten von den schlechten Seelen scheidet.[29]

„Der Feind des Menschengeschlechtes erleidet bei jedem Feste eines Heiligen eine Niederlage, aber die meiste Angst verursacht ihm das Fest des hl. Nikolaus, weil es in der ganzen Welt gefeiert wird."[30] Dieses lateinische Zitat aus dem 9. Jahrhundert handelt von der Furcht des Satans vor dem Bischof von Myra. Das Zitat ist ein Gegenstück zu dem bereits zitierten byzantinischen Spruch über den Nikolauskult, der bis zu den Indern, Skythen und Barbaren gewandert ist.[31] Aus der Zeit nach dem Jahre 1000 sind viel mehr Dokumente erhalten, die uns zeigen, wie, als was und warum der Nikolauskult immer weiter wanderte und sich ausbreitete. Mit der Quellenvielfalt des Hochmittelalters und der Frühen Neuzeit wird es möglich, die Rituale hinter den Legenden und Bildern von Sankt Nikolaus klarer zu erkennen – die populären Bräuche des Gebens und Nehmens, des Aufruhrs und der Befriedung, der Prügel und der Mäßigung. Die Protestanten versuchen, den Kult des Nikolaus einzuschränken und durch den Kult eines Christkindes und durch das Aufstellen von Weihnachtsbäumen zu dämpfen, aber letztlich werden sich gerade in den protestantischen Gebieten, wohl auch wegen der stärkeren Eigenständigkeit der Gemeinden und Landeskirchen, einige der rüdesten und hartnäckigsten Klausbräuche halten, z. B. der „Klaasohm" auf der Nordseeinsel Borkum. Doch der Nikolaus hält auch Einzug in eines der wichtigsten aufgeklärten pädagogischen Bücher des 19. Jahrhunderts, in den Struwwelpeter. Und wieder geht es um ein gewaltträchtiges Thema, um drei junge Rüpel, die einen dunkelhäutigen Jungen angegriffen haben. Sie werden vom Nikolaus zwar nicht eingepökelt und in die Tonne oder in den Sack gesteckt, aber immerhin in ein riesiges Tintenfass, so dass sie nun selbst schwarz herumlaufen müssen. Das ist eine derbe Form der Erziehung zu nichtrassistischem Verhalten. Zielbewusst hat sie der genialische Kunsthistoriker Aby Warburg als eine Variante von vielen Spielarten des „pädagogischen" Umgangs mit Macht gedeutet, zu denen z. B. auch das autoritäre Bild Nikolaus II. von Russland gehören kann, den die Juden des Russischen Reichs um 1900 als Zaren der Pogrome fürchten gelernt hatten.[32]

Mittelalterliche Bräuche und Bilder wandern und treten in neue Sinnzusammenhänge ein. Dabei wirkt das dämonische Moment in der Frühen Neuzeit manchmal mächtiger als im „finsteren Mittelalter". Der Kulturkampf des 16. und 17. Jahrhunderts, die Hexenprozesse und Verbrennungen, zeichneten sich in den Bräuchen ebenso ab wie die Rückkehr der Renaissance-Eliten zu den antiken Göttern. Oft geht es bei den Weihnachtsbräuchen und Nikolauskulten halb verdeckt um Hexenjagden und alte Vegetationskulte, um „Luftgeher", „schöne Frauen" und um die fliegende Wilde Jagd der „alten Götter".[33] Das gesamte Winterbrauchtum des Mittelalters, das vor allem aus den Totenfesten und dem Narrenbrauchtum bestand, wird zusammengezogen in einem düster gefärbten Nikolaus- und Weihnachts-Ritual, das mit christlichen Liedern, Heilserwartungen und pädagogischen Prüfungen aufgeheitert werden kann, aber nicht immer aufgeheitert werden wird. Manchmal nimmt es die Form des öffentlichen Heischeumzuges an, der aus der Straße in die Häuser drängt, manchmal die Form einer vorgespielten oder vorgespiegelten „Einkehr" des Nikolaus, des Christkindes, des Weihnachtsmannes mit mehr oder weniger dämonischer Gefolgschaft, bei der die Hausbewohner in Wahrheit unter sich bleiben. Doch die zivilisiertere Form der Einkehr enthält wie als Reserve die grobe öffentliche Form, oder, wie es der als Santa-Darsteller höchst erfahrene amerikanische Autor Bob Litak sagt: „Die Mütze macht aus dir den Santa …", aber die Kinder „checken erst mal die Stiefel … sie sind das Barometer, an dem sie den wahren Santa erkennen."[34] „Hast Du Stiefel" heißt es ja auch auf Borkum, wenn der Jungensverein einem besonders kräftigen Heranwachsenden vorschlägt, die Rolle des Klaasohm zu übernehmen. Das ist wie bei politischen Parteien, die mit extremistischen Ideen spielen, aber legal bleiben wollen: In der Kleidung ihrer Anführer und Mitglieder, in minimalen Anzeichen und Anspielungen kann und soll man den terroristischen und zum Beispiel antisemitischen Untergrund ahnen, den sie beherbergen – wenn sich etwa der brav gescheitelte und leicht verfettete Vorsitzende einer rechtsradikalen Partei in eine Motorradkluft zwängt, um „Gas zu geben". Oder, wie es in einem Sprichwort heißt, das anscheinend noch in den 1920er Jahren in der Schweiz beliebt war: „Bei jedem Chlaus (Klaus) mueß en Tüfel (Teufel) drin."[35] „Gottes Werk und Teufels Beitrag" ist der Titel eines beliebten amerikanischen Spielfilms, der die dunklen Seiten des provinziellen Lebens zum Thema hat, eine Verfilmung von John Irvings gleichnamigem Bestseller.[36] Im Jahre 2011 bezeichneten junge deutschsprechende Menschen einen besonders tollpatschigen Typ, dem alles kaputtgeht, manchmal als „Körperklaus", was einige Pädagogen schon wieder ermunterte, dieses neu-alte Wort für „Grobmotoriker" auf Platz 4 in die Liste der „Jugendwörter des Jahres 2011" aufzunehmen.[37] Grob geht es zu bei mitteleuropäischen Klaus- und Weihnachtsbräuchen[38] des 13. bis 20. Jahrhunderts, niemals ohne fremdartige und gruselige Momente, mal mehr und mal weniger, und manchmal ist das auch heute noch so.

Abb. 19: Sankt Nikolaus und Krampus bei der Einkehr
(Franz-Xaver von Paumgartten, 1820).

19. Jahrhundert, Deutschland, England und USA

Die Figur des von düsteren Gestalten begleiteten Bischofs hat vom frühen Mittelalter bis zur Frühen Neuzeit mühelos eine Fülle von tiefgreifenden gesellschaftlichen Wandlungen und Modernisierungen überstanden: vom Reliquien- und Amulettkult der Reisenden, Soldaten und Seefahrer im kaiserlichen Byzanz bis zu den groben Straßenritualen der beginnenden Massengesellschaften der europäischen Neuzeit, von agrarischen Gesellschaften mit schwacher Zentralgewalt bis zu den straff geführten Nationalstaaten, die schließlich auch die neuen Ökonomien der Manufakturen und Fabriken hervorbringen. Mehr und mehr ist Nikolaus dabei von einem Schützer der Schwachen und einem rüden Feind der Ungerechtigkeit zu einer Gestalt geworden, welche die Dämonen nur noch loslässt, damit sich die Menschen im Innern disziplinieren können. Auf diesem Grat von innen und außen kann er sich aber in äußerlich wenig veränderter Form über viele Jahrhunderte hinweg halten.

Doch wenn man die bürgerlichen Weihnachtsrituale des 16. bis 20. Jahrhunderts mit den „Knabenbischofsspielen" des Mittelalters vergleicht, dann stellen die modernen Rituale die alten Spiele gewissermaßen auf den Kopf: Die Nikolausspiele der Klosterschulen und die aus ihnen abgeleiteten zahlreichen, bis heute in gemäßigter Form existierenden öffentlichen Bräuche um Kläuse und Klaasohms und Butzen und Perchten werden auf ein ruhigeres Nebengeleis geführt, wo sie ausdampfen können. Zunehmend findet das Fest zu Hause statt, nach dem Weihnachtsgottesdienst oder am Nikolaustag, und es nehmen auch keine Personen mehr daran teil, die einfach so dazu hereinschneien, wie z. B. eine Truppe maskierter Maskenläufer mit ihrer Klingelbüchse. Der einzige Fremde ist hier nur ein scheinbar Fremder, ein bezahlter Schauspieler oder oft genug ein Verwandter, der in die Rolle des Nikolaus, des Knecht Ruprecht, des Christkindes, des Gabenbringers also schlüpft. Er droht den Kindern zwar manchmal noch ein bisschen mit der Rute, aber er würde die friedlich versammelte Hausgemeinschaft doch niemals damit bedrohen, dass nun der ganze Haushalt auf den Kopf gestellt werden könnte, wie das beim „Klausentreiben" oft der Fall war oder ist. Während das freche Fordern der Kinder heute auf der Straße wieder auflebt, z. B. im „Trick or Treat" des Halloween, ist bei der Zuspitzung auf Nikolaus, Weihnachtsmann und Santa Claus der Einzige, der noch von „draußen reinkommt", ein Gabenbringer, kein Gabensucher, kein Heischegänger. Und der Gabenbringer sucht das Haus der einzelnen Familie meistens nicht mehr als reale soziale Tatsache auf, sondern in einem mystischen Nebel, nächtlich, durch den Kamin oder so, geschauspielert oder vielleicht auch nicht, oder irgendwie nur durch die zurückgelassenen Geschenke beweisbar – allenfalls Kinder können daran glauben. Diese Umformung macht ein zivileres Fest möglich, bei dem die Familien, jede für sich, wie in Parzellen[39] eingeteilt werden. Brav üben sie das Geben und Nehmen und machen das Ungemach, den Ärger und die Liebe unter sich aus. Das ist Mainstream-Brauchtum in Industriegesellschaften, wie es sich heute weit über die Ursprungsländer hinaus in ganz Europa und Amerika und in vielen andere Weltgegenden verbreitet hat.

Warum halten sich gleichzeitig in bestimmten Gebieten öffentliche Heischebräuche, teilweise sogar weiter ausgebaut oder neu gegründet? Das ist schwer zu sagen, weil dazu kaum ethnologische Untersuchungen gemacht worden sind. Vielleicht kommen die alten

Heischebräuche überall dort noch vor, wo die Menschen stärkeren Zusammenhalt suchen oder brauchen, als ihn die Großstadt bieten soll oder kann – in ländlichen Gegenden, auf Borkum, das Winter für Winter von Sturmfluten bedroht ist, oder auch in bergigen Zonen mit Lawinengefahr und Schneekatastrophen. Auch wie sich dieses lokale Brauchtum im mittelalterlichen Stil zu den Maßgaben der großen Kirchen und den Mustern der nationalen und regionalen bürgerlichen Kulturen verhält, ist unklar. Man kann viele Mischformen beobachten. Z. B. stellten bis in die 1990er Jahre manche Kinder auf der für ihre wilden Straßenbräuche bekannten Nordseeinsel Borkum am „Klaasohmabend" einen Teller mit Kohlblättern vor die Tür. Das nannte man „Upsetten" („Aufsetzen" – damit der Nikolaus oder ähnliche Gabenbringer etwas „einlegt") – Klaasohms Pferd braucht schließlich auch etwas zum Fressen, und die Kinder finden dafür am Morgen ein kleines Geschenk vor (das natürlich von den Eltern stammt).[40] Hier existiert also der rüde Straßenbrauch zusammen mit der milden Einkehr. Auf jeden Fall sind die rüden Bräuche gegenüber der bürgerlichen Weihnacht seit dem 16. Jahrhundert nach und nach in die Minderheitenposition geraten. Warum gibt es bergige Gebiete, Inseln und unzugängliche Winkel, wo diese Bräuche nicht vorhanden sind? Natur, Kultur und die Zwänge des gesellschaftlichen Zusammenlebens sorgen anscheinend für eine Fülle von Einzelfällen, die man nicht ohne weiteres über einen Kamm scheren kann. Eine sehr kontrollierte Form des Heischeganges wird bis heute von der katholischen Kirche als „Sternsingen" hochgehalten. Da sammeln Maskenträger und Musiker an der Schwelle zu den Haushalten Geld für einen guten Zweck und segnen das Haus. Die Sternsinger hinterlassen keine Gaben und inszenieren auch nicht das mystische Eindringen eines Gabenbringers in das Haus. Auch in vornehmlich katholischen Gebieten mit solchen kirchlichen Heischetraditionen ist die Feier der Weihnacht in ihren öffentlichen Formen zurück- und im familiären oder häuslichen Leben aufgegangen. Das geht bis hin zu der Situation, welche die Priester und Pastoren heute so verärgert: dass viele Familien Weihnachten zu Hause und nicht in der Gemeinde feiern. Der Weihnachtsabend ist zwar immer noch der am besten besuchte kirchliche Gottesdienst, aber viele Menschen machen vor allem der Kinder wegen mit. Sie bekennen sich nicht zum Christentum, und die Gemeinden, das eigentliche religiöse Leben also, schrumpfen seit dem Höhepunkt des Wirtschaftswunders der Nachkriegszeit immer weiter.

Widersprüche dieser Art geben dem Bild des Alten im roten Mantel Tiefe und eine Vielfalt von Potentialen zur Entfaltung. Die junge Philosophin und Literaturwissenschaftlerin Carolin Faustmann aus Berlin hat die Recherchen für dieses Buch über mehrere Jahre hinweg unterstützt und zuletzt noch mehr als 50 aktuell im Handel befindliche Kinderbücher analysiert, die von Weihnachtsmann und Weihnachten handeln. Dabei ist ihr aufgefallen, dass vor allem Weihnachtsbücher für größere Kinder weiterhin mit der uralten Aufgabe befasst sind, Weihnachtsmann, Nikolaus, Christkind und Knecht Ruprecht in ein logisches und sinnvolles Verhältnis zu setzen. In diesen Geschichten von Verwechslung und Identität werden Erinnerungen an die strafenden Rollen der Vergangenheit untergebracht. Das verbindet sich mit einem starken, die gesamte Literatur durchziehenden Interesse an der Frage, ob es sich hier „bloß" um eine Maske handelt oder um einen wirklichen Menschen – mit vielen originellen und witzigen Lösungen im Einzelnen. Auch das Bild von Weihnachtsmann selbst wird in der Kinderliteratur immer wieder neu zusammengesetzt – vor allem in den Büchern für kleinere Kinder mischen sich dabei deutliche Anzeichen seines Alters (Bart, Ächzen bei körperlicher Anstrengung usw.) mit kindlicher Gier und Verfressenheit. Er ist und bleibt auch hier ein dickes Kleinkind, das zugleich ein alter Mann ist: Kindchenschema mit weißem Bart. In einer besonders schönen Geschichte vervielfältigt sich Weihnachtsmann dabei zu einer Truppe von Weihnachtsmännern. Erst treten sie in Streik, weil nicht mehr genug Menschen an sie glauben, dann suchen sie auf einer Südseeinsel beim Sonnen und Baden Erholung von ihrem harten und unbeachteten Berufsleben und müssen am Ende von einem beherzten Jungen wieder in den Dienst am Kind zurückgelotst werden.[41]

Auch die heutigen, weit von Prügelstrafe und groben Heischebräuchen entfernten Bilder des Weihnachtsbrauchs und der Gabenbringer enthalten, oft halb verdeckt, die europäische Bildgeschichte und Brauchgeschichte dieser Figuren. Sie tragen eine Reserve weiter, ein Potential der Grobheit und des Genusses, das jederzeit mobilisiert werden kann. In allen Wandlungsprozessen zu mehr Rationalität und Aufgeklärtheit kann auch der Rückwärtsgang eingelegt werden, und zwar genau dann, wenn sich die alten eurasiatischen Konfliktfelder wieder aufrichten, Expansion und Gegenexpansion. In Nazideutschland wurde gegen jede Form des zivilen und bürgerlichen Brauchs eine rüde Kultur der öffentlichen Gemeinschaftlichkeit eingeführt, die im Kriegführen gipfelte – das hat anscheinend den Rückfall zu kollektiven Formen des Weihnachtsfeierns befördert und die in Sachen Weihnachten zwischen den Familien errichteten Grenzen der Parzellierung durchbrochen: Geschenksendungen an die Frontsoldaten statt in der Familie, Wintersonnenwende mit „Julklapp", wo die Geschenke gemischt und blind verteilt werden, Weihnachtsumzüge und pathetische Weihefeiern im germanischen Stil mit viel körperlicher Ritualistik, mit Tannengrün und arischen Symbolen. Ich vermute, dass die vom Christentum entfernte Figur des Weihnachtsmannes, selbst noch als amerikanischer Santa Claus, den Nazis interessanter erschien als das Christkind oder der katholische Bischof Nikolaus.[42] Die Menschen, die gerade noch das jüdische Lichterfest des tiefen Winters gefeiert hatten, Hanukka, wurden vertrieben und vernichtet – und damit auch das friedliche Berliner „Weihnukka"-Fest der 1920er Jahre, mit seinen jüdischen Weihnachtsmännern und christlich-jüdischen Lichterbräuchen.[43]

Ein ähnliches Durcheinander von Modernisierungen und Rückfällen prägt auch die Weihnachtsbräuche und Nikolausrituale in anderen europäischen Ländern, die sich wie Deutschland ab 1800 stark modernisiert und industrialisiert haben. Für das frühkapitalistische England des britischen Erfolgsautors Charles Dickens (1786–1851) war Weihnachten ein großes Thema. Dickens, der selbst aus armen Verhältnissen stammte, ließen die Kontraste zwischen arm und reich im Zeitalter der Maschinen nicht los. Immer wieder gestaltete er sie zu Erzählungen von Armut und Mitleid, Wut und Arroganz.[44] Einflussreich war seine „Weihnachtserzählung". Sie handelt von dem[45] Geizhals Scrooge. Scrooge, der vom Geldverleihen und Geldgeschäften lebt, kämpft gegen die öffentliche Bettelei und gegen die Großzügigkeit der Weihnachtszeit, er gibt keine milden Gaben für die Christ-Sänger und sein ärmlicher treuer Angestellter bekommt nur am 25. Dezember frei, wenn er eine Lohnminderung in Kauf nimmt. Selbst die Einladung seines eigenen Neffen zu einem Weihnachtsessen lehnt er schnaubend ab: „Humbug!" Mit diesem Wort bekämpften im frühen 19. Jahrhundert die Aufklärer alle Formen von Wissen und Handeln, die nicht in ihre Idee von einem logisch aufgebauten und naturwissenschaftlich fundierten Weltbild passten. Doch in der Christnacht überkommen Scrooge die abgründigen Geister der mittelalterlichen Nikolausfeste und Weihnachtsbräuche mit ihrem Gekreische und Gejammere, mit ihren Ketten und theatralischen Auftritten. Bei Dickens sind die Geister der Vergangenheit noch einmal als das erkennbar, was sie auch in den Winterbräuchen des Mittelalters gewesen waren. Es sind lebende Tote, Geister der Verstorbenen, die uns zum Grübeln bringen sollen über den Sinn und den Unsinn des Lebens. Die Geister der Weihnacht führen Scrooge sein leeres und verfehltes Leben vor, seinen Geiz. Wie die Teilnehmer an schamanistischen Initiationsritualen erlebt er unter der Führung der lebenden Toten seinen eigenen Tod. Am nächsten Morgen ist der alte Geizhals nur noch froh zu leben, er gibt und schenkt, besucht seinen armen Angestellten, bessert dessen Lohn auf, feiert mit seinen Lieben und wird damit zu einem Vorfahren von Santa Claus. Hier ist die Umkehrung vom Straßenbrauch der maskierten Heischegänger und Unholde zur häuslichen Bescherung durch eine Phantasiegestalt nicht so deutlich wie in der deutschen bürgerlichen Weihnachtsfeier, aber Scrooges neue Großzügigkeit macht es seinen Mitmenschen leichter, sich auf ein nach Innen gewandtes, häusliches Fest zu konzentrieren. So behält der Reiche, der sich erst verweigert und dann verschenkt, die Kontrolle über ein Geschehen, das er vorher für Humbug hielt und mit aller Macht begrenzen wollte. Scrooge kontrolliert die Weihnacht seiner Klienten, genauso, wie er vorher ihre aufgeregteren Bräuche abgelehnt hat.

Schnell und nachhaltig wurde dieser Wandel zum zivilisierten und privaten Brauch auch in den USA vollzogen. Als sich in Deutschland bereits die bürgerliche, nach Innen gewandte Feier durchgesetzt hatte, im späten 18. Jahrhundert, kam es in New York und in vielen anderen Städten der Vereinigten Staaten am Nikolaustag oder an den Weihnachtstagen zu einer Art Unruhen – vor allem Männer aus sämtlichen Einwanderergruppen betranken sich auf den Straßen, zogen Weihnachtslieder grölend von Haus zu Haus und bettelten die Hausfrauen um milde Gaben an, um Essen, Trinken, Geld. In kultivierteren Kreisen der jungen USA muss das schon lange Zeit unangenehm aufgefallen sein. Aber erst einer großen Koalition zahlreicher gebildeter Schriftsteller, öffentlicher Denker und sozialer Reformer gelang es, die öffentlichen Bräuche einzudämmen und durch das häusliche Feiern und die Geschenke zu ersetzen, die angeblich ein durch den Kamin in das Haus eindringender Raubauz namens „Santa Claus" oder „Saint Nick" den Kindern bringt. „Die Schlacht um die Weihnacht"[46] hat der amerikanische Historiker Stephen Nissenbaum seine großartige Studie über diesen tiefen Wandel der US-amerikanischen Weihnachtsbräuche in der ersten Hälfte des 19. Jahrhunderts genannt. Washington Irving, der Star der amerikanischen Literatur des frühen 19. Jahrhunderts, schuf ein New York, in dem die altholländischen Gespenster der Vergangenheit lebendig sind. Der reichste Mann der Stadt, Clement Clarke Moore legte nach mit seinem prägenden Gedicht über einen „Besuch von Sankt Nikolaus". Ein deutschstämmiger Demokrat und Pädagoge, der heute in den USA vor allem noch als Sklavenbefreier berühmt ist, führte den häuslichen Kult um den Weihnachtsbaum ein. Und dann schuf der Deutschamerikaner Thomas Nast seine unnachahmlichen schratigen groben und grinsenden Santa Cläuse, die so sehr manchen der Männer ähnelten, die man gerade mit gutem Zureden, schönen Geschichten und Liedern und Polizeigewalt von den weihnachtlichen Straßen verbannt hatte. Mit der Verdrängung des zum Straßenkarneval übergegangenen öffentlichen Heischegangs kam Santa Claus in Mode, aber er trägt die Züge des verdrängten winterlichen Straßenkarnevals an sich, es liegt in seinen Stiefeln und in seinem Pelz, in seinem seltsamen Grinsen und im Ruß des Kamins, mit dem er sich beschmiert, in seinem Ruf, „Ho-ho-ho!" – „Pelznickel" oder Kohlenpitter waren z. B. die Namen einiger dämonischer Begleiter des Nikolaus in den frühneuzeitlichen Kulten Europas gewesen.

Stephen Nissenbaum hat aus der Lektüre zahlloser Tagebücher und Zeitungen jener Zeit die präzise Anatomie eines Kulturwandels entwickelt, ein grandioses Panorama des Kampfes um Klassenzugehörigkeit, Zivilgesellschaft und Rebellion in den USA des 18. bis 20. Jahrhunderts. Dieser Kampf jedoch ist älter, wie wir gesehen haben, er fand schon lange vor der Gründung der USA statt und wird bis heute geführt. Der Massenkonsum unserer Tage hat den Weih-

Abb. 20: Der wilde alte Santa Claus
des frühen 19. Jahrhunderts (USA).

nachtsbrauch wieder in die Öffentlichkeit gestellt. Gerade in Deutschland war nach dem Zweiten Weltkrieg ein Menschenalter hindurch, etwa 50 Jahre lang, am 24., 25. und 26. Dezember das öffentliche Leben fast völlig versiegt. Ich werde nie vergessen, wie ich in den 1980er Jahren erstmals eine italienische Dorfweihnacht erlebt habe. Die Mitternachtsmesse dauerte von Mitternacht bis 2 Uhr morgens, danach wurde auf der verschneiten Piazza getanzt, und dann erst gingen die Männer mit den größeren Kindern umher, besuchten die Häuser von Freunden und Verwandten, wo die Frauen mit den kleinen Kindern und einem guten Topf gesottenem Fisch als Fastenspeise auf sie warteten. Das Fasten wurde dabei nicht so ernst genommen, und ich erstarrte, als der sehr gebildete und feinsinnige Bürgermeister von Ripacandida, ein linksliberaler Lehrer, mich bei der Gelegenheit anschnauzte: „Mangia o Ti taglio la testa" – „Iss'! Oder ich schneide Dir den Kopf ab!" Er meinte das eher lustig. Seitdem fand ich die deutschen Weihnachtstage recht öde. Ich konnte das deutsche Fest auf einmal aus der Sicht von Menschen aus anderen Gesellschaften betrachten, die ältere christliche Rituale gewohnt oder die mit anderen Religionen aufgewachsen sind.

So hat jedes Jahrhundert, hat jede Generation eine eigene Weihnacht, einen eigenen Weihnachtsmann – oder auch eine Weihnachtsfrau, wie die italienische Befana. Prozesse des Wandels hinterlassen unregelmäßig verbundene Brauchlandschaften, Ergebnisse von Homogenisierungen, Überformungen und bewusst zwischen kleinen Gebieten aufrechterhaltenen Gegensätzen, die der Identitätsfindung dienen. Darum gibt es diese Fülle von Gestalten weiterhin, über die uns die jeweiligen Anhänger mal begeistert, mal amüsiert und manchmal auch hochnäsig belehren: das Christkind und der Weihnachtsmann, Knecht Ruprecht und Nikolaus, Santa Claus und Väterchen Frost, Befana und Babbo Natale, Père Fouettard und Père Noël … Und auch auf der Ebene des Handelns ist die Spanne groß, es geht um verinnerlichte Bräuche, bei denen das Vorlesen, Vorsingen und Vorspielen usw. im Vordergrund steht oder um handfestere Spiele, bei denen ein paar Burschen versuchen, den Esstisch samt den Mädchen aus dem Bauernhof zu rücken. Und es gibt auch Partys mit Santa-Caps und niemals endenden Designideen, und es gibt Kaskaden von Internetwitzen über Santa, es gibt politische Proteste in Peking, bei denen junge Männer die roten Mützen tragen,[47] als seien sie gerade an einem Aufstand der oströmischen Lykier gegen die byzantinischen Kaiser beteiligt oder als ginge es um eine Rebellion neapolitanischer Seeleute gegen ein koloniales Hafenregiment im 17. Jahrhundert. Und hinter all diesen Bildern und Sequenzen liegen die Düfte und die Geräusche, die Handwerkszeuge und die unaussprechlichen körperlichen Erfahrungswelten jedes Einzelnen, die Äpfel der Hungernden im Mittelalter und die Schokoladen übergewichtiger Kinder der reichen Zentren von heute, die Ruten und Kapuzen, die Monster aus dem Wald, gute und böse Onkel, magischer Flug und die Ambivalenz von Masken, Gabe und Gegengabe, Tanz, Rausch, Vielfresserei und der Wunsch, sich zu vereinzeln. Das ist alles wie kurzfristig festgehalten im Ritual, wie arretiert im Lauf der Zeit, um dann wieder losgelassen zu werden, und darum ist das Spiel der Erwachsenen mit den Kindern ein Spiel von Glaube und Unglaube. Dazwischen, jenseits des Glaubens und des Unglaubens, bilden sich die Reserven aus, die Chancen zum Handeln enthalten. Sie müssen sich immer neu ausspinnen zwischen kleinen und großen Menschen, bis die Kleinen schon groß sind und selbst sehen müssen, ob und wie sie eine neue Generation in Gang bringen, damit ihr langweiliges Erwachsenenleben durch Kinderlachen und Kindertränen bereichert wird, damit sich vielleicht einer um sie kümmert, wenn sie alt sind – vielleicht!

„Kaufen ist billiger als Stehlen"

Fassen wir zusammen: Der kleine Tod, den wir Eurasiaten heute noch, selbst noch im Zeitalter der Erderwärmung, in jedem Winter sterben müssen, treibt einen Kult der Gabe hervor und damit auch die Gestalt eines Gabenbringers, der bezeichnenderweise als alter, aber wehrhafter Mann erscheint, agil und weise zugleich. Seine dämonischen Helfer wie seine kindlichen Anhänger scheint er ohne große Mühe zu beherrschen, und auch die Erwachsenen, die nicht an ihn glauben, macht er noch zu seinen Helfern. Doch im Laufe der Jahrhunderte musste er sich an viele unterschiedliche wirtschaftliche und politische Systeme anpassen und hat dabei einen Zivilisationsprozess durchgemacht, der immer schon angelegt war in der Gestalt eines würdigen Bischofs von Myra, der gerne mal eigenmächtig vorgeht, der auch mal grob werden kann gegen unrechte Richter, Dämonen und sogar gegen den Kaiser. Nikolaos verkörpert damit den Prozess der Zivilisation in seiner ganzen Zerbrechlichkeit, aber auch in seinem durchschlagenden, weltweiten Erfolg – der Kampf für mehr Zivilisation kann im Falle der Erbitterung zum Zusammenbruch der Zivilisation werden.[48] Im Moment haben wir guten Grund, den Erfolg zu betonen, zumal im westlichen Eurasien, aber auch zwischen den Imperien von Russland China, Japan und Indien seit über 60 Jahren sehr oft Frieden herrscht. Das ist untrennbar mit der verstärkten Industrialisierung und den neuen globalen Warenkulturen verbunden. Heute können wir den Ritualen der Bettelei, den rituellen Aufständen, Landbesetzungen, Massendiebstählen und Enteignungen vergangener Zeiten entgegensetzen, dass Kaufen nun billiger als Stehlen geworden ist. Tatsächlich gehen auch die Eigentumsdelikte immer weiter zurück, nicht nur die Gewalttaten – auch wenn uns manche angeblichen Hüter der Zivilisation das Gegenteil einreden wollen.[49]

Weihnachtsmann ist auch in dieser Situation so erfolgreich, weil er nicht nur den Weg von Raub, Diebstahl, Entführung und Mord zur Heische, zur freiwilligen Gabe und zum Teilen und guten Taten vorgezeichnet hat, sondern weil er gleichzeitig Erinnerung an die Prügel und das Unrecht vergangener Zeiten bewahrt und uns so eine Reserve vermittelt, Optionen des Handelns für Situationen in einer möglichen Zukunft, wo es vielleicht nicht mehr so günstig für das zivile Leben und eine sauber parzellierte Welt der Familien und Haushalte aussehen wird. Die Zivilisierung vom Groben zum Feinen ist im Falle von Nikolaus, Weihnachtsmann und Santa Claus keine Einbahnstraße, sondern ein Hin und Her auf den Enden einer Skala. Mäßigung wie Verwilderung gehören zur Grundstruktur des „Faktors N". „Faktor N" hat sich deswegen als äußerst langlebig erwiesen. Am erstaunlichsten ist wohl, dass er den tiefgreifenden Wandel überstanden hat, der seit dem Ende der Frühen Neuzeit zu einem enormen Rückgang der familiären, schulischen und richterlichen Strafen geführt hat. Schlussendlich ist in der zweiten Hälfte des 20. Jahrhunderts sogar die uralte Tradition der „schwarzen Pädagogik" fast völlig abgeschafft worden. Während noch vor zehn, 15 Jahren in deutschen Supermärkten zur Weihnachtszeit gelegentlich Weidenruten verkauft wurden, an denen Süßigkeiten baumelten, ist der ganze teuflische Kult um Ruten und Besen mittlerweile wie von selbst aus dem Brauchtum entwichen, das er seit dem Mittelalter begleitet hat – samt Ohrfeigen, Kopfnüssen und Prügeln mit dem Kleiderbügel.

Weihnachtsmann strahlt uns gütig an, hunderttausendfach, als sei nichts geschehen. Er hat ja die Sache mit der Rute schon immer gerne an Knecht Rüpel abgegeben, oder wie hieß der noch? Weihnachtsmann ist wie ein Popstar, wie ein charismatischer Politiker. Die Sänger, Schauspieler und Politiker sind allerdings oft schnell vergessen, während dieser Mann seit dem frühen Mittelalter über das winterliche Leben in weiten Teilen Europas und des westlichen Asien herrscht. Er hat dann noch Amerika dazugewonnen und ist heute dabei, China, Indien und Afrika zu erobern mit seinen Santa-Caps und seinen Jahresabschluss-Partys. Vielleicht ist das nicht nur der Vielfalt der Persönlichkeit von Nikolaus-Weihnachtsmann-Santa Claus geschuldet, sondern auch den vielfältigen Verzweigungen von „Faktor N" im menschlichen Leben. Seine Wanderung von Ost nach West vollzieht sich im Zeichen der großen welthistorischen Spannungen zwischen den zivilisatorischen Imperien und ihrer Verheerung durch den barbarischen Bevölkerungsdruck bzw. der Eroberungszüge schnell entwickelter neuer Kulturen (Mongolen, Islam) und der Expansionen und Rückzüge der Rechtsnachfolger des Römischen Reichs und der alten chinesischen Dynastien. Unter den Anhängern Roms wächst Nikolaus zum Beschützer der freien Handelswege heran, auf denen dann auch die Kreuzzüge geführt werden, zum Befreier der von den „Barbaren" Eingekerkerten und Entführten, der in Booten eingepferchten Seeleute und der zum Dienst gepressten Soldaten. Die außenpolitische Seite des Faktors hat ein innenpolitisches Gegenstück, es ist die Mischung aus Barbarei und Wohltätigkeit, mit der die Starken und Schwachen im Innern dieser nachrömischen Reiche zu tun haben. Und es kommt eine dritte, individuelle Ebene hinzu, das Individuum, in dem sich Begehrlichkeit und Mäßigung, Gewalttätigkeit und der Hunger nach Frieden mischen. Jeder hat seinen Klaus zu tragen und trägt damit bei zu innen- wie außenpolitischer Brutalität oder eben nicht. Im Winter werden alle, die Starken wie die Schwachen, an ihre Sterblichkeit erinnert und müssen innehalten und sich neu aufstellen. Werden sie geben oder nehmen? Werden sie schlagen, geschlagen werden oder Frieden halten? Das wird in den Ritualen des Volkssiegers und seiner Nachfolger verhandelt.

Außenpolitiken
Staaten – Stämme

Innenpolitiken
Reiche – Arme

Körperarbeit
Triebe – Verzicht

Nikolaus, der Weihnachtsmann und Santa Claus sind das Ergebnis einer sehr alten Sehnsucht nach Verfeinerung, Gegenseitigkeit, Großzügigkeit und Mitgefühl, die sich noch in den schlimmsten Situationen von „orientalischer Despotie" oder mittelalterlicher Prügelherrschaft über die Körper der Abhängigen Bahn gebrochen hat. Wir finden sie in den närrischen Ritualen der Knabenbischöfe, im Wirken von mittelalterlich-christlichen Predigern und Mönchen, im Protestantismus, in Aufklärung und Humanismus, aber auch in Millionen von völlig unreligiösen und unphilosophischen menschlichen Akten der Milde und Liebe in Familien, Gemeinden und Adelsherrschaften. Die Vertreter dieser Bewegungen wurden allerdings stets und überall selbst von sadistischen Peinigern begleitet, die nichts Besseres zu tun hatten, als Gefangene, Untergebene, Kinder zu quälen – mit dem alten Christentum, mit Protestantismus und Aufklärung, mit Humanismus, womit auch immer. Heute wissen wir, dass selbst im Herzen des größten deutschen reformpädagogischen Projektes, der Odenwaldschule, vielfach von Erziehern sexueller Missbrauch getrieben wurde.

„Faktor N" ist so komplex angelegt, er hat bei seiner Wanderung durch die Geschichte so viel Tiefe, so viele Aspekte angesammelt, dass er all das übersteht. Denn er ist immer beides, das Grobe und das Zarte, die Liebe und der Dämon, Reich und Arm, das Buch und die Rute, Barbar und Zivilisierter, Kommerz und die Erinnerung an die Toten, die uns, als sie noch lebten, mit ihren Gaben zu dem gemacht haben, was wir sind. So arbeitet sich diese Gestalt aus den Tiefen der historischen Prozesse durch bis zu uns. Nach vielen Jahrhunderten des Kerkerlebens und erbärmlichsten Seefahrerlebens, des Missbrauchs und des Menschenraubes, des Verkümmerns und Verhungerns, der frenetischen Rebellion und ihrer blutigen Unterdrückung steht Nikos Laos vor uns, Meister der Volksbräuche, Überheiliger und Volkssieger, grimmig und gütig zugleich. In Bernardo Nello di Giovanni Falconis Bildnis des Heiligen Nikolaus aus der zweiten Hälfte des 14. Jahrhunderts kann man das alles sehen, man braucht nur genau hinzuschauen.

Heute ist die Doppelgesichtigkeit aus vielen Darstellungen des Weihnachtsmannes und des Santa Claus gewichen, er wirkt vordergründig frohbackig und wird darum von Künstlern und Intellektuellen oft nicht ernst genommen. Aber selbst dieses banale Gesicht birgt noch ein Geheimnis. Wenn man es genauer betrachtet, fällt zunächst auf, dass dieser alte Mann mit seinem weißen Bart und seinen weißen Haaren erstaunlich strahlende Augen hat und sehr glatte dicke rote Backen. Er wirkt kraftvoll und jugendlich. Wenn man oder frau diesem Gesicht noch näher rückt, kann einem sogar auffallen, dass seine Proportionen sehr selten zu finden sind im Gesicht eines Erwachsenen. Die Abmessungen der Stirn und der Augen einerseits, andererseits von Nase, Mund, Backen und Kinn, stehen in einem Verhältnis von annähernd 1:1, genau wie bei einem Kind – „Kindchenschema" hat der Verhaltensforscher Konrad Lorenz[50] das genannt, es ist auch im Tierreich so zu finden, zum Beispiel bei Katzenkindern und kleinen Enten. Deshalb finden wir Tierkinder oft so süß wie Menschenkinder. Obwohl die Theorie des späteren Nobelpreisträgers Lorenz im Zeitalter des nationalsozialistischen Biologismus entstand, wurde sie von der seriösen wissenschaftlichen Biologie internationaler Prägung seither immer wieder bestätigt.[51] Der evolutionäre Vorteil des Kindchenschemas scheint darin zu liegen, dass es sogar noch zwischen unterschiedlichen Arten den Wunsch nach Betreuung und Ernährung dieser rührenden Kleinchen auslöst. In den 1960er Jahren wollten russische, deutsche und amerikanische Verhaltensforscher ein solches stilisiertes Gesicht zum Symbol des Friedens ausrufen lassen, zur Überwindung des Kalten Krieges. Heute hat sich der „Smiley" über die ganze Welt verbreitet, auch er hat die „kurzen" Abmessungen eines Kindergesichts mit großen Augen und kleinem Gesichtchen, den runden Kopf – eben wie Weihnachtsmann.

Manchen Leuten scheint bei so viel Unschuld und Kindlichkeit die Galle überzugehen. Im Internet stehen Hunderte von Bildern und Websites, die dem Motiv des „kranky Klaus"[52] gewidmet sind, dem

Abb. 21: Grimmig und gütig zugleich: Heiliger Nikolaus (Bernardo Nello di Giovanni Falcone, Ende 14 Jh.

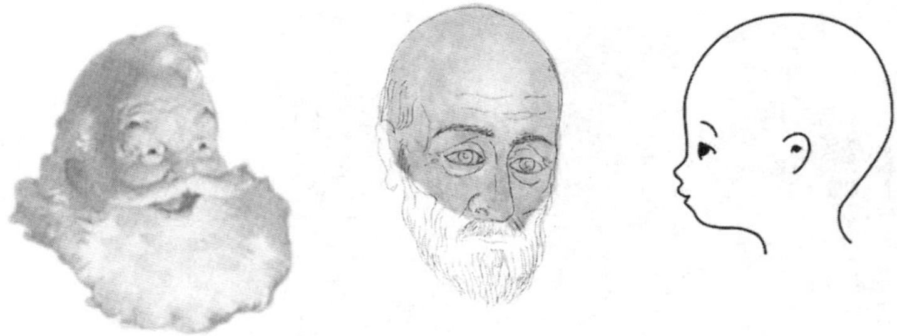

Abb. 22: Weihnachsmann und die Rekonstruktion eines Schädels, der bei den Reliquien des Heiligen Nikolaus in Bari gefunden worden sein soll; daneben das „Kindchenschema“ der Biologen.

bösen Weihnachtsmann, der unter der Maske des Gabenbringers in die Häuser eindringt und sich an die Kinder heranmacht. Das Motiv hat etwas zutiefst Komisches, Entlastendes, wie die Ventilbräuche des Mittelalters. Und damit ist der Kult wieder in seinem ureigensten Element. Ganze Serien von vor allem amerikanischen Filmen haben das Motiv benutzt, „Santa-Satan“-Filme, die dem Alten eine abgründige Seite zurückgeben, die er immer gehabt hat und wohl auch immer haben wird. Ohne Probleme können wir hier den Bischof von Myra wiedererkennen, der plötzlich vor dem Palast des unrechten Richters randaliert und dem Berater des Kaisers im Traum androht, dass er von Würmern gefressen werden wird. Man kann schon verstehen, dass manche Christen etwas gegen die übermächtige Präsenz dieser Figur im winterlichen Leben haben und z. B. mit Hilfe eines Stickers gegen den „bösen“ Weihnachtsmann protestieren.

Mindestens dreimal wurde versucht, ihn umzubringen, hinzurichten.

Im Jahre 1690 erschien in Nieuw Amsterdam, später New York, eine Kampfschrift gegen den Kult des Heiligen Nikolaus, in der ihm der Prozess gemacht und die Hinrichtung angedroht wird.[53]

Im Jahre 1951 ließen französische katholische Kleriker, die vom Amerikanismus ihrer Laien erschreckt waren, in Dijon eine Figur des Weihnachtsmannes verbrennen – was nicht nur Unruhe bis hoch in die Ministerien des Zentralstaates verursachte, sondern auch einen

Abb. 23: „Kranky Klaus“ und ein Anti-Weihnachtsmann-Sticker des Katholischen Bonifatius-Werks.

der größten Ethnologen des 20. Jahrhunderts zu seiner vielbeachteten Schrift über den „hingerichteten Weihnachtsmann“[54] angeregt hat. Claude Lévi-Strauss nimmt hier den populären Kult, den Kult des „Volkes“, in Schutz und versucht, dessen historischen Tiefgang zu erweisen. Er macht dabei die interessante Beobachtung, dass Winterrituale der „verkehrten Welt“ Ängste freilegen, zum Beispiel vor dem Tod, vor Dämonen und vor den Toten. In den maßlosen wie in den mäßigenden Weihnachtsbräuchen sah er eine Auseinandersetzung der Lebenden mit der langen Kette der Toten, die ihnen das Leben geschenkt haben. Die Hinrichtung dieser Figur habe daher Weihnachtsmann nur seine volle Größe zurückgegeben, seine historische Tiefe als Gestalt der Wiedergeburt. Tatsächlich wurde Weihnachtsmann im Winter 1952 von den Franzosen gefeiert, als sei er nie in Dijon verbrannt worden.

Schließlich ist aber noch der Mordanschlag auf „Väterchen Frost“ zu berichten. Am 1. Januar 2012, als ich gerade an diesem Buch schrieb, wurde er in Duschanbe, der Hauptstadt Tadschikistans, auf der Straße von einer Gruppe Jugendlicher verprügelt und erstochen. Tadschikistan ist ein Nachfolgestaat der früheren Sowjetunion. Teile der Bevölkerung halten es weiter mit dem Rationalismus der sowjetischen Kultur und mit russischen Bräuchen, andere Gruppen haben die islamische Vergangenheit des Landes wieder hervorgekehrt und geben sich dabei manchmal auch fundamentalistisch. Einer Erklärung des tadschikischen Innenministeriums[55] war zu entnehmen, dass islamisch-fundamentalistisch eingestellte Jugendliche den als „Väterchen Frost" verkleideten Parviz Davlatbekov getötet hätten. Davlatbekov habe sich auf dem Wege zu einer familiären Neujahrsfeier befunden – das sowjetische Neujahr wird zum westlichen Datum gefeiert, dem 1. 1., auch häufig als Gabenfest mit „Väterchen Frost". Mir fiel auf, dass die Nachricht in Begleitung von Fotos durch das Internet ging, die gestellt wirkten und letztlich sogar schon wieder eine „ulkige" Seite des Vorfalls betonen sollten – eine blutige Väterchen-Frost-Figur im Schnee, ein als Tatort von der Polizei abgesperrter Kamin, aus dem die Stiefel eines Santa ragen.[56] Die militanten Anti-Islamisten, welche die Nachricht von Davlatbekovs Tod eifrig kolportiert haben, finden in ihrer Geschmacklosigkeit direkt zum Motiv der Wiedergeburt des Santa aus der Welt der Düsternis zurück. Sogar auf dieser Ebene der schmutzigen politischen Propaganda der Tat und der nicht weniger schmutzigen Gegenpropaganda des Wortes muss man schlussendlich – wenn auch mit Bitternis über den Tod des jungen Menschen – nur wieder feststellen, dass „Faktor N" nicht so leicht totzukriegen ist.

„Stellen wir also die sanfte Sorge in Frage, die wir uns um den Weihnachtsmann machen; und die Vorsichtsmaßnahmen und Opfer, in die wir einwilligen, um sein Ansehen bei den Kindern unangetastet aufrechtzuerhalten. Heißt das nicht, daß im Grunde unseres Herzens noch immer das Bedürfnis wacht, an eine Großzügigkeit ohne Kontrolle, an eine Freundlichkeit ohne Hintergedanken zu glauben, und sei es noch so schwach; an ein kurzes Intervall, währenddessen alle Furcht, alle Mißgunst und alle Bitterkeit aufgehoben sind? Zweifellos können wir die Illusion nicht im vollen Sinne teilen; aber was unsere Bemühungen rechtfertigt, ist die Hoffnung, daß sie, von anderen genährt, uns wenigstens die Gelegenheit bietet, uns an der in diesen jungen Seelen entzündeten Flamme zu erwärmen."[57]

In seinem leicht pathetischen, aber doch präzisen Stil, der heute schon fast altmodisch wirkt, kommt Claude Lévi-Strauss deutlich auf den Grundgedanken zu sprechen, der meine Forschungen inspiriert hat. Der Kult des Wintergottes der Großzügigkeit überlebt die Abschaffung des mittelalterlichen Regimes von „Überwachen und Strafen",[58] mit dem er so eng verbunden war, weil er schon immer auch den Protest gegen dieses Regime versinnbildlicht hat, indem er mildere, familien- und kinderfreundlichere Praktiken ins Spiel bringt. Das weihnachtliche Geben und sein Symbol, der Nikolaus, Weihnachtsmann, ist ein Spiel um Leben und Tod, welches die engen Perspektiven bestimmter Regimes und Ökonomien überschreitet. Briefe an den Weihnachtsmann sind Briefe, die an das Jenseits gerichtet sind. Durch die Asche der Kamine und durch die hohen Lüfte des kalten Nichts kommt er angereist mit seinen Gaben. Mit seinen Grobheiten kontrolliert er geisterhafte Begleiter, Dämonen, sprechende Tiere und Waldwesen. Im Buch des Lebens und damit auch des Todes hat er die guten und die bösen Taten der Kinder verzeichnet, er kennt und beschenkt alle Kinder gleichzeitig, und manchmal bestraft er sie auch. Als Uncle Scrooge, als Dagobert Duck, hat er unter dem Eindruck der Begegnung mit den Geistern der Toten und der Vergangenheit sein Leben als Geizhals aufgegeben, zugunsten eines schönen neuen Lebens als Gabenbringer der parzellierten Spaßkultur der Moderne.

Diese Windungen und Wendungen des „Faktors N“ konfrontieren uns mit der Frage, wie wir weitermachen wollen heute: Wen sollen wir in die Netzwerke des Gebens und Nehmens einbeziehen und wen nicht, wollen wir eine neue Generation hervorbringen für das Land oder nicht? Darum verrenken wir uns Jahr für Jahr in dem Versuch, Kindern die Realität des Weihnachtsmannes vorzuspielen, einzureden. Darum muss der alte Mann, der die Geschenke bringt, so merkwürdig kostümiert sein, in der Kutte der Eremiten, Bischöfe und der Totenbruderschaften des Mittelalters. „Der Glaube, in dem wir unsere Kinder wiegen, der Glaube, daß ihre Spielsachen aus dem Jenseits kommen, bietet ein Alibi für die uns in Wirklichkeit motivierende geheime Regung, sie unter dem Vorwand eines Geschenks an die Kinder dem Jenseits anzubieten. Mittels dieses Alibis blieben die Weihnachtsgeschenke ein wirkliches Opfer an die Süße des Lebens, die in erster Linie daraus besteht, nicht zu sterben.“[59] Darum sind multinationale Konzerne, Einkaufszentren und Versandhäuser eher darauf angewiesen, auf der Welle der Gebefreudigkeit, die vom Bild des Wintergottes angekurbelt wird, zu reiten, als dass es ihnen gelänge, den Klaus völlig zum Fetisch ihres Konsumismus zu machen.

Vom Paradox des „Alibi“, das ein Opfer ist, fühlte sich anscheinend auch Dr. Philipp O'Hanlon umgetrieben, ein wissenschaftlich gebildeter Mitarbeiter der Strafverfolgungsbehörden der Stadt New

York. Im Jahre 1897 schickte er – nach einem offensichtlich schwierig verlaufenen Gespräch mit seiner Tochter Virginia – folgenden Brief der Achtjährigen an die Zeitung „New York Sun".

> „Ich bin acht Jahre alt. Einige meiner kleinen Freunde sagen, es gibt keinen Weihnachtsmann. Papa sagt, was in der ‚Sun' steht, ist immer wahr. Bitte, sagen Sie mir: Gibt es einen Weihnachtsmann?"

Gott und der Weihnachtsmann werden durch die Medien ersetzt, offenbaren ihren medialen Charakter. Virginia O'Hanlon stellte nicht nur den Weihnachtsmann, sondern auch die Glaubwürdigkeit der Medien in Frage. Mit der Antwort wurde Francis Pharcellus Church beauftragt, ein erfahrener Kolumnist, der durch seine Reportagen über die Gräuel des amerikanischen Bürgerkrieges bekannt geworden war – also gewiss ein Mann, der sich mit Leid, Enttäuschung und vergeblicher Hoffnung gut auskannte. Church schrieb an Victoria O'Hanlon seinen legendären offenen Brief:

> „Ja, Virginia, es gibt einen Weihnachtsmann. Er existiert so zweifellos wie Liebe und Großzügigkeit und Zuneigung bestehen, und du weißt, dass sie reichlich vorhanden sind und deinem Leben seine höchste Schönheit und Freude geben. O weh! Wie öde wäre die Welt, wenn es keinen Weihnachtsmann gäbe. Sie wäre so öde, als wenn es dort keine Virginias gäbe. Es gäbe dann keinen kindlichen Glauben, keine Poesie, keine Romantik, die diese Existenz erträglich machen. Wir hätten keine Freude außer durch die Sinne und den Anblick. Das ewige Licht, mit dem die Kindheit die Welt erfüllt, wäre ausgelöscht.
> Nicht an den Weihnachtsmann glauben! Du könntest ebenso gut nicht an Elfen glauben! Du könntest deinen Papa veranlassen, Menschen anzustellen, die am Weihnachtsabend auf alle Kamine aufpassen, um den Weihnachtsmann zu fangen; aber selbst wenn sie den Weihnachtsmann nicht herunterkommen sähen, was würde das beweisen? Niemand sieht den Weihnachtsmann, aber das ist kein Zeichen dafür, dass es den Weihnachtsmann nicht gibt. Die wirklichsten Dinge in der Welt sind jene, die weder Kinder noch Erwachsene sehen können. Sahst du jemals Elfen auf dem Rasen tanzen? Selbstverständlich nicht, aber das ist kein Beweis dafür, dass sie nicht dort sind. Niemand kann die ungesehenen und unsichtbaren Wunder der Welt begreifen oder sie sich vorstellen. Du kannst die Babyrassel auseinanderreißen und nachsehen, was darin die Geräusche erzeugt; aber die unsichtbare Welt ist von einem Schleier

> bedeckt, den nicht der stärkste Mann, noch nicht einmal die gemeinsame Stärke aller stärksten Männer aller Zeiten, auseinanderreißen könnte. Nur Glaube, Phantasie, Poesie, Liebe, Romantik können diesen Vorhang beiseite schieben und die übernatürliche Schönheit und den Glanz dahinter betrachten und beschreiben. Ist das alles wahr? Ach, Virginia, in der ganzen Welt ist nichts sonst wahrer und beständiger.
> Kein Weihnachtsmann! Gott sei Dank! lebt er, und er lebt auf ewig. Noch in tausend Jahren, Virginia, nein, noch in zehnmal zehntausend Jahren wird er fortfahren, das Herz der Kindheit zu erfreuen.
> Frohe Weihnacht, Virginia! Dein Francis Church“[60]

Mit Vertrauen beantwortet Church das Vertrauen, welches das achtjährige Mädchen ausgerechnet seiner Zeitung entgegenbringt. Er wird genau gewusst haben, was Zeitungsnachrichten wert sein können und was nicht. Vielleicht schwingt bei seiner Antwort darum etwas von einem „Trotzdem“ mit. Allen Lügen und Kriegen zum Trotz, allem historischen Wandel zum Trotz: Es gibt diesen Weihnachtsmann, „sogar in zehnmal zehntausend Jahren“. Das deckt sich in gewisser Weise mit meinen Beobachtungen über das Potential des „Faktors N“, historische Phasen und regionale Kulturen zu überdauern und auf freien Wegen durch die Geschichte der Imperien des westlichen Eurasien zu wandern, und sei es nur als kurzes „Intervall“, das „alle Furcht, alle Missgunst und alle Bitterkeit“ aufheben kann, wie Claude Lévi-Strauss schrieb. Ob als kurzes Intervall oder als „zehnmal zehntausend Jahre“, irgendwie scheint Nikolaus-Weihnachtsmann-Santa jenseits aller historischen Wahrheiten zu stehen. Oder es muss ihn zumindest überall dort geben oder gegeben haben, wo Menschen versucht haben oder versuchen, in Freiheit zu geben und zu nehmen. Das steht immer im Widerspruch zu den Staaten und Massengesellschaften, welche die Menschen vereinzeln und dann wieder in die Schablonen großer kultureller Identitäten pressen wollen. Weihnachtsmann ist ein Kompromiss zwischen Staaten, mit all ihren Rechten und Pflichten, und Gemeinschaften der freien Vereinbarung, des großzügigen Gebens. Wenn das wirklich stimmt, dann muss es auch außerhalb des Christentums Weihnachtsmänner gegeben haben oder geben, jenseits von Byzanz, Europa, Russland und Amerika. Machen wir uns also auf die Suche nach Weihnachtsmännern, die vielleicht noch weiter im Osten zu Hause sind als der Nikolaus.

II.

Im Osten und am Südpol

1. Götter des langen Lebens

Die Lebensrichter

Guan Lu (oder Kuan Lo)[1] war ein berühmter Wahrsager. Er besaß die Fähigkeit, das Schicksal seiner Mitmenschen aus der Beschaffenheit ihrer Gesichter zu lesen. Im kaiserlichen China war das ein ganz normaler Beruf. Einst soll sich dieser Guan Lu in einer abgelegenen Gegend Chinas aufgehalten haben, an einem unbekannten Ort namens Ping Yuan. Dort begegnete er einem jungen Mann, Yan Chao. Manche Quellen nennen ihn auch Chao Yen oder Zhao Yan oder Zhao Yen.[2] Die Schreibweisen chinesischer Namen in verschiedenen europäischen Sprachen stehen oft quer zueinander, und die Chinaforscher haben mehrere eigene komplizierte Systeme der Wiedergabe chinesischer Schriftzeichen im westlichen Alphabet entwickelt. Manchmal werden bei der Übersetzung auch die Vor- und die Nachnamen verwechselt, dabei ist das eigentlich ganz übersichtlich, der Nachname steht zuerst und der Vorname zuletzt. In all das will ich mich nicht weiter einmischen, denn ich bin kein Sprachwissenschaftler. Also nenne ich den Knaben Yan Chao – diese Schreibweise habe ich aus einem Comic, den Auslandschinesen aus seiner Geschichte gemacht haben.[3] Als Guan Lu das Gesicht von Yan Chao betrachtete, erkannte er, dass dieser junge Mann schon bald sterben würde, mit neunzehn Jahren. Es stand dem Jungen wohl „ins Gesicht geschrieben“, wie auch wir Westler manchmal sagen. Wenn es Guan Lu je wirklich gegeben hat, könnte er vielleicht um das Jahr 200 oder

300 nach unserer Zeitrechnung gelebt haben, aber möglicherweise war seine Geschichte auch schon früher bekannt, unter den Han-Dynastien, die bereits ab 206 vor unserer Zeitrechnung regiert haben. Die Geschichte von Guan Lu und Yan Chao ist uns in einem Buch aus dem vierten Jahrhundert nach unserer Zeitrechnung überliefert. Das Buch heißt auf Chinesisch *Shoushenji*. Das könnte man vielleicht so übersetzen: „Berichte über die Suche nach Geistern", oder auch: „Auf der Suche nach der übernatürlichen Welt". Bücher mit solchen Titeln haben sich in Mitteleuropa erst im 16. Jahrhundert stark verbreitet und dann besonders im 19. und 20. Jahrhundert. Diese „Forschungsberichte" aus dem China des vierten Jahrhunderts lassen offen, ob ihre „Fälle" Wahrheitsanspruch haben oder nicht. Anders als in den großen Büchern der Weltreligionen wie Bibel und Koran, anders als in Heiligenlegenden und religiösen Hetzschriften der Kulte und Religionen aus mittlerweile vier bis fünf Jahrtausenden geht es hier jedenfalls nicht um die „richtige Religion", sondern um den Versuch, unterschiedliche religiöse (oder auch „magische" oder „abergläubische") Erfahrungen zu sammeln und zu vergleichen. Diese Idee einer unparteiischen Sammlung und Analyse religiöser Phänomene soll mit wenigen antiken griechischen und römischen Philosophen begonnen und sich dann in der europäischen Aufklärung zu voller Blüte entwickelt haben. Doch auch im altchinesischen *Shoushenji* werden keine Dogmen aufgestellt, es geht nicht um den einzigen wahren Weg der Begegnung mit dem Übernatürlichen. Andererseits wurden die altchinesischen Forschungsberichte von vielen Lesern auch gern für bare Münze genommen. Einige Erzählungen aus dem *Shoushenji* sind 1500 oder 1600 Jahre nach ihrer Niederschrift immer noch wichtig für Chinesen – so wichtig, dass im Jahre 1999 ein Comic erschienen ist, der die alte Erzählung von Guan Lu für unser Zeitalter aktualisiert. Es ist die Geschichte vom „Stern des Südpols, der den Menschen ein langes Leben bringt".

Guan Lu teilt Yan Chaos Familie die schreckliche Wahrsagung mit: Der Junge wird mit 19 Jahren sterben. Herr Yan, der Vater des jungen Yan Chao, will das Schicksal seines Sohnes ändern. Wenn jemand diese Gefahr erkennen kann, so denkt er wohl, muss er sie auch abwenden können. Also bittet Yan Chaos Vater den Gesichtsdeuter Guan Lu, seine Vorhersage zu ändern. Das kann Herr Lu aber nicht,

The Star of the South Pole Brings Longevity

Man dreams to live long. Among the stellar deities worshipped, the Star of the South Pole dictated life and the Star of the North Pole, death. In popular folklore, there are stories about the Star of the South Pole bestowing more years on mortals. These stories are a reflection of man's pursuit for longevity and his great reverence for the Star of the South Pole.

Abb. 24: Shou Xing, der südliche Stern des langen Lebens.

er versteht nur etwas davon, das Schicksal zu deuten, und verfügt nicht über die Fähigkeit, das Schicksal zu ändern. Aber er weiß, wie die Familie Yan die Zukunft des jungen Chao vielleicht doch noch beeinflussen kann. Guan Lu gibt dem Vater von Yan Chao einen Rat: „Versorge deinen Sohn mit einer Flasche Wein und mit getrocknetem Hirschfleisch und schick ihn in den südlich gelegenen Verwaltungsbezirk Yi Mai." Im Süden wird Yan Chao in einem Wald – manchmal heißt es auch: in einem Gebirge – auf zwei uralte Männer treffen. Die beiden Alten werden in aller Ruhe unter einem riesigen Maulbeerbaum sitzen und Schach spielen oder vielleicht auch Go oder Mah-Jongg oder jenes rätselhafte Brettspiel der alten Chinesen, dessen Regeln keiner mehr kennt. Wein und Fleisch soll Yan Chao ihnen vorsetzen und die Becher immer wieder auffüllen. Wenn sie ihn etwas fragen, soll er sich höflich verbeugen und schweigen. Nur so kann der Junge jemanden finden, der ihm hilft, sagt Guan Lu.

Yan Chao ist das Gehorchen gewohnt als Heranwachsender im alten China. Ohne Murren und Knurren machte er sich auf den Weg. Tatsächlich findet er nach langer Wanderung einen alten Baum, unter dem zwei Schachspieler sitzen. Demütig serviert Chao ihnen Wein und Hirschfleisch. Die Männer, in ihr Spiel vertieft, nehmen die Erfrischungen zu sich, ohne auch nur aufzusehen. Doch irgendwann scheint einer der beiden Alten den jungen Mann doch noch bemerkt zu haben. Ärgerlich verlangt er zu wissen, was Yan Chao hier zu suchen habe. Dieser ärgerliche Alte sitzt nach Norden hin unter dem Baum. Da sagt sein Gegenüber, der Alte, der nach Süden hin sitzt: „Wir haben seinen Wein getrunken und sein getrocknetes Hirschfleisch gekostet, jetzt sollten wir nicht grob mit ihm sein!" – „Aber es steht im Buch!", raunzt der andere Alte. Er weiß anscheinend ganz genau, was Yan Chao von ihm will. Der südliche Alte antwortet: „Lass mich einen Blick in das Buch werfen!" In einem großen Buch findet er den Eintrag für Yan Chao. Das Buch enthält nicht mehr und nicht weniger als die Geburtsdaten und die Todesdaten aller Menschen. Der südliche Alte stellt fest: Dieser Junge muss mit 19 Jahren sterben. „Aber wir wollen mal sehen, was man da noch machen kann ..." Der Alte des Südens nimmt einen Tuschpinsel, und irgendwie dreht er kurzerhand die Schriftzeichen um:

Aus der 19 wird eine 91, oder jedenfalls so ähnlich. Die chinesischen Schriftzeichen für die neunzehn Jahre des jungen Mannes sehen so aus: 十九 (*shí jiǔ*). Der südliche Alte hat die chinesische 19 umgedreht: 九十. Dieses Zeichen bedeutet in China 90 (*jiǔ shí*) – nicht 91, wie man aus dem kreuzartigen Zeichen schließen könnte, das bei der 19 an erster Stelle steht und hier auf dem zweiten Platz, sondern 90. *Jiǔ shí*, 90 setzt sich nämlich aus den Zeichen für 9 und für 10 zusammen, NeunMalZehn, sozusagen und *shí jiǔ*, 19 aus den Zeichen für 10 und 9. Die chinesischen Zeichen stehen nie für sich allein und sind nach anderen Regeln kombiniert als unsere Zahlen – wenn das nicht so wäre, würde das Zeichen 十 einfach 1 bedeuten, weil ja 十九 so viel wie 19 bedeutet. Die für sich stehende Zahl 1 schreibt man auf Chinesisch 一. Unsere Zahl 0 schreibt man in China so: 零. Manchmal, wohl in Anlehnung an die arabischen Zahlen, die im Westen verwendet werden, schreibt man die 0 aber auch so: 〇. Doch die 90 schreibt man eben nicht mit den Zeichen 九〇, sondern als „NeunMalZehn" = 九十.

So ist das mit der Übersetzung zwischen den Kulturen der Menschheit, manches von dem, was ganz ähnlich zu sein scheint, ist auf den zweiten Blick grundverschieden, und, umgekehrt, das, was man für fremdartig hält, scheint dem Eigenen bei näherer Betrachtung sehr zu ähneln[4] – wir werden diesem Problem auf den folgenden Seiten noch oft begegnen.

„Fertig – du bist nun gerettet bis zum neunzigsten Lebensjahr", sagt der südliche Alte, als er die Schriftzeichen umgesetzt hat. Sollen wir das eine „fromme Fälschung" nennen oder eine „Notfälschung"? Jedenfalls ist der arme Junge gerettet. Der Alte macht das offensichtlich nicht für jeden und nicht alle Tage. Würde das Gleichgewicht zwischen Himmel und Erde oder Leben und Tod zerbrechen, wenn er jedem Menschen das Leben verlängern würde? Wer hat eigentlich die Entscheidungen über die Lebensdaten getroffen, deren notarielle Urkunde der Alte verwaltet und an der er nun herumfälscht? War es der nördliche Alte, der offensichtlich nicht so freundlich ist wie der Fälscher aus dem Süden? Oder losen die beiden alten Spieler die Geburts- und Sterbedaten der Menschen untereinander aus? Diese Einträge und Korrekturen im Buch von Leben und Tod sind jedenfalls kein hohler Papierkram, sondern sie sind wirksam, verbindlich, etwa so, wie es auch bei Zauberformeln oder Geschäftspapieren der Fall sein soll.

Wenn man Übersetzungen frühester Zeugnisse der ältesten menschlichen Schriften liest, mesopotamische Akten in Keilschrift, ägyptische Hieroglyphen oder die seit etwa 4000 Jahren durchgängig bis heute benutzten und weiterentwickelten Schriftzeichen der Chinesen, dann fällt schnell auf, dass dort oft Listen von Wirtschaftsgütern, Abrechnungen und andere banale Verzeichnisse direkt neben dem Versuch stehen, durch die Schrift mit Schicksalsmächten oder Göttern in Kontakt zu kommen und mit magischen Formeln die Realität umzugestalten. Die frühesten Schriftzeugnisse der Menschheit, sumerische Tempelabrechnungen, handeln sogar von beidem, sie notieren Punkt für Punkt, Opfergabe für Opfergabe, was die Menschen den Göttern schulden. Das Banale und das Spirituelle stehen hier nicht im Widerspruch. Die Widerspiegelung der Realität durch Schrift, Wort und Zahl wird leicht zu dem Versuch, die Realität durch die Veränderung des Geschriebenen zu beeinflussen und zu vermehren. Über solche Verschiebungen zwischen Wort und Wirklichkeit wird auch in der Bibel berichtet, es ist die Geschichte von der Speisung der 5000 durch Jesus Christus (Joh. 6,5–13). In den oströmischen Heiligenlegenden finden wir ein Wunder, das ganz ähnlich funktioniert. Der Heilige Nikolaus überredet den Kapitän eines Getreideseglers, ihm ein paar Scheffel Korn abzugeben. Damit speist er die hungernden Bewohner von Myra für lange Zeit. Aber als der Getreidesegler sein eigentliches Ziel erreicht, stellt man fest, dass nicht einmal ein Scheffel Korn fehlt. Seit dem Jahre 2008 kommen uns diese Wunder vielleicht gar nicht mehr so seltsam vor wie bis zu diesem Datum. Wir leben in einer Phase, wo durch „Umschreibung" immer mehr Geld entsteht (oder auch: wo die Schulden immer höher werden, die wir unseren Kindern aufbürden, ganz gegen die Idee des Weihnachtsmannes, der die zwischen Eltern und Kindern angehäufte Schuldenlast auf seine rote Kappe nimmt). Die Geschichten des Gottes der Langlebigkeit, der Yan Chao ein langes Leben ermogelt, die „Speisung der 5000" und die Geschichte vom Kornwunder des Heiligen Nikolaus machen überall dort Sinn, wo es Bücher gibt. Dort gibt es auch eine Verwaltung, welche die Dinge des Lebens in Bücher einträgt – und Menschen, die sich an der Grenze zwischen der natürlichen und der übernatürlichen Welt bewegen und versuchen, die Realitäten des Lebens umzuschreiben. Solche Geschichten gedeihen im Umfeld der frühen großen Staaten, dort, wo auch der Kult um Nikolaos beheimatet ist.

Bei der biblischen „Speisung der 5000", in dem chinesischen Bericht über eine trickreiche Lebensverlängerung und beim „Kornwunder" des „Überheiligen" Nikolaos mischt sich immer das „Volk" in die Geschichte ein: die Masse der zusammengeströmten Anhänger des Königs der Juden, Jesus; die hungernde und vom Bürgerkrieg wie von korrupten Richtern bedrohte Bevölkerung von Myra im Byzanz des vierten Jahrhunderts nach Christus und schließlich der junge Mann aus einem abgelegenen Dorf des chinesischen Kaiserreichs, der von einem freundlichen und darum bestechlichen Lebensrichter vor dem frühen Tod bewahrt wird.

Chinesische Götter des langen Lebens (Nan Dou, Shou Xing, Nan Ji Lao Ren)	Hagios Nikolaos Sankt Nikolaus	Weihnachtsmann Santa Claus
Ist populär und bestechlich im Umgang mit einem einfachen Jungen aus einem provinziellen Ort – damit setzt er sich gegenüber seinem pedantischeren Gegenspieler Bei Dou durch.	Ist der „Volks-Sieger", der seine Provinz gedeihen lässt und unrechte Richter sowie Kaiser Konstantin in Schach hält. Der westeuropäische Nikolaus wird der populärste katholische Heilige und „Weltenrichter".	Ist der große Wohltäter und Belohner der guten Taten der Kinder in den modernen westlichen Gesellschaften bis hin zur weltweiten postmodernen Konsumgesellschaft.

Was wird aus Yan Chao? Er hat eine verrückte Erfahrung gemacht. Ganz nebenbei, spielend, verhandeln zwei alte Männer über einem Teller Wildfleisch und einem Gläschen Wein die Dauer seines Lebens. Aber die Geschichte endet sang- und klanglos: Yan Chao verneigt sich tief und geht nach Hause. Dort wartet schon der Wahrsager Guan Lu auf ihn, der Mann, der es versteht, aus den Gesichtern das Leben der Menschen zu deuten. Herr Guan erklärt dem Jungen, was er da unter dem Maulbeerbaum erlebt hat: „Man hat dir sehr geholfen; sei glücklich mit den vielen Lebensjahren, die du gewonnen hast. Der eine, der auf der Nordseite saß, das ist Bei Dou, und der im Süden saß, ist Nan Dou. Der südliche Alte, Nan Dou, schreibt die Geburtsdaten auf, und Bei Dou notiert den Todestag."[5] Yan Chao wird 90 Jahre alt werden, hochbetagt wird er eines friedlichen Todes sterben. Wir können uns vorstellen, dass es Guan Lu nicht so lange in dem abgelegenen Ort Ping Yuan gehalten hat. Auf den umherwandernden Gelehrten warten noch viele andere Schicksale, die er lesen wird.

Parallelen

Nan Dou, der südliche Gott der Geburtsdaten (und der Tricksereien zugunsten armer Kinder) wird in China mit dem Sternbild „Reisscheffel" zusammengebracht („Southern Dipper", in der westlichen Astronomie der „Arm" und der „Bogen" des Sternbildes „Schütze", Sagittarius). Dieses Sternbild hat wirklich die Form eines Löffels und wirkt darum wie ein Gegenstück zu den nördlichen Sternbildern Kleiner Wagen und Großer Wagen (Kleiner und Großer Bär, Northern Dipper, nördlicher Reisscheffel, Bei Dou). Häufig wird der Lebensretter unter dem Maulbeerbaum aber auch mit dem zweithellsten Stern des südlichen Himmels identifiziert, Canopus oder Alpha Carina, im Sternzeichen Schiff. Dieser Stern zeigt im Winter mit seiner kurzen und sehr niedrigen Himmelsbahn den südlichen Himmelspol an: „Shou Xing" (Stern des langen Lebens) oder auch „Nan Ji Lao ren xing" (alter Mann (lao) im südlichen Pol-Stern). Der Sternenkult um den Gott des langen Lebens ist sehr alt: „Der Gott des langen Lebens, Shou hsing, war erst ein Sternengott, der später in menschlicher Form dargestellt wurde … Ch'in Shih Huang-ti, der erste Kaiser, soll auch der Erste gewesen sein, der dem Alten Mann des Südpols Opfergaben dargebracht hat, in She Po, im Jahre 246 vor unserer Zeitrechnung. Dieser Kult dauert seitdem ziemlich ungebrochen bis in die Modernen Zeiten an. Aber das Bedürfnis nach einer konkreteren, persönlicheren Form führte dazu, dass der Stern immer häufiger als alter Mann dargestellt wurde. Damit ist eine lange Erzählung verbunden. Sie handelt … vom Geist des Nordpols, der das Todesdatum festlegt, und vom Geist des Südpols, der dasselbe mit dem Datum der Geburt macht.“[6]

Wenn man bedenkt, dass Bilder des Gottes der Langlebigkeit – oft dargestellt in Begleitung von Kindern, die nach dem von ihm gehaltenen „Pfirsich der Langlebigkeit“ greifen – heute noch in Tempeln, Bilderbüchern, Comics, in Kulten, in kindgerechter Werbung und bei Geburtstags- und Neujahrszeremonien aller festlandschinesischen und auslandschinesischen Gesellschaften überleben, dann kann man diese Dauerhaftigkeit allenfalls mit dem Überleben der Götterbilder der griechischen und römischen antiken Gesellschaften in den Ornamenten und Bilderwelten der heutigen Europäer und Nordamerikaner vergleichen. Nach etlichen Jahrhunderten des Sternenkultes um das lange Leben wird die äußerst erfolgreiche Geschichte von der trickreichen Rettungsaktion für Yan Chao im vierten Jahrhundert[7] nach Christus in ein Buch aufgenommen, dessen chinesischen Titel man heute auch mit „Forschungen in der Welt des Übernatürlichen“ übersetzen könnte. In demselben vierten Jahrhundert soll der heilige Bischof von Myra unschuldig Verurteilte vor unrechten Richtern gerettet haben, allerdings sind die ersten schriftlichen Zeugnisse dieser Begebenheit erst 200 Jahre später entstanden. Tatsächlich haben die beiden Geschichten etwas gemeinsam, sie enthalten Passagen, die gewissermaßen spiegelverkehrt zueinander stehen.

Was in der einen Geschichte böse ist, kann in der anderen gut sein, aber es geht grundsätzlich um ähnliche Verhaltensweisen. Stets steht die Verlängerung des Lebens von Unschuldigen im Mittelpunkt, Leben, das gerichtet wurde oder werden soll oder dessen Ende durch ein Urteil vorherbestimmt ist. Wenn man so will, haben sogar noch die Nachfolger von Nikolaos, Weihnachtsmann und Santa Claus die Funktion von Richtern, nur, dass es ihnen nicht mehr um die Länge des Lebens geht, sondern um die Zahl der guten und bösen Taten, die sie in einem Buch des Lebens aufzeichnen, so, wie Nan Dou (Shou Xing) und Bei Dou die Lebens- und die Todesdaten der Menschen in einem Buch festhalten.

Chinesische Götter des langen Lebens (Nan Dou, Shou Xing, Nan Ji Lao Ren)	Hagios Nikolaos Sankt Nikolaus	Weihnachtsmann Santa Claus
Rettet einen Jungen vor dem frühen Tod durch Änderungen im Buch der Lebensdaten.	Rettet unschuldig Verurteilte vor dem bereits ausgefertigten Richterspruch und erweckt eingepökelte Schüler zum Leben.	Belohnt und bestraft Kinder je nach ihren guten und bösen Taten, ihren schulischen Leistungen usw.

In der byzantinischen Legende von der Rettung der unschuldig Verfolgten hat der unredliche Richter die Regeln gebrochen und nicht „Volks-Sieger“ Nikolaos. Der Richter hat sich durch Bestechung zu einem ungerechten Todesurteil verleiten lassen. Dann bricht aber auch der Heilige Nikolaos das Recht, indem er den Scharfrichter bei seiner Arbeit behindert und vor dem Haus des unehrlichen Richters randaliert. In der chinesischen Geschichte kommt es zu einer Bestechung, der Alte des Südens nimmt die Gaben des Jungen an. Abgelenkt vom Spiel, akzeptieren die beiden Alten, was ihnen der Junge vorsetzt, Hirschfleisch und Wein. Das macht zumindest den Alten des Südens nachgiebig. Es gibt also eine Bestechung zum Guten und eine Bestechung zum Bösen und einen Regelbruch zum Guten und einen zum Bösen.

Doch die alte griechische Legende von der Befreiung der unschuldig Verurteilten und die chinesische Geschichte von der Begegnung des Yan Chao mit seinen Lebensrettern haben noch etwas gemeinsam: Sie sind für unsere Ohren etwas trocken und eintönig geworden, man muss viel Drumherum klären, bis man sie einigermaßen versteht. Viele moderne Chinesen und Griechen können mit den Geschichten nichts mehr anfangen, zu sehr hat sich ihre Sprache von der Sprache der Legenden wegentwickelt. Wir gehen da nicht mit, viele Details sind völlig fremd geworden: der seltsame Beruf des Gesichtsdeuters, die Bestechung des himmlischen Lebensrichters mit Hirschfleisch, ein korrupter Richter, der nach Laune Todesurteile verhängt. Dieses Problem haben chinesische und byzantinische Legenden heute, das gilt aber auch für biblische Texte, die Schriften des chinesischen

Abb. 25: Der Heilige Nikolaus betreut einen Schüler mit ABC-Tafel (18. Jahrhundert).

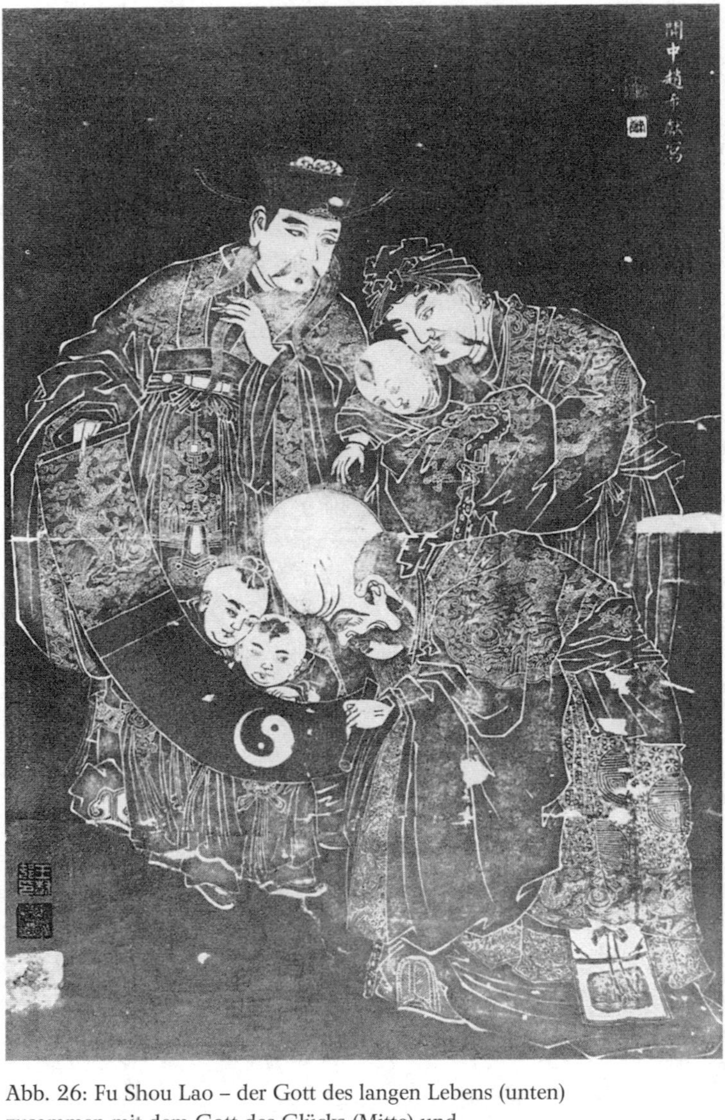

Abb. 26: Fu Shou Lao – der Gott des langen Lebens (unten) zusammen mit dem Gott des Glücks (Mitte) und dem Gott der guten Beamtengehälter (oben), Abrieb eines Steinreliefs, spätes 16.–17. Jh.

Weltweisen Konfuzius und die Lehren des Buddha. Auch sie werden oft nicht gut verstanden, und das schon seit langer Zeit. Durch immer neue Übersetzungen und bebilderte Ausgaben, durch Tafel- und Altarbilder, durch Rituale, Fotos, Filme und feurige Predigten soll der Abgrund der Zeit überbrückt werden, der uns von diesen Erzählungen der alten Welt trennt. Im Falle des Kultes von Sankt Nikolaus hat das zu einer Fülle von Bild-Erfindungen und literarischen Produktionen geführt, die bis heute in den Geschichten von Weihnachtsmann und Santa Claus nachwirken, im „Faktor N". Darum ist es nicht überraschend, dass es auch Versuche gibt, den seltsamen alten Erzählungen vom chinesischen Gott des langen Lebens eine zeitgemäße und anschauliche Gestalt zu geben.

Jeoffrey Seow ist ein erfahrener Comiczeichner aus der chinesischen Bevölkerungsgruppe in Singapur, Song Shouxiang ist Spezialist für alte chinesische Überlieferungen und lehrt als Sinologe an englischen Universitäten. Gemeinsam haben sie versucht, die Geschichte von der übermalten „19" in einen Comic zu übertragen. Der Knabe Yan Chao ist hier nicht so zurückhaltend wie in der Geschichte aus dem 4. Jahrhundert. „Yes", brüllt Chao, als er erfährt, dass er 90 Jahre leben wird. Er schlägt die Hände zusammen und strampelt mit den Beinen wie ein amerikanischer Football-Spieler, und dann schreit er: „Yippiieeee!" Schließlich handelt er sich noch eine dicke Beule am Kopf ein, weil er endlos den Kotau vor den beiden Alten vollführt, die altchinesische Dankesverbeugung mit Bodenkontakt. Mit Beule sieht er dann ziemlich komisch aus, wie ein Nachwuchs-Gott-des-langen-Lebens, denn der hat selbst eine auffällige, riesige beulenhafte Stirn. Im Comic ist Yan Chaos Abgang auch nicht so sang- und klanglos wie in der alten Geschichte. Jubelnd, so schnell er kann, rennt der Junge nach Hause, um mit seinen Eltern zu feiern und sein Leben zu leben.

Im Comic lösen sich die beiden Alten in Rauch auf, wie es auch sonst immer wieder von chinesischen Göttern, Geistern und unsterblich gewordenen Menschen berichtet wird. Nicht nur in dem Comic aus Singapur, sondern auch in viel älteren Quellen wird der chinesische Gott des langen Lebens als schwebender, allgegenwärtiger und vergöttlichter Mensch dargestellt, als „Unsterblicher". Das

Abb. 27: Der Gott des langen Lebens in einem Comic aus Singapur, 1999.

Oh, it's really true!
Yes!
Yippee!
The deities gave me 90 years of life!
Yan Chao really lived to 90. When his time came, he died peacefully.

hat Nan Dou, der Hüter des Lebensbuches, wiederum mit Nikolaus gemeinsam, dem Überheiligen, der aus der Luft Seeleute vor einem heimtückischen Bombenanschlag rettet und sich nach solchen Auftritten schnell wieder verflüchtigt – oder auch mit dem Santa Claus, der unbeobachtet von Kamin zu Kamin zieht in seinem fliegenden Schlitten, um allen Kindern gute Gaben zu bringen, die in seinem Buch mit guten Taten eingetragen sind. Erst als die beiden Alten zu schweben beginnen, begreift Yan Chao, dass er Göttern begegnet ist.

Chinesische Götter des langen Lebens (Nan Dou, Shou Xing, Nan Ji Lao Ren)	Hagios Nikolaos Sankt Nikolaus	Weihnachtsmann Santa Claus
Nan Dou löst sich in Rauch auf und fliegt in den Himmel, ebenso Shou Xing.	Luftretter, schwebender Lebensretter.	Fliegt mit der wilden Jagd seiner dämonischen Begleiter, schwebt mit Kutsche und Rentier.

Über die historische Realität hinter großen Werken des ersten Jahrtausends vor unserer Zeitrechnung, hinter der Ilias des Homer, dem Talmud oder dem Alten Testament, wird heute unter Kennern oft heftig gestritten. Aber aus China gibt es einigermaßen verlässliche Chroniken und Namenslisten der Könige und Kaiser, die bis in das dritte Jahrtausend vor unserer Zeitrechnung zurückgehen. Chinesen betrieben archäologische Untersuchungen der eigenen Vergangenheit, als in Europa noch die Gesellschaften lebten, die wir heute archäologisch erforschen. Zur Zeit der Song-Dynastie (960–1279 n.u.Z.) entdeckte man in der nordöstlichen Provinz Shandong den Ahnentempel von Wuliang wieder – wieder! Diese archäologische Wunderkammer wird seit dem Mittelalter von chinesischen Nostalgikern und Liebhabern der Vergangenheit besucht und dokumentiert. 1961 hat man die Anlage zum Nationaldenkmal der Volksrepublik China erklärt, und heute sind die „Steinschnitzereien des Wuliang-Ahnentempels" eines der Herzstücke der chinesischen Tourismuswerbung. Fachleute für die Sicherung alter Kunstwerke und Inschriften legten schon um das Jahr 1000 einen Katalog der Funde an, die man dort machen konnte.[8] Damals war der Tempel von Wuliang bereits über 800 Jahre alt. Um 150 n. u. Z. hatte der Familienclan Wu, der über lange Zeit kaiserliche Beamte für die Han-Dynastie (206 v. u. Z.–220 n. u. Z.) gestellt hat, dieses Denkmal bauen lassen. Bei Expeditionen zur Zeit der Song-Dynastie und zur Zeit des letzten Kaiserhauses, der Qin (um 1700), hat man viele Reliefs in imperiale Wunderkammern abtransportiert, Vorläufer der heutigen chinesischen Museen. Und als die Westmächte China im 19. Jahrhundert kolonisierten, ließen die korrupten Qin-Herrscher zu, dass sogar einige Stücke in das Ausland gebracht wurden. Heute sind vor Ort in dem weiterhin imposanten Bau nur noch wenige Statuen, Inschriften und Steinschnitzereien erhalten.

Die Steinreliefs, mit denen der Ahnentempel ausgestattet war, zeigen Szenen aus dem kaiserlichen Leben, Jagden und Kämpfe, Zeremonien und Mordanschläge, Mythen und Porträts. Darunter findet man auch ein Bild,[9] das für unser Thema wichtig ist.

Es zeigt Bei Dou, den grimmigen Hüter der Todesdaten aus der Geschichte vom Gesichtsdeuter Guan Lu. Hier ist er zugleich ein chinesischer Kaiser. Mit einer gewaltigen Krone auf dem Kopf hat es

Abb. 28: Der Kaiser im Sternenschlitten („Großer Wagen"), Grabstätte von Wuliang, 2. Jahrhundert nach unserer Zeitrechnung.

sich der Kaiser und Gott im Sternbild „Kleiner Wagen“ bequem gemacht – wie in einem Schlitten, der von Sternen gezogen wird. Ein Drache mit wolkenförmigem Körper trägt den Unterboden der kaiserlichen Kutsche, und man fragt sich, ob dieses edle Gefährt im Frühjahr auch eine „Unterbodenwäsche mit Hochdruckreinigung und Polish-Wax“ benötigt wie unsere Autos, oder ob es sich dort oben sauberer fährt als auf unseren asphaltierten Straßen. Mit Zipfelmützen und Roben bekleidete Hofbeamte krümmen ihre Rücken vor der fliegenden Kutsche. Über ihnen schwebt eine seltsame geflügelte Erscheinung in knapper Hose und Wams à la Robin Hood, wieder mit Zipfelmütze. Diese Figur wirkt wie ein authentischer Vorläufer der europäischen Zwerge, wie sie letztlich auch in der Fabrik von Santa Claus am Nordpol gelandet sind – allerdings hält dieser chinesische Zwerg einen Stern in der Hand. Unter den Armen der bemützten Beamten glaubt man Schriftstücke zu erkennen. Sind es neue Todesdaten, die der Kaiser-Gott gerade diktiert hat, für Chinesen und für andere Menschen? Die alten chinesischen Kaiser hielten sich damals für das Zentrum der Welt („Reich der Mitte“), und sie herrschten tatsächlich über das größte Staatennetz, das größte Staatsvolk, die größten Städte jener Zeit. Das Sternbild des himmlischen Schlittens ist auf diesem Relief auch für uns moderne Menschen gut zu erkennen, weil die Einzelsterne durch Kugeln gekennzeichnet sind, die ein dicker Strich verbindet, genau so, wie man es heute noch auf wissenschaftlichen Sternenkarten sehen kann. Viele Europäer und Nordamerikaner kennen das dargestellte Sternzeichen, weil sie es selbst noch im Dunst ihrer Städte erkennen können, hoch am Himmel, als Großer Wagen im Sternbild Großer Bär und noch einmal, für sich, als Kleiner Bär (Kleiner Wagen). In beiden Fällen zeigt das Sternbild den hohen Norden an. Es bewegt sich stabil im oberen Bereich des Nachthimmels, so dass man es als Wegweiser und je nach Aufgangsdaten als Anzeiger der Jahreszeiten benutzen kann. Das hat den Großen und den Kleinen Wagen wohl schon früh zur Uhr und zum Wegweiser der Menschen gemacht. Die Wagen zeigen auf den Nordpol, wo auch der nördliche Himmelspol der alten Chinesen lag, die immerhin den Kompass erfunden haben. Und dort beginnt auch der nordamerikanische Santa Claus seine Reise auf einem von Rentieren gezogenen Schlitten. Das Bild von Bei Dou als Himmelskaiser wurde im zweiten Jahrhundert unserer Zeitrechnung in Stein geritzt und gehauen – das war etwa 200 Jahre, bevor der Heilige Nikolaus gelebt haben soll, und noch viel länger, bevor man sich daran gewöhnte, den Gabenbringer Santa Claus mit einer fliegenden Kutsche in Verbindung zu bringen, die vom Nordpol aus auf den Dächern landet, damit der Alte mit seinen Gaben durch den Kamin niederkommen kann. Der unfreundlich Alte unter dem Maulbeerbaum, Hüter der Todesdaten, ist ein Sternengott. Der Kaiser nimmt in seinem Sternbild Platz, so wichtig erscheint dieser Bei Dou den alten Chinesen. Viele Götter in Ost und West haben ihre Karriere als Sternbilder begonnen und werden dann erst als Personen mit menschlichen Körpern verehrt.[10]

Auf der anderen Seite steht Nan Dou, der freundliche südliche Alte. Von ihm finde ich keine Abbildung auf den Reliefs von Wuliang. Die ältesten erhaltenen Abbildungen von Nan Dou oder, wie man ihn immer häufiger nennen wird, von „Shou Xing", dem „Stern des langen Lebens", stammen aus dem 16. Jahrhundert, wenn diese auch auf sehr viel älteren Vorbildern beruhen sollen. Schon die bloße äußerliche Erscheinung des Alten müsste dem Comic-Helden Yan Chao eigentlich zu verstehen gegeben haben, dass es sich hier nicht um einen normalen Menschen handelt. Mit solch einem „Wasserkopf", für Alltagsmenschen eine schwere körperliche Behinderung, geht leider meist Schwachsinn einher.[11] Aber dieser Alte mit dem übernatürlich hohen Kopf ist ziemlich gerissen. Erst besänftigt er seinen schlechtgelaunten Gegenspieler Bei Dou, und dann fälscht er das Todesdatum des Jungen Yan Chao. In einer ewigen Schachpartie ist Nan Dou mit Bei Dou verbunden, dem grantigen Verwalter der Todesdaten, der im Nördlichen Reisscheffel über den Himmel fährt. Mit ihm teilt er sich das Buch des Lebens. Auch dazu gibt es Parallelen bei Nikolaus und Weihnachtsmann, der mit dem Knecht Ruprecht oder mit einem anderen strengen bis unheimlichen Helfer das Buch der guten und der bösen Taten teilt.

Nan Dou, oder wie man ihn auch nennt: Shou Xing, der Südstern, hat in dem Comic aus Singapur und in vielen anderen Abbildungen einen unnatürlich hohen Kopf. Das verbindet ihn mit zahllosen anderen Wundermönchen, Unsterblichen, Weisen und Göttern

Chinesische Götter des langen Lebens (Nan Dou, Shou Xing, Nan Ji Lao Ren)	Hagios Nikolaos Sankt Nikolaus	Weihnachtsmann Santa Claus
Nan Dou hat einen „tödlichen“ Gegenspieler in Form von Bei Dou, ist aber selbst nicht zur Randale aufgelegt, sondern immer sanft.	Kämpft mit den Dämonen, z. B. Diana, Knecht Ruprecht. Randaliert vor dem Haus des unredlichen Richters und bedroht Kaiser Konstantin.	Überwindet gelegentlich Probleme mit bösen Zwergen, unartigen Kindern, rüpeligen Rentieren.

der alten chinesischen Bildtraditionen. Und wie der chinesische Gott des langen Lebens trägt Hagios Nikolaos alias Nikolaus einen seltsam hohen Kopf auf den Schultern. Auf den alten griechischen und russischen Ikonen und auf vielen mittelalterlichen Tafelbildern ist das gut zu erkennen.

Ein großer Kopf mit hoher Stirn und Bart vermittelt leicht den verwirrenden Eindruck eines ewig jungen alten Mannes: das Kindchenschema unter der Zipfelmütze. Die Zipfelmütze verdeckt die hohe ausgebeulte gefaltete Stirn zum Teil, so können wir uns das vorstellen, wenn wir erst einmal Bilder vom südlichen Stern des langen Lebens gesehen haben und die beiden Figuren vergleichen. Was sollen diese dicken oder ausgebeulten oder hohen Köpfe bedeuten? Shou Xings Gesicht folgt jedenfalls strikt dem Kindchenschema: Die Stirn ist hoch, die mittlere und untere Gesichtspartie sind zusammengerückt, die Nase ist stupsig oder knollig, und er hat Babybäckchen. In der chinesischen Geschichte geht es auch um die Deutung solcher Gesichtsformen. Guan Lu, der Gesichtsdeuter kündigt Yan Chao einen frühen Tod an, das hat er im Gesicht des Jungen gelesen. Der hohe Kopf des weißhaarigen Alten von der Südseite des Lebens hat eine Bedeutung, eine Botschaft für viele Chinesen. Sie lesen darin die Langlebigkeit. In der alten chinesischen Kunst der Physiognomik, der Gesichtsdeutung, ist die Stirn der heilige „Berg des Südens“ (Hengshan). Aus der Beschaffenheit der Stirn und aus dem Schwung der Augenbrauen wollte man die Lebensdauer eines Menschen und den

Abb. 29: St. Nikolaus: Ikone des Klosters Aachen-Burtscheid (Museum) a. d. 11. Jh.

Verlauf des Lebens ablesen.[12] Von der Gesichtsdeuterei und vom langen Leben ist in frühen Quellen zum byzantinischen Nikolauskult nicht die Rede. Aber schon in byzantinischen Legenden und Liturgien aus dem 10. Jahrhundert heißt es, der Überheilige Nikolaos trage einen langen Bart, und er wird „immer mit hoher, breiter, freier Stirn" dargestellt.[13]

Chinesische Götter des langen Lebens (Nan Dou, Shou Xing, Nan Ji Lao Ren)	Hagios Nikolaos Sankt Nikolaus	Weihnachtsmann Santa Claus
Nan Dou und besonders Shou Xing haben einen übernatürlich hohen Schädel, einen weißen langen Bart und dabei ein Kindergesicht.	Hat einen übernatürlich hohen Kopf, auf dem er manchmal eine hohe Bischofsmütze trägt.	Hat eine hohe gefurchte Stirn, der Rest des hohen Kopfes ist von einer hohen Zipfelmütze bedeckt.

Auch Weihnachtsmann fällt durch einen erhöhten oder erweiterten Kopf auf, manchmal kann man gut eine wuchtige beulenhafte Stirn darunter erkennen. In der Comic-Serie „Spongebob“ muss darum ein Seestern Santa Claus verkörpern – einer seiner Arme ist sowieso schon als hoher Kopf ausgebaut. Und wenn Puppen, die Santa oder Weihnachtsmann darstellen sollen, mal ihre Mütze verlieren, wird oft klar, dass so eine hohe Mütze nur jemand tragen kann, der einen extrem hohen Kopf hat.

Shou Xing und Nikolaus

Schauen wir uns einige Abbildungen von Nikolaos oder Nikolaus, Weihnachtsmann und Santa Claus genauer an – und vom chinesischen Gott des langen Lebens. Es geht mir darum, den Ähnlichkeiten weiter auf den Grund zu gehen, aber ich möchte die Unterschiede nicht ignorieren. Bilder vom Gott des langen Lebens sind in China anscheinend erst seit 1572 erhalten geblieben[14] – es ist unklar, ob es vorher gar keine Bilder des seit der Zeit vor Christus in schriftlichen Quellen bezeugten Alten Mannes im südlichen Pol gab oder ob solche Bilder nur verlorengegangen sind. Bei den Produzenten und Konsumenten von Malerei der Ming-Zeit, also auch des 16. Jahrhunderts, herrschte die Meinung vor, dass viele ihrer Bildmotive aus teilweise fernster Vergangenheit kopiert wurden. Die Bilder der Ming-Zeit zei-

Abb. 30: In der Zeichentrickserie „Spongebob" muss Patrick, der „geistig schwerfällige Seestern", den Santa verkörpern, weil er einen hohen „Kopf" hat (Adventskalender, Deutschland 2010).

Abb. 31: Selbst industriell gefertigte Santa-Puppen benötigen einen hohen Kopf, damit sie die klassische Santa-Mütze halten können. Beschädigter Santa vor einem Billig-Shop am Stuttgarter Platz, Berlin, Weihnachten 2009.

gen den Südstern stets in einer Art Standardform, mit „weißem Bart und Schnurrbart … mit einem nicht nur kahlen, sondern auch ziemlich hohen Kopf und drei Runzeln über den Augenbrauen".[15]

Im Zusammenhang mit den zahlreichen seit dem 16. Jahrhundert erhaltenen Darstellungen heißt der südliche Alte mit dem hohen Kopf oft nicht mehr „Nan Dou" sondern „Shou Xing", der südliche Gott, der Stern des Südens. Manchmal nennen sie ihn aber auch Nan Ji Lao Ren, der alte Mann (lao) im südlichen Pol, ein bisschen so wie der „Mann im Mond" der Westeuropäer. Alle diese Vermischungen von Sternen und Personen laufen mit der Zeit immer mehr auf einen bestimmten Stern zu, den wir im Westen Canopus nennen. Canopus ist ein sehr heller Stern, der in der Winterzeit, von September bis März, zunächst abends und dann später nachts für drei, vier Stunden im untersten Viertel des südlichen Sternenhimmels eine halbrunde Bahn vollzieht. Der Scheitelpunkt dieser Bahn liegt genau über dem Südpol. Im Norden zeigen die „Wagen" oder „Bären" durch ihre Lage alle Jahreszeiten an. Der Südstern Shou Xing ist nur im Herbst und Winter sichtbar. Wenn er in der „Weißer Tau" genannten Periode kurz vor Herbstbeginn auftaucht, weiß man, das Herbst und Winter bevorstehen. Wie die beiden Sternbilder des Wagens zeigt Canopus außerdem deutlich eine Richtung an, den Südpol. Das dürfte schon lange wichtig gewesen sein für Wanderer und für die Navigatoren auf Schiffen und Wagen … oder Schlitten! Shou Xing, der Südstern des langen Lebens, wird häufig in einer reichen Beamten- oder Gelehrtenrobe dargestellt und in Gesellschaft von zwei weiteren Beamtengöttern oder religiösen Weisen, dem Gott des Glücks und dem Gott der guten Gehälter, des Wohlstandes – eine Dreiheit des Glücks und der guten Gaben (Fu Shu Lao). Dabei springen um den ältesten der drei, um den Gott des langen Lebens, immer auffällig die Kinder herum. Er lässt sie freundlich in einer Schriftrolle das Zeichen für himmlische und irdische Harmonie bewundern: Yin (weiblich) und Yang (männlich), deren Ausgleich die Verhältnisse stabilisiert und das Leben verlängert. Oft hält der freundliche Alte mit dem hohen Kopf den Kindern auch einen rosigen Pfirsich hin, Zeichen des himmlischen Friedens und des langen Lebens. Auf den frühen Abbildungen aus der Ming-Zeit hat er häufig eine Schriftrolle oder eine Art Buch dabei.[16] Von seinem alten Gegenspieler Bei Dou ist nichts mehr zu sehen.

Abb. 32: Der Südstern reicht dem Kind einen Pfirsich, hinter ihm die Götter des Glücks und der guten Gehälter, kolorierter Holzschnitt der späten Ming-Zeit, 17. Jh..

Abbildung 1: Jungfrauenlegende
(Sebastian Dayg, 1508-1553/54).

Farbabbildung 2 und 3: Der „liebe“ und
der „böse“ Klaasohm, Borkum, 5. Dezember 2009.

Farbabbildung 4: Shou Xing und Santa Claus im Vergleich: Batteriebetriebenes deutsches Spielzeug aus einem Berliner Billig-Shop und Keramik aus einem vietnamesischen Kramladen in Berlin.

Farbabbildung 5: „Das sind Glücksgötter. Aber wir sind Vietnam, nicht China." (Die Wirtin des Restaurants „China-Pfanne", Spandauer Damm 82, Berlin-Charlottenburg).

Farbabbildung 6: Der Weiße Alte verteilt kleine Gaben an die Kinder, die von den Masken des Tsam-Rituals erschreckt wurden.

Farbabbildung 7: Weißer Alter und Weihnachtsmann
bei den Aufnahmen für das Coverfoto des Buches.

Farbabbildung 8: J.R.R. Tolkien: Nordlicht, Santa
und die Rentiere 1926.

Wenn wir den Holzschnitt von Shou Xing und den beiden Beamtengöttern mit einer europäischen Zeichnung des frühen 18. Jahrhunderts vergleichen, die Nikolaus als Gott des ABC-Buchs der Erstklässler zeigt, und dann weiterwandern zu dem Tafelbild aus dem 18. Jahrhundert, das Nikolaus zeigt, als er die eingepökelten Knaben zum Leben erweckt, fallen gleich eine ganze Reihe von Ähnlichkeiten auf, aber auch ein Unterschied.

Abb. 33: Der Heilige Nikolaus rettet die drei Knaben aus dem Pökelfass, kolorierter Kupferstich, Antwerpen, 1. Hälfte 18. Jahrhunderts.

Prachtroben, hohe Stäbe und hohe Hüte zeichnen die westlichen wie die östlichen Wundertäter aus, und sie sind von Kindern umgeben, von Klosterschülern und anderen unschuldigen Knaben und Mädchen. Oft sind die chinesischen wie die europäischen Heiligen als Lehrer dargestellt. Stäbe waren ein Zeichen des Lehrers, des spirituell Vorgesetzten, des Amtsinhabers, in China wie in Europa. In der Standardabbildung von Shou Xing ist immer ein Stab im Spiel, häufiger erkennt man, dass dieser Stab einen Drachenkopf hat. Manchmal ist ein kleiner Flaschenkürbis darangebunden, der das Wasser der Unsterblichkeit enthalten soll – aber in derselben Manier hat auch der Nikolaus auf dem Kupferstich des 18. Jahrhunderts (Abb. 33) seine drei goldenen Kugeln an den Bischofsstab gebunden. Manche Abbildungen zeigen Nikolaus sogar mit einem kleinen Fläschchen voll himmlischer Flüssigkeit, dem Manna, und heute noch wird von seinen Knochen in Bari das wundertätige Öl geschabt, verdünnt, in Fläschchen abgefüllt und an die Anhänger des Nikolauskultes verschenkt oder verkauft.[17]

Auf einer einfachen handbemalten Bildrolle, die ich für 30 Euro aus einem chinesisch-amerikanischen Internetshop bezogen habe, trägt Shou Xing sogar eine rote Robe, was ihn Weihnachtsmann und den Nikoläusen noch ähnlicher erscheinen lässt. Aber warum verteilt Weihnachtsmann nichts Rundes mehr, keine goldenen Kugeln oder Pfirsiche, wie noch der Nikolaus? Und warum hat der Stern des Südens, der Gott des langen Lebens, manchmal keine rote Robe an, sondern trägt andere Farben? Und was sollen die Fledermäuse, die Shou Xing oft umflattern? Sie erscheinen nicht im Zusammenhang mit Nikolaus und Weihnachtsmann, sondern sind in Europa eher Vampiren zugeordnet – die leben allerdings auch sehr lange, wenn man sie in Ruhe weitermachen lässt, was ja wiederum zum Glück selten zu passieren scheint. Bleiben wir noch einmal einen Moment bei Ähnlichkeiten, ehe wir uns den Unterschieden zuwenden. Es sind Ähnlichkeiten, die uns allerdings selbst wieder auf einen anderen kleinen Unterschied bringen werden. Beide, der Gott des langen Lebens und Nikolaos, hatten eine seltsame Geburt und waren auffällige Babys, wie man heute vielleicht sagen würde. „Nicolaus ist geboren aus der Stadt Patera von frommen und reichen Eltern: Sein Vater hieß Epiphanius, seine Mutter Johanna. In der Blüte ihrer Jugend schenkte

Chinesische Götter des langen Lebens (Nan Dou, Shou Xing, Nan Ji Lao Ren)	Hagios Nikolaos Sankt Nikolaus	Weihnachtsmann Santa Claus
Beamtenrobe oder Robe des religiösen Gelehrten, hoher Hut der Begleiter und hoher Kopf des Gottes selbst.	Bischofsrobe und hoher Hut.	Roter Mantel mit weißen Borten und Zipfelmütze.
Gibt sich mit den Kindern ab, während seine Begleiter eher neutral zu den Kindern stehen (aber einer seiner Begleiter tritt als Schutzpatron von kleinwüchsigen Menschen in Erscheinung, die ein grausamer Kaiser im Reich zu seiner Unterhaltung einsammeln lässt!)	Wendet sich den Kindern zu.	Bringt den Kindern Geschenke.
Wohltäter der Kinder und der Jugendlichen – wird häufig mit Kindern abgebildet, denen er den Pfirsich oder eine Schriftrolle mit Yin- und Yang-Kreis reicht (oder auch nicht).	Schutzpatron der jungfräulichen Mädchen, der fahrenden Klosterschüler und der Kinder, häufig mit ihnen abgebildet, im Falle der Jungfrauen werden goldene Kugeln überreicht.	Wohltäter und Freund der Kinder Verteilt nichts Rundes und ganz besonders nicht das bei uns so beliebte runde Geld.

Gott den Eltern dieses Kind; danach lebten sie keusch, in göttlicher Liebe. Des ersten Tages, da man Sankt Nikolaus das Kindlein baden sollte, da stund es aufrecht in dem Becken, und wollte auch am Mittwoch und Freitag nicht mehr denn einmal saugen seiner Mutter Brust. Als das Kind zu Jahren kam, schied es sich von den Freuden der anderen Jünglinge und suchte die Kirchen mit Andacht; und was er da verstand von der heiligen Schrift, das behielt er mit Ernst in sei-

Abb. 34: Shou Xing, der Südstern des langen Lebens
in einer fast schon weihnachtlich wirkenden Robe.

nem Sinn."[18] Später wird er fliegen können und an mehreren Orten gleichzeitig auftreten, ein Überheiliger sein und nach seinem Tode weiter wirken als Weltenrichter und Lebensretter – all das deutet das seltsame Verhalten des hochbegabten Babys wohl schon an. Aber auch Shou Xing ist ein anormales Baby. Der Comic aus Singapur fasst die altchinesischen Legenden zu den Umständen seiner Geburt und seiner weiteren Entwicklung so zusammen: Die Mutter träumt vom Stern des Südpols und merkt unmittelbar danach, dass sie schwanger ist. Sie bleibt zehn Jahre schwanger, aber das Kind, das dann geboren wird, ist auch schon ziemlich reif, wie wir gleich sehen werden. Dieses Baby steht nicht in der Badewanne, aber es kann reden. Wie Buddha und auch Jesus haben die Heiligen der unschuldig Verurteilten in China und in Byzanz, später in Europa, eine ungewöhnliche Geburt, Buddha soll nach jungfräulicher Zeugung in Form eines Elefanten aus der Achsel seiner Mutter getreten sein,[19] Jesus wurde von Gott mit der Jungfrau Maria gezeugt und fiel schon früh durch altkluge Reden im Tempel auf.

Später sondert sich der junge Shou Xing von den anderen jungen Leuten ab, nimmt nicht an ihren Vergnügungen teil, verschwindet für Jahrzehnte in der Wildnis, Jahrzehnte, die ihm selbst und anderen aber wie ein Moment vorkommen – und so wird er schließlich zum schwebenden Unsterblichen und Lebensrichter werden.

Ob die Geschichte der Geburt des Shou Xing eines der Vorbilder einer Geschichte über die Geburt des Buddha aufgreift oder umgekehrt, das wird nur durch Spezialisten zu klären sein – ich habe jedenfalls nicht herausbekommen, ob die Geschichte vom frühbegabten Baby Shou Xing bereits vor der Einführung des Buddhismus im ersten Jahrhundert nach Christi Geburt erzählt wurde. Und es wird auch schwer sein zu klären, ob, wie und wann die Geschichte von der jungfräulichen Geburt Jesu und vom frühreifen Baby Nikolaos durch wandernde buddhistische Legenden angeregt worden ist.

Wieder stoßen wir auf mehr Gemeinsamkeiten zwischen Shou Xing und dem Nikolaus des Mittelalters als zwischen Nikolaus, Weihnachtsmann und Santa Claus untereinander – obwohl doch überdeutlich ist, dass Weihnachtsmann und Santa Claus ohne „Faktor N", ohne das Vorspiel im mittelalterlichen Byzanz, Russland und Westeuropa, kaum in der uns bekannten Form erfunden, gefunden wurden.

Abb. 35: Der Gott des langen Lebens im Comic, Singapur 1999.

Chinesische Götter des langen Lebens (Nan Dou, Shou Xing, Nan Ji Lao Ren)	Hagios Nikolaos Sankt Nikolaus	Weihnachtsmann Santa Claus
Wird nach zehn (oder neun) Jahren Schwangerschaft als frühreifes Kind geboren, lebt keusch und hält sich von den Vergnügungen seiner Altersgenossen fern.	Steht als Baby in der Badewanne, trinkt nur dreimal die Woche an der Brust seiner Mutter und lebt enthaltsam, weshalb er schon als junger Mann zum Bischof von Myra gewählt wird.	Lebt, von einigen modernen Spielarten der Erzählung von Weihnachtsmann abgesehen, ohne Familie und Kinder an einem abgelegenen Ort, am Nordpol. Keine Informationen über Geburt, Kindheit und Jugend.

Damit hört die Liste der Gemeinsamkeiten zwischen dem Werdegang des personifizierten Sterns Shou Xing und der Jugend des „Überheiligen" Nikolaus noch nicht auf. Die Bilder und Legenden beider Figuren enthalten Hinweise auf ein Leben als Eremit oder Mönch, auf kollektive und individuelle Formen der Weltabkehr: die Nichtteilnahme an den normalen Aktivitäten von Jugendlichen und Erwachsenen, die Meditationen und das Überleben in der Wildnis oder im kleinen Kämmerlein. Mönchstum gilt als die große Parallele zwischen der buddhistisch, daoistisch und konfuzianisch geprägten Welt des alten China und dem mittelalterlichen katholischen Europa. Es gilt als wahrscheinlich, dass das Christentum des Orients diese Lebensweise zwischen den beiden großen Polen Ost und West vermittelt hat. Wie ein Eremit zieht Shou Xing sich in die Wildnis zurück und wird dadurch zum Unsterblichen; wie ein Mönch lebt der junge Nikolaus, und darum macht ihn eine christliche Gemeinde Kleinasiens oder ein Kollegium von Priestern und anderen Bischöfen in jungen Jahren zum Bischof von Myra.

Zu Sternen beziehungsweise zum Überheiligen erhobene Mönche-Eremiten-Unsterbliche teilen den hohen Kopf und den langen Bart in der östlichen wie in der westlichen Tradition. So zeigt ein ca. 350 bis 400 Jahre altes Tafelbild eines unbekannt gebliebenen Malers

Abb. 36: Sankt Romuald, Teilzeit-Eremit, Gründer des Kamaldulenserordens (unbekannter Meister, 17. Jahrhundert)

Abb. 37: Shou Xing im Comic, Singapur 1999.

den Heiligen Romualdus von Camaldoli, Gründer des tausendjährigen Eremitenordens der Kamaldulenser, mit Gesichtszügen, die wir am Kopf des zum Comic-Helden gemachten Shou Xing wiedererkennen können. Beide Köpfe sind nach oben gezogen wie ein Flaschenkürbis.[20]

Da überrascht es auch nicht, dass der chinesische Gott des langen Lebens und der amerikanische Santa Claus häufig mit Tieren der Wald- und Steppenwildnis abgebildet wurden und werden. Im Falle Shou Xings sind es die asiatischen Hirsche, im Falle von Santa Claus die zu den Hirschen gehörenden Rentiere (siehe Abbildung 4 im Farbbildteil).

Eine letzte Gemeinsamkeit: Alle diese Gestalten sind Gelehrte. Sie verfügen über Schriftrollen und Bücher. Aber zugleich sind sie auch sehr populär, ganz im Sinne des lateinischen Grundwortes „populus": das Volk. Eine sehr große Mehrheit der Menschen im alten China,

Chinesische Götter des langen Lebens (Nan Dou, Shou Xing, Nan Ji Lao Ren)	Hagios Nikolaos Sankt Nikolaus	Weihnachtsmann Santa Claus
In Begleitung eines Hirschs.	Keine Hirsche oder Rentiere!	Wird in einem Schlitten von Rentieren über den Himmel gezogen.

vielleicht ⅘ der Bevölkerung, konnten nicht lesen und nicht schreiben, und im europäischen Mittelalter werden vielleicht ⅔ bis ¾ der Bevölkerung Analphabeten gewesen sein. Shou Xing wie Nikolaus sind für die Menschen am unteren Ende der gesellschaftlichen Pyramide da, für die Schwachen, allen voran die Kinder. Sie wollen anonym helfen und bleiben im Verborgenen. Und sie sind gerade deswegen populär in dem Sinne, dass sie beliebt sind und häufig abgebildet werden, viel kopiert und eingesetzt. Nan Dou, der Herr über die Geburtsdaten, Gott des langen Lebens, lässt sich von einem Jungen aus einem abgelegenen Dorf im alten China erweichen, dessen Todesdaten umzufälschen. Der „Volks-Sieger" Nikolaus ist der Heilige der Gefangenen, der Seeleute, der wandernden hungrigen Klosterschüler, der Prostituierten und der Diebe. Gestalten wie Shou Xing oder Nan Dou und, auf der anderen Seite Eurasiens, der Nikolaus, verkörpern Gerechtigkeit, individuelle Verantwortung und Freiheit in frühen autoritären Staaten, in Byzanz, in den antiken chinesischen Reichen, im europäischen Mittelalter. Gerechtigkeit, individuelle Verantwortung und Freiheit waren dort selten und hatten kaum eine Chance zu besonderer Entfaltung. Wir nennen diese Tugenden und Freiheiten heute Zivilgesellschaft und Demokratie, und wir sind zu Recht stolz darauf. Aber auch in unseren Demokratien muss man dauernd aufpassen, dass uns die großen Tugenden und Freiheiten nicht vor lauter Egoismus und Wichtigtuerei durch die Finger rinnen. Selbst in den modernen Massengesellschaften wie Deutschland, den USA oder China mit ihren maschinenlesbaren Personalausweisen und elektronischen Fingerabdrücken bleiben die Götter der Großzügigkeit aktuell. Wer freut sich nicht, wenn mal eine Ausnahme gemacht wird, wenn man länger lebt als erwartet, wenn man im höchsten Winter etwas Warmes zu essen bekommt oder wenn dir jemand ein Geschenk zugesteckt, einfach so … oder wenn ein alter Rebell, der eigentlich doch immer noch ein warmes Herz hat, auf einmal fröhliche Grimassen schneidet, in denen das Gesicht des Kindes wieder aufscheint, das er einmal gewesen ist, vor langer Zeit. Und er hat Geschenke mitgebracht, für alle! Kitsch? Natürlich ist das Kitsch, aber es ist Kitsch, wie jeder ihn manchmal braucht, auch der größte Verächter des Kitsches.

Chinesische Götter des langen Lebens (Nan Dou, Shou Xing, Nan Ji Lao Ren)	**Hagios Nikolaos Sankt Nikolaus**	**Weihnachtsmann Santa Claus**
Ist populär und bestechlich im Umgang mit einem einfachen Jungen aus einem provinziellen Ort – damit setzt er sich gegen seinen pedantischeren Gegenspieler Bei Dou durch.	Ist der „Volks-Sieger", der seine Provinz gedeihen lässt und unrechte Richter sowie Kaiser Konstantin in Schach hält. Der westeuropäische Nikolaus wird der populärste katholische Heilige und „Weltenrichter".	Sind die großen Wohltäter und Belohner der guten Taten der Kinder in den modernen westlichen Gesellschaften bis hin zur weltweiten postmodernen Konsumgesellschaft.
Rettet einen Jungen vor dem frühen Tod durch Änderungen im Buch der Lebensdaten.	Rettet unschuldig Verurteilte vor dem bereits ausgefertigten Richterspruch und erweckt eingepökelte Schüler zum Leben.	Belohnt und bestraft Kinder je nach ihren guten und bösen Taten, ihren schulischen Leistungen usw.
Nan Dou löst sich in Rauch auf und fliegt in den Himmel, ebenso Shou Xing.	Luftretter, schwebender Lebensretter.	Fliegt mit der wilden Jagd seiner dämonischen Begleiter, schwebt mit Kutsche und Rentier.

Nan Dou hat einen „tödlichen“ Gegenspieler in Form von Bei Dou, **ist aber selbst nicht zur Randale aufgelegt, sondern immer sanft.**	Kämpft mit den Dämonen, z. B. Diana, Knecht Ruprecht. Randaliert vor dem Haus des unredlichen Richters und bedroht Kaiser Konstantin.	Überwindet gelegentlich Probleme mit bösen Zwergen, unartigen Kindern, rüpeligen Rentieren – u. a. mit Hilfe dicker Stiefel.
Nan Dou und besonders Shou Xing haben einen übernatürlich hohen Schädel, einen weißen langen Bart und dabei ein Kindergesicht.	Hat einen übernatürlich hohen Kopf, auf dem er manchmal eine hohe Bischofsmütze trägt.	Hat eine hohe gefurchte Stirn, der Rest des hohen Kopfes ist von einer hohen Zipfelmütze bedeckt.
Beamtenrobe oder Robe des religiösen Gelehrten, hoher Hut der Begleiter und hoher Kopf des Gottes selbst.	Bischofsrobe und hoher Hut	Roter Mantel mit weißen Borten und Zipfelmütze
Gibt sich mit den Kindern ab, während seine Begleiter eher neutral zu den Kindern stehen (aber einer seiner Begleiter tritt als Schutzpatron von kleinwüchsigen Menschen in Erscheinung, die ein grausamer Kaiser im Reich zu seiner Unterhaltung einsammeln lässt!)	Wendet sich den Kindern zu.	Bringt den Kindern Geschenke.

Wohltäter der Kinder und der Jugendlichen – wird häufig mit Kindern abgebildet, denen er den Pfirsich oder eine Schriftrolle mit Yin- und Yang-Kreis reicht (oder auch nicht).	Schutzpatron der jungfräulichen Mädchen, der fahrenden Klosterschüler und der Kinder, häufig mit ihnen abgebildet, im Falle der Jungfrauen werden goldene Kugeln überreicht.	Wohltäter und Freund der Kinder. **Verteilt nichts Rundes, und ganz besonders nicht das bei uns so beliebte runde Geld.**
Wird nach zehn (oder neun) Jahren Schwangerschaft als frühreifes Kind geboren, lebt keusch und hält sich von den Vergnügungen seiner Altersgenossen fern.	Steht als Baby in der Badewanne, trinkt nur dreimal die Woche an der Brust seiner Mutter und lebt auch als junger Mann enthaltsam, weshalb er schon als junger Mann zum Bischof von Myra gewählt wird.	Lebt, von einigen modernen Spielarten der Erzählung von Weihnachtsmann abgesehen, ohne Familie und Kinder an einem abgelegenen Ort, am Nordpol. **Keine Informationen über Geburt, Kindheit und Jugend.**
In Begleitung eines Hirschs.	**Keine Hirsche oder Rentiere!** Aber in vielen Nikolausbräuchen sind gehörnte Masken und die Idee einer „wilden Jagd“ aus Dämonen und Tierfiguren im Spiel.	Wird in einem Schlitten von Rentieren über den Himmel gezogen.

Der Ehrlichkeit halber habe ich in der zusammenfassenden Tabelle die problematischen Punkte fett eingetragen. Probleme scheinen allerdings eher bei den Ähnlichkeiten zwischen Nikolaus und Weihnachtsmann aufzutreten, Gestalten, von denen wir doch ganz genau wissen, dass der eine aus dem anderen hervorgegangen ist. Aber vielleicht gibt es auch auf der chinesischen Seite Probleme, die nur verdeckt bleiben, wenn man der chinesischen Sprache nicht mächtig ist.

Sinologen, Chinakundler, werden gegen den Bezug der Gabe von Hirschfleisch bei Shou Xing zu Rentieren von Santa Claus mit Recht einwenden, dass „Lu“ sowohl Hirsch wie Langlebigkeit heißen kann. Aufgrund zahlreicher lautlicher Parallelen, die durch die entsprechenden Schriftzeichen eher verkompliziert als geklärt werden, ist „derselbe“ Name hier nicht immer derselbe. Chinesen lieben das Spiel mit dem vieldeutigen Schriftzeichen. „Lu“ ist übrigens auch der Vorname des Gesichtsdeuters, der dem Knaben Yan Chao voraussagt, dass er nur 19 Jahre zu leben hat. Man muss sich also vor voreiligen Schlüssen hüten … „Same, same but different …“, sagte eine meiner chinesischen Studentinnen immer zu solchen Vergleichen. Eine Tabelle der trennenden Elemente müsste das Problem der goldenen Kugeln / Pfirsiche angehen (nicht bei Weihnachtsmann und Santa), die Fledermäuse, das Problem Hirsch / Lu. Sie müsste auch darauf hinweisen, dass Shou Xing keine Geschenke bringt zu einem bestimmten Termin im Winter – allerdings „schenkt“ er Kindern Langlebigkeit und ist mit den chinesischen Geburtstagsgeschenken verbunden, wie wir noch sehen werden, also mit der persönlichen Beachtung kleiner Menschen durch Geschenke. Noch auffälliger ist, dass Nan Dou, der Gott der Geburtsdaten und des langen Lebens, zwar auch einen rabaukenhaften Gegenspieler hat, Bei Dou, den Hüter der Todesdaten – aber ein solcher Gegenspieler wird in den seit dem 16. Jahrhundert überlieferten Bildern vom „Gott des langen Lebens“ nicht gezeigt. Shou Xing tritt selbst nie durch Grobheiten in Erscheinung. Der Überheilige Nikolaos, der vor dem Palast des unredlichen Richters randaliert und seinen Gegenspieler Arius geohrfeigt hat, tritt dagegen immer wieder auch mit finsterer Miene in Erscheinung und hat manchmal eine Fülle wüster Begleiter dabei. Allerdings wirken die Götter des Wohlstandes und des beruflichen Fortkommens, die Shou Xing begleiten, manchmal auch wie Krieger, sie blicken jedenfalls oft etwas neutraler als der selig grinsende Alte und manchmal schauen sie finster drein.

Doch den auffälligsten Unterschied zwischen dem östlichen Gott des langen Lebens und dem westlichen Heiligen der Gabenfeste habe ich mir bis zum Schluss dieses Kapitels aufgespart: Santa Claus, Weihnachtsmann, Nikolaus und Nikolaos sind keine Sterne und keine Sternengötter. Gustav Anrich berichtet über karge Quellen, die auf eine Überschneidung zwischen Sternen-Erscheinungen und den Gedenktagen bestimmter Heiliger im Byzanz des 5. Jahrhunderts hinzuweisen scheinen, auch des Heiligen Nikolaus: Er fragt sich, wie der „milde" Erlöser Nikolaus denn in der Lage gewesen sein soll, „durch seinen Stern Stürme zu schicken".[21] Es klingt nach der Frage eines frommen Christen, nicht unbedingt nach der Frage eines Gelehrten, der Anrich ja doch in vorbildlicher Weise war. Nach einhundert Jahren und zwei Weltkriegen, die auch die Frömmigkeit der Deutschen schwer erschüttert haben, sind wir in der Lage anzuerkennen, dass dieser Heilige schon immer eine rabaukenhafte und unheimliche Seite entwickelt hat. Nach den von Anrich dem 5. Jahrhundert zugewiesenen Quellen kommt das Sternenmotiv bei den kleinasiatischen und europäischen Kulten von Nikolaos, Nikolaus und Weihnachtsmann meines Wissens gar nicht mehr vor oder doch in sehr veränderter Form, als Stern von Bethlehem. Wenn das Motiv von Ost nach West gewandert sein sollte, was wir ja noch gar nicht bewiesen haben und vielleicht auch nicht werden beweisen können, dann wäre das so verlaufen: Shou Xing kommt im Westen als Sterngott an, wird dort gerade noch zum Stern und verliert dann bei der weiteren Ausbreitung seines Kultes im Westen genau die für die Chinesen zentrale Eigenschaft, ein Stern zu sein. Er bleibt aber eine winterliche Gestalt, eine Eigenschaft, die er auf der anderen Seite, in China, zum Teil wieder einbüßen wird. Wir wollten uns ja ohnehin von rechthaberischen Argumenten zur „Ursprünglichkeit" und zur „Ausbreitung" so gut es geht und so lange wie möglich fernhalten und eher den Zusammenhang eurasiatischer Gabenbringer und Kinderhelfer mit dem Alltagsleben der antiken und mittelalterlichen Chinesen, Byzantiner und Europäer erkunden. Es wird also höchste Zeit, das Problem ins Visier zu nehmen. Gehen wir den großen Unterschied zwischen Shou Xing und Nikolaus oder Weihnachtsmann an – er liegt in den Sternen.

2. Der Südstern und die Kaiser

Sterne

Auf einem schönen chinesischen Holzschnitt aus dem Jahre 1588 ist Nan Dou, der milde Alte, der die Geburtstermine aufschreibt, der Alte mit seinem Gegenspieler Bei Dou verschmolzen. Es ist eine der frühesten erhaltenen Darstellungen des personifizierten Sterngottes der Langlebigkeit. In der Hand hält der südliche Stern des langen Lebens „das Buch" – im kaiserlichen China ist es meist eine Schriftrolle. Hinter dem Gott des langen Lebens drückt sich schüchtern und graziös der Hirsch herum, Lu, der schon durch seinen Namen Unsterblichkeit oder langes Leben signalisiert. Über dem unnatürlich hohen Kopf des Alten können wir im Himmel ein Sternzeichen erkennen, den südlichen „Schöpflöffel" mit seinen sechs Sternen, im Gegensatz zum nördlichen Schöpflöffel, dem großen oder kleinen Bär oder Wagen mit sieben Sternen (im Englischen ebenfalls „Dipper", Schöpflöffel).

Aber im Laufe der Jahrhunderte ist, wie wir schon erfahren haben, eine andere himmlische Erscheinung immer stärker an die Stelle des Reisscheffels oder Schöpflöffels getreten. Es handelt sich um einen Stern, der auch am südlichen Himmel erscheint, so weit im Süden, dass man ihn in Europa nur von Athen, Rom oder Sevilla aus erkennen kann. Dieser Stern „ertrinkt" ziemlich schnell im Sonnenlicht und hebt sich dann immer wieder aus den Untiefen hinter dem Horizont empor. Der Stern Canopus steht für Europäer im Sternbild „Schiff",

Abb. 38: Shou Xing mit Sternbild, Hirsch, Schriftrolle und einem jungen Mann, der ihm Opfergaben darbringt, Holzschnitt, Ming-Zeit, 1588.

benannt nach einem Steuermann der antiken Mythologie, der bei der Berufsausübung im Dienste des griechischen Vaters der schönen Helena ertrank, Menelaos, wörtlich übersetzt der „Volks-Führer" – wieder kommt das Volk ins Spiel, griechisch „laos", wie in „Nikolaos", Volks-Sieger.

Der Canopus wird, wie man leicht bei „Astroviewer.de" oder ähnlichen Computerprogrammen überprüfen kann, nur vom mittleren und südlichen Eurasien aus sichtbar und nur im Herbst und Winter. In Sevilla und Athen kann man ihn sehen, in Myra besonders gut, und in Berlin oder Moskau würde man vergebens nach ihm Ausschau halten, denn er erscheint nur denen, die südlich des 37. Breitengrades le-

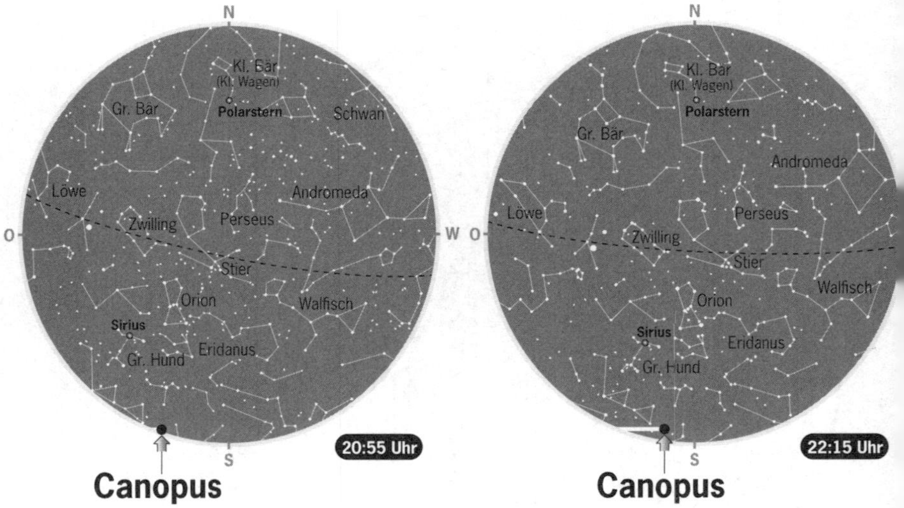

Abb. 39: Aufgang des Canopus-Sterns über Südchina, Rekonstruktion nach Astroviewer.de für den Monat Januar des Jahres 109 vor unserer Zeitrechnung.

ben. Canopus vollführt dann eine kurze Bahn über den untersten Teil des südlichen Himmels. Der höchste Punkt dieser Bahn weist eindeutig den Weg zum Südpol. Die arabischen Astronomen nannten ihn daher „suhail", der Grund, der Boden, oder auch „al sahl", die (schöne) Ebene – weil er kurz und schnell auf den untersten Grund des Himmels weist.[1] Arabische Sternengucker und Reisende vergangener Zeiten[2] – als die Vermessung der Welt noch nicht sehr weit fortgeschritten war und als es noch keine Navis gab – beklagten sich darüber, dass dieser Stern auch im Winter oft nicht so gut sichtbar den Weg zu seinem südlichen Pol weist, wie der Polarstern zuverlässig den Weg nach Norden anzeigt. Im Sommer ist der „unzuverlässige" Canopus ohnehin nicht sichtbar. Der Canopus, auf Chinesisch „Stern des Südens", „Südpol" oder auch „alter Mann im Südpol" (Nan Ji Lao Ren), ist nach dem Sirius der zweithellste Stern des südlichen Himmels. Alpha Carina, wie er wissenschaftlich genannt wird, ist so ungeheuer hell, dass er für uns Erdbewohner stärker brennen würde als tausend Sonnen, wenn er nicht über 300 Lichtjahre von uns entfernt wäre. Seine Strahlkraft beträgt das 14 000fache unserer Sonne, weil er zu einer Spektralklasse im Bereich eines „roten Riesen" gehört, und

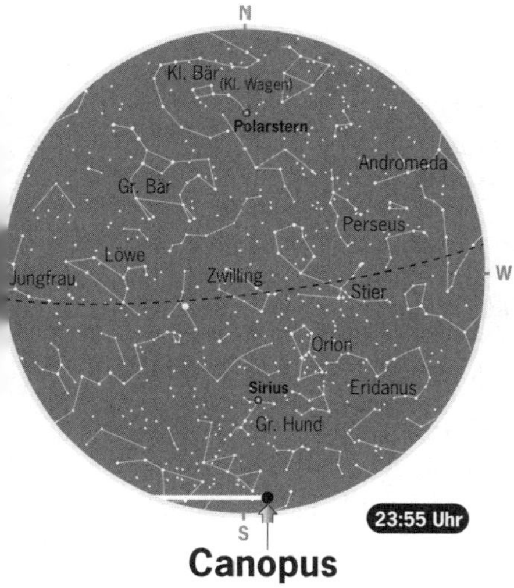

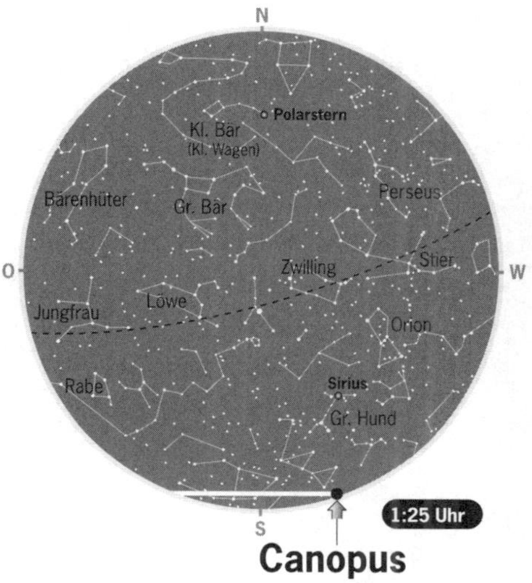

darum wird er zum Beispiel auch in der Raumfahrt heute gerne als Leitstern beim Navigieren eingesetzt.

Warum sind Sterne überhaupt so wichtig für die chinesische Mythologie und für die chinesischen Kaiser? Sterne sind voller Geheimnisse. Heute kann es mehr und mehr so wirken, als wenn die letzten Winkel der Erde erforscht wären und als wenn wir langsam begreifen würden, wie Klima, Geographie und menschliche Einflussnahme auf unserem Planeten zusammenhängen. Auch auf der Erde ist dabei vieles noch ungeklärt, aber das lässt sich nicht mit den Mysterien der Astrophysik und Astronomie vergleichen: Schwarze Löcher und Big Bang, Relativitätstheorie, Unendlichkeit und Paralleluniversen, Kometen und Meteoriten. Was das Weltall angeht, leben wir weiterhin in einer wenig überschaubaren Umgebung, und je tiefer unsere Teleskope und Raumschiffe in das All vorstoßen, je weiter unsere Mathematiker rechnen, desto fremdartiger sind die Bilder, die uns von dort erreichen. Außerdem wissen wir aus der Erdgeschichte mittlerweile so einiges über das Unheil, das uns aus dem All drohen kann – die Dinosaurier wurden sehr wahrscheinlich durch einen Meteoriteneinschlag ausgelöscht, und man weiß, dass die Erde immer wieder durch „Impact" aus dem All sehr gefährdet wurde. Dagegen sind die Menschen und ihre Werke weiterhin winzig. Es gibt ja diesen Witz … Treffen sich zwei Planeten: „Wie geht's dir?" „Schlecht, ich hab Homo Sapiens:" – „Mach dir nix draus, hatte ich auch mal – geht von selbst wieder weg."

Wir sind klein, sehr, sehr klein im Universum. Das kann Melancholie auslösen oder Forscherdrang. Haben Sie schon einmal überlegt, dass wir nur aufgrund der irdischen Schwerkraftwirkung gewohnt sind, „zu den Sternen aufzuschauen"? Man kann es auch so sehen: Wir schauen hinunter, in die Tiefe, in einen Abgrund der Unendlichkeit und in Schächte der Zeit, die für das menschliche Vorstellungsvermögen unfassbar sind. Dabei hängen wir mit den Füßen kopfüber am Boden. Aber auch das, was wir an unserem unmittelbaren irdischen Himmel sehen und von dorther abbekommen, in der luftigen Sphäre der Welt, ist Anlass zu ständiger Beunruhigung. Doch je sicherer und ruhiger die Lebensverhältnisse geworden sind, umso mehr scheinen wir uns über „Starkregen" zu ärgern oder „Blitzeis" zu fürchten – in der älteren, noch etwas besser abgehärteten Generation sprach man dann eben von Unwettern und richtete sich darauf ein, schön fand die Unwetter aber auch damals kaum jemand. In den alten Gesellschaften, die mit Jagd, Sammeln, nomadischer Viehzucht und einfachen Methoden des Bodenbaus für das Überleben sorgten, war man diesen Unbilden viel mehr ausgesetzt als wir heute, und die Menschen haben sie wirklich gefürchtet. Ein Sturm konnte die ganze Ernte zerstören, und wenn die Menschen Pech hatten, gab es im Winter vielleicht keine Vorratshäuser, die spätestens in der Zeit der Wintersonnenwende geöffnet wurden, und keine Kornschiffe, die im Spätherbst aus dem Süden anlandeten.

Dass Sternbilder namens „Reisscheffel" oder „Schöpflöffel" die Geburts- und Todesdaten der Menschen verwalten, braucht einem nicht abwegig zu erscheinen, wenn man bedenkt, dass Reis das Hauptnahrungsmittel auch schon der alten Chinesen gewesen ist. Wenn der Kaiser nicht gut mit den Reisreserven umging oder wenn die Ernten schlecht ausgefallen waren, begann das große Sterben. Bewässerungskanäle, Hunderte von Kilometern lang, und riesige Deichanlagen am Gelben Fluss haben die frühe Staatenbildung in China ermöglicht und wurden von diesen Staaten als ihre wichtigste Aufgabe betrachtet. Die chinesischen Kaiserreiche waren autoritär, grausam, aber auch akkurat bürokratisch, geradezu wissenschaftlich[3] – wenn es um die Fortschreibung der ägyptischen, sumerischen, indischen und persischen Entwicklungen in Sachen Waffen, Architektur und Wetterkunde ging. Sie machten die massenhafte Produktion von Lebensmitteln möglich, während Mitteleuropa noch in erster Linie von Wäldern bedeckt war. Um diese Massenproduktion in Gang zu bringen, musste man genau wissen, zu welchem Zeitpunkt die Bewässerungsanlagen repariert werden, eine Aufgabe, zu der Massen von Menschen zusammengezogen wurden. Man musste die Termine für eine neue Aussaat bestimmen und im Voraus wissen, in wie vielen Tagen es kalt werden würde. Ohne schriftliche Aufzeichnungen, ohne höhere Mathematik, Geographie, Wetterkunde, ohne Astronomie war das nicht möglich. Parallel zu den frühen Wissenschaften von Himmel, Wetter und Jahreszeiten entstanden die ersten Wallanlagen und Mauern zum Schutz vor den ständigen Invasionen aus dem Norden, aus Innerasien. Aus dem Norden kam für die alten Chinesen der Tod, als Winter allemal und gelegentlich in Form der „Barbaren". Aus dem Süden kam das Leben. Daher notiert wohl auch Bei Dou, der Stern des Nordens, die Todesdaten, während Nan Dou, der Stern des Südens, die Geburtsdaten aufschreibt und manchmal sogar, wie in der Geschichte von Yan Chao, das Todesdatum eines Menschen hinausschiebt. Aber letztlich hat nur derjenige wirkliche Macht, der die Todesdaten befiehlt – darum erscheint auf dem Steinrelief in der Grabanlage von Wuliang (Abb. 28) ein Kaiser als Passagier des „Kleinen" oder „Großen Wagens" – er möchte sich mit der Macht über Leben und Tod schmücken, die das nördliche Sternbild signalisiert.

Zu den wesentlichen Aufgaben früher chinesischer Staaten gehörte nicht nur der Aufbau von Bewässerungs- und Wegesystemen und die Aufrechterhaltung des sozialen Friedens, der stets gefährdeten himmlischen und irdischen Harmonie, das Beruhigen der Menschen, das Niederhalten von unruhigen Bevölkerungsgruppen durch „Brot und Spiele". In diesem Zusammenhang war die Deutung von Himmelsphänomenen besonders wichtig, denn nachdem man damit begonnen hatte, die großen irdischen Ereignisse, die Jahreszeiten, am Himmel abzulesen, galt bald auch der Umkehrschluss. Nun befürchtete man, dass Unregelmäßigkeiten am Sternenhimmel großes irdisches Unheil anzeigen. Ab und an könnten Menschen ja auch so etwas erlebt haben: dass ein hell strahlendes Objekt am Himmel erscheint, mit der Zeit immer größer und größer wird und schließlich auf die Welt einstürzt und ganze Landschaften verbrennt und zerstört. In „Melancholia", diesem großartigen Film über kosmische Katastrophen und menschliche Depression, hat Lars von Trier solch eine Geschichte erzählt. Mit verstärkter Absicherung in verfeinerter astronomischer Forschung wächst eher noch die Bereitschaft, sich selbst vor kleinsten ungewohnten Anzeichen am Himmel zu fürchten – oder auch die Bereitschaft der Höfe und Kaiser, mit kleinen Unregelmäßigkeiten am Himmel eine große Aufregung anzufachen, die der Kaiser dann mit seinen himmlischen Zeremonien beruhigt. Darum sind die frühen chinesischen Kaiser und Könige immer auch Himmelsfürsten, die den Eindruck erwecken, dass sie die himmlische und die irdische Harmonie wiederherstellen könnten mit ihrem Pomp, ihren Schriften und Bildern, ihren Spezialisten und Ritualen. Die frühen Kaiser versuchten, durch persönliche Präsenz bei Reisen, durch Bauvorhaben und prunkvolle religiöse und bürokratische Zeremonien das Land zusammenzuhalten, zur Not auch mit nackter Gewalt. Immer wieder brechen die Dynastien ab, bis schließlich vom dritten Jahrhundert vor unserer Zeitrechnung bis zum Jahre 1911 lückenlose Folgen kaiserlicher Familien das Land regieren. Die frühen chinesischen Kaiser der brüchigen Dynastien, bis zum dritten Jahrhundert vor der westlichen Zeitenwende um „Christi Geburt", ähneln noch sehr den mittelalterlichen ottonischen „Reisekaisern", die wir als Förderer des Nikolauskultes kennengelernt haben. Diese schwachen Herrscher appellieren wie ihre byzantinischen Amtskollegen gerne an die Stimme des Volkes und sprechen dabei die Sprache der Sterne. Und das Volk antwortet: „Wenn jetzt die Wintersterne leuchten, wenn es kalt wird – Gebt uns zu essen im Winter, beschenkt uns, beschützt die Schwachen, parzelliert die Familien, löst sie los vom harten Zugriff der Landbesitzer, Gouverneure und Fürsten, die ja eigentlich nur Räuberbanden unter sich haben, sorgt für Recht und Gerechtigkeit …" Immer, wenn es ökonomisch schlechter lief oder wenn das Land wieder mal von den Barbaren aus dem Norden bedrängt wurde, ließ auch die Macht der frühen Kaiser nach. Aber wenn es dann wieder besser lief, fanden sich auch neue Kaiser, sie gründeten neue Dynastien, erweiterten ihr Territorium mit Waffengewalt und begannen erneut den Dialog mit dem Himmel und dem Volk, im Kampf um eine Harmonie zwischen Leben und Tod, Sommer und Winter, Gabe und Gegengabe, Macht und Ohnmacht.

Der Welthistoriker William McNeill schreibt über die Himmelspolitiken der frühen chinesischen Kaiser: „Genau so, wie sich der Himmel an den Polarstern wendet und um den Polarstern windet oder dreht, musste man sich mit weltlichen Anliegen an den Kaiser wenden. Er war nicht nur verantwortlich für Krieg und Politik, sondern für alle irdischen Phänomene zuständig, die Einfluss auf menschliches Handeln haben. Ein guter Kaiser brachte Frieden und gute Ernten, ein schlechter brachte das Gegenteil."[4] Bei Dou, der mürrische nördliche Polastern und sein „Wagen", werden in manchen chinesischen Sternkreisbildern als Zentrum der himmlischen Welt, als ihre Steuerung verstanden. Die Zentralmacht musste ständig gegen Naturkatastrophen, Wirtschaftskrisen, Aufstände des „Volkes" und regionale Machthaber verteidigt werden – und gegen die Einfälle der „Barbaren" aus dem Norden, von dort, wo der Polarstern die Dinge des Himmels regelt.

Nur aus wenigen Weltgegenden sind für die Zeit zwischen dem fünften Jahrhundert vor unserer Zeitrechung bis ins Mittelalter wirkliche politische Chroniken überliefert, aus Rom, aus Mesopotamien, Ägypten, Indien und Persien. Aber aus China gibt es die Berichte des „großen Schreibers" Sima Qien (oder Ssu-ma Ch'ien, ca. 145–86 v.u.Z.) und seiner Nachfolger über das China der Han-Dynastie (206 v.u.Z. – 220 n.u.Z.). Im Vergleich mit westlichen Vorbildern fallen die Chroniken der Han durch ihre Nüchternheit und Detailliertheit auf, es werden nur die für zentral gehaltenen Ereignisse überliefert, diese aber oft geradezu in wissenschaftlichem Tonfall kommentiert. Heutige Historiker, die diese Texte lesen, entdecken natürlich auch zahlreiche Beschönigungen und historische Lügen in diesen Reichschroniken, trotzdem kann man sich ihrem spröden Stil nicht entziehen. Sie transportieren offensichtlich einiges, was in irgendeiner Weise so vorgefallen ist und dann den weiteren Lauf der chinesischen Geschichte bestimmt hat. Die Texte sind in der Übersetzung gut verständlich. Häufig sprechen sie vom Zusammenhang zwischen Ritualen, Jahreszeiten, kleinen oder großen politischen Katastrophen – und vom Stand, vom Bild der Sterne.

Das Leben des Kaisers Hsiao Wu Huang-ti, kurz „Kaiser Wu", wird in der Chronik der Han-Zeit ausführlich gewürdigt. Er regierte zwischen 141 oder 140 v. u. Z. und 87 v. u. Z. Wu soll die konfuzianische Staatsphilosophie zum Prinzip der Han-Dynastie gemacht und China als Großreich in Richtung Kleinasien und Mongolei ausgeweitet haben. Sein Reich erstreckte sich von Korea bis Kirgistan und bis nach Vietnam. Sima Qien behauptet, dass Kaiser Wu stets die althergebrachten Opferpflichten eingehalten und „den Geistern und den Gespenstern besonderen Respekt" gezeigt habe.[5] Als an seinem Hof Reformer auftraten, welche die Form der überlieferten Rituale, die Farben der dabei benutzten Roben und den Kalender verändern wollten, ließ er sie letztendlich in den Selbstmord treiben oder hinrichten.[6] Traten größere religiöse Bewegungen auf, zum Beispiel Kulte von Besessenheitspriesterinnen, die behaupteten, in den Stimmen der Toten zu sprechen, oder berühmte Magier, ließ er sie an den Hof ziehen, setzte sie dort vielleicht auch eine Zeitlang in Ämter ein, ließ ihre Fähigkeiten testen – doch letztendlich endeten diese Begegnungen mit Vertretern der im Volk verbreiteten Bräuche und Bewegungen immer wieder auf dieselbe tragische Weise wie die Begegnungen des Kaisers mit den bereits genannten Reformern. Übrig blieb der Sohn des Himmels, der Kaiser, der jahrelang mit seinem Hofstaat das Land bereiste, um den Zusammenhang aller „Fünf Heiligen Gipfel" und aller „Vier Wasserläufe" mit seinen Opfergaben zu beruhigen und zu harmonisieren.[7] Der Kaiser bewegte sich auf Wagen durch das Land, die mit Wolkenmustern bedeckt waren, „um üble Geister abzuwehren"[8] – vielleicht wurde er selbst dadurch zu so etwas wie einem riesigen Amulett des ganzen Landes, vielleicht dachte manch einer seiner Untertanen auch, dass er fliegen würde. Er opferte und hantierte bei geheimen und öffentlichen Zeremonien mit Eulen und gebrochenen Spiegeln, mit schwarzen Widdern und mit Hengsten, mit Schafen und getrocknetem Fisch – Futter für die

Mächte des Niedergangs, zu deren Beruhigung hergegeben, mit dem Ziel, das ganze Land wohlgenährt und gesund zu erhalten. Alle seltsamen Beobachtungen und Ereignisse in der Natur und am Himmel, die in Wus Reich gemacht wurden, mussten dem Hof berichtet werden.

Im dritten Monat (31. März bis 28. April) des Jahres 109 v. u. Z. begab sich Kaiser Wu mit seinem Gefolge in den Osten seines Reichs – auf der Suche nach himmlischen Zeichen, die er als Lob, Kritik oder Rat zu seinem Regierungsstil verstehen wollte.[9] Den örtlichen Praktikern magischer Methoden stellte er bei der Suche nach umherwandernden Unsterblichen Postwagen zur Verfügung, „und heimlich sandte er Tausende von Männern aus, die nach den Unsterblichen suchen sollten."[10] Wie das heimlich geschehen konnte, sei dahingestellt – man hat eher den Eindruck einer inszenierten oder realen Staatskrise, in der sich der Kaiser als Kontrollinstanz für alles Ungewöhnliche etablieren möchte. Doch man spürt beim Lesen auch den Geist der „Forschungsreisen in die übernatürliche Welt" und ähnlicher Texte, denn Rationalität und eine Art kriminalistische oder wissenschaftliche Distanz spielen eine gewisse Rolle. Bald nach dieser Reise wird in einem der von Kaiser Wu für die himmlischen Mächte reservierten Jagdgebiete ein weißer Hirsch gesichtet – ein Anzeichen der Langlebigkeit des Kaisers, der Dauer seiner Dynastie. Erfreut lässt er diese seltenen Bewohner des heiligen Waldes töten, ihre Felle werden als eine Art Währung verteilt, und Wu lässt schließlich sogar Geld aus weißem Metall herstellen, um das glückverheißende Anzeichen der himmlischen Segnung seiner Regierungszeit auf den Märkten zu propagieren.[11] Ist dieses zusätzlich in den Markt gespeiste Geld ein Geschenk der Regierung an ihr Volk oder ein Versuch, durch Inflation das Kaiserhaus zu bereichern? Wir stellen uns solche Fragen heute noch und immer wieder. Viele Jahrhunderte später und Tausende Kilometer weiter westlich wird man Münzen mit Bildern des Kreuzes und der Heiligen herstellen, um den himmlischen Segen für die weltlichen Geschäfte christlicher Kaiserreiche zu beschwören – heute, als ich dies schreibe, am 16. Juni 2012, wird ein russischer Rubel mit dem Bild des letzten Zaren Nikolaus II. für 659 Euro bei E-Bay gehandelt.

Der chinesische Kaiserkult des Ostens und die kaiserliche Jesusreligion des Westens forschen aktiv nach handfesten Beweisen übernatürlicher Macht und produzieren selbst Beweise für ihre Behauptung, dass der Himmel Einfluss auf der Erde hat und dass der Kaiser den Himmel beeinflussen kann. Penible Sternbeobachtung und mehr oder weniger aufgebauschte Berichte über eigenartige Himmelserscheinungen spielen dabei in China eine besondere Rolle, man bezog sie direkt auf das Wohlergehen des Kaisers und damit wieder auf die Stabilität des ganzen Landes. Doch manchmal wollen die Sterne nicht so wie der Kaiser. Nachdem man am Hofe des Kaisers Wu bereits im Jahre 110 v. u. Z. ein unbekanntes Objekt beobachtet hatte, den pei-Stern, einen „Kometen ohne Schwanz“,[12] reagierte der Kaiser, er führte „im folgenden Jahr die Chiao-Opfer für die fünf (mythischen) Kaiser an einem Ort namens Yung durch.“ Auch bei der Rückkehr in die Hauptstadt vollzog er Niederwerfungen, betete und opferte der Großen Einheit. In den Lobliedern, welche das Opfer begleiteten, heißt es: „Der Stern der Tugendhaftigkeit ist glückverheißend in seiner wachsenden Strahlkraft. Mit ihm erschien der Shou Xing, der Stern des langen Lebens, und sein Schein erhob sich weit und breit … und im Gleichschritt mit den Opferungen des Höchsten Fürbitter-Beamten warf sich der erhabene Kaiser der Länge nach auf den Boden.“[13] Im Frühjahr darauf wurde dann ein „Geistermann“ gesichtet, diesmal am Tung-lai-Berg, vielleicht ein Unsterblicher, der seine menschliche Schwäche schon hinter sich gelassen hatte. Es gab jedoch ein dürres Jahr. Der Kaiser musste Arbeiten an den Bruchstellen der Deiche des Hoang-Ho-Flusses persönlich überwachen, den ursprünglichen Lauf des Flusses wiederherstellen, um Regen beten und Opfergaben in den Fluss werfen. Praktisches und Symbolisches geht hier aus der Sicht eines modernen Lesers vielleicht durcheinander, aber man versteht, dass die Reparaturarbeiten an den Deichen und die Opfergaben, die Erscheinung von Sternen, Krankheit und Gesundheit des Kaisers in einem nur für uns im Einzelnen schwer nachvollziehbaren, aber unmittelbaren Zusammenhang stehen. Nachdem der Kaiser sich vor Shou Xing, dem Südstern, niedergeworfen hat, erscheint der Stern heller und mächtiger denn je. Im Kaiserhaus ist man dankbar für die Tatsache, dass der bedrohliche unregelmäßig erscheinende pei-Stern, wahrscheinlich der Komet des

Jahres 109 v.u.Z., dem Lande kein größeres Unglück gebracht hat (als vielleicht die paar Tausende oder Zehntausende von Toten, die der Dürre geschuldet waren).

Der Stern der Langlebigkeit, vor dem Kaiser Wu sich niederwirft, wird von heutigen Kommentatoren als Alpha Carina identifiziert, auch Canopus genannt. Das ist ein flackernder eiliger blasser und doch sehr hell leuchtender Stern, der im Winter knapp über dem südlichen Horizont seine kurze Bahn zieht und damit den Weg zum Südpol weist – „der alte Mann im Südpol".[14] Es ist der Stern, der noch über 2000 Jahre später, personifiziert als Alter mit übertrieben hohem Kopf und langem Bart, durch die Märchen und das Design der chinesischen Kulturen auf der ganzen Welt geistern wird (z.B. im Berliner Restaurant „China-Pfanne"; siehe Abbildung 5 im Farbbildteil).

Das Bild eines alten Mannes ist ein Stern. Dieser Stern verheißt dem Kaisertum Harmonie und dem Kaiser dadurch ein langes Leben, ein alter Mann soll er werden. Wir sind gewohnt, solche Verknüpfungen als „Symbole" zu bezeichnen, aber was heißt das, worauf beruht das, welche Erfahrungen werden hier eigentlich „zusammengeworfen" (griechisch: symballein)? Handelt es sich hier um beliebige Zusammenstellungen von Sternbildern und irdischen Ereignissen, die dann immer weiter mit Geschichten aufgeladen werden, ohne Sinn und Verstand? Oder haben die Bilder eine klare materielle Verknüpfung, eine eindeutige unwandelbare Botschaft?[15] Mal scheint das eine zuzutreffen, mal das andere. Man sollte sich vor Vereinfachungen hüten, z.B. vor der Behauptung, das sei nun mal Sternensymbolik oder „Sternenglaube" von Menschen, welche die Welt der Sterne nicht kannten und zu kontrollieren vermochten. Auch wir modernen Menschen schaffen es nicht, die Sterne zu kontrollieren oder auch nur vollständig zu erfassen. Die Annalen des Kaisers Wu und die astrologischen und astronomischen Abhandlungen der alten Chinesen und ihre Sternentabellen sind viel zu akribisch, als dass wir deren Verfasser für geistes- oder ich-schwache Opfer des Aberglaubens halten könnten. Poetische Naturbeschreibung, die Schaffung suggestiver Bilder, Personifizierungen von Sternen, astronomisch korrekte Naturbeobachtung und großangelegte, systematisch und wissenschaftlich geplante Arbeiten bei der Begradigung eines riesigen Flusses gehen bei ihnen Hand in Hand. Die Zentralmacht musste gegen die Einfälle der „Barbaren“ aus dem Norden ebenso verteidigt werden wie gegen Naturkatastrophen, Wirtschaftskrisen, Aufstände des „Volkes“ und regionale Machthaber, die schnell zu Konkurrenten werden konnten. Shou Xing musste in diesen Kämpfen nach und nach Bei Dou ersetzen, den „nördlichen Reisscheffel“ weil er wechselvoller und heller im Auftritt ist. Und: Shou Xing zeigt den Winter an, im Sommer ist er unsichtbar.

Und wieder der Winter!

Ich folge Prof. Dr. Jörg Plassen durch die Labyrinthe der Universität Bochum, neu erbaut Anfang der 1960er Jahre, ein Mahnmal der Betonbaukunst der westdeutschen Wohlstandsära. Man sieht diesem Gebäude noch die Erfahrung mit dem Bau von Bunkern des Weltkrieges an. Wir haben uns im Käthe-Hamburger-Kolleg angefreundet, einer Art kleiner oder auch gar nicht mehr so kleiner Akademie zum vergleichenden Studium der großen Religionen und ihrer Zusammenhänge. Eilig läuft Jörg Plassen mir voran, er hat mit Forschung und vor allem mit Lehre den lieben langen Tag gut zu tun. Jörg Plassen ist Sinologe, Chinawissenschaftler, und er hat sich freundlich bereit erklärt, mich zu einem seiner Kollegen zu führen, denn alleine finde ich mich hier keinesfalls zurecht, weder im Gängewirrwar der Universität noch was die Dokumente in chinesischer Sprache angeht, die irgendwo in einem der nüchternen Bürogebäude aufbewahrt werden, digitalisiert, versteht sich. Wir sind auf der Jagd nach Shou Xing. Das ist nicht der Name des Kollegen, den wir suchen, der heißt Dr. Breuer, sondern es geht wieder einmal um den chinesischen Gott des langen Lebens. Aus dem umfassenden, für meine Arbeit grundlegenden Aufsatz von Mary Fong über „Die populären Göttergestalten des Glücks, der guten Gehälter und des langen Lebens“[16] haben wir den Hinweis gezogen, dass es von den berühmtesten Dichtern der chinesischen Tradition, von prägenden Lyrikern wie Du Fu und Li Bai (oder Li Po),[17] Gedichte gibt, in denen es um Shou Xing geht, den Gott des langen Lebens. „Das werden wir gleich haben“, Kollege

Plassen zwinkert mir fröhlich zu, und wieder einmal begreife ich, wie sehr Sprach- und Literaturforscher auch, neben allen anderen Fähigkeiten, über handwerkliche Kenntnisse verfügen müssen, wie dankbar ich für ihr Know-how sein muss. Dr. Breuer sitzt in einem riesigen Gebäude namens GB 1/34 in seinem schachtelförmigen Büro vor einem nicht gerade zu klein geratenen Computer. Freundlich unterbricht er das Gespräch mit einem weiteren Sinologen, mit dem er den kleinen Raum teilt. „Li Bai und Shou Xing? Das werden wir gleich haben", ruft Dr. Breuer und setzt seine Suchmaschine in Gang. Breuer, der sein MA-Studium zum Teil in Taipeh absolviert hat und seinen PhD, den Doktortitel, an einer amerikanischen Universität erhielt – und das bestimmt nicht für ein paar aneinandergeschnittene geklaute Zitate oder Ähnliches –, arbeitet mit der riesigen Datenbank chinesischer Texte aus allen Zeiten und Räumen, welche von der Regierung der Volksrepublik unterhalten wird. Der Drucker surrt, ich sehe schöne chinesische Zeichen, deren Anblick mir beweist, dass ich endlich eine Grenze überschritten habe und einen anderen Kontinent des Wissens betrete. Breuer hat ein Gedicht von Li Po oder Li Bai oder Li Tai Po gefunden, das von Shou Xing handelt. Ich bin ja selbst nur ein Ethnologe der europäischen und mediterranen Gesellschaften und kein Historiker oder Sprachkundler des ostasiatischen Raumes, wie soll ich so etwas finden, geschweige denn übersetzen? „Das werden wir gleich haben", lachen Plassen und Breuer, und dann erlebe ich das erste Mal mit, wie Sinologen beim Übersetzen vorgehen. Die Schriftzeichen haben keine eindeutige Botschaft, sondern signalisieren Wortfelder, die oft sehr viel breiter sind als die Bedeutungen europäischer Wörter. Der Zusammenhang der Zeichen untereinander ist ausschlaggebend für die Einengung der Deutung einzelner Zeichen auf bestimmte Begriffe. Trotzdem muss man erst mal einige Wortfeldideen an den Einzelzeichen ausprobieren, dann wieder darübergehen, um einen Sinn aus dem Zusammenhang zu konstruieren, und dann fängt die eigentliche Feinarbeit an, das Nachschlagen ähnlicher, bereits übersetzter Formulierungen und so weiter. Werde ich jetzt mehr über die Bezüge zwischen chinesischen und europäischen Bräuchen, Göttern, Heiligen, Symbolen erfahren? Herr Breuer geht Wortfelder durch in seinem Fund. Er murmelt vor sich hin wie in Trance: „Berg ... Abhang ... Ferne ... Himmel ... Süden ... Stern ...

Schnee …" Auf einmal sitze ich nicht mehr auf einem Bürostuhl in einem Betonviereck, sondern ich stehe mitten in einer grandiosen Natur, auf dem Abhang eines Berges. Ich bin an einem Winterabend auf einen Berg gestiegen, der von der untergehenden Sonne beleuchtet wird. Unter mir erstreckt sich eine rötlich angehauchte Schneelandschaft, und am frostigen Himmel, ganz tief unten, knapp über dem Horizont, ist ein gelber Stern erschienen, mit rotem Rand. Es ist Weihnachten … Verdutzt kehre ich zu der nüchternen Situation in unserem Betongebirge zurück. So etwas schaffen nur Gedichte oder Drogen.

Für Breuer und Plassen ist die Droge der Sprache Alltag. Sie sprechen schon wieder über weitere Funde. „Wir schicken Ihnen den Originaltext und die Übersetzung per Mail!" Die ganze Situation ist ungewohnt für mich, ich versuche, mitzuhalten, wenigstens die Aussprache der wichtigsten Namen korrekt nachzuahmen. „Schuh-Sching" oder „Schau-T-chin"? Und die Betonung? Herr Breuer hat jetzt zu tun, draußen wartet eine Magistrandin, und dann beschert ihm die Universität noch ein paar Termine. Herr Plassen lacht mich freundlich an, dem Sprachkundler in ihm macht das offenbar Spaß. „Den Rest übersetzen wir dann später, Ekaterina Shchus oder Rüdiger Breuer machen das …" Und weiter flitzen wir durch die Betongänge, mein Kollege Plassen will mir noch etwas zeigen, er hat ein interessantes Buch für mich in der Bibliothek stehen, es ist von einem gewissen Sima Qien. Ich gebe mir Mühe, das einigermaßen kennerhaft auszusprechen: „sssima tschi-en"? Sima Qien, das ist der „große Schreiber", und in seinem Buch geht es unter anderem um einen gewissen Kaiser Wu. Ein paar Tage später treffen wir uns mit Plassens Mitarbeiterin Ekaterina Shchus, M. A. Wir diskutieren chinesische Traditionen und die Wandlungen von Götterbildern, von den Sternsymbolen und jahreszeitlichen Ritualen und über den Prozess der Personifikationen, der aus einem Stern und seinem Kult einen kleinen Alten mit hohem kahlen Kopf gemacht hat und dieses Bild hunderttausendfach verbreitete, von den mittelalterlichen chinesischen Holzschnitten und Drucken bis zu heutigen Nudelpackungen, Plastikschüsseln und Läusekämmen. Das Gespräch wandert hin und her, wie so oft bei Akademikern, und mündet in einer Diskussion über die Frage, wie weit schematische Darstellungen, Aufrisse kultureller Einheiten und Gegensätze zwischen Kulturelementen übersetzt werden können in geteilte Kreise, geschichtete Tortenmodelle, in Kästchen oder Punkte, die durch Striche verbunden sind, oder in Tabellen und andere Übersichten. Ob das bei uns in der Kulturforschung genauso funktionieren kann wie bei der Formulierung von Naturgesetzen der harten Wissenschaften? Dabei haben wir alle ein paar Schemata im Kopf, die Shou Xing betreffen, den Alten Mann im Südstern, wie zum Beispiel die folgende Tabelle – aber für dieses Schema übernehme ich natürlich ganz allein die Verantwortung, meine Sinologenkollegen kann ich dafür nicht verantwortlich machen:

Winter	Sommer
Sichtbarer Winterstern Shou Xing.	Shou Xing ist unsichtbar.
Problematisches individuelles Überleben im Winter.	Problemloseres Überleben im Sommer.
Shou Xing, Gott des langen Lebens, ist zuerst ein Gott des Überlebens im Winter.	Reibungsloseres Funktionieren des Staates im Sommer.

Frau Shchus, so stellt es sich mir später dar, ist, aus meiner bescheidenen Perspektive heraus betrachtet, eine Art Wunderkind, denn sie spricht fließend Russisch, Deutsch und Chinesisch, und ich fürchte, ihr sind noch ein paar weitere Sprachen nicht ganz fremd. Nach ein paar Wochen schickt sie mir eine Mail mit den Zeilen des Dichterfürsten der T'ang Dynastie, Li Bai, über den Stern des alten Mannes, des langen Lebens, des Südens. Ich stelle die nüchterne Übertragung des Gedichts durch den Sinologen Erwin Ritter von Zach daneben, die wir dann irgendwann doch noch gefunden haben. Von Zachs Absicht ist es, zutreffenden und zugleich schönen Übersetzungen von Li Bais Gedichten den Weg zu bereiten, die auf seinen möglichst wortgetreuen, aber zur Not auch unschönen Formulierungen beruhen. Die von Jörg Plassen betreute Übersetzung durch Ekaterina Shchus zielt dagegen auf mögliche religiöse und spirituelle Gehalte des Gedichts. Wenn man die beiden Übersetzungen miteinander spiegelt, kann man eine blasse Ahnung davon bekommen, wie raffiniert dieser Text gebaut sein muss.

Bis zu einer wirklich schönen und zugleich treffenden Übersetzung dieses Gedichts in das Deutsche ist es noch ein weiter Weg. Die

Qu Tuiyuan, Zhu Jincheng (Hg.): Libaijijiazhu. Shangxiace (2 Bände). Shanghai: Shanghaigujichubanshe, 1980, S. 1066, übersetzt von Ekaterina Shchus im Gespräch mit Jörg Plassen.	Li Tai Po: Gesammelte Gedichte 2, Buch XVIII, 19. Übersetzt von Ritter von Zach: 2005: 53/54.
General Tschen wird von seinen Freunden nach Süden verabschiedet.	Mit mehreren Freunden gebe ich Major Chen das Geleite, der nach Heng-yang (Hunan) zurückkehrt.
Wei-Berg tritt in die purpurne Nacht,	Die grauen (wolkenumhüllten) Massen des Heng-shan (Hunan) ragen in den purpurnen Himmel hinein.
unten sieht man den alten Mann vom Südstern.	Von seiner Höhe kann man unter sich den Stern des Alten vom Südpol erblicken.
Windwirbel zerstreut den Schnee der fünf Gipfel, Immer wieder fallen Blumenblüten in den Dong-Xing-See.	Ein Wirbelwind zerstreut den Schnee, der auf den fünf Spitzen des Berges liegt, Und oft fliegen die Schneeflocken bis in den Tung-t'ing-See.
Klare Luft, Atmosphäre ist frisches Qi (Energie), und genauso frisch ist der elegante Gipfel …	Die Luft (von Hunan) ist so klar, der Riesenberg so herrlich …

Übersetzung von Ekaterina Shchus und Jörg Plassen betont die spirituelle Seite, das Einsammeln von Energie (Qi). Ritter von Zachs Version betont die weltliche Seite, die formelle Verabschiedung des vornehmen Generals, der eine Art Sommerfrische im Gebirge verbracht hat als Gast des Dichters. Vielleicht hat der General einen ganzen Sommer lang das Leben des verfemten Dichters und Einsiedlers auf dem Berg geteilt. Aber jetzt steht der Winter vor der Tür, die Blüten fallen, und der General muss sich wieder um seine weltlichen Angelegenheiten kümmern. Der zweite Teil des Gedichts erzählt noch, wie es da zugeht in der Welt: Den General erwartet ein volles, gesegnetes Haus, gerade weil er weiß, wie man sich dem Wirbel des höfischen

Lebens entzieht – am Berg, wo es nur noch um gute Gedichte geht, um Philosophie und um den Wein, den die Daoisten so gerne trinken. Die Daoisten sind keine Asketen in unserem Sinne des Wortes, sie halten sich nur heraus. Li Bai ist das Gegenteil, er soll lange Zeit aus den Zentren der Macht verbannt gewesen sein. Das Netzwerk des Rebellendichters Li Bai ist groß, es umfasst Generäle und andere einflussreiche Personen, die dem Charme seines abgeschiedenen und trunkenen Lebens erliegen. Der Berg des Südens, Mengshan, die „Stirn" in der chinesischen Gesichtslehre, bietet den Ausstieg aus dem Alltagsleben an. In der Stirn, im hohen Kopf liegt das Geheimnis eines naturnahen ewigen Lebens. Der Dichter schaut auf den Südstern und trauert um seinen Gefährten, denn er weiß nicht, ob dieser den Winter überleben wird, auch wenn er gut versorgt ist. Wie hoch mag damals die Lebenserwartung gewesen sein, wie hoch die Wintersterblichkeit der Erwachsenen? Aber noch ist Hoffnung.

Dieser Stern macht nun schon seit bald hundert Generationen die Chinesen verrückt. Immer wieder wird in der chinesischen Literatur der eigenartige Glanz des Südsterns beschrieben, oder besser: besungen. „Dieser Stern, der sein Licht in einem feurigen Streifen verspritzt, wenn er den Morgentau zerstäubt."[18] Schnell springt der Canopus im Winter auf seiner kurzen Bahn über den tiefsten Teil des südlichen Himmels. Edward Schafer, vielleicht der führende Spezialist für das abgelegene Feld des Studiums der Astronomie der T'ang-Dynastie (618–907), jener Zeit also, in der von Byzanz aus die „Nikolausbewegung" losging, hat sich bei seiner unermüdlichen Übersetzungsarbeit von der Sprache der Lobeshymnen anstecken lassen, die er in den mittelalterlichen chinesischen Quellen findet. Er übersetzt sie in literarisches Englisch. Ich muss mir Mühe geben mit der Eindeutschung, Schafer schreibt von einem „fuchsbraunen Pfeil, der nach unten weist", das ist der Stern, und von den „purpurnen Flammen seiner schmelzenden Ränder".[19] Die Beobachter dieses Sterns verfielen bei seinem Anblick in „Rhapsodien",[20] Spontangesänge, nicht umsonst stammt von diesem musikhistorischen Spezialbegriff heute noch das Wort „Rap" ab.

„Mystische Symbole – was sagen die uns?
Harmonisch läuft das Jahr, und die Regierung hat Ruh'.
Alles steht auf langes Leben, des Einen, des Kaisers
Seine Farbe durchstrahlt uns, die eins zwei drei vier fünf
sechs sieben acht neun Himmel sind bunt."[21]

Die Rapper der T'ang-Zeit vergleichen den Lauf des Südsterns mit dem Aufstieg eines prachtvollen Ziervogels, der nach einem Jahrhunderte zählenden langen Leben verbrennt und dann aus seiner eigenen Asche neu aufsteigt. Das ist der Phönix, den wir schon auf dem Bild aus dem Schrein von Wuliang hinter dem fliegenden Thron des Kaisers im Sternbild Wagen erkennen können (Abb. 28). Auch im alten Eurasien, bei Römern wie bei Persern und Chinesen, ist dieses Fabeltier als Bild der Erneuerung beliebt. Heute heißt eine der größten deutschen Firmen für Gummireifen und Ähnliches „Phoenix". Warum Gummi? Seit 1922 stellt Phoenix in Hamburg-Harburg mit Hilfe von Hitze und Kautschuk oder Recyclingmaterial erneuerbare und austauschbare Gummireifen her, neu wie der Phoenix aus der Flamme. Die altchinesischen Rapper sehen am Himmel eine Quelle unermesslicher, sich selbst erneuernder Energien. Aus dem Stern sprudelt gelber Wein, und sie spüren die Wellen des südlichen Meeres, wenn sie ihn sehen – „das ist der himmlische Hofstaat, am südlichen Bogen – der Stern vom Alten Mann!"[22] Dieser Stern segnet das Kaiserhaus und damit das ganze Land. „Der Stern des Alten Mannes wurde im südlichen Himmelsbogen gesehen. Seine Farbe war leuchtendes Gelb, und er war groß und strahlend. Der, der ohne Vorgesetzte ist, der Kaiser, steht mit der Tugend überein, und die himmlische Antwort ist eine beweisbare Verheißung von Glück … In den Jahren, wo der Südstern deutlich sichtbar wurde, hieß man ihn mit einer Welle von höfischen Lobreden willkommen, denn man glaubte, seine milden gelbgrünen Strahlen tauchten das Kaiserhaus in ein besonderes segnendes Licht … ‚flammend, blitzend, spiegelnd, spritzend' … ‚purpurner Hauch'."[23] Und weiter heißt es: „Erscheinungen des Sterns ‚Alter Mann' wurden meist unter den Top Ten der guten Omen gesehen. Canopus war ein … Stern, den man als Unterpfand der Vorsehung erlebte oder als eine Art Talisman".[24]

Ernüchtert fährt der kalifornische Sinologe Edward Schafer fort: „Der am meisten verehrte aller gelben Glückssterne war ein Fixstern,

Canopus. Den Bewohnern der Nordländer ist er oft nicht so vertraut. Canopus ist nördlich des 37. Breitengrades nicht sichtbar. Heutzutage erreicht er in der Nähe des Breitengrades den Scheitelpunkt seines Aufgangs im frühen Februar, immer ein paar Minuten vor dem Sirius. Chang'an (Xi'an), die Hauptstadt der T'ang-Chinesen, lag zwischen dem 34. und dem 35. Breitengrad. Also war der Stern hier nur in den Wintermonaten sichtbar, er peilte gerade mal über den Horizont, wenn das Wetter und die nahen Chun-shan-Berge es überhaupt erlaubten."[25] Und weiter: „Tatsächlich ist Canopus ein hell leuchtender weißer Stern. Stählern, blau-weiß soll er über den Wüsten Ägyptens und Arabiens erscheinen. Erstaunlich, dass die chinesischen Quellen ihn als gelben Stern bezeichnen – ein Diamant, der sich in einen Topas verwandelt hat."[26] Diamant, Topas, wieder gerät Schafer ins Schwärmen. Aber dann reißt er sich zusammen und findet eine ganz einfache Erklärung für die seltsamen Farben des Sterns über China: „Vielleicht kann man das nur mit der ständigen Gegenwart einer Wolke aus gelbem Staub erklären, mit dem Lößboden, der von den Winden des Winter-Monsuns aus Zentralasien über Nordchina hereingeweht wird. Der Anblick einer knapp über dem Horizont erscheinenden Lichtquelle wird dadurch sehr beeinflusst, wenn die Sicht darauf nicht sogar völlig versperrt ist."[27]

Seine „Glanzzeit"[28] erreicht der Kult des in der Lößluft schillernden Sterns unter der T'ang-Dynastie (618–907), um bis heute nie ganz abzubrechen und immer wieder Gegenstand der chinesischen Bilderwelten und Dichtungen zu werden. Dabei steht die Beziehung zum Wohlergehen des ganzen Reiches und zum langen Leben des Kaisers stets im Mittelpunkt. Dieses Wohlergehen und dieses lange Leben oder vielleicht besser: dieses Weiter-Regieren(-Dürfen) des Herrschers war Jahr für Jahr durch eben den Winter gefährdet, in dem das Gestirn mal strahlend, mal blass und gelegentlich vor lauter gelbem Staub am Himmel auch gar nicht sichtbar wurde. Die Unbeständigkeit des Sterns spiegelt die Unsicherheiten des Winters. Man kann das sehr einfach erklären: Viel Lößerde in der Luft, viel Staub, signalisierte Dürre, Trockenheit, Trockenheit; brachte schlechte Ernten, wenig Nahrung. Wie schon im Falle von Bei Dou und Nan Dou, die Reisscheffel-Sterne, die auch mal unter einem Maubeerbaum Schach spielen, geht es bei dem „Alten Mann im Südpol“ um Nahrung. Zur Zeit der ersten Han-Chinesen, der Chinesen, die etwa 100, 200 Jahre vor der Zeitenwende lebten, tritt noch ein anderes Grundnahrungsmittel als der mit vollen oder auch halbleeren Scheffeln ausgeteilte Reis mit dem „Alten vom Südpol“ in Erscheinung, die Hirse. „Im mittleren Herbstmonat kümmert man sich um die Alten und die Siechen. Sie werden mit Stühlen und Stäben beehrt, und es wird Hirsebrei an sie ausgeteilt.“[29] So heißt es in einer kaiserlichen Anordnung aus der Zeit des Kaisers An. Kaiser An ließ sie im Jahre 109 nach unserer Zeitrechnung verfassen. Diese Zeremonien zur Ehrung der Alten mit Gesängen, zeremoniellen Gaben wie Stäbe und Stühle sowie die Verteilung des Hirsebreis nannte man auch schlicht „Die Alten unterhalten“. Ähnliche Feste fanden, etwas anders als in Kaiser Ans Memorandum an die korrupten Beamten datiert, während der Han-Zeit meist in den ersten Tagen des Monats X (24. Oktober bis Ende November) statt. Zu den Vorbereitungen auf den Winter gehörte auch, dass man in allen ländlichen, fern der Städte befindlichen Haushalten, in den Haushalten der Nahrungsproduzenten also, eine Bestandsaufnahme der Lebenden, der Toten und der Besitztümer durchführte, eine Art steuerliche Erhebung und Berechnung der Nahrungsreserven (Monat VIII oder IX). Die „große Hitze“ und die „kleine Hitze“ des Sommers hatten aufgehört. Im mittleren Herbstmonat „weißer Tau“, wenn sich die ersten Zeichen des vollen Herbstes zeigen, ab dem 7. bis 9. September, signalisierte der Aufgang des Alten Mannes im Südstern, dem Canopus, dass man sich jetzt um die Alten kümmern muss. Der Kaiser übernimmt diese zivilisatorische und humanitäre Aufgabe, er nimmt sie den Familien damit sozusagen weg, reißt ihre kleine Macht über Leben und Tod an sich. Er versucht, die Feste für die Alten gegen die „Rücksichtslosigkeit und Korruption“ seiner Statthalter und Beamten durchzusetzen.[30] Das erste Anzeichen des Winters, der Aufgang des Canopus im Zeichen „weißer Tau“, der Aufstieg eines „Alten“ am südlichen Himmel soll alle daran erinnern, dass sie jetzt die alten Mitglieder der Gesellschaft ehren und ernähren müssen.

Um diese landesweiten Maßnahmen durchsetzen zu können, verwandelt sich der Kaiser von einer Taube in einen Falken.[31] In der alten chinesischen Gesellschaft war die Vorstellung verbreitet, dass Tauben und Falken eigentlich eine einzige Tierrasse bilden, deren Vertreter mit den Jahreszeiten ihre Form wechseln. Im Frühjahr werden die Falken zu Tauben, und im Herbst werden die Tauben wieder zu Falken – wenn der Kaiser seine Wehrhaftigkeit, seine Raubtiernatur demonstriert. Wenn die Falken (oder Sperber) sich in den Kronen der Maulbeerbäume zu gurrenden Tauben gewandelt haben, so heißt es in einer Quelle aus dem alten China,[32] sollen die Frauen Seidenraupen ansetzen. Hier löst sich vielleicht ein Stück weit auch das Rätsel, warum die beiden Hüter der Todesdaten, Nan Dou und Bei Dou, ausgerechnet unter einem Maulbeerbaum miteinander Schach spielen: Der Baum und seine jahreszeitlichen Wandlungen stehen für das Fortspinnen der Seide wie des Lebens. Bei den Falken und den Tauben scheint es schon bei den Chinesen vor 2000 Jahren um dieselbe Symbolik von Krieg und Frieden zu gehen, die wir in Europa kennen: Picassos „Taube" ist ein Symbol der Friedensbewegungen, und noch heute nennt man in Europa und Nordamerika die Befürworter eines Krieges „Falken". Man kann diese beiden Vögel mit etwas gutem Willen sogar auf der Darstellung des wintergöttlichen Kaisers im Sternbild „Wagen" im Steinrelief von Wuliang erkennen (Abb. 28): Von oben scheint sich ein Falke mitten in das Sternbild zu stürzen, von unten flattert eine Taube auf. Der Kaiser zieht nicht nur zur edelsten aller Jagden aus, der Jagd mit dressierten Jagdfalken – er ist auch selbst ein kaiserlicher Falke, der große Jagden veranstalten lässt, wenn sich im Herbst die Tauben wieder in Falken verwandeln. Deren Beute diente wahrscheinlich auch dazu, weitere wichtige kaiserliche Aktivitäten zu finanzieren oder zumindest die Versorgung der Teilnehmer an diesen Veranstaltungen sicherzustellen: die großen Herbstmanöver (Monat VIII oder X, zwischen dem 25. August und dem 21. November). Derk Bodde, Spezialist für die Politik der Jahreszeiten unter den Han-Herrschern, lässt keinen Zweifel daran, dass diese Manöver für einen „Reisekaiser" – der seine Macht sehr stark auf Bürokraten und auf Staatspriester stützen muss – einen besonders riskanten Moment seiner Herrschaft darstellten. Zu Beginn der Winterperiode, die vielleicht mit Versorgungsschwierigkeiten und Hungerwellen „gesegnet" sein wird, im Spätherbst, versammelt der Kaiser seine Getreuen um sich. Aber waren all diese Getreuen auch treu? „Etliche Quellen zu den Herbstmanövern der Han-Zeit enthalten Hinweise auf dramatische politische Ereignisse …“,[33] schreibt Bodde, „… im Jahre 80 n. u. Z. wurde dem noch im Kindesalter befindlichen Kaiser Chao ein Memorandum mit falschen Anschuldigungen gegen den Staatsmann und tatsächlichen Regenten Ho Kuang … übermittelt. Der Kaiser wies diese Anschuldigungen jedoch zurück, was zur Hinrichtung der Ankläger führte. Sie hatten in ihrem Memorandum Folgendes behauptet: ‚Als Kuang aufbrach, die großen Übungen der Palastherren zu leiten, haben ihm die (kaiserlichen) gefiederten Palastgarden die Wege gereinigt.‘ Hintergrund ist hier, dass nur dem Kaiser selbst auf diese Weise die Wege geebnet wurden. Hätte Kuang wirklich von den Palastgarden die Wege für sich reinigen lassen, wäre das eine Majestätsbeleidigung gewesen.“[34] Herbstmanöver waren und sind bei allen eurasiatischen Armeen verbreitet. Im alten China waren diese großen Ansammlungen waffenfähiger Männer auch eine Gelegenheit, den Kaiser durch die zum Manöver versammelten Truppen stürzen zu lassen. Das heißt, der staatliche Kult um einen „Gott des langen Lebens“ war ein Kult um die Unsterblichkeit oder das lange Leben des Kaisers und seiner Dynastie und damit ein Kult des herrschenden politischen Systems, das sich zu Winteranfang in Manövern, Großjagden, steuerlichen Erhebungen der produktiven Haushalte und mit Altenspeisungen seiner Machtreserven versichern wollte.

3. Faktor „SX“

Chinesische Volkskultur

Derk Bodde schildert eindringlich, wie „hohl“ die kaiserlichen Maßnahmen für die Alten waren. Sie betrafen vielleicht nur alte Männer und nur Männer, die sich um das Kaiserhaus verdient gemacht hatten, und man muss nicht unbedingt daran glauben, dass der Kaiser, wie es in den Quellen der Han-Zeit immer wieder heißt, persönlich das Fleisch der für die Alten geopferten Tiere aufschnitt und dafür sorgte, dass die Alten sich nach dem Festmahl auch gründlich den Mund ausgewaschen haben. Es war wohl eher kaiserliche Propaganda oder stellvertretendes, exemplarisches Handeln, mit dem die traditionellen chinesischen Hierarchien von Alten und Jungen, Beamten und Volk befestigt werden sollten. Wir sollten darüber jedoch nicht die Nase rümpfen, wie Bodde nüchtern anmerkt, sondern bedenken, dass auch in den westlichen Gesellschaften von heute „ständig ebenso hohle Platitüden bemüht werden, wenn zu konventionellen gesellschaftlichen Anlässen aufgerufen wird, vor allem wenn es darum geht, den eigenen Patriotismus zu zelebrieren.“[1] Zu unseren weihnachtlichen Scheinheiligkeiten gehört, dass man das Miteinander der Generationen beschwört, während es dann in den Festtagen anerkanntermaßen zu einer starken Erhöhung der Vorfälle von innerfamiliärer Gewalt und Krisen kommt. „Die Alten unterhalten“ war ein demonstrativer kaiserlicher Kult der Han-Zeit, der je nach politischer Lage mehr oder weniger Bedeutung hatte und manchmal auch ganz in Vergessenheit geraten konnte. Aber die Idee, dass man die Schwachen schützen muss, ging immerhin aus von diesem staatlichen Ritual, und die kaiserlichen Zeremonien nahmen allem Anschein nach Kulte auf und vorweg (und regten lokale Kulte an), die in ähnlicher Weise den Winter und die Sorge um die Alten zusammenbrachten. Leider sind die Kulte des Volkes historisch viel schwerer nachweisbar, als die in kaiserlichen Dekreten überlieferten Situationen von „Brot und Spielen".

Über die chinesischen Volksfeste, die vielleicht solchen kaiserlichen Ritualen zugrunde lagen oder von ihnen angeregt wurden, weiß man leider nicht viel, denn die chinesischen Gelehrten haben sich meist nicht damit beschäftigt, was die unteren Schichten der Gesellschaft tun oder lassen. Der französische Sinologe Marcel Granet, der manche Quellen zu diesem Thema aufgetan hat, macht das Verständnis der Feste und ihrer Entwicklung auch nicht immer leicht, weil er Informationen aus ganz unterschiedlichen Zeitaltern (Han, Norddynastien, T'ang, also vom 3. vorchristlichen Jahrhundert bis fast zum Jahre 1000) vermischt. Aber das wenige, was ich in Erfahrung bringen konnte, passt erstaunlich gut, nicht nur zu den kaiserlichen Ritualen des alten China, sondern auch zu den Winterriten der mittelalterlichen Europäer. In Zentral- und Nordchina galt der Winter als eine „tote Jahreszeit", weil meist starke Trockenheit herrschte und die Bauern fast schon zur Untätigkeit verdammt waren.[2] Zu Beginn und am Ende dieser schwierigen Phase versammelten sie sich manchmal zu Maskenspielen,[3] die ein wenig an den mittelalterlichen Karneval und an die winterlichen Austreibungsriten der Europäer erinnern. Monströse Tiere wie der Tiger wurden imitiert und dann wieder aus der Gesellschaft vertrieben, außerdem haben sie dem „Geist der Türen" Opfergaben dargebracht.[4] Für kurze Zeit beherrschten die Masken als wiedergekehrte, nicht mehr dem Ahnenkult zugängliche Tote die Straßen, so, wie auch in den europäischen Raunächten oder im Karneval die Geister der Toten losgelassen waren und von Masken nachgespielt wurden.[5] Dass einige dieser Masken zu Heischegängen und Sammlungen unterwegs waren, legen die Opfer an den „Geist der Türen" nahe, denn Heische mündet letztlich immer an den Schwellen der Häuser. Es ist sogar ein chinesischer Gelehrter überliefert, der sich über die derben Riten der Bauern und Kulis ärgert und beschwert, gerade so, wie ein mittelalterlicher Chorherr, dem es zu bunt wird mit dem Treiben um die Knabenbischöfe und ihr zerlumptes Gefolge aus fahrenden Schülern. Lieou Yu (oder Liu Yu), ein Schreiber aus der Zeit der Nord-Dynastie (bis 386 n. u. Z.) notiert ärgerlich, dass in diesen Festperioden die Haushalte „ihren ganzen Reichtum verspielen" und dass sogar Männer in Frauenkostümen aufgetreten sind („... sie verkleiden sich auf seltsame Weise ...").[6] Lieou Yu scheint „Uncle Scrooge" zu ähneln alias Dagobert Duck: „Humbug ... Ich gebe nichts!" Lieou Yu hat noch nicht den Geist der Weihnacht erlebt und weiß nicht, dass die Haushalte ihren Reichtum teilen, um ein Netz von Freunden und vielleicht auch Abhängigen zu schaffen, das ihnen wiederum eine gewisse Sicherheit gibt in der Krise der dunklen Jahreszeit. Im Lärm der Trommeln, im Tanz der Masken bei nächtlichem Flammenschein[7] wird aus der „toten Jahreszeit" die „Jahreszeit der Toten",[8] des Gedenkens an alle Seelen und des Mit-Leidens, dass die Menschen so stark rühren und verbinden kann. So wird der Rückzug des Lebens in der Trockenheit und Kälte durch Parodien und rituelle Reinigungen zu einem neuen Start in ein fruchtbares Leben – bis der nächste Winter beginnt.[9]

Shou Xing, der „Faktor SX", ist in der frühen Form, die sich aus der Lektüre chinesischer Klassiker oder aus den Chroniken der frühen Kaiser ablesen lässt, dem europäischen „Faktor N" vergleichbar: Ein winterlicher Kult, angeregt vom Wechsel der Jahreszeiten und den damit verbundenen Risiken. Den Schwachen wird gegeben, die Starken müssen geben. Auch in den wenigen Notizen über Rituale „des Volkes" klingt das an. Für diese wichtige Veranstaltung steht mehr und mehr die Figur eines dynamischen alten Menschen gerade, der zu geben bereit ist und wahrscheinlich auch von den schwachen Mitgliedern der Gesellschaft besonders verehrt wird. Im China der Han-Zeit ging es zunächst eher darum, die Alten zu unterhalten, ihr Leben zu verlängern und dadurch die Langlebigkeit des Kaisers zu fördern. Nach und nach treten Jugendliche und Kinder wie Yan Chao an die Stelle der Alten, und an die Stelle der Langlebigkeit des Kaisers tritt das lange Leben jedes einzelnen Chinesen, jeder einzelnen Chinesin. Parallel wird das abstrakte Sternbild häufiger durch eine menschenähnliche Gestalt verkörpert, die schließlich ganz für sich steht, der Alte mit dem hohen Kopf und dem fröhlichen Kindergesicht. In der

T'ang-Zeit (618–907) erreicht der bereits vor Christi Geburt nachweisbare Kult um „Faktor SX" in China seine „hohe Zeit", parallel zum Aufstieg des „Faktors N" im Westen – um danach bis heute nicht mehr aus der populären Mythologie der Chinesen zu verschwinden,[10] im Gegenteil, er wird spätestens ab dem 14. Jahrhundert die Vorstellungswelt, die populäre Kultur der Kaiserreiche mächtig beflügeln und immer mehr zum Bild eines Menschen werden, den man fast wahllos auf jedem Alltagsgegenstand abbildet.

Aber der Kult um diesen chinesischen Wintergott verliert dabei nach und nach seine rein winterlichen Bezüge. Man kann das wohl im Zusammenhang mit größerer Planungssicherheit und einer gewissen Demokratisierung der Religion spätestens in der Ming-Zeit (ab dem 14. Jh.) sehen. Die Figur des Sterns und das herbstliche Ritual zur Unterstützung der Alten treten zurück hinter dem Beschenken der Kinder und der über 60-Jährigen an ihren Geburtstagen. Shou Xing wird so etwas wie ein chinesischer „Geburtstagsmann". Wenn je eine direkte Übertragung seines Kultes oder der Kulte ähnlicher asiatischer Figuren auf den Nikolauskult des Westens stattgefunden haben sollte, dann muss das in der Frühphase des Sternenkultes passiert sein, vielleicht im 4. Jahrhunderts v. u. Z. bis zum 4. Jahrhundert n. u. Z. Oder die Gestalt des langlebigen Alten mit dem hohen Kopf wurde in Europa sowieso stärker im Hinblick auf ihre winterlichen Potentiale wahrgenommen. Von der Militärdiktatur der Ming-Dynastie (1368–1644) bis zum Ende des Kaisertums im Jahre 1912 und von dort aus weiter bis heute, durch alle chinesischen Republiken hindurch, wird das Bild des Wintersterns als hochköpfiger alter Mann eines der wesentlichen Bilder der chinesischen Mythologie bleiben – um dann im Zeitalter des Konsumismus von Design und Werbung noch weiter vervielfältigt zu werden und damit auch etwas zu verblassen und zur reinen Gebrauchsgraphik abzusacken, genauso wie bei uns das allgegenwärtige, aber doch auch leicht nichtssagende Bild vom Weihnachtsmann. Die bedrohlichen Aspekte der Geschichte von Nan Dou und Bei Dou, das Ringen um die Todesdaten der Menschen, die Geschichte von den Reisscheffeln und die Sorge um die Alten treten zurück hinter dem vagen Wunsch, hinter einem Gruß von Mensch zu Mensch, der langes Leben verheißen soll.

Bei dieser Parzellierung, dieser Aufteilung und Individualisierung der machtvollen Botschaft des Südsterns könnte die spielerische Zivilisierung des Grauens vor Tod und Kälte durch große Literaturen eine Rolle gespielt haben. Washington Irving und Thomas Nast trugen dazu bei, die New Yorker „riots" um die Nikolaustage zu zivilisieren, indem sie das Bild vom Santa Claus entwarfen, der nicht mehr in einer angesoffenen Truppe maskiert vor und in den Häusern randaliert, sondern heimlich und diskret durch die Luft die guten Gaben in der Familie umverteilt. Theodor Storm und Moritz von Schwind setzten ähnliche Entwicklungen zum zivilisierten Weihnachtsmann in Deutschland in Gang. Genauso haben auch die Chinesen ihren „Faktor SX" durch große Literatur zivilisiert und zum Bild des individuellen gelingenden Lebens gemacht. In großen chinesischen Romanen der Ming-Dynastie (1368–1644), zum Beispiel im „King Ping Meh" und in der „Reise nach Westen", erscheint Shou Xing als abgehobener Unsterblicher, der einen wilden Affenkönig auf seinem steinigen Weg zum buddhistischen Weisen begleitet, als bärtiger Kinderfreund der Glückwunschkarten und Geburtstagsgeschenke und als mystische Figur, die in der großartigen chinesischen Landschaftsmalerei irgendwo im luftigen oberen Teil untergebracht ist, in himmlischen Palästen, die unsichtbar über den Bergwelten schweben können.

Der Roman „King Ping Meh", die „abenteuerliche Geschichte von Hsi Men und seinen sechs Frauen" entstand im 16. Jahrhundert unter der Ming-Dynastie. Hier wird der Südstern des langen Lebens buchstäblich zur Nebensache einer Nebensache, zu einem Ornament auf Kleiderspangen. Der Held des Buches, ein ständig mit Liebesaffären beschäftigter Mann namens Hsi Men, nimmt von einer Geliebten zwei Spangen als Geschenk an, um sie ohne Bedenken gleich wieder an eine seiner eifersüchtigen Nebenfrauen weiterzugeben. „Er nahm seine Mütze ab und zog aus seinem Haar die beiden Spangen heraus, die ihm Frau Hua verehrt hatte. Es waren kostbare, goldgetriebene Stücke in Form des glückbringenden Schriftzeichens Schou, was langes Leben bedeutet, mit blauer Türkisfüllung. Der alte Obereunuch, ihres Gatten Onkel, hatte sie seinerzeit persönlich bei Hofe getragen. ‚Nun, gefallen sie dir?' Goldlotos war augenblicklich besänftigt."[11] An die Stelle der Bewahrung des brüchigen Lebens mit Hilfe übernatürlicher Mächte tritt das gelebte Leben selbst in all seinem Egoismus. Unter der Ming-Dynastie ist bei den Oberschichten Chinas derartiger Wohlstand ausgebrochen, dass die altüberlieferten Talismane und Ritualobjekte zu Spielzeugen und Geschenken werden. Aufregung um die Kleiderspangen wird es erst geben, als die Geliebte bemerkt, dass Hsi Men das Geschenk weitergegeben hat und wer sie nun trägt. Von der Erregung der Han-zeitlichen Rhapsoden über die Farbnuancen des Canopus und von den Hofintrigen um Sichtungen des fernen Sternes sind wir nun weit entfernt. Doch Shou Xing bleibt bei aller Verniedlichung ein Inbegriff der alten Kulte, der alten Religion. Man hält an ihm fest wie an einer Reserve für schlechte Zeiten. Wo liegen seine Untiefen, seine Reserven, wenn es nicht, wie bei Nikolaus, die Winterkulte sind? Häufig wird der Südstern nun mit dem Daoismus zusammengebracht, der neben dem Konfuzianismus und neben dem indischen Import des Buddhismus als die ureigene „alte" der drei Religionen Chinas vorgestellt wird.

Doch auch in der Bilderwelt des Daoismus wirkt der Alte deplatziert. Er fällt aus dem Rahmen, weil er keinen schicken Beamtenhut trägt wie die anderen, sondern nur seinen hohen Schädel. Auf einer klassischen Übersichtsdarstellung der daoistischen Seligen und Heiligen blickt er schlicht in eine andere Richtung als alle anderen Dutzenden von Göttern.[12] Es gibt Statuetten, die den Alten selbst wie ein Stück Natur zeigen, als Berg. Es gibt Berge, denen man sein Gesicht verliehen hat, zum Beispiel dem Berg Mengshan im abgelegenen Guangxi. Diese Provinz wird als „autonomes Gebiet" von einer ethnischen Minderheit bewohnt, die viele Bezüge zu den Bewohnern des nahen Vietnam hat, also zu dem Land, in das chinesische Hofastrologen manchmal aufgebrochen sind, um Shou Xing besser studieren zu können, weil er dort länger und klarer am Himmel sichtbar ist als in der alten kaiserlichen Stadt X'ian (Chang'an). Am Mengshan, am „Südberg", wurde zur Zeit der Ming-Dynastie, irgendwann im 14. bis 17. Jahrhundert, der hohe Kopf des Südsterns in ein felsiges Bergstück gemeißelt. Man kann das Ergebnis sogar in einem YouTube-Video bewundern. Es ist wirklich nur noch mit den Präsidentenköpfen am Mount Rushmore in den USA vergleichbar,[13] wie die amerikanischen Touristen gleich bemerken, denen in dem Video das 217 Meter hohe Kunstwerk aus großer Entfernung, aber weiter gut sichtbar vorgeführt wird.: „Oh my god", fällt eine der Touristinnen den Reiseführern ins Wort „it's natural"; „No!", ruft eine Reiseführe-

Abb. 40: Die Drei Religionen: Konfuzianismus (rechts), Buddhismus (Mitte) und Daoismus (links). China, Ming-Dynastie, 16. Jahrhundert.

rin, „it's not natural!" In Mengshan, der „Natürlichen Sauerstoff-Bar", wirbt die lokale Verwaltung mit einem „Langlebigkeits-Festival" am glückverheißenden neunten Tag des neunten Monats, zu Winterbeginn, zu der Jahreszeit also, wo man vom Heiligen Berg mit seinem riesigen Shou-Xing-Gesicht an Herbst- und Winterabenden den Aufgang des Südsterns beobachten kann. Auf einer Website der Landgemeinde von Mengshan wird sogar behauptet, dass „Mengshan mit seiner guten Luft einen Weltruf als Resort der Langlebigkeit" besitzen soll.[14] Das ist die gute Berg-Luft, die in Li Bais Gedicht gelobt wird. Hier, im Süden und fern der Lößschwaden des zentralen China, ist der Stern des langen Lebens bestens sichtbar. Doch die Zeiten, wo der Kult des Sterns der Langlebigkeit sich auf Dynastien, Bergregionen, Tempel und auf das ganze Land bezog, sind lange vorüber. Nach und nach hatte das individuelle Leben auch hier im abgelegenen Südchina Vorrang vor dem kollektiven Schicksal des Landes.

Am Ende des Winters, zum chinesischen Neujahrsfest (zwischen dem 21. Januar und dem 21. Februar) schickten gelehrte Chinesen seit der Ming-Zeit häufiger Glückwunschkarten mit einem Bild von Shou Xing oder mit dem Bild der drei glückbringenden Götter Fu Shu Lao an Freunde und Verwandte: Ein langes Leben für Dich! Das ist von der Verbindung mit dem Winter also doch noch geblieben, am Tiefpunkt und Ende der kalten Jahreszeit erneuert sich das Jahr, mit guten Wünschen. An diesem Tag versuchen viele begüterte Chinesen, an die ersten Pfirsichblüten aus dem Süden zu kommen, weil ihr Verzehr ein langes Leben bringen kann. Doch der mit dem Alten verbundene runde rosige Pfirsich der Unsterblichkeit ist in China und besonders unter Auslandschinesen zu einem individualisierten Geburtstagsgeschenk geworden, für Menschen, welche die 60, 70, 80 Jahre erreichen. Zur Han-Zeit, um die Zeitenwende, soll es in China noch „goldfarbene" Pfirsiche als kaiserliches Mittel der Unsterblichkeit gegeben haben. Sie wurden aus dem zentralasiatischen Samarkand nach China importiert und müssen uns natürlich an die drei glückverheißenden Kugeln erinnern, die der hyperheilige Nikolaos den Töchtern seines Nachbarn in den Garten geworfen hat.[15] Doch all das ist lange her, heute werden die Geburtstagspfirsiche nicht mehr aus himmlischen Gärten am Orionbogen geerntet, aus Samarkand importiert oder heimlich in Palastgärten weitergezüchtet, sondern massenhaft als Gebäck hergestellt, das mit rosigem Zuckerlack verziert ist. In allen großen Chinatowns der Welt, von San Francisco bis Singapur und von Rotterdam bis Macao gibt es spezialisierte Bäckereien, welche diese pfirsichförmigen Kuchen herstellen. Im Internet versprechen sie, dass der gebackene Segenswunsch im 24-Stunden-Service pünktlich zum Geburtstag ins Haus geliefert wird.[16] Die chinesische Ethnologin Dr. Xiujie Wu berichtete mir, dass von vielen Chinesen Bezüge zwischen diesen „Geburtstagspfirsichen" und den Äpfeln hergestellt werden (Ping guo – Äpfel des Friedens), die man sich heute bei den immer häufigeren Weihnachtsfeiern schenkt.

Massenhafter, für Chinesen anscheinend lebenswichtiger oder auch schon nicht mehr ganz so wichtiger Kitsch aus Teig, Keramik, Papier und Plastik begleitet den Kult um den Südstern schon seit Jahrhunderten: „Faktor SX" mit Hirsch, mit Kind und mit dem Pfirsich der Unsterblichkeit, mit Drachenstab und Robe und als Teekanne – der Deckel ist der Kopf und der Ausguss der Kopf seines Drachenstabes. „Faktor SX" als Werbebild auf Nudelpackungen und wackelköpfige Puppe, die mit Hilfe einer Solarzelle von selbst ihren Wackelkopf bewegen soll (meine hat nie funktioniert). Bei den Statuetten und Bildern aus dem 19. und 20. Jahrhundert wirkt es dann immer stärker so, als wolle man gerade Kindern unter Hinweis auf ein langes Leben etwas „Gesundes" nahebringen: Kondensmilch, Nudeln, Läusekämme. Groß ist an all dem allenfalls noch die physische Größe, wenn z. B. das Tianzi-Hotel in der Provinz Hebei in Form der drei Glücksgötter gebaut und bemalt wird, angeblich ist es im Guinness-Buch der Rekorde eingetragen als das „größte menschenförmige Gebäude der Welt".[17]

Ging es also anfangs um das Überleben des Reichs, das im Kaiser verkörpert war, wird der Gott des langen Lebens später zu einem Talisman für alle Menschen, gerade so, wie eine kleine goldene Nikolausstatuette um das Jahr 1000 herum für einen muslimischen Kaufmann, der auf der Seidenstraße unterwegs ist, zu einem Amulett werden kann, das er benutzt, ohne zum Christentum zu konvertieren (siehe S. 131). Der kollektive Gebrauch in Staatszeremonien erweitert sich zur persönlichen Angelegenheit, die Schritt für Schritt einige winterliche Bezüge einbüßt und schließlich als Glückbringer in auslands-

Abb. 41: Läusekamm, Kondensmilch und Nudelpackung werben mit dem kinderfreundlichen Shou Xing, der aber auch als solargetriebener Wackelkopf zu haben ist. Chinesische Konsumartikel 1990–2010.

chinesischen Restaurants aufgestellt wird, in denen vor allem Nichtchinesen verkehren. Shou Xing signalisiert oft „das Chinesische" nach außen, zu anderen Kulturen hin. Auf dem Titelbild einer neuen Taschenbuchausgabe von Marcel Granets Klassiker über „Die Religion der Chinesen" ist Shou Xing neben Konfuzius und Buddha abgebildet – als der hochköpfige „alte Gott" des Reichs der Mitte.[18] In Wolfram Eberhards „Lexikon chinesischer Symbole", das antike, mittelalterliche und moderne Bilder, Mythen und Erzählungen unterschiedslos zu einem etwas statischen Bild „der" chinesischen Kultur zusammenfasst, habe ich unter den 440 Stichwörtern mehrere Dutzend Bezüge auf den „Faktor SX" gefunden: Shou Xing kombiniert mit den „Acht Unsterblichen"; seine Kürbisflasche mit dem Wasser des langen Lebens und der Pfirsich des Alten; der Berg und sein „bergiger" Kopf als Symbol des langen Lebens, hohe und ausgebeulte Köpfe als Symbol des langen Lebens bzw. der Unsterblichkeit nicht nur des Alten im Südstern, sondern anderer Weiser, Eremiten und Buddhas; Hirsche, Fledermäuse und Phönixe als Bild des langen Lebens und die Dreifachgötter der guten Wünsche.[19]

Damit sind wir bei unserem Versuch, die Sternensymbolik als große Differenz zwischen dem Nikolauskult und dem chinesischen Südsternkult tiefer zu erkunden, bei einer großen Ähnlichkeit zwischen China, Kleinasien und Europa angelangt. Es ist eine Ähnlichkeit, die sich auch wieder verflüchtigen kann, wie man am Wandel der Bräuche um Pfirsiche und Langlebigkeit erkennen kann. Der Südstern zeigt den Winter an, er signalisiert genau die Jahreszeit, in welcher der Überheilige Nikolaos der Byzantiner und der Sankt Nikolaus der mittelalterlichen Europäer gefeiert wurden. Und je nachdem, wie kampfstark und ökonomisch stabil die Gesellschaften der Antike, des Mittelalters und der Neuzeit waren und sind, so übermächtig oder so „niedlich" gerät die Figur der Winterfeste, so unheimlich oder verspielt und ornamental wirken der „Faktor SX" wie der „Faktor N", so dringlich oder unwichtig ist ihr winterlicher Kult im Terminkalender der Familien und der Machtzentren.

Goldener Boden in Ägypten und Umsteigen in Myra

In diesem Wirrwarr von Winter und Fest, Verkörperung und Kitsch ist mir zuletzt sogar noch eine sternenkundliche Parallele zwischen dem byzantinischen und den chinesischen Winterkulten aufgegangen. Es schien ja so, dass keine besondere Verbindung von Nikolaos und Weihnachtsmann zu winterlichen Sternenkulten geltend gemacht werden kann, wenn man von der allgemeinen Verbindung zur Symbolik des Sterns von Bethlehem und der modernen Weihnachtssterne absieht. China schien allein zu stehen mit seiner Idee vom winterlichen

Sternengott, obwohl der Gabenbringer der Chinesen ansonsten doch so frappierend seinen westlichen Vettern ähnlich sieht. Aber Parallelen schneiden sich eben doch im Unendlichen! Von Myra aus, der kleinasiatischen Stadt mit Zugang zum Hafen von Andriake, von jener Stadt her also, in der Nikolaos als Bischof gelebt haben soll, navigierten Seeleute im Mittelalter und in der Antike direkt nach Süden, indem sie sich am Canopus im Sternbild Schiff orientierten. Wenn sie auf diese Weise strikt nach Süden segelten oder ruderten, landeten sie in Alexandria, im Nildelta oder auch in einer nahe Alexandria gelegenen ägyptischen Hafenstadt namens ... Kanopus. Kanopus ist heute nur noch als Ruine zu besichtigen, war aber zu seiner Zeit berühmt für seinen Reichtum. Der ursprüngliche ägyptische Name von Kanopus, Kah-nub, signalisiert die Bedeutung dieser Siedlung und ihren Reichtum: Kah-nub heißt „Goldener Boden“.[20] Noch in der arabischen Astronomie um das Jahr 1000 n. u. Z. wird der Stern Canopus „al Sahl“ genannt, Grund, Boden, Ebene.[21] Vergessen wir dabei nicht, dass der Einfluss der arabischen Mathematik und Astronomie im Mittelalter und in der Frühen Neuzeit tief nach Europa und China hineinreicht.

In der Spätantike, im 2. bis 4. Jahrhundert, war Ägypten die Kornkammer des römischen Mittelmeerraumes. Von dort aus steuerte man mit dem Canopus-Stern im Rücken Kornladungen zur Südküste des oströmischen Reichsgebietes, in das spätere Byzanz und weiter nach Konstantinopel, Griechenland und Rom. In der Spätantike müssen an den nördlichen Küsten des Mittelmeeres die Kornschiffe aus dem Süden, aus Kanopus, sehr begehrt gewesen sein – zum Beispiel nach sommerlicher Dürre und anderen Versorgungsproblemen, die dann vor allem im Winter spürbar wurden. Im Frühherbst, nach der Ernte, machten sich Seeleute auf zu der beschwerlichen Überfahrt, den gerade erst wieder sichtbar gewordenen Südstern im Rücken, ehe die Herbststürme den Schiffsverkehr auf der unruhigen See des östlichen Mittelmeerraumes für eine ganze Weile unmöglich machten. Als der Apostel Paulus, den viele für den eigentlichen Gründer des Christentums halten, von Caesarea im heutigen Syrien nach Rom reisen musste, um sich dort für seine Religion zu verantworten, stieg er in Myra um in einen Kornsegler aus Alexandria.[22]

Im 4. Jahrhundert wurden jährlich um die 131 000 Tonnen Getreide von Ägypten nach Italien geliefert, einzelne Frachtsegler fassten damals viele Tonnen Korn,[23] konnten also leicht noch ein paar Reisende zusätzlich aufnehmen. Die Schiffe verkehrten so regelmäßig im schmalen herbstlichen Zeitfenster, dass man in Myra ohne große Warterei umsteigen konnte.[24] Ein solches „alexandrinisches Kornschiff"[25] hat der Bischof Nikolaos zum Anhalten vor Myra gezwungen oder im Hafen Andriake bei Myra angebettelt, als dort der Hunger herrschte. Nur ein paar Scheffel Korn erbat der Heilige für Myra, weil seine Schäfchen hungerten, und das reichte dann zwei Jahre zur Versorgung der Bevölkerung und für die neue Aussaat. Als der Kornkapitän aber an sein Ziel gelangte, fehlte nichts an seiner Ladung. Das ist unermesslicher Reichtum (Kah-nub) und Vermehrung, und neben der Legende von den unschuldig Verurteilten ist dies die wichtigste Wundererzählung des späteren multikulturellen Schutzpatrons der Schifffahrt. Seeleute und Kaufleute (und Hungersnöte?) haben seinen Kult in die ganze Welt transportiert, und noch heute sind die ältesten Kirchen vieler christlicher europäischer Hafenstädte an Flüssen und Meeresküsten dem Heiligen Nikolaus geweiht.

In der antiken westlichen Überlieferung findet sich sogar ein legendärer Mensch, der Canopus hieß. Er diente dem griechischen „Volks-Herrscher" König Menelaos (laos=Volk wie in Nikos-Laos=Volks-Sieger) als Kapitän oder Steuermann. Im Nildelta soll Canopus mit seiner Besatzung gestrandet sein, vielleicht als einer der Pioniere der später regulär verkehrenden Kornschiffe im Zeichen des Südsterns gleichen Namens. Die Überfahrt von Myra nach Kanopus ging schnell, in drei, vier Tagen konnte man ankommen, aber sie war nicht ohne Risiken, besonders wenn im Herbst die Stürme einsetzten, die erst mit der Winterruhe Anfang Dezember, der Zeit des freigiebigen Heiligen Nikolaus, ein Ende finden. In Kanopus soll Canopus durch Schiffbruch einen frühen Tod gefunden haben und begraben worden sein. Goldene Böden soll es im reichen ägyptischen Kanopus gegeben haben. Im Zeichen von goldenem Korn, echtem Gold und des hell leuchtenden Südsterns berührten und mischten sich die Kulte Griechenlands, Roms, Ägyptens und Chinas. In Kanopus befand sich eines der bedeutendsten Heiligtümer des Osiris, des altägyptischen Gottes der Nordfahrten, der herbstlichen Nilflutungen, des Todes und der Fruchtbarkeitszyklen der Natur – der Wiederauferstehung.[26]

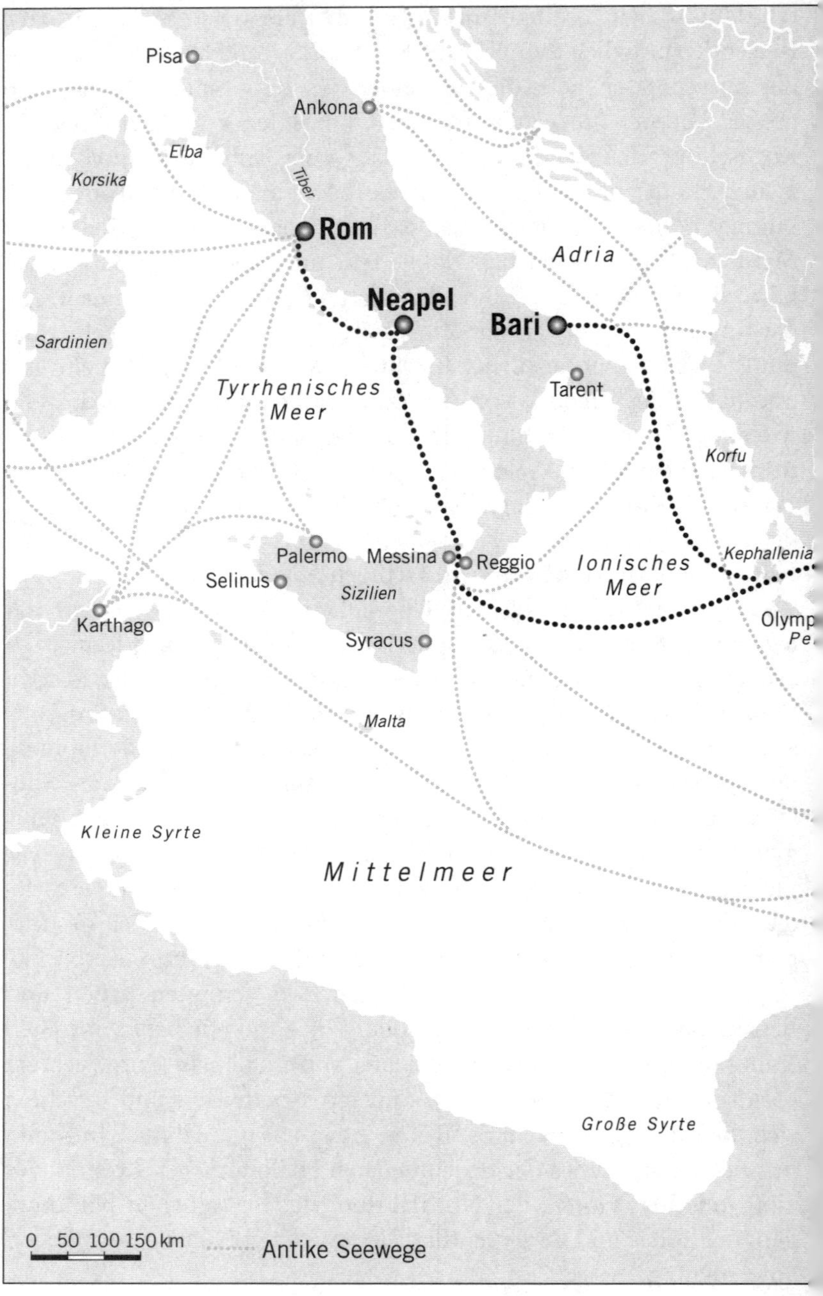

Abb. 42: Seefahrtslinien der Spätantike im östlichen Mittelmeerraum mit Myra (Kleinasien) und Kanopus (Ägypten).

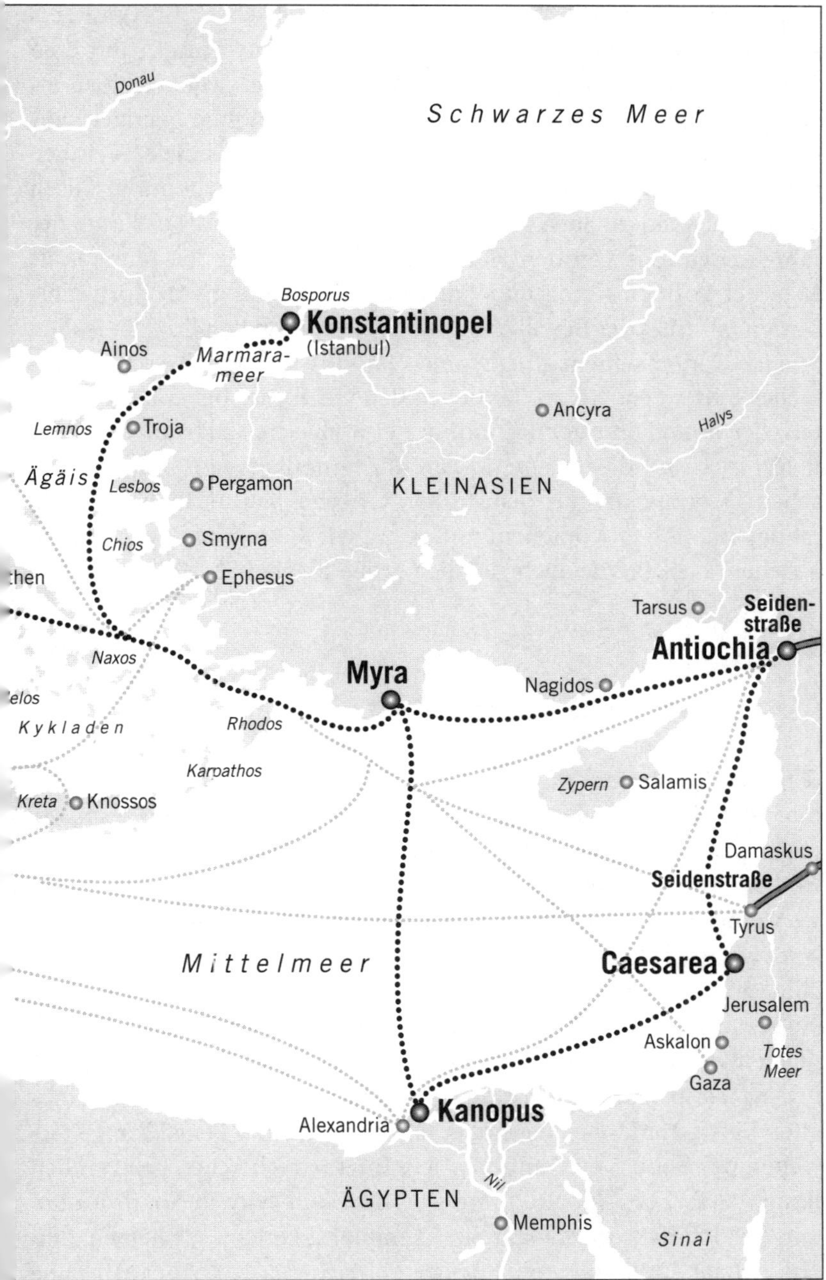
Donau
Schwarzes Meer
Bosporus
Konstantinopel
(Istanbul)
Ainos
Marmarameer
Ancyra
Halys
Lemnos
Troja
Ägäis
Lesbos
Pergamon
KLEINASIEN
Chios
Smyrna
Ephesus
Tarsus
Seidenstraße
Antiochia
Naxos
Myra
Nagidos
Kykladen
Rhodos
Karpathos
Zypern
Salamis
Kreta
Knossos
Damaskus
Seidenstraße
Tyrus
Mittelmeer
Caesarea
Jerusalem
Askalon
Totes Meer
Gaza
Alexandria
Kanopus
Nil
ÄGYPTEN
Memphis
Sinai

Auch in der antiken Vorstellungswelt des indischen Subkontinents spielt der Stern Canopus eine große Rolle.[27] Wieder ist er mit dem Wasser und dem Navigieren verbunden. Die Herrscher, so hieß es, würden zu ihm „hinabtauchen", nur so kann es ihnen gelingen, aus dem Chaos, aus den Tiefen unterhalb der Welt heraus die Maßeinheiten des Universums zu bestimmen. Das kann man nicht nur mystisch verstehen, sondern auch ganz einfach und realistisch als das Maß der Jahreszeiten, das von den Herrschern bestimmt werden musste, als Maß der Vorratshaltung im Winter, als Wegrichtung von Korntransporten, als Maß der Bevölkerungs- und Versorgungspolitik der frühen Staaten. Unter seinem alten Namen Hippos, das Pferd, ist Canopus vielleicht der erste Stern, der neben den viel früher benannten Planeten, der Sonne und dem Mond, in der arabischen Astronomie überliefert ist – und dies wiederum auf der Grundlage von indoeuropäischen Dokumenten aus dem frühen Griechenland.[28] Doch was hat all das mit hohen Köpfen zu tun, wenn wir einmal von der Tatsache absehen, dass Pferde auch ziemlich große Köpfe haben?

„This is Chinese Santa Claus"

„This is Chinese Santa Claus …" Fragend und doch ganz offen schaut mich der alte Mann an, mit zur Seite geneigtem Kopf, eine Geste, die ich auch oft auf Bildern des Gabenbringers Weihnachtsmann und auf Bildern des chinesischen Gottes der Langlebigkeit gesehen habe, wenn dieser zum Beispiel einem Kind den Pfirsich der Unsterblichkeit reicht. Er lacht mich an. Gerade habe ich bei dem angejahrten chinesischen Gebrauchtwarenhändler eine Statuette von Shou Xing ausgesucht, die erste und älteste meiner heute bald aus den Nähten platzenden Sammlung von Shou-Xing-Sachen. Sie zeigt einen länglichen, fast penisartig geformten Körper, auf dem das Gesicht eines alten bärtigen Mannes mit hoher kahler Stirn sitzt. Penisförmige Gestalten des Shou Xing kann man bei Internetrecherchen gelegentlich finden, z. B. bei „Google", unter „God of longevity in South Mountains".[29] Ich habe dort sogar ein Exemplar gefunden, das einen zum Hodenpaar umgestalteten Pfirsich bei sich hatte. In der Ausgabe

Frühjahr / Sommer 2009 des Kataloges „Schönes von Haus zu Haus“ der Firma Carl E. Schünemann in Bremen wurde ein japanischer Netsuke-Handschmeichler aus elfenbeinfarbener Kunstharzmasse angeboten, der eine Schildkröte darstellt. Ihre Unterseite ist zu einem „Gott des Glücks und des langen Lebens“ umgestaltet, der exhibitionistisch seinen Mantel aufhält – sein Kopf ist dabei zu einer extrem hohen „Eichel“ geformt, und er streckt die Zunge heraus. Man kann sich vorstellen, dass dieser Netsuke als Witzobjekt behandelt wurde, erst hält man die Schildkröte hin, dann dreht man sie plötzlich um.

„This is Chinese Santa Claus.“ Ich hielt ihm die Statuette schon zum Bezahlen hin, da hat mir der chinesische Kramhändler das Stück noch einmal aus der Hand genommen, und nun ist er derjenige, der es vor mich hin hält. Er lacht. Ich fühle mich unsicher in meiner Rolle als stiller Sammler und Käufer. Meint er die Sache mit dem Penis? Will er sich über mich lustig machen? Es ist Winter in San Francisco, und für die dortigen Verhältnisse ist es kühl geworden, um die 10 Grad Celsius. Weihnachten 1996 steht vor der Tür, auch im Chinatown der Stadt. In den Auslagen der Geschäfte mischen sich Girlanden mit „Season’s Greetings“ und Stofftransparenten mit sehr viel älteren chinesischen Segenswünschen. Seit sechs Uhr morgens bin ich schon durch Chinatown gestreift und habe viel Ungewohntes gesehen, zum Beispiel eine alte Dame im schwarzen Pyjama mit Holzsandaletten, die an einem Tragstock einen Plastikeimer mit sich führt, in dem eine Schildkröte schwimmt. Sie hat allem Anschein nach vor,

Abb. 43: Handschmeichler aus Japan mit Schildkröte und phallischem Shou Xing.

aus der Schildkröte ein Mittagessen zu bereiten – jedenfalls habe ich solche Schildkröten nur im Angebot von Lebensmittelläden gesehen. Der Genuss von Schildkrötenfleisch soll bei Chinesen angeblich das Leben verlängern. „This is Chinese Santa Claus." Damit hat mir der alte Händler alles gesagt. Ich hatte es schon geahnt, war vorgewarnt durch die Überlegungen meines Freundes Reinhard Greve, Ethnologe und Reiseführer, der mich ursprünglich darauf gebracht hatte, Weihnachtsmänner mit chinesischen und mongolischen Göttern zu vergleichen. Seitdem hielt ich die Augen auf für solche Statuetten. Irgendwann war mir auch klargeworden, dass dieser „Alte Gott" mein Leben schon sehr früh begleitet hatte, zum Beispiel in einem Chinarestaurant am Kurfürstendamm in Berlin, im ersten Stock, über der Straße. Jedes Mal, wenn ich mit dem Rad oder im Bus über den Ku'Damm fahre, halte ich Ausschau nach diesem Lokal, das es anscheinend schon lange nicht mehr gibt. Ich war glücklich, wenn meine Großmutter mal wieder beschlossen hatte, mit mir dort Chinesisch essen zu gehen. Ich war ein beschädigtes und verfressenes Kind der „fetten" fünfziger Jahre und liebte die leichten und vielfältigen und doch so wunderbar satt machenden Gerichte. Das waren dann schon die grauen sechziger Jahre in Westberlin, mitten im Kalten Krieg. Umso farbenprächtiger war die Ausstattung des altertümlich wirkenden und doch für die Westberliner so neumodischen China-Restaurants. Überall standen Keramikstatuen, lagen bunt verzierte Brokatdecken. Es hat Jahrzehnte gedauert, bis ich mich von der exotischen Kulisse lösen und in Chinarestaurants einzelne Motive der chinesischen Kunst erkennen konnte, den Buddha mit seinem dicken Bauch, das beliebte Bild der galoppierenden Wildpferde, das mich in seiner Plattheit immer berührt hat, denn auch in den Wohnzimmern mancher Westberliner traf ich auf Gemälde wilder Tiere, Pferde, Tiger, röhrender Hirsche. Und mitten in diesen Dekorationen stand auch eine Statuengruppe des hochköpfigen Alten und seiner beamtenhaften Begleiter, den Göttern des Glücks und des Guten Einkommens. Sie sind so häufig in Chinarestaurants zu sehen, dass ein Sammler vermutet, der Kult von „Fu Lu Shou" werde besonders von Chinesen hochgehalten, die Situationen des kulturellen Kontaktes und des Wandels ausgesetzt sind,[30] von Auslandschinesen, die verstärkt auf ihr individuelles Glück achtgeben müssen und ihren Gästen aus allen Nationen der Welt einen glücklichen Aufenthalt wünschen wollen. Auch das hätte „Faktor SX" mit „Faktor N" ja gemeinsam – den Multikulturalismus, das Wandern, die Weitergabe als abgekürzte und verdichtete kulturelle Flaschenpost, als Talisman, wie in der byzantinischen Legende vom Sarazenen, der ein Bild des Nikolaus aus Gold bei seinen Fernreisen entlang der Seidenstraße bei sich führt, obwohl er ein Muslim ist und bleibt. Ich habe lange Zeit gebraucht, das alles besser zu verstehen, und noch viel länger habe ich gebraucht, Chinesen nicht dauernd miteinander zu verwechseln, meine Studentinnen in Tübingen zum Beispiel. Zeitweise hatte ich dort 10 % Chinesinnen in meinen Vorlesungen, und obwohl es in diesen Vorlesungen oft um Kulturkontakt und friedliches Zusammenleben von Menschen aus unterschiedlichen Kulturen ging, habe ich ihre Präsenz zunächst als sehr befremdend erlebt. Ich habe auch den Namen des Mannes nicht erfragt, der zu mir sagte „This is Chinese Santa Claus". Ich bin ihm fremd geblieben, obwohl er das Gespräch suchte, ich habe bezahlt und nicht weiter mit ihm gesprochen, obwohl wir beide auf Englisch miteinander sprechen konnten.

In China wird die Ähnlichkeit von „Faktor N" und „Faktor SX" übrigens ab und zu deutlich diskutiert, ohne dass dies besondere Aufregung hervorrufen würde. Frau Shchus von der Bochumer Sinologie hatte schnell ein paar Zeitschriftenartikel zu diesem Thema aus ihren unermesslichen Datenbanken parat.[31] So erzählt man sich im chinesischen Internet folgenden Witz: „Angeblich glauben 70 % der amerikanischen Kinder, dass Santa Claus aus China kommt, weil auf den Geschenken, die sie am Morgen früh in ihren Socken finden, ‚Made in China' steht. … man fragt sich, ob Santa Claus und Shou Xing Xiangong (der südliche Stern des langen Lebens) Mitarbeiter derselben Firma sind. Vergleichen wir also: 1. Beide bieten Express-Lieferungen an. 2. Ihre Kunden sind Kinder. 3. Ihre Transportmittel haben dieselbe Ausstattung, beide Male sind es Hirsche. 4. Ihr Dienstalter ist ähnlich, Santa Claus heißt Nikolaus und ist über 1600 Jahre alt, ebenso ist das Dienstalter von Shou Xing … usw."[32] Bei Letzterem irren die Erzähler des Witzes ausnahmsweise, denn wir wissen, dass Shou Xing bereits vor Christi Geburt in China verehrt wurde.[33]

Chinesen sind geduldig mit uns, aus ihrer Sicht gehören wir Westler wohl eher zu den jungen Völkern. China hat schon viele Völker gesehen, sie kommen und gehen, und jetzt scheint ohnehin wieder einmal eine der vielen weltgeschichtlichen Stunden des Reichs der Mitte zu schlagen. Nachsichtig hat der Verkäufer im Chinatown von San Francisco mich angeschaut, wie man ein Kind anschaut, mit zur Seite gelegtem Kopf. Ich schäme mich heute noch dafür, dass ich ihm nicht erzählen konnte, was ich da suche in seinem Laden. Wenn er die Situation als witzig aufgefasst haben sollte, dann habe ich es nicht verstanden. Offensichtlich hatte der Prozess der Zivilisation – der uns vom kollektiven Ritual der Assimilation und Ausschließung herüberwechseln lässt zu einer individuellen und von Toleranz geprägten Sicht auf fremd erscheinende Menschen – bei mir damals noch nicht richtig Fuß gefasst, allen antirassistischen Lippenbekenntnissen zum Trotz.

Abb. 44: Der italienische Weltreisende Danilo Elia fotografierte in den 1990er Jahren das Nebeneinander chinesischer Götter und Helden.

Der Weg, der Kopf und Sex

Wie steht es um die hohen Köpfe, die wir beim Betrachten von griechischen und russischen Ikonen des Heiligen Nikolaus ebenso beobachten können wie auf chinesischen Bildern vom „Gott des langen Lebens"? Was soll die seltsame, manchmal fast penishafte Gestalt von Statuetten des Shou Xing wachrufen? Die hohen Köpfe sind in der übertriebenen Form, in der sie uns bei „Faktor SX" wie bei „Faktor N" begegnen, weder ein Merkmal der europäischen noch der chinesischen Menschen. Es scheint sich um etwas ganz Besonderes, um etwas Individuelles zu handeln. Ich habe das bisher allenfalls vage mit dem Mönchstum und Eremiten verbinden können, und wir haben schon beobachtet, dass diese Art von Kopf bei chinesischen Weisen oder Glücksgöttern (hsien-jen), sehr verbreitet ist.

„Manche … haben einen Schädel, der eine Beule zeigt. Ja, manchmal ist ihr Schädel sogar über alle Maßen entwickelt, eine Besonderheit, die sehr viel später typisch sein wird für die bildlichen Darstellungen des Gottes des Langen Lebens, Shou-hsin, eine der bekanntesten Gestalten der volkstümlichen Götterwelt. Diese übermäßige Entwicklung des Schädels ist kein Wasserkopf. Ebenso wenig soll damit außergewöhnliche Intelligenz dargestellt werden. Sie bedeutet vielmehr, dass es diesen Seligen gelungen war, ihr Hirn (das nicht als Sitz des Denkens, sondern als ein Speicher von Lebensenergie gilt) durch eigene Methoden so zu kräftigen und zu entwickeln, wie dies auch bei Fledermäusen der Fall ist. Die Fledermaus, der wir in China als Dekormotiv so häufig begegnen, ist eines der Symbole des Langen Lebens, weil man ihr eine außerordentliche Langlebigkeit zuschrieb: Sie lebt in Höhlen mit dem Kopf nach unten und nährt sich, so glaubte man, von Stoffen, die magische Wirkungen vermitteln."[34]

Also doch: die Fledermaus! Sie erscheint hier, in der Darstellung des französischen Sinologen Max Kaltenmark, nicht nur wegen ihres mehrdeutigen Namens, sondern auch wegen ihrer verborgenen Existenz und eigenwilligen Lebensweise als Symbol des langen Lebens, gar nicht unähnlich der im Westen üblichen Verbindung von Fledermäusen, Vampirismus und ewigem Leben (der Vampire jedenfalls). Was sind das für fledermaushafte „Methoden", von denen Kaltenmark spricht? Wer stellt sich auf den Kopf, dass er so herunterhängt wie eine Fledermaus, die sich mit ihren Krallen an der Decke einer Höhle verankert hat? Kopfstand als Methode kennt man eher vom Yoga, und das kommt aus Indien. „Der Yogin soll beständig sich abmühen in der Einsamkeit, allein bezähmend Sinn und Selbst, nichts hoffend, des Besitzes bar."[35] So steht es im indischen „Gesang Gottes", der Bhagavad Gita, einer Textsammlung, die aus dem 7. Jahrhundert vor unserer Zeitrechnung stammen soll. Der Yogin müht sich ab, weil er unsterblich sein will. Hier wird eine Philosophie behandelt, die körperliche Unsterblichkeit verheißt. Diese Philosophie funktioniert nicht nur über das Nachdenken, durch die Setzung von Normen und logischen Schlüsse, sondern vor allem durch körperliche Übungen. Der Religionswissenschaftler Mircea Eliade zog aus frühen Quellen zur Yoga-Meditation Folgendes: „Man trifft hier sogar die Meditationsstellung des Kopfstandes, die therapeutische Wirkungen hat; Falten und graue Haare verschwinden drei Monate nach solcher Übung." Auch heute mühen sich Hunderttausende von Yoga-Schülern auf der ganzen Welt wie Fledermäuse mit dem Kopfstand ab, auch wenn sie sich nicht in dieser naiven Weise eine direkte Verjüngung davon versprechen. „... von der Mitte zwischen den Augenbrauen bis zum höchsten Punkt des Kopfes reicht die Region des Akasha (Äther, kosmischer Raum) ...",[36] wenn man Yogaübungen zu diesem Bereich vollzieht, „erwirbt man das Vermögen, durch die Luft zu fliegen ..." Sternenschlitten, magischer Flug und die Sorge um Stabilität des Kaiserreichs oder um ein langes individuelles Leben in China, im Westen Rettung der unschuldig Verurteilten vor dem Tode, der eingepökelten Knaben aus ihrem Salzfass und Luftrettung der in Not geratenen Seeleute – wieder verbindet sich das Motiv des himmlischen Fluges mit der Idee der Unsterblichkeit oder Langlebigkeit. Und wieder zeigt sich, wie vielfältig die Quellen des chinesischen Wissens der Kaiserreiche gewesen sind. Sie stammen auch aus dem Heiligen Südwesten, aus Indien, wohin noch die Helden des mittelalterlichen Romans „Reise nach Westen" aufgebrochen sind, um, beraten von Shou Xing, dem Gott des langen Lebens, die Geheimnisse des Buddhismus zu klären und nach China zu holen. In China wurde nicht nur die Erlösungs- und Seelenreligion des Buddha importiert, sondern auch Yoga, das in komplexer Weise vor, gegen und mit dem Buddhismus entstand.

„Fu Lu Shou“: das Glück, das Geld und ein langes Leben – das Bild von Shou Xing mit den zwei Beamtengöttern des Glücks und des guten Gehaltes (Abb. 26) ist verwandt mit einer anderen Form der Darstellung, die den verknorzten Alten mit dem hohen Kopf in Begleitung zweier anderer seltsamer Gestalten zeigt: Ein manchmal bärtiger und stets gutgelaunter dicklicher Mann und ein sehr würdevoll gestreckter alter Herr, der auch keinen kleinen Kopf hat und manchmal die Kopfbedeckung der chinesischen Beamten trägt. Konfuzius, oder Kung Fu Tse, der Gründer der chinesischen Staatslehre, Buddha und Shou Xing stehen als alte Herren zusammen und beraten die Zukunft Chinas oder so – vielleicht wollen sie ja auch nur Schach spielen und einigen sich gerade auf die Regeln? Daoismus (oder Taoismus, entstanden wohl im 8. bis 5. Jahrhundert v. u. Z.) wird von Chinesen als eine der drei chinesischen Religionen bezeichnet, was man aber nicht so verstehen darf wie das scheinbar strikt getrennte Nebeneinander von Katholizismus, Protestantismus, Judentum und Islam in deutschsprachigen Gebieten der letzten zwei Jahrhunderte.

Jede der drei chinesischen Religionen hat ihre Zeit und ihre Räume: Konfuzianismus (8. bis 5. Jh. v. u. Z.) ist stets um ein friedliches Miteinander und um eine starke staatliche Ordnung bemüht. Das ist ein Gebiet, auf dem ja auch die westlichen Religionen ihre Rolle zu spielen verstehen, als „Ethik“. Buddhismus (wohl seit dem 2. Jh. v. u. Z. in China) bearbeitet dagegen die Idee der individuellen Seelenwanderung und die Askese, also die Frage nach dem Sinn des Lebens, die man sich in unterschiedlichen Lebensphasen unterschiedlich stellt, heiraten oder nicht, allein leben oder nicht. Daoismus aber steht vor allem für die Verweigerung von Sinnfragen und für den Versuch, das Leben einfach glückhaft zu bestehen, durchzustehen, zu üben und naturnah zu gestalten. Das umfasst zahlreiche Formen von dem, was in Europa unter dem Begriff „Aberglaube“ ein von den „hohen Religionen“ verachtetes, aber dafür umso nachhaltigeres Dasein führt. Es gibt daoistische Klöster, wo sich die Anhänger dieser Lehren in Gruppen zusammenfinden, aber in den Schriften der Daoisten geht es vor allem um individuelle Sucher, die mit dem Rückzug von der Welt experimentieren, mit Magie und mit Alchemie und mit sich selbst, um dann die Welt mit ihren Erfahrungen zu bereichern. Wir haben bereits gelernt, Shou Xing und Nikolaos als Götter einer verstaatlichten und bürokratisierten Welt zu verstehen, Götter, die im Rahmen dieser Systeme bereit sind, Ausnahmen von der Regel zu machen, rettend einzugreifen, das Buch des Schicksals umzuschreiben. Im entscheidenden Moment lassen Daoisten, ähnlich wie Katholiken, all dies Harte und Schwere und sogar noch die Askese des Buddhismus oder des Mönchstums fallen zugunsten einer Kultur der Individualität, des Hergebens und Aufgebens, der Erleichterung und Rettung. Hier liegt der Ausgangspunkt des Daoismus, der Lehre vom Weg, den man nur gehen kann, wenn man nichts will. Das ist nicht einfach eine alte Naturreligion, als die Daoismus in den Darstellungen der drei Götter durch Alter, Verknorztheit und den wissenden Blick seines Vertreters Shou Xing erscheint, sondern eine bewusste Rückkehr zur Natur. Das heißt, der Staat ist schon da, Daoismus ist eine Abkehr von der staatlich verwalteten Welt und die Rückwendung zu den mehr oder weniger wohlwollenden Rhythmen der Jahreszeiten und des menschlichen Lebens.

Daoistische Sucher sind bekannt dafür, dass sie sich gerne im Gebirge aufhalten, wo sie im Freien übernachten und sich ausschließlich von Wildkräutern ernähren sollen. Für den Daoismus ist alles schon da, was Menschen künstlich um sich herum aufbauen können, aber das Dao lehrt, dass es auch eine Reserve gibt, auf die man zurückgreifen kann, einen Weg (dao), den man zurückgehen kann, wenn das „Große Ganze" nicht mehr so funktioniert, wie staatliche Planer, Techniker, Verwalter, Politiker, Militärs, Wissenschaftler und Priester es sich ausgedacht haben. Kluge staatliche Planer und Staatslenker wissen, dass sie den fatalistischen „Weg" der Natur von vorneherein in ihre Planungen einbeziehen müssen: als Störfaktor SX ebenso wie als Reserve für den Fall, dass wieder einmal die weltgeschichtliche Stunde des staatlichen Kollaps schlägt.

> „Brich ab die Heiligkeit, verwirf die Klugheit!
> So kommt zum Stehn der große Raub.
> Wirf fort den Jadeschmuck, zertrümmere die Perlen!
> So kommt auch das kleine Rauben nicht auf.
> Verbrenn die Pässe, brich entzwei dein Siegel!
> So kehrt ein Volk zum schlichten Brauch.
> Zerspell' die Scheffel und reiß ein die Waagen!
> Dann wird das Volk sich ohne Streit vertragen."[37]

Die radikalen Formulierungen des Philosophen-Dichters Dschuangdse steigern den Versuch seines Lehrers Laodse, Leben und Staat voneinander abzusetzen, steigern dessen Lehren vom „Nicht-Tun" bis hin zur Weltflucht:[38] Ausweise sollen verbrannt, Beamtensiegel zerbrochen werden, damit die Dinge wieder ihren natürlichen Verlauf nehmen und Frieden einkehrt. Ob das Volk dabei wirklich immer so nett und friedlich mitmachen wird, wenn es hart auf hart kommt? Die Geschichte der Bürgerkriege lehrt etwas anderes. Aber es kann sicher nicht schaden, ein staatliches Ganzes mit Hilfe eines bewusst einkalkulierten Faktors von Entspannung, von Großzügigkeit, von Nicht-Nutzung und Nicht-Machen (Nicht-Rauben, Nicht-Raubbau an Natur und Menschen) zu führen. Das Volk braucht seinen Raum und beansprucht ihn, zum Beispiel in den Winter- und Frühlingsfesten, wenn die Versorgung kritisch wird und die Hoffnungen groß sind und demonstratives Geben das Leben unter den Menschen leichter machen kann. Um zu dieser Einsicht zu kommen, müssen die Menschen der Zivilisation zuerst einmal lernen, auf die Rhythmen ihres Körpers zu hören, denn das ist die ihnen am nächsten liegende Natur. Das ist die Botschaft, in der sich die bedeutendsten Dichter-Philosophen des Daoismus wieder treffen, der radikale Dschuangdse (oder Zhuangzi) und der gemäßigtere, letztlich eher staatstragende Laodse (oder Lao Tse, oder Laotse oder Laozi). Und hier steckt für Yogis wie für meditierende Buddhisten, für Daoisten wie für die chinesischen „Unsterblichen" der Schlüssel zum Zusammenhang zwischen Körpertechniken und den Ängsten und Festen des „Volkes" und deren Bezug wiederum zu den Problemen der Staatslenker.

> „Darum: Wer in seinem Körper die Welt pflegt,
> Dem kann man die Welt anvertrauen;
> Wer in seinem Körper die Welt liebt,
> Dem kann man die Welt anvertrauen."[39]

Daoisten begleiten die Geschichte Chinas seit mindestens zweitausend Jahren mit ihrer Lehre vom Rückzug; machen lassen (wu wei), alles aufgeben, in die Wildnis gehen und dort von den Früchten des Waldes leben, diese Option halten sie für Menschen bereit, die am staatlichen, familiären und kommerziellen Betrieb des Landes verzweifeln. Sie empfehlen Kopfstand und Verzicht auf Staatslenkung, oder wenigstens die Versöhnung „männlicher" staatlicher Rationalität mit „weiblicher" Intuition und Rhythmik: Yin („weiblich") und Yang („männlich"), in enger Umklammerung erkennen wir sie als das Bild für den Zusammenhang, über den auch Shou Xing ein Kind aufklärt (auf einer Bildrolle aus dem 17. Jahrhundert, siehe Abb. 26). Aufklärung über Leben und Tod, sei es über die Lebens- und Todesdaten, sei es über die Körperlichkeit der Fortpflanzung und Lebensverlängerung, das ist die Botschaft des Shou Xing. Dahinter verlieren sich die Berge, von denen das Wasser des Lebens in eine Landschaftsdarstellung einfließt, die uns, als seien wir schwebende Betrachter, zur Meditation angeboten wird.

Und spätestens an diesem Punkt sollten neugierige Kinder, die in diesem Buch lesen, obwohl es doch eigentlich viel zu kompliziert für Kinder ist, mal Rücksprache mit ihren Eltern halten, ob sie das hier auch schon lesen dürfen.

Ich will es kurz machen, wie es sich bei jeder Aufklärung gehört. Irgendwann muss man den Kindern sagen, welches Organ wo hineinpasst und wie durch Reibung und Fluss Menschen im Bauch der Frauen entstehen. Bei der aus indischen Quellen abgeleiteten chinesischen Kunst der Lebensverlängerung geht es um Sperma: Sperma, das im Unterbauch produziert wird und das bei rechtem Gebrauch nicht nur in der Zeugung verschwendet wird, sondern in den weiteren Körper zurückfließen kann. Der große Rückzug der daoistischen Eremiten, Philosophen und Dichter, weg vom Staat, ist auch immer dieser Rückzug vom Zeugen. Das Sperma zieht sich zurück und wandert über das Rückgrat hoch in den Kopf. Darum kann der Kopfstand aus der Sicht alter indischer und chinesischer Praktiker bei der Verlängerung des Lebens behilflich sein. Man lässt das Sperma in den Kopf wandern, wo es die Hirnsubstanz verstärkt und dadurch den Kopf größer werden lässt und das Leben verlängert. Darum zeigen indische, chinesische und viele andere asiatische Darstellungen große Gelehrte, Eremiten und Mönche, Yogis und Weise mit einem übernatürlich hohen Kopf. Auch der Buddha wird häufiger mit einer Beule auf der Stirn oder einem sehr hohen Kopf dargestellt, oder wenigstens mit einer Art Dutt auf dem Schädel. Und natürlich ist das auch so bei Laodse.

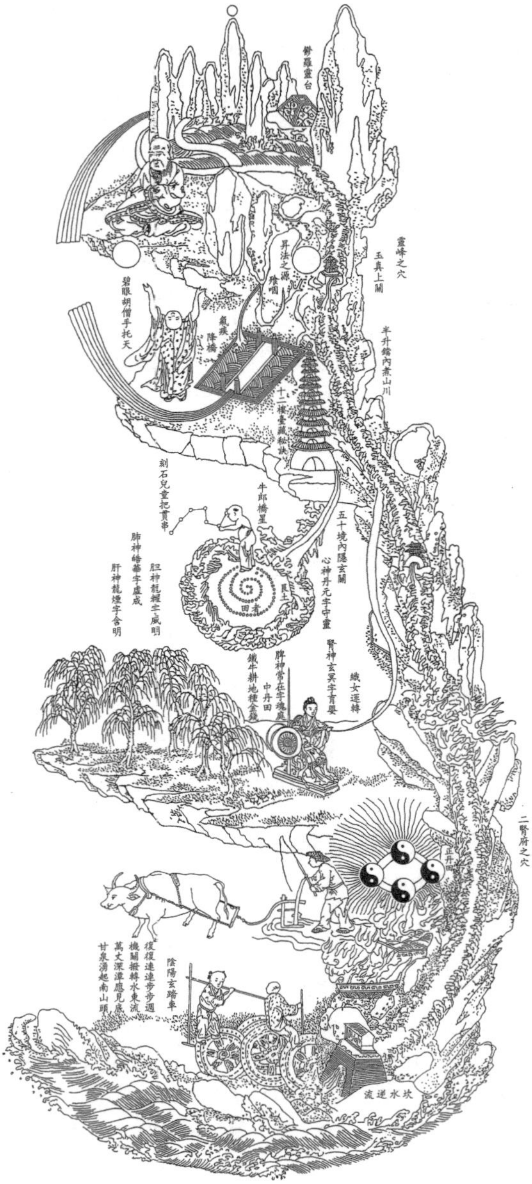

Abb. 45: „Abbildung der Innenwelten“ (nei jing tu),
Abzeichnung einer daoistischen Steintafel, 19. Jahrhundert n. u. Z.,
„Tempel der Weißen Wolken“, Beijing.

In dieser seltsamen Landschaft kann man alles sehen. Das Land ist ein Körper, mit Kopf, Oberkörper und verkürztem Unterteil. Der Körper ist aber auch ein Land mit Bäumen und Bergen, Grotten und Flächen, auf denen das Land urbar gemacht wird von einem Bauern mit seinem von einem Ochsen gezogenen Pflug, über ihm eine Frau, die wohl mit einem Spinnrad Fäden erzeugt. Das soll an weltweit verbreitete Märchen von Geduld, Entsagung und Erfüllung erinnern.[40] Im unteren Zinnoberfeld, dort, wo der Bauer pflügt, wird der Samen produziert, und er steigt hoch in den Kopf, an Därmen, Bauch, Brustkorb und Lungen vorbei. Der Weg des Wassers, der Lebenskraft wird darum in diesem Bild von nach unten ausgießenden gefassten Quellen ebenso markiert wie von nach oben aufstrebenden Pagoden. Im Kopf sitzt Laodse, im Zentrum der Weisheit, zwischen den als Kreise markierten Augen, über ihm nur noch die Berge, welche die Lebenskraft Chi oder Qi aus dem Universum aufnehmen und als weißer Schnee oder als Wasser an die übrige Welt abgeben. Laodse sieht auf dem Steinrelief aus dem „Tempel der Weißen Wolken" in Beijing schlichtweg aus wie Weihnachtsmann ohne Zipfelmütze, nicht mehr und nicht weniger.

> „Die Augenbrauen des weißköpfigen Alten hängen zur Erde herab;
> Der Arm des blauäugigen Mönchs stützt den Himmel von Unten."[41]

Unter Laodse, der mit hängenden Augenbrauen dasitzt, hat ein Mönch die Arme zur Verehrung ausgebreitet, und darunter hält ein anderer Mönch, der in einer Spirale steht, das Sternzeichen des oberen Reisscheffels in den Händen. Es ist der volle Reisscheffel, der Kleine Wagen, es ist Frühling. Aber warum heißt die Region um die Geschlechtsteile „Zinnoberfeld"? Zinnober, Cinnabarit, ist ein in der Natur auffindbares Mineral, das man in China schon seit dem Mittelalter künstlich aus Quecksilber und Schwefel herstellt. Es wurde wegen seiner leuchtend roten Farbe vor allem in der Buchmalerei und zum Färben verwendet. Rot ist das Blut und aus Blut wird Sperma. Unter dem pflügenden Bauern treiben zwei Männer vom Wasser der Berge getriebene Mühlen an, als wenn sie diesem Weg nach oben noch einmal unterwärtig Triebkraft geben wollten – es ist der Weg zurück, das Heilige Wasser soll nicht völlig in der Welt verschwendet werden. Hinter dem pflügenden Bauern leuchtete ein Viereck aus Symbolen von Yin und Yang, Jahreszeiten als unterschiedliche Zusammensetzungen „weiblicher" und

„männlicher" Kraft. Begehren, Trieb, Sperma werden in gelassene Gedankenkraft umgeformt, das ist das Dao. Als die daoistischen Theoretiker und Praktiker versuchten, den Kult des Südsterns, des Shou Xing, der am Grund des südlichen Himmels, ganz unten, seinen Bogen zieht, in ihre Vorstellungen einzubeziehen, „stilisierten sie ihn", wie Edward Schafer schreibt, „etwas pompös zur ‚Höchsten Wahrheit des Zinnoberhügels, Alter Mann im südlichen Himmelsbogen'."[42]

Harald Sorg war einer meiner Studenten, als ich noch an der Universität Tübingen Ethnologie gelehrt habe. Er wusste damals schon viel, heute weiß er noch mehr, spricht Arabisch und Chinesisch und liest die Klassiker aller eurasiatischen Körperlehren und Kampfmethoden der Vergangenheit im Original. Aber es ist mir nicht gelungen, ihn zu einem Wissenschaftler werden zu lassen. Nach seinem Studienabschluss hat Harald lange als Dolmetscher für chinesische Qi-gong-Lehrer gearbeitet, die ihre Meditationstechniken und Übungen einem deutschen Publikum zu vermitteln versuchen. Heute lehrt er einen eigenen Stil, der das militärische und „verstaatlichte" Moment aus den Lehren seiner strengen Meister auf das Einfache reduziert und über Abkürzungen des verschlungenen chinesischen Weges (Dao) zurück zum indischen Yoga findet. Harald schleppte eines Tages Kopien des Steinreliefs aus dem Pekinger „Tempel der weißen Wolken" zur Sprechstunde, und ich werde den Moment des schlagartigen Verstehens nicht vergessen, in den ich damals geriet. Die Gleichsetzung heiliger Körper mit irdischen Landschaften, die Gleichsetzung von Meditation und Bewältigung der Jahreszeiten, von körperlichem Individuum und Gesellschaft war schon damals mein großes Thema.[43] Heute noch wandern wir, wenn Harald uns in Berlin besucht, durch die mehrdeutigen Landschaften des Bildes aus dem Pekinger Tempel. Im Gespräch mit meiner Partnerin Britta Heinrich, die eine Praxis für Körperarbeit in Berlin unterhält, erkunden wir Wege zwischen westlicher wissenschaftlicher Physiologie und östlichen Lehren über Körper und Welt. Wir können endlos fragen, Harald kann endlos darüber erzählen.

Die alten Inder und Chinesen haben andere Wege des Umgangs mit körperlichen Energien und mit Sexualität entwickelt, einen Weg jenseits des im Westen üblichen Gegensatzes von „freiem Ausleben" und „Zurückhalten". Die Karriere als Eremit, der Rückzug vom Leben ist eine Option von vielen. Man zieht sich zurück vom Zeugen und vom Leben und sammelt an, man erfährt sich selbst und verlängert das Leben. Doch das ist nur eine Variante. Viele Anhänger yogischer und daoistischer Lehren haben geheiratet und Kinder gezeugt, daoistische Priester der letzten Jahrhunderte haben meist feste Partner. Die alten Inder und Chinesen waren nicht verklemmt, aber auch nicht so enthemmt, wie man sich das lange im Westen vorgestellt hat. Man konnte leicht auf solche verfehlten Ideen kommen, weil die chinesischen und indischen Abbildungen zu Themen wie Sperma, Sex, Weiblichkeit an Deutlichkeit nichts vermissen lassen. Das Andere des östlichen „Weges" liegt irgendwo zwischen all dem, wie uns auch der bedeutendste ethnologische Forscher zum Daoismus erklärt, Kristofer Schipper, der viele Jahre als daoistischer Praktiker und Priester in Taiwan und China gelebt hat. Für die alten Chinesen und ihre heutigen daoistischen Nachfolger, schreibt Schipper, war Sexualität problematisch und riskant. Das wird deutlich, wenn man bedenkt, dass zu den klassischen chinesischen Unsterblichen, die durch alle möglichen „Methoden" ihre Körper umgestalten, auch eine Vampirin gehört, die beim Sex mit einer Unzahl von Männern deren Samen eingesogen hat und dadurch zum Himmelswesen wurde.[44] „Unter den grundlegenden Geheimnissen des langen Lebens sind die wichtigsten die Geheimnisse des Schlafzimmers."[45] Sex gilt als Vereinigung der Grundgegensätze Yin und Yang, und auch aus der Sicht der Männer des Daoismus sollte er einverständlich und mit Lustgefühlen für beide Beteiligten geschehen – das ist der scheinbar„freie" Aspekt alter chinesischer Sexuallehren. Aber es geht in den überlieferten Schriften eben doch immer nur um die Männer, und wirklich gesund ist Sex für die Männer, wenn sie ihren Samen so oft wie möglich zurückhalten, also das tun, was wir im Westen mittlerweile als „Tantra-Sex" kennengelernt haben. Sexualität war also „niemals ‚natürlich' und unproblematisch in China",[46] es gab nur eine eigenwillige Lösung, die Hingabe und gleichzeitige Nicht-Hingabe des Mannes im Verkehren, Einhalten und Nicht-Zeugen, das sich bei den daoistischen Mönchen und Eremiten dann in einer endlosen einsamen Erkundung des eigenen Körpers fortsetzen konnte. Von hier bis zu Shou Xing als Potenzprotz in der Kunst der Ming-Militärdiktatur ist es nicht so weit, wie es erst einmal scheinen mag. Durch die Meisterung der inneren Triebe, die doch auch erotische Selbstwahrnehmung, weibliche Orgasmen und einen sexuellen Dialog zulässt, entsteht angeblich eine besondere Attraktivität. Gold und Zinnober zieren die Körper der daoistischen Unsterblichen. Das kommt anscheinend auch in Byzanz gut an, wo man das Bild vom enthaltsamen Bischof von Myra entworfen hat, der mit goldenen Kugeln die Verheiratung und Fortzeugung seiner jungfräulichen Nachbarinnen anregt. Bei den europäischen Nachahmern der chinesischen Alchemie, im Mittelalter und in der Frühen Neuzeit, wird das vor allem als chemisches Experiment mit dem „Goldmachen" ankommen, den körperlichen Sinn hinter der Sehnsucht nach Gold haben die europäischen Alchemisten wohl nicht voll erkannt.[47] Golden ist das „Jung-Sein", das möglichst endlos halten soll. Es geht mit der Erleichterung des Körpers einher, mit Hilfe der in Kopfkräfte umgewandelten sexuellen Energien hebt der Körper ab, um zu schweben. Der Traum vom Fliegen ist im Zeichen des Südsterns das Ergebnis einer besonderen Einstellung zur Sexualität – noch im Emanzipations-Bestseller von Erica Jong überwindet ausgelebte weibliche Sexualität die „Angst vorm Fliegen". Ein Han-zeitliches Palastgedicht beschreibt, wie sich die Hofdamen erregt versammeln im Schein des Südsterns. Canopus ist aufgegangen. Der Kaiser hat jetzt nicht nur allgemeinen Wohlstand und abstrakten Frieden zu bieten, sondern auch sehr irdische Freuden.[48]

Wenn der Kaiser dabei seinen Samen zurückhält, wird er vielleicht einen hohen Kopf haben und unsterblich werden. Diese Botschaft ist im Westen angekommen: Der Zusammenhang zwischen Unschuld und Gutmenschentum ist bei Nikolaus, Weihnachtsmann und Santa Claus zentral. Der Regisseur Roger Vadim legte am Ende seines Filmklassikers „Und ewig lockt das Weib" (1956) einem zum verzichtenden „guten Onkel" heruntergekommenen Curd Jürgens Folgendes in den Mund: „Das Weib macht den Mann unglücklich … Lieber bin ich Weihnachtsmann als unglücklich."

Die Kaiser werden erst zu Daoisten und dann zu „vollständigen Schamanen, … mit den Sternen vertraut", wie Edward Schafer schreibt: „Sie begegnen den Gestirnen direkt und offen, auf nachbarschaftliche Weise, ja, sie beuten die Sterne für ihre trivialen Zwecke aus und lassen sie dadurch kleiner erscheinen, als sie sind. Manchmal muss man an amerikanische Zeichentrickfilme denken, wenn man das liest, an Bugs Bunny, der mutwillig durch den Mondstaub saust.

Unsere geisterhaften Helden machten Kometen zu ihren Schwertern und zu ihren Flaggen, tranken parfümierten Wein vom Kleinen Wagen oder brachen ihm die Deichsel ab, um sie als magischen Dolch zu verwenden."[49] Man schürft Paradiesminerale und baut Himmelspaläste, denen wieder ganz reale Palastarchitekturen auf der Erde folgen werden. Ein daoistisch inspiriertes Buch aus dem Jahre 1116 zeigt Fußspuren, die ein Eingeweihter auf seinem Weg durch den Kleinen Wagen hinterlassen haben soll, und gibt damit eine Art Reiseführer für künftige Sternenreisende ab. Innen und Außen sind nun verschmolzen, aus dem kaiserlichen Kult um die Winterfeste, mit dem der Staat zeremoniell und zugleich praktisch unterhalten werden sollte in „Brot und Spielen", ist ein Spiel der daoistischen Praktiker mit der Unendlichkeit ihres inneren Erlebens und ihrer körperlichen Landschaften geworden. Vom technischen Flug, wie ihn der Westen erfunden hat, sind wir weit entfernt, aber dabei sollte man nicht vergessen, dass die mittelalterlichen Chinesen bereits Raketen und Flugdrachen kannten, mit denen man auch Menschen befördern konnte, wenn es sein musste. Ihre Landschaftsmalerei war durch raffinierte Spiele der Perspektiven auf ein Erlebnis des Schwebens eingestellt.[50] Den Rest der Technik-Geschichte des Fliegens konnten die Chinesen sich leicht ausdenken oder eben schon mal lange vor deren Realisierung in Meditationen ausprobieren.[51] Grundlage dieser Sternenkünste ist der bewusste Umgang mit dem eigenen Körper. Daoistische Eingeweihte praktizierten auch „Hirn-Astronomie", wie Schafer es nennt, zu der sie die Sterne gar nicht anzuschauen brauchten. Sie setzten sich in einen dunklen Raum und drückten sich auf die Augen, dann „konnten sie machtvolle Sternenformationen als Punkte farbigen Lichts erkennen … diese inneren Sterne wurden auch ‚Geisterlichter' genannt."[52] In den westlichen Wissenschaften hat man erst vor wenigen Jahren begonnen, solche inneren Universen im Dunkeln und unter Druck auf den Augapfel zu erforschen, und man ist eigentlich noch nicht viel weiter gekommen, als dass man sie nun „Nachbilder" oder „entoptische Phänomene" nennt, also „innere Lichterscheinungen".[53] Es gibt eben Landschaften, in denen sich chinesische Literaten besser auskennen als westliche Wissenschaftler. Wissen über das, was „gleichzeitig im Gehirn und im Weltraum passiert, entsteht nicht durch den Zugriff mit Instrumenten und Tabellen, nicht auf ‚Befehl', sondern durch geduldiges Warten."[54]

Im Kern der Kultur der inneren und äußeren Wanderungen, des „Weges" (Dao), stehen die „Geheimnisse des Schlafzimmers". Männliche daoistische Eingeweihte müssen warten können, wenn sie dem näher kommen wollen, was man unter dem Begriff „Yin" als ein abstraktes weibliches Prinzip versteht. Diese Lehren haben sich, was den Südstern angeht, auch in der arabischen Astronomie verbreitet, und vielleicht ist dies auch der westlichste Punkt, an dem wir den Sternenkult des „Alten" bisher verfolgen können. In der arabischen Astronomie wird „Suhail" der „friedliche" oder der „strahlende" Stern genannt. Ein weiterer alter arabischer Name für Canopus ist „al fahl". Das bedeutet zunächst einmal „Kamelhengst" und knüpft direkt an den ältesten diesseits von China überlieferten Namen des Canopus an, „hippos", der Hengst. Wir erinnern uns, wie unruhig dieser Stern am Himmel erscheint und wie schnell er über den südlichen „Boden" zieht. Doch „al fahl" wird weiter auch mit einem weißen Kamelhengst verglichen, und der Vergleich wird dann weitergeführt: Es ist ein alter Kamelhengst, der nicht mehr zur Begattung fähig ist und darum von den Weibchen auch während der Schwangerschaft und Stillzeit in ihrer Nähe geduldet wird. Brünstige Hengste dagegen werden weggebissen.[55] Stark, aber schwankend leuchtet Canopus am Himmel, nachhaltig, all das aber nur im Winter – und er wird damit zum Bild eines langen Lebens, das sich nicht allzu schnell verausgabt.

Wir sind bei Eunuchen und Mönchen gelandet, bei Eremiten und vielleicht auch bei Vampiren. In Ost und West spielen sie ihr ernsthaftes Spiel mit Männlichkeit und Trieben, manchmal geht es gut, manchmal nicht, und das in der einen wie der anderen Richtung – ein entlaufener und verheirateter Mönch, Martin Luther, hat die Weltreligion des Protestantismus begründet, und die Bilder großer Welt-Verneiner inspirieren die östlichen Religionen wieder und wieder von Laodse und Buddha bis Gandhi. Mönche bildeten lange die Menschenreserven vieler alter asiatischer Gesellschaften, vor allem dort, wo es auch Viehnomadismus gibt. Vielleicht hat das damit zu tun, das diese zerbrechliche Form der Ökonomien besonders große Sprünge in Sachen Krise und oder Aufstieg durchmachen können. Eine auf Viehwirtschaft basierende Gesellschaft kann in ein paar dürren Jahren schnell alle ihre Reserven verlieren oder in ein paar guten Jahren ins Übermächtige anwachsen.[56] Wiederholt haben sie die „Zivilisationen" Chinas, Indiens und Europas mit ihren Reiterheeren überschwemmt. Mönchstum kann eine mehr oder weniger friedliche Parallele zum Soldatentum sein, und beides kann sich ergänzen und abwechseln. Mönche ziehen sich vom Familienleben und von der Fortzeugung zurück und bilden so eine große, aber anspruchslose Menschenreserve. Für sich genommen muss in jedem Mönch ein Eremit stecken, ein Mann, der sich vom Alltagsleben zurückzieht. Mönche und Eremiten können aber auch in Widerspruch geraten, alle Organisationen, auch die Orden und Kirchen, haben Probleme mit verschrobenen Typen, die eigentlich bei gar nichts mehr mitmachen wollen und nur noch mit Gott Umgang haben. Die abgesondert lebenden daoistischen Eremiten stehen damit auch weit außerhalb der kaiserlichen Kontrolle. Letztlich muss man wohl so gutmütig sein wie ein großes Kind, um dieses Leben zu ertragen, oder so enttäuscht und kauzig wie ein alter oder auch gar nicht so alter Mann, der sich nach einem abwechslungsreichen und anspruchsvollen Beziehungsleben lieber dem Wein, den Büchern oder einem Hobby zuwendet als den Frauen. Jeder Mann hat diese Option, so schmerzhaft sie auch für ihn sein mag – ohne Frauen und ohne Kinder leben, ganz und gar ohne Streicheleinheiten und Sex leben, mit wem auch immer, mit Frauen oder Männern. Jede Frau hat dieselbe Option, und auch darum rankt sich ein ganzer Kreis von weltweit verbreiteten Mythen und Ritualen der Blutungen, der sexuellen Enthaltsamkeit, der Verweigerung von Lust und all dem Unglück, das Sex für uns bedeuten kann.[57] Und jede Form von weltlicher Macht muss mit den nicht ungefährlichen Potentialen der in den Klöstern angesammelten Mönche oder Nonnen rechnen, und mehr noch mit einzelnen Männern und Frauen, die sich „mir nichts dir nichts" den gängigen Ordnungen des Alltags entziehen. Die Bilder und „Stars" des eremitischen Lebens an sich zu ziehen ist ein wichtiges Kunststück jeder Form von Macht, die noch leicht zerbrechlich ist, noch nicht auf einem voll parzellierten Gemeinwesen thront. Und wenn die Macht dann die ganze Gesellschaft durchdrungen hat, flocken am unteren Ende erst recht die Kräfte aus, die sich mir nichts dir nichts zum Geben entschlossen haben, die immun geworden sind gegen materielle Güter oder gegen die Sicherheiten von Staat und Familie. Das Volk liebt sie und nimmt gerne ihre Gaben an. Besonders die Familien entlasten sich auf diese Weise vom Gewicht der Verantwortung für ihre widersprüchliche Doppelbindung, für familiäre Anziehung und Absonderung. Diese Spannung löst sich in der Gabe, die anonym bleibt und nur einen seltsamen Alten als Urheber hat: Frohe Weihnachten! Langes Leben! Season's Greetings!

Unsere Untersuchung der asiatischen Kulte führt nicht nur auf viele Ähnlichkeiten und einige gewichtige Unterschiede zwischen dem chinesischen Alten vom Südpol und dem nordamerikanisch-europäischen Alten vom Nordpol, sondern auch zu einer Erhellung der westlichen Kulte durch die östlichen Kulte und umgekehrt. Ohne unsere Kenntnis der europäischen Winterkulte um Nikolaus könnte man den winterlichen Aspekt des chinesischen Kultes um den Südstern leicht übersehen, er tritt im Osten nie so krass in den Vordergrund wie z. B. in den Knabenbischofsspielen des europäischen Mittelalters, die zum Ursprung des heute weltweit verbreiteten winterlichen Santa-Brauchtums werden sollten. Und ohne das bisschen Wissen, das ich hier um die östliche Alchemie des hohen Kopfes zusammengetragen habe, hätten wir nicht verstanden, wie viel auch Weihnachtsmann und Santa mit Mönchen, Eremiten und mystischen Schamanen zu tun haben, wie wichtig auch für die Europäer und Nordamerikaner das Spiel vom Rückzug aus der Welt ist und von der Rückkehr in die Welt. Santa auf seinem Nordpol bekommt dadurch eine neue Dimension.

Gewiss, man hat Santa auch eine Frau angedichtet,[58] die am Nordpol mit ihm und den Zwergen Geschenke bastelt. Aber in der überwiegenden Mehrheit der Bilder und Erzählungen lebt er allein. Allein erfreut er sich seiner Coca-Cola, allein dirigiert er die Zwerge, allein oder gerade mal in Begleitung des schmutzigen wilden Ruprecht zieht er seine Kreise durch die winterlichen Straßen, allein, allein. Darum kann er ein Kind und zugleich ein alter Mann sein, ohne Zwang und Mühe kann man das aus seinem Gesicht herauslesen, man braucht dazu nicht Guan Lu sein, der das Schicksal seiner Mitmenschen an deren Gesichtern erkennt. Laodse wird manchmal mit „Alter Herr" übersetzt oder auch „Alter Meister", im „Lao" erkennen wir ja den Alten aus der Dreiheit der Glücksgötter („Fu Lu Shou") wieder. Er wird nicht nur „Shou Xing" genannt, der „Stern des langen Lebens", sondern auch „Nan Ji Lao Ren Xing", der „alte Mann im südlichen Stern" (lao = Alter, xing = Stern). Die Geburt des Dichter-Philosophen stellte man sich wohl so vor: Wie Shou Xing wird er nach einer Schwangerschaft von vielen Jahren geboren, wie der Heilige Ni-

Abb. 46: Vergleich von Shou Xing und dem orthodoxen Nikolaos mit Weihnachtsmann und Santa Claus .

kolaus ist er dann schon fertig, ein Erwachsener. Laodse aber soll nach einer Schwangerschaft nicht nur von neun oder zehn Jahren wie Shou Xing, sondern von neunmal neun Jahren geboren worden sein, nach 81 Jahren also, was ein wenig an die Zahlenspiele erinnert, die der alte Nan Dou unter seinem Maulbeerbaum mit dem Geburtsdatum von Yan Chao anstellt. Laodse wird geboren, steht auf und geht, vergeblich ruft seine Mutter hinter ihm her, er geht und sie stirbt, im Grunde hat er sich selbst geboren und war seine eigene Mutter. „‚Alter Herr' ist der Titel einer Respektsperson. Doch in Wahrheit ist sein Name ‚Altes Kind'."[59] Dieses alte Kind zahlt mit seiner Einsamkeit einen hohen Preis für das jung-alte, im Grunde ewige Leben – auch im

Westen kann man sich nicht vorstellen, dass Santa Claus oder Weihnachtsmann einmal sterben würden.

Mit diesem Wissen können wir die Pyramide der Zusammenhänge zwischen Körper, Ritual und Staat wieder aufstellen, die wir schon für die europäischen und kleinasiatischen Wintergötter entwickelt haben. Unten, an der Basis, steht nun die Ursache der hohen Köpfe, die Regulierung jener körperlichen Triebe, die auch das Geschehen um Weihnachtsmann am unteren Ende der Pyramide der europäischen Machtverhältnisse ausmacht. In China geht es um individuelle Wünsche für ein langes Leben, die in Neujahrsgrüßen und Geburtstagsgaben formuliert werden. Diese individuelle Perspektive steht im Wechselspiel mit den Versuchen der Kaiser, den Lauf der Natur, der Zeit, der Jahreszeiten zu regulieren, indem sie mit ihren Opfern unermessliche Himmelserscheinungen in ein Verhältnis von Berechnung und Dialog zu ziehen versuchen. Und über all dem, um all das herum drängt die Konstante der eurasiatischen Geschichte, die ewige Auseinandersetzung zwischen den „Barbaren", den viehzüchtenden halbnomadischen Völkern des Nordens und Arabiens mit den bäuerlichen frühen Staaten, den „Zivilisationen" – gerade so, wie das für das westliche Drittel Eurasiens ausgemachte Problem der militärischen Bedrängung von Byzanz, der Türken. Der schnelle Wechsel einer großen Zahl junger männlicher Menschen von der Karawane ins Kloster (oder die Klosterschule), von dort in die Armee und vielleicht zurück zur Karawane oder zum Hirtenzug spielt dabei eine große Rolle. Nicht umsonst gelten fernöstliche Mönche und Eremiten auch als Kenner der Kampfkunst. In Ost wie West hat diese Auseinandersetzung oft dazu geführt, dass die beiden Seiten sich einander angeglichen haben, zivilisierte Barbaren stoßen auf barbarisierte Zivilisationen, die Geschichte Chinas mit ihrem steten Gegensatz von mongolischen und von einheimischen Herrschergruppen kann man genau so lesen.[60] Neben dem dauernden Wechsel der Macht in China stehen die Mongolenstürme, die Europa aushalten musste, später die Gegenbewegungen der grausamen Kreuzzüge, die Türkenkriege und die interne Barbarei des Dreißigjährigen Krieges und schließlich die überseeische militärische und ökonomische Expansion der Europäer und Nordamerikaner, von der viele glauben, dass sie heute an einen Endpunkt gelangt ist und dass nun wieder der Aufstieg des Ostens begonnen hat.

Außenpolitiken
Barbaren / Zivilisierte
Inder und Chinesen / Mongolen und Sibirier

Innenpolitiken
Kollektiver Kult des Südsterns
Kaiserliche Wintervorräte und Zeremonien

Körperarbeit
Individueller Kult des langen Lebens,
hoher Kopf, Eremitentum, meditative Arbeit am
eigenen isolierten Körper

Hinter diesem Dreierschema zeichnet sich ein anderes ab, das von vielen Historikern der alten Gesellschaften von Antike bis Mittelalter verfolgt wird: Bauern, Priester und Krieger.[61] Man kann die beiden Schemata auch in eine Formulierung umsetzen: Eurasiatische Kriege und Bewegungen treiben das Auf und Ab von Staatengründungen und der Zerstörung von Staaten an. In diesem von Klima und Geographie, Technologien und Bevölkerungsentwicklung grundierten Rahmen spielen sich die Innenpolitiken der einzelnen Gebiete oder Reiche ab. Die Krieger müssen die Ängste der Bauern ernst nehmen, ihre Rituale der Rückversicherung durch Gabentausch und ihre Erfahrung der Jahreszeiten. Könige müssen zwischen Bauern und Kriegern vermitteln. Priester, Mönche, Schamanen, Alchemisten, Astrologen, Gelehrte, Künstler oder Magier entwickeln und unterhalten Körpertechniken, welche die Interessen beider Seiten widerspiegeln – die eiserne Disziplin und Todesverachtung der Krieger ebenso wie die Riten der Bauern, die den Rhythmen der Natur gerecht zu werden versuchen. Jede dieser Gruppen hat ihre Eigendynamik, die Krieger wollen die Expansion und am Ende die Pension, die Bauern wollen überleben und sich fortpflanzen, die Gelehrten wollen in Ruhe gelassen werden. Jede soziale Klasse muss Abstriche machen bei dem großen Kompromiss, den man Zivilisation nennt. Auch das Eremitenleben, das zurückhaltende Leben des Asketen darf nicht zu häufig werden, damit sich der Kreis von Yin und Yang wieder schließen kann. Bei den traditionellen Buddhisten folgt auf die Zurückweisung des Lebens manchmal eine Gegenbewegung zur Gegenbewegung, eine Rückkehr – aus „Rück-Sicht" auf die schwächeren Seelen, die noch dazulernen müssen und sich nicht abwenden können ohne fremde Hilfe.[62] Also müssen die Weisen ihre Unsterblichkeit austeilen an das Volk, und sei es nur in der einfachen Form von Äpfeln oder Pfirsichen. Wenn alle nur noch über ihre eigenen Körper meditieren, werden keine Kinder mehr entstehen. Das ist die einzige Idee, die der daoistische Eremit bei seinem langen Aufenthalt in der Wildnis entwickelt hat in seinem durch sexuelle Zurückhaltung höher und höher gezüchteten Kopf. Der kleinasiatische Bischof Nikolaus ist durch seine mönchische Grundhaltung auf dieselbe Idee gekommen: alles herschenken, Gold, Geld, Korn, säckeweise gute Gaben, alles verteilen über die parzellierten Familien der Welt, damit sie nicht selbst zu Eremiten werden. Der Rückzug vom Leben bringt diese asketischen Männer gerade erst auf die Idee, dass sie die angesammelte Substanz verschenken müssen. Das soll Frieden schaffen, in den Familien, im Staat und zwischen den Weltteilen.

4. Wandernde Rituale und Bilder

Von Borkum bis Ulan Bataar

Endlich haben wir den richtigen Platz gefunden, um das abschließende Ritual des Klaasohm beobachten zu können. Dazu mussten wir uns durch die Menschenmenge kämpfen, im Zentrum der Inselortschaft Borkum, wo mehrere Straßen in der Form eines großen „D“ zusammenlaufen. Dort ragt eine Litfaßsäule aus der Menge heraus. Drei maskierte Gruppen sind eingetroffen, die kleinen, die mittleren und die großen Klaasohms mit den Wiefkes (von Männern gespielten Frauen des Klaasohm) und den Vorlöpern (sie lenken die Masken, denn durch den Kopfputz hindurch kann man nicht gut sehen), den Büssenträgern (die beim Heischegang die Spenden einsammeln, indem sie laut und lästig mit ihren Büchsen klappern), den Moppenträgern (die Honigkuchen aus großen Säcken verteilen) und anderem Gefolge. Mühsam krabbeln, klettern und ziehen sich die Maskierten hoch auf die Litfaßsäule, um die sich das Volk der Nordseeinsel versammelt hat. Die Maskierten werfen die letzten Brocken und Krümel von „Moppe“ herunter in die Menge, schütteln die Säcke der Moppenträger über der Menge aus. Alles soll verschenkt werden. Wir stehen auf einem Gartenmäuerchen und können so das Geschehen über die Köpfe der anderen Menschen hinweg beobachten. Manchmal muss ich mich an Britta festhalten, denn ich bin krank, wie krank, das weiß ich zu diesem Zeitpunkt zum Glück noch gar nicht. Auf dem Gartenmäuerchen gegenüber haben sich bereits zwei ältere Männer postiert, sie tragen Kuhhörner mit sich, wie so mancher Teilnehmer am Klaasohm-Fest, auf denen trompeten sie jämmerlich herum. Der Lärm der Menge ist erfüllt vom Klang all der Kuhhörner, aber die beiden gegenüber haben besonders lange, gewundene, altertümliche Exemplare dabei. Schaurig klingt der Ton ihrer Trompeten im scharfen Wind der Nordseelandschaft. Es ist der fünfte Dezember, nachts, nach dem langen Heischelauf der Masken durch die Kälte, immer im Kampfspiel mit den jungen Frauen, die sich zum Teil gut vorbereitet haben: dicke Seemannspullover, Pudelmützen und manche haben sich sogar den Hintern ausgepolstert mit Zeitungen, damit die Begegnung mit Klaasohm nicht allzu schmerzhaft verläuft. Denn er will sie schlagen mit seinem Kuhhorn, und das ist manchmal mit Sand gefüllt. In einem Ritual, das vielleicht vom Stage-Diving der Popstars oder von den Gewohnheiten der Fußballplätze auf dem Festland abgeschaut ist, werden sich die Masken gleich von der Säule in die Menge fallen lassen, und dann ist das Fest vorbei. Doch der Klang der Hörner zieht mich diesmal stärker an als der kurze Flug der pittoresken Gestalten durch die schwarze Nacht. Vielleicht kommt das, weil ich krank bin und ich es nicht weiß. Der dumpfe Ton der Trompeten aus Kuhhorn zieht mich hinab in eine Spirale des Unwohlseins, mitten im Lärmen und Feiern gerate ich in eine düstere Stimmung, und doch warte ich auf die nächste Tonfolge, auf nichts anderes mehr. Und auf einmal wird mir klar, wo ich das Geräusch der primitiven Trompeten schon einmal gehört habe, eine Musik kann man es wohl nicht nennen, woher ich diese Mischung aus Klage und Kampfruf kenne, skandierend von höheren zu niedrigeren Tönen wie ein schauriges Gelächter. Das ist der Tsam.[1] Zum Tsagan Sar (weißer Mond), zum mongolisch-tibetischen Neujahrsfest, wird dieses große Maskenspiel aufgeführt, am Ende des Winters, in der kältesten Jahreszeit, meist im Februar. Der Tsam ist von Trommeln und von altertümlichen Posaunen begleitet, deren Musik dem klagenden Ton der friesischen Kuhhörner ganz erstaunlich ähnlich ist. In Tibet sind es die althergebrachten Knochentrompeten (rkang dung) oder deren Nachbildung aus Metall (dbang dung),[2] auf Borkum sind es die Trompeten aus Kuhhörnern, welche die Schlachtereien der Insel das ganze Jahr über immer wieder beschaffen müssen. Die tibetischen Trompeten oder Tuben bestehen meist aus Menschenknochen, das ist möglich durch die lamaistischen Bräuche der Luftbestattung auf Plattformen, bei denen das weitere Schicksal der Knochen, als eine Art ehrfurchteinflößender Müll, völlig vom Schicksal der weiter wandernden Seele getrennt wird.

Neujahrsfest, Tsam-Tanz und auch die Musik der Knochentrompeten sind eins, so heißt es jedenfalls heute noch in den gängigen Beschreibungen „der" mongolischen Folklore.[3] Zu Hause werden an diesem Tag die Alten unterhalten wie im China der Han-Periode, man trinkt frische Pferdemilch und es gibt ein Festessen, wie es in Europa zu Weihnachten üblich ist. Und draußen, auf Plätzen und in den Höfen der großen Klöster, spielt stunden- und tagelang der von lamaistisch-buddhistischen Mönchen aufgeführte „Tsam". Zum mongolischen und tibetischen Nationaltanz Tsam gehört auch Tsagan Ebügen, der Weiße Alte. Er leitet die Aufführung von Masken mongolischer Dämonen ein. Das Fest wird häufig als ein schamanistisches Ritual der Vertreibung und Integration böser Geister des Leidens, des Winters verstanden. Auch die Knochentrompeten finden hier ihre Erklärung, sie stehen jetzt für die Todesangst und den rituellen Tod des

Abb. 47: Der „Weiße Alte" mit einer Gruppe von Dämonenmasken des mongolischen Tsam-Rituals, 1891.

Schamanen, der es versteht, ins Jenseits zu reisen, um von dort verlorengegangene Seelenbestandteile der Menschen zurückzuholen.

Aber der Tsam hat schon seit Jahrhunderten einen Rahmen im lamaistischen Buddhismus der Mongolen und Tibeter gefunden. Mönche des tibetisch-mongolischen Lamaismus nutzen die Gelegenheit, um dem „einfachen Volk" den quälenden Gedanken an die Verletzlichkeit und Verlorenheit des einzelnen Menschen nahezubringen – und an die Erlösung durch Seelenwanderungen und das Aufgehen im großen Atem des Nirwana. Die Masken zeigen alle Schrecken der Erde in Form von riesigen Tiermasken, die mit düsteren Fahnen und Bändern verhängt sind. Die Knochentrompeten sollen an den Tod des Körpers und an die Chancen der Seele erinnern.

Nach dem Untergang der Sowjetherrschaft wurde in Ulan Bataar der Sukhbataar-Platz mit konzentrischen Kreisen ausgemalt für dieses Fest.[4] Denn wie die Borkumer am „D" schließen auch die Mongolen beim buddhistischen Neujahr in der Kälte den Tsam mit einer Kreisbewegung ab. Erst kommt der Weiße Alte mit seinem ausgebeulten Kahlkopf, mit weißen Haarsträhnen und überlangen weißen Augenbrauen. Der weiße Bart fliegt bei seinem jungenhaften Tanz, leichthändig schwenkt er den schweren Stock mit Drachenkopf. Das Gesicht zeigt das schönste Kindchenschema, aber auch der Rest ist ziemlich agil und jugendlich. Dann kommen die Dämonen, der Weiße Alte führt sie ein, manchmal sind es vier, fünf Meter hohe, gehörnte Masken, die von mehreren Trägern, Vor- und Nebenläufern getragen und gestützt werden müssen. Es sind vermenschlichte Hirsche, Stiere und Drachen, die Verkörperung aller zerstörerischen Kräfte, die auf die Suche nach der Seele ausgeschickt werden, um sie zu vernichten bei diesem dramatischen Spiel. Es sind die Mächte des Alltags, die uns den höheren Geist und Mut verlieren lassen. In Kreisen tanzen die Masken auf den Mittelpunkt hin, ständig begleitet vom düsteren Ruf der Trompeten, immer enger zieht sich der Kreis der Monster zur Mitte hin. Da muss der Weiße Alte ein beruhigendes Zwischenspiel einlegen, begleitet von Masken etwas dümmlich dreinblickender kleiner Mönche, mit denen sich die buddhistischen Veranstalter wohl über sich selbst lustig machen, mischt er sich unter die Zuschauer.[5] Wenn die Sache allzu lange dauert und allzu bedrohlich wird, zieht der Weiße Alte aus seinen weiten Ärmelschößen Süßigkeiten oder Kuchen, Gerstenkörner und anderes, um die Kinder abzulenken vom schaurigen Eindruck der Dämonen. Genauso machen es die Masken aus Borkum bei ihrem Heischelauf, die Kinder werden mit Honigkuchen beschenkt, geherzt und beruhigt, bis es wieder weitergeht mit der wilden Jagd durch die Menge. Während der chinesische Shou Xing die negativen Anteile der Welt in seinen Bildern und Ritualen kaum hervortreten lässt, ist hier, in der etwas näher an Europa gelegenen Mongolei, das Böse wieder voll an Bord: Kinder werden so lange mit dämonischen Masken erschreckt, bis man sie mit Süßigkeiten und Ähnlichem trösten muss. Als der deutsche Forscher Ferdinand Lessing das Fest in den frühen 1930er Jahren erlebte, hat er noch beobachtet, wie tanzende Nachwuchsmönche von Skelettmasken drangsaliert und verschleppt wurden, wie die Masken sich mit Pfeil und Bogen bekriegten und am Ende eine große menschliche Figur aus Teig von Hirsch- und Stiermasken geopfert wurde und ihre Stücke in der Menge verteilt wurden.[6]

Die Klaasohms springen vom „D" in die kreisförmig um sie versammelte Menge und werden in Sicherheit gebracht, ihre Rolle ist ausgespielt, jetzt können die Träger sich ausruhen und gemeinsam essen gehen. Noch einmal seufzen die friesischen Knochentrompeten auf, oder haben sie gelacht? Manche Borkumer fabulieren, dass Klaasohm und Wiefke nun irgendwo am Strand vergraben werden, beim Kaap, dem Lichtzeichen, mit dem die Borkumer früher den Schiffen im Sturm die Rettung signalisiert haben – oder auch die Plünderung durch Strandpiraten. Ähnlich endet das mongolische Neujahrsritual, mit einem Begräbnis. Das Bild eines Menschen wird verbrannt, eigentlich wohl in der Mitte des Tsam-Platzes, heute, wohl mit Rücksicht auf Kamerateams, den humanistischen Dalai Lama und empfindliche mongolische Bürgerfamilien, am Rande des Geschehens. Das Ich wird verbrannt, und die Seele wird wiedergewonnen, das ist die buddhistische Idee, aber sie beruht auf einer viel einfacheren Überlegung, die auch die Maskenträger auf Borkum antreibt – das Ich verlieren an die Maske und die Maske wieder dem Ich opfern, alles hergeben und damit den Winter besiegen mit all seinen Gefahren. Nächstes Jahr kommt dann die nächste Runde im Kampf mit den Dämonen der Natur, der Umwelt wie der inneren Kräfte. Man darf dabei nicht vergessen, dass die Winter wirklich hart sind in der Mongolei und dass das mittelalterliche Ritual vielleicht auf Borkum überdauern konnte, weil die Insel Jahr für Jahr von Sturmfluten bedroht ist. Das Ritual ist aus, und alle haben etwas gelernt über ihre Grenzen und über ihre dämonischen Kräfte, die Maskenträger wie ihre Anhänger, die Opfer der Masken und die im Heischegang opfernden Zuschauer. Das „Nikolausvolksschauspiel“, das uns aus dem 19. Jahrhundert aus Liezen in der Steiermark überliefert ist, bietet kein völlig anderes Bild als der mongolische Tsam, und man erkennt auch deutlich den Zusammenhang mit der Borkumer Feier des „Klaasohm“. In einem alten Bericht heißt es: „Es treten nacheinander auf ein Jäger (=Vorläufer), ein Engel und ein Geistlicher aus der Begleitung des Nikolaus und kündigen an, dass dieser kommen werde, um die Kinder beten zu lassen. Darauf erscheint der Heilige selbst, stellt sich vor, hält eine kleine Eingangsrede und ‚fragt gemeinsam mit dem Geistlichen die Kinder und beteilt (beschenkt) sie‘. Nun kommt ‚Luzifer‘ mit Ketten behangen, hinter ihm andere Teufel mit Attributen‘. Er hat die längste Rolle im Stücke, zeigt sich aber in der Strafrede, die er den ‚Hausvätern und Hausmüttern‘ und den Kindern hält, ganz als Strafvollzieher Gottes und des heiligen Nikolaus, indem er eingehend die Qualen der Hölle schildert, die den einzelnen Sündern zugemessen werden. Darauf soll noch ein armer Waldbauer auftreten, für den die Volksdichtung keine Rolle enthält sondern es dem jeweiligen Darsteller überlässt, ‚für das bittere Gefühl des Hungers den möglichst passenden Ausdruck zu finden‘. Zum Schlusse erscheint der Tod mit der Sense, stellt sich als der Unerbittliche vor, der nichts verschont, und mäht den Waldmann nieder. Sogleich sollen die Teufel den Leichnam hinausschleppen, werden aber daran von dem Engel ‚nach vorausgegangenem mehr oder minder ernsthaftem Gefechte‘ verhindert.“[7] Der Engel ist das christliche Element, hier wird die drohende Vernichtung der Seele wieder aufgehoben – im buddhistischen Fest soll die Seele jedoch eine viel tiefer gehende Wandlung durchmachen, zu neuen Existenzen und Lebensläufen.

Zwischen Borkum und Ulan Bataar liegen nicht nur die kulturellen Grenzen von Christentum und Buddhismus, sondern auch 8634 km Straßen, das ist der kürzeste Weg mit dem Auto. Ich habe es mir vom Routenplaner von Google Maps[8] ausrechnen lassen, vier Tage und siebzehn Stunden Fahrt mit dem Auto. 212 Mal müsste

Abb. 48: Der Weiße Alte des mongolischen Tsam-Rituals in einer Fotografie aus den 1920er Jahren.

man auf neue Straßen auffahren und von ihnen wieder abfahren, bis man dort ist, eingerechnet der Transfer mit dem Schiff von Borkum nach Emden. Am besten gefällt mir der Hinweis zur 203. Auffahrt, noch im äußersten Osten Russlands: *„203.* Rechts abbiegen auf *M52*. Sie sind bald in Mongolei". Das liegt irgendwo nach Nowosibirsk, und es sind noch 2751 km (1 Tag 14 Stunden) bis Ulan Bataar, für Google Maps scheint das keine weite Entfernung zu sein. Und dann wird es richtig poetisch beim nüchternen Google Maps: *„204.* Weiter auf *Unbekannte Straße*."

Ich begreife, dass man bei Google Maps von einem Wagen ausgeht, der pausenlos in Betrieb gehalten wird. Real würde die Reise wohl eher zwei Wochen dauern, mit Glück, wenn man nicht irgendwo unterwegs von Geheimdiensten oder Zöllnern eingesackt wird – und wenn der Wagen keine Panne hat. Es gibt nicht viele Menschen, die bisher diese Reise gemacht haben, und lange Zeit konnte man sie auch gar nicht machen, einfach so, quer durch das Sowjetreich. Und wie wäre es früher gewesen, im 18. oder im 14. Jahrhundert oder um das Jahr 1000? Sehr unterschiedlich wird es gewesen sein, je nachdem, wie weit das mongolische Reich gerade an Europa heranreichte. Auf dem Höhepunkt der Herrschaft der mongolischen Khane haben Postreiter mit ständig wechselnden Pferden vielleicht auch nur ein paar Wochen für diese Reise gebraucht. Wer reich ist, nach Jahrzehnten der Weidewirtschaft und Viehzucht bei günstigem Klima, kann weit heranreichen an Europa oder China oder an andere Opfer der mongolischen Expansionen. Ideen und Rituale konnten schnell, wenn auch sicher nicht so schnell wie die Postreiter, reisen. Doch wenn eine Idee, ein Bild, nur immer Jahr für Jahr von Dorf zu Dorf weitergegeben wird, liegen vielleicht nur 800 Jahre zwischen Borkum und Ulan Bataar. Was ist das schon gegen eine Weltgeschichte, die sich in Eurasien seit dem Ende der Würm-Eiszeit entfaltet hat, seit ungefähr 12 000 Jahren? Der finnische Experte für die „große" Geschichte der Winterkulte, Waldemar Ljungman, hat in seinen heute vergessenen Werken letztlich das Babylon der Zeit um 2000 vor unserer Zeitrechung als Quelle zahlloser Bräuche von Austreibung und Austausch erkannt. „Zwischen Euphrat und Rhein", so der Titel eines von Ljungman geschriebenen Buches, ja sogar zwischen dem Rhein einerseits und andererseits dem vom sibirischen Baikalsee ins Polarmeer verlaufenden Strom Jenissej, feierten und feiern die Menschen zu Beginn, auf dem Höhepunkt und am Ende des Winters in unendlichen Variationen Riten der Austreibung von Kälte und Fruchtlosigkeit, der Erwärmung durch das Teilen von guten Gaben.[9]

Im Zeitalter der Nationalstaaten ist die Kontaktgeschichte der alten Reiche in Vergessenheit geraten, aber heute stehen die Dominosteine der europäischen und asiatischen Mächte wieder dicht an dicht, elektronische Medien und Motortechnologien haben die Abstände verkleinert. Darum ist es wohl auch Zeit, sich wieder einmal Gedanken über die Wege zu machen, auf denen früher zwischen Westeuropa und Ostasien die Waren, Tiere, Personen, Bräuche und Amulette, Sprichwörter und Märchen gewandert sind. Weltweite Zusammenhänge und Wanderungen von Märchenmotiven und Sprachen sind gut erforscht. Die frappierenden Ähnlichkeiten zwischen europäischen, kleinasiatischen, zentralasiatischen, mongolischen und chinesischen Winterfesten und Wintergöttern haben bisher nur wenige Gelehrte angezogen. Vielleicht waren sie doch zu wichtig für die Herausbildung lokaler Gefühlszustände und Mentalitäten, als dass man gerne erkannt hätte, wie oft sie geborgt sind aus anderen Kulturen. Dabei ist der Austausch von Kulturelementen auf der Seidenstraße nie auszuschließen, sie verbindet seit Jahrtausenden China mit Kleinasien und Europa – die Kenntnis chinesischer Seide und ihrer Herstellung ist in Rom schon bei Plinius dem Älteren (ca. 23 bis 79 n. u. Z.) bezeugt. Es gibt auch eine Südroute über den Indischen Ozean, das Rote Meer in das Mittelmeer hinein, und es gibt nördlichere Routen über die Mongolei und den Polarkreis. Große Ausbreitungszentren von Ackerbau, Viehzucht, Schrift und Staat, wie Mesopotamien (heute Osttürkei, Syrien und Irak) und das Industal (heute Pakistan) und Altindien könnten in beide Richtungen gewirkt haben. Die Ost-West-Ausbreitung kultureller Erfindungen geschieht immer leichter als die Ausbreitung von Norden nach Süden, weil bei der horizontalen Wanderung alles ungefähr in derselben Klimazone bleibt.[10]

Aber man konnte auch nachhelfen, wenn die Wanderung zu weit nach Norden oder nach Süden ging. Aus einer Höhlenbibliothek, die ungefähr im 7. Jahrhundert n. u. Z. am chinesischen Teil der Seidenstraße angelegt wurde, ist die älteste ausführliche Sternenkarte der Welt erhalten geblieben.[11] In größtenteils heute noch für die wissenschaftlichen Astronomen gut wiedererkennbaren Karten sind zahlreiche Sternbilder eingezeichnet, Grundlage für eine rationale Berechnung der Sternbewegungen, wie sie zur Vorplanung von Jahreszeiten in agrarischen Großgesellschaften gebraucht werden. Nur ein Detail ist deutlich falsch in dieser Karte, nämlich die Lage des Südsterns Shou Xing. Von Dunhuang aus ist der Südstern Canopus gar nicht mehr erkennbar, das chinesische Tor zur Seidenstraße liegt zu weit im Norden, die Sternbilder des südlichen Himmels fehlen hier. Aber der

Alte Mann des langen Lebens war zu wichtig, auch in Dunhuang, darum wurde sein Stern so verlagert, dass er zum Himmel von Dunhuang gehört. Wenn man auf einer Landkarte die Seidenstraße entlangwandert, endet sie im Westen an der syrischen Mittelmeerküste – und wenn man sie dann auf dem Seeweg oder auch auf dem Landweg weiter nach Westen verlängert, gelangt man nach Myra, mit seinem Hafen Andriake und seinem Leuchtturm und dem bedeutenden vorchristlichen Heiligtum von Artemis, der Beschützerin der Kinder und großen Jägerin, stets begleitet von Hirschen und Hunden. Vor der Küste von Myra soll der Heilige Nikolaus aus der Luft seine Wunder an Handelsschiffen gewirkt haben, um später auch höchstpersönlich auf der Seidenstraße eine verunfallte Handelskarawane durch die Luft zum nächsten Vorposten der Zivilisation zu tragen.

Es gibt eine Fülle von Zwischenstationen des winterlichen Kultes und der hochköpfigen Eremiten, ohne dass sich das einfache Bild einer glatten und zeitlich genau festgelegten Wanderung ergibt, die Winterbräuche und hohe Köpfe von Ost nach West oder von West nach Ost getragen haben könnte. Im undurchdringlichen Geflecht der eurasiatischen Winterkulte finden wir unter anderem die faszinierende Gestalt des muslimischen Winterheiligen Hızır, der noch Mitte des 20. Jahrhunderts kurdisch-alevitischen und anderen muslimischen Familien in Anatolien ermöglichte, sich im Winter zu treffen, zu feiern, sich gegenseitig zu beschenken – Hızır wird, was hier nun nicht mehr überrascht, gerne als alter Mann mit hohem Kahlkopf und weißem Bart dargestellt, sein Kult soll sich schon bei der Besiedlung Anatoliens durch turksprachige Völker im 7. Jahrhundert eingestellt haben – also parallel zur legendären Entfaltung des „Faktors N".[12] Nestorianische Christen, die ihren Nestor als ebensolchen Uralten mit Bart darstellen, waren bis in das 8. Jahrhundert hinein in China nachweisbar, auch über diese Brücke könnten Bilder eines hochköpfigen Lebensrichters gewandert sein von West nach Ost, von Ost nach West, ebenso wie bei der Jahrhunderte später erfolgten intensiven Chinamission des Jesuitenordens.[13] Dasselbe Gepräge wie Shou Xing und Nikolaos haben auch viel ältere eurasiatische Wintergötter und Sturmgötter, Götter des Wassers oftmals, die den Lauf der Zeit darstellen, rückgängig machen oder verlängern können, Chronos, Argyas, der mesopotamische Enlil, der indoeuropäische Zurvan, der

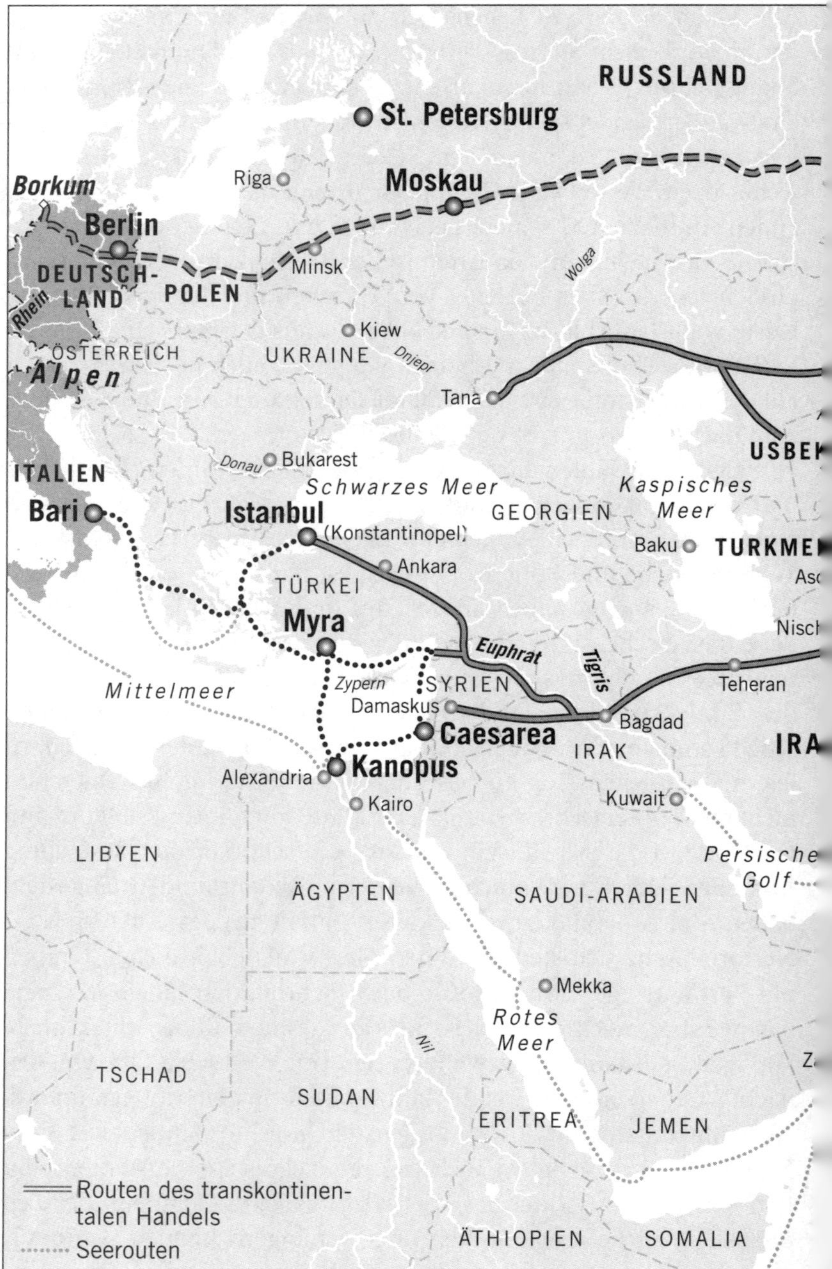

Abb. 49: Myra, Kanopus und die Seidenstraße in Spätantike und Mittelalter.

RUSSLAND
8664 km Borkum – Ulan Bator
Baikalsee
TUWA
Astana
Ulan Bator
SACHSTAN
MONGOLEI
Wüste Gobi
Karakorum
Balchaschsee
Tienschan
Ürümqi
Nördliche Seidenstraße
Bischkek
Turfan
nach Xian und Peking
chkent
KIRGISISTAN
Wüste Takla-Makan
Kaschgar
Dunhuang
Huang Ho
markand
Khotan
TADSCHIKISTAN
Duschanbe
Südliche Seidenstraße
CHINA
Kabul
NISTAN
Himalaya
TIBET
Lhasa
Mekong
Kandahar
Jangtse
Brahmaputra
Mount Everest
Indus
NEPAL
BHUTAN
KISTAN
Neu-Delhi
Kathmandu
Ganges
Dhaka
INDIEN
BANGLA-DESCH
BURMA (MYANMAR)
Surat
LAOS
bisches Meer
Mumbai (Bombay)
Golf von Bengalen
THAI-LAND
discher Ozean
SRI LANKA

Osiris der Ägypter.[14] Die Griechen stellten sich einen östlichen Windgott vor, den Boreas – auch heute weht im Mittelmeerraum im Winter manchmal die scharfkalte „Bora“, der Ostwind, der sich aus zentralasiatischer und sibirischer Kälte speist. Mit dem Begriff „Hyperboräer“ bezeichnete man damals auch die Einwohner Sibiriens, und man vermutete in ihrem Land den Pol und den Türriegel der Welt, der das Klima regiert. Auf dem Turm der Winde unterhalb der Akropolis von Athen, dem besterhaltenen Baudenkmal der Antike, sind Borcas und ein anderer Nordwind als bemantelter Hochkopf dargestellt, mit Bart und festen Stiefeln. Victor Hugo soll gesagt haben, dass er den Gesichtsausdruck der Figur als „dumm“ empfunden habe – vielleicht ist ihm so nur das Kindchenschema des bärtigen Alten aufgefallen.[15] Das Bild schaut nach Nordosten, dorthin, wo die Bora herkommt und zum Buran wird, dem schärfsten Wind Sibiriens und Russlands.

Die Einbindung in ein System von klösterlicher und eremitischer Körperarbeit und in die Bücherwelten von Christentum und Buddhismus trennt Shou Xing und Hagios Nikolaos von älteren Gestalten wie Boreas. Gnade und Lebensverlängerung, der Widerstand gegen die Zwänge der altertümlichen Staaten und Stammesgesellschaften kennzeichnet Shou Xing und den Weißen Alten, Nikolaos, Weih-

Abb. 50: Boreas verkörpert in der Spätantike den in Asien „verriegelten“ Nordostwind.

nachtsmann und Santa. Vom griechischen Gott der Zeit, Chronos, erzählte man, dass er den Lauf der Zeit rückgängig machen wollte, indem er seine Kinder verschlang.[16] Auch er wird gerne als Hochkopf mit Bart dargestellt. Den tyrannischen, zyklischen Umgang mit dem Lauf der Zeit und dem Wechsel von Generation zu Generation zu verwinden, das war die Aufgabe der zivileren Gestalten und Gabengötter, die letztlich Weihnachtsmann und Nikolaus hervorgebracht haben. In der ziellosen, offen verlaufenden Fortschrittsgeschichte der Zivilisationen und ihrer Rückschläge bieten sie die Rückbindung an die ewige Wiederkehr von Festen und Generationszyklen an.

Wenn es darum geht, kulturelle Ähnlichkeiten zwischen fern zueinander stehenden Gebieten zu erklären, sind uns letztlich nur zwei große Theorien gegeben. Am Anfang steht meist die Annahme einer Wanderung, ihr folgt oftmals die Annahme eines gemeinsamen Fundus, aus dem die beiden verglichenen Kulturen schöpfen, und dann fängt es wieder von vorne an. Die Ursprungstheorien kann man wiederum aufspalten in die Theorie einer Wanderung und in die Theorie einer tieferliegenden Gemeinsamkeit, welche erst möglich macht, dass bei Wanderungen aus bestimmten Ursprungsgebieten herangetragene Elemente auch übernommen werden. Thesen über Wanderung funktionieren nicht ohne die These von einer vor der Wanderung bestehenden Gemeinsamkeit. Aber die oft so zu Herzen gehenden Bekundungen menschlich-universeller Gemeinsamkeiten scheitern immer wieder an krassen kulturellen Grenzen und Konstruktionen von Identität. Trotzdem gilt: Wenn ein Kulturelement durch Kontakt weitergegeben wurde, muss es bei der Übergabe irgendwie „gepasst" haben. „Äußere Zusammenhänge können die Übernahme, aber nur innere Zusammenhänge den Fortbestand erklären. Diese beiden Fragen unterscheiden sich gradmäßig, und sich nur mit der einen zu befassen trägt nichts bei für die Lösung der anderen."[17] Die beiden Zentren, die wir vergleichen, können eine gemeinsame angeborene menschliche Entfaltungsmöglichkeit in gleicher Weise ausgeschöpft haben, oder sie hatten beide direkten oder indirekten Kontakt miteinander oder mit einem älteren Ausbreitungszentrum von Kultur – und tieferliegende Gemeinsamkeiten haben die Aufnahme des fremden Elements ermöglicht. Die Straßenverhältnisse und die Schifffahrt verstärken sich im mittelalterlichen Europa, und es wird ein Kult der

Abb. 51: Chronos (Saturn) verschlingt eines seiner Kinder (Francisco de Goya, 1821–1823).

Mobilität und der freien Wege importiert, im Jahre 1087 wird der Kult Hyperhagios Nikolaos von Byzanz nach Bari übertragen. Bezeichnenderweise handelt es sich beim Raub und bei der Übertragung der Reliquien nach Bari nicht um einen einmaligen Kontakt, sondern um den Höhepunkt einer Entwicklung, die sich schon seit dem achten Jahrhundert aufgebaut hatte durch die Einpflanzung zahlreicher Nikolauskulte in Westeuropa. Man brauchte Nikolaus schon länger, also holte man sich ihn ganz. Genauso kann man davon ausgehen, dass die Idee von einem Sternengott des langen Lebens, der in den Ritualen von Winter und Herbst wichtig ist und sich dann zur individuellen Wunschfigur der Lebensverlängerung auswächst, häufig zwischen Chinesen und Mongolen herumgereicht wurde, so dass man gar nicht mehr klar sagen kann, woher dieser Kult wohl einmal gestammt hat, aus frühem mongolischen Schamanismus oder aus den Sternenriten und Schamanismen-Daoismen der Chinesen. Die wechselvolle Kriegsgeschichte beider Gebiete im nördlichen Asien gab jedenfalls zahllose Gelegenheiten zur Nachahmung des Gegners.[18] Schließlich entsteht die Figur des Shou Xing, dem ein mongolischer alter Herr namens „Tsaghan ebügen“ gegenübersteht, der weißhaarige Alte, der heute die Tsam-Rituale in der Mongolei eröffnet und in ihren Schrecken mildert. Die mongolische Figur wurde von dem deutschen Tibetologen Siegbert Hummel schon vor Jahrzehnten als Vorfahr oder als Parallele des Nikolaus erkannt,[19] und unter Asienforschern wandert eine Anekdote über Beziehungen zwischen Nikolaus und dem Weißen Alten:[20] Eines Tages zur Zarenzeit hatte eine russisch-orthodoxe Missionsstation bei den sibirischen Burjäten – eine von den Mongolen herstammende Ethnie, die heute im Raum von Irkutsk und in angrenzenden Gebieten Chinas und der Mongolei lokalisiert wird – die Unterstützung durch die russische Macht verloren. Da seien die missionierten Burjäten zu dem letzten, bereits im Abzug befindlichen Priester gegangen und hätten ihm ordentlich ihre christlich-orthodoxen Ikonen wieder zurückgebracht. Nur die Ikonen des Heiligen Nikolaus, Schutzpatron Russlands, wollten sie behalten, denn das sei ja eigentlich ihr eigener Gott, der Weiße Alte.

Der Weiße Alte

„Ach Britta, halt’ doch bitte mal an! Spul’ bitte schnell zurück.“ Irritiert beobachte ich, dass sich meine Stimme fast überschlagen hätte. Wie kann man sich nur dermaßen über einen banalen Vorgang aufregen? Ich sehe diese Frage in Brittas Blick. Ethnologenehepaare bekommen das hin, die können sich über die seltsamsten Dinge aufregen. „Ich mach' ja schon, hast du das nicht gesehen? Hier ...", brummelt Britta zurück. Ich sehe nichts, wirklich gar nichts ... aufgeregt starre ich in das graue Gewusel auf dem Bildschirm. Britta und ich gehören noch zu den Leuten, die sich vorstellen, dass da etwas „spult". Wir sind mit Zelluloidfilmen und Videobändern groß geworden. Wir wissen, dass heutzutage stattdessen ein elektrisches Gerät eine magnetische Ladung abtastet, trotzdem sprechen wir vom „Spulen", denn eigentlich verstehen wir gar nichts von all den neuen Technologien. Wir hängen an den alten Technologien, aber Britta und ich sind noch jung genug, dass wir Entdeckungen machen können, und sei es in einer von *fuzzy logic* gesteuerten elektrischen Ladung, die irgendwie auf einer runden Metallscheibe untergebracht wurde – wir wissen nicht wie, und wollen es auch nicht mehr wissen. Gerade spulen wir in einer DVD über die sibirische Republik Tuva herum. Tuva oder Tyva liegt zwischen der Mongolei und Sibirien, die tuvanische Kultur ist bei Künstlern, Esoterikern, Religionshistorikern und Ethnologen gleichermaßen berühmt für ihre rasante Mischung aus sibirischen Geister- und Ekstasekulten (Schamanismus) mit den Lehren buddhistischer Mönche, die aus China und Tibet hierher kamen. Tuva war aus der Sicht der großen alten asiatischen Reiche, China, Russland, Mongolei, so etwas wie Barbarenland. Im 20. Jahrhundert bildete es einen Pufferstaat zwischen der Sowjetunion und der Volksrepublik China. Tuva oder Tuwa oder Tyva ist heute als eigenständige Republik Mitglied der Russischen Föderation, d. h., die Außenpolitik wird in Moskau erledigt und die Investitionspolitik wohl auch. Das mit geringstem Aufwand in Betrieb gehaltene Staatsgebilde verwaltet die riesigen Flächen nach außen hin und garantiert ein Minimum an nationaler Verantwortung und Rechtsordnung. Tuva ist etwa eineinhalbmal so groß wie seinerzeit die DDR ... und hat vielleicht 360 000 Einwohner oder vielleicht auch nur 200 000, keiner weiß es ganz genau.

Die DVD, in der wir herumspulen, begleitet das Buch „Geheimnisvolles Tuwa – Expeditionen in das Herz Asiens" von Sewjan I. Weinshtein (auch Sev'yan I. Vainshtein, 1926–2008).[21] Der russische Ethnologe, Mitglied der Akademie der Wissenschaften in Moskau, hat sein Leben dem Studium des Schamanismus und der Geschichte der Rentiernomaden und Pferdezüchter gewidmet. Als über 80-Jähriger zog er Bilanz: Tuva in den 1950er Jahren, zur Zeit Stalins, Tuva im Rückblick, unter den Zaren, und viel früher, im frühen Mittelalter, als es unter dem Einfluss längst vergangener südsibirischer Reiche stand, die Frage der Herkunft der Tuvaner (oder Tuwiner) von den Skythen, welche die alten Griechen schon als Reitervolk gekannt haben, und schließlich: Tuva heute, als autonome Republik, die Russlands Südostgrenze sichert, während Teile der Bevölkerung schrittweise zur Wirtschaftsform der Vergangenheit zurückgekehrt sind, zum Umherziehen mit Zelt, Rentieren und Pferden. Die DVD zeigt tuvanische kulturelle Traditionen, darunter auch die eigenartigen Bilder, die uns aufgefallen sind und zu denen wir nun, nach einigem typischem Ehepaar-Hin-und-Her („Drück doch mal da, der kleine Pfeil …" – „… nein, Quatsch, wieder nichts … Du immer!"), zurückzufinden versuchen.

Wir haben uns an einem alten Filmausschnitt schlechtester Qualität festgebissen. Als Britta die Technik des Zurückspulens gemeistert hat, an der ich natürlich wieder mal gescheitert war, sehen wir endlich den gesuchten Ausschnitt: Wie hinter Schneeschauern und Nebelschwaden ziehen in der schlecht erhaltenen Aufnahme maskierte Gestalten an uns vorbei, großköpfige Tiermasken, flatternde Gewänder. Dazwischen wuselt aber eine Gestalt umher, die wir erkennen, auch wenn wir nie in Sibirien oder in der Mongolei gewesen sind. Mein Gehirn rastet ein in dem Moment, als hinter den Tiermasken ein quicklebendiger zappeliger kleiner Körper sichtbar wird. Auf schwarzen Stiefeln und weißer Männerkleidung schwankt ein riesiger, kürbisförmiger Kahlkopf mit wehenden weißen Haarsträhnen. Auf und ab stiebt der Kürbiskopf hinter Tiermasken her, hinter dem Hirschkopf und dem Stierkopf in ihren fetzigen Schamanenmänteln. Endlich steht das Bild an der richtigen Stelle still. Wir sehen den überdimensionalen Kopf eines alten weißbärtigen und kahlköpfigen Mannes, fast wie der europäische Gottvater … oder eben der Weihnachtsmann. Das ist er, „Tsaghan ebügen" oder „tsagan uvgen", oder wie auch immer, mongolisch für „Weißer Alter".[22]

Die Tuwiner und Mongolen haben sich lange Zeit vom tibetischen Buddhismus beeinflussen lassen. Auch in den Tänzen und Legenden der Tibeter gibt es die Gestalt des Weißen Alten, er heißt dort „Mitsering" und tritt mit einem Baum, einem Vogel und einem Hirsch auf, „das soll die Schöpfung symbolisieren".[23] Aber man weiß nicht so recht, ob er von Tibet nach Norden und Osten gewandert ist oder umgekehrt oder hin und her oder ob die beiden nationalen Ausformungen des mongolischen „Tsaghan“ und des tibetischen „Mitsering“ auf älteren gemeinsamen Vorbildern beruhen – zum Beispiel auf den Shou-Xing-Kulten der chinesischen Kaiserreiche, die immer dann, wenn es wirtschaftlich und militärisch gut bei ihnen lief und sich der Staat gefestigt hat, bei den Mongolen, Tuwinern und Tibetern anrückten mit großen Armeen. Es geht um Gestalten, die wir auf veralteten Filmaufnahmen und kleinen chinesischen Neujahrskarten erkennen oder als schmierige Masken von den Festen der Nomaden, Jäger und Bauern, die heute aseptisch in den Museen verwaltet werden. Diese Zeugnisse der Vergangenheit haben oft keine Gebrauchsanweisung oder Herkunftsangabe, die uns ihr Alter verraten können. Der tibetische „Mitsering“ ist jedenfalls ein weißbärtiger, hochbestirnter Mann, der immer zusammen mit Hirschen oder Rentieren in Erscheinung tritt, mit schneebedeckten Bergen und mit Kindern, denen er anscheinend gerade hübsche Sachen schenkt. Die Ähnlichkeit mit „Faktor N“ ist unübersehbar.

Abb. 52: Mitsering („Weißer Alter“) aus dem lamaistischen Kloster Taschi Linpu, Tibet. Aufnahme von Reinhard Greve.

Im Mittelalter sind Tuwiner vom Altai, aus Tschodag, Kyzyl und von den angrenzenden westmongolischen Bergketten wohl als Gefolgsleute des Dschingis Khan (wahrscheinlich geboren um 1155, 1162 oder 1167, gestorben wahrscheinlich am 18. August 1227) bis nach Europa gelangt. Im 20. Jahrhundert wurden sie jahrzehntelang kulturell von den Sowjetrussen unterdrückt, zerstreut und neu angesiedelt. Eine wechselhafte Geschichte hat in Tuva, wie in den umliegenden, von Turko-Mongolen und Sibiriern bewohnten Gebieten, viele Traditionen hinterlassen. Aber das hat die Menschen nur noch zäher gemacht, als es Viehnomaden ohnehin sein müssen, zäh, wenn es darum geht, etwas festzuhalten, was sie einmal als ihre eigenen Traditionen anerkannt haben. Was zur Landschaft, zur Ökonomie und Gesellschaft passt, als Ritual und Bild, wird so schnell nicht mehr aufgegeben. Der Zusammenbruch des Sowjetreichs löste eher wirtschaftliche Rückschritte als Fortschritte aus – heute ziehen wieder mehr Tuwiner als noch in den 1980er Jahren mit ihrem Vieh und ihren Zelten auf uralten Wegen umher. Eine einheitliche Welterklärung und Weltvernetzung bieten ihnen die Klöster des tibetisch-mongolischen Lamaismus, aber für Tuwiner ist weiterhin auch wichtig, dass es einen Gott der freien Wege gibt, den Weißen Alten, der ihnen hilft, ihre Rentiere und Pferde zusammenzuhalten und – auch wenn sie längst nicht mehr alle Rentierhalter sind, sondern auch Verwaltungsleute, Angestellte oder Arbeiter – die Familien, die Clans. Schamanen, die auf den Bahnen des Weißen Alten ihre luftigen Geistreisen vollziehen, waren und sind neben den lamaistischen Mönchen und der von den Russen hinterlassenen modernen Medizin zuständig für die seelische Integrität und geistige Gesundheit vieler Tuwiner.[24]

Die DVD zu Weinsteins letztem Buch zeigt neben vielen anderen Bildern auch die historischen Aufnahmen von einem Neujahrsfest, dem „Tsam“. Diese Aufnahmen sind sehr selten, sie zeigen das Fest in den 1920er oder 1930er Jahren, vielleicht im Jahre 1937, direkt vor dem endgültigen Verbot durch die sowjetische Regierung. Hier war Britta und mir der „Weiße Alte“ aufgefallen, neben den charakteristischen Stier- und Hirschmasken mit ihrem hoch aufgerichteten Gehörn und ihren unheimlich in Lappen wabernden Gewändern und einer Verkörperung des buddhistischen Mönchsheiligen mit dem für Europäer schwer zu entziffernden und zungenbrecherischen Namen

Padhmasambava. Ganz gegen unsere europäische Vorstellung von einem gütigen Abt in seinem stillen Kloster hat Padhmasambava ein wütend-rotes Gesicht aufgelegt nebst aufgesteckten Totenköpfen. Der Computer knarzt leise, endlich sind wir am richtigen Punkt angelangt, wieder und wieder schauen wir uns an, wie der Weiße Alte hinter den mächtigen Tiermasken und dem buddhistischen Heiligen auftaucht, klein und wild, schnell ruckt der mächtige, von Stirnlocken bekränzte kahle Schädel auf und ab, der weiße Bart weht mit, und dieses Maskengesicht scheint gar nicht zu dem jungen Körper zu passen, der sich offensichtlich darunter bewegt. Er ist ein junger Alter oder ein alter Junge, wie Lao Tse und Shou Xing und Hagios Nikolaos. Wie ein Kobold jagt die Maske hinter den Tieren her, doch schon bricht das historische Dokument ab, um anderen Platz zu machen.

Aus dem 18. und 19. Jahrhundert sind tibetisch-mongolische Handschriften aus Tuva, Tibet, der Mongolei und angrenzenden Gebieten überliefert, Anrufungen des Gottes, den wir hier als flüchtige Maske vorübertanzen gesehen haben. In diesen Handschriften ist der buddhistische und klösterliche Rahmen nicht so dicht gesteckt wie in den Tsam-Zeremonien, die wir aus dem 20. und 21. Jahrhundert kennen. Fähigkeiten und Zuständigkeitsbereiche des Weißen Alten lassen ihn eher als eigenständigen Gott erscheinen, der zufällig auch mal die Lehren des Buddha verkündet.

„Meister der vierundzwanzig Wasser und Erden, wo Du auch seist, in welchem Ort, in welchen Zelten, nah oder fern, lass Dich herab zu uns ganz schnell …
Du erscheinst wie ein alter Mann, ganz in Weiß, gestützt auf einen Stock mit Drachenknauf …
In der Verkleidung eines alten Mannes verbreitest Du die Lehren des Buddha …
Ich rufe und opfere für Dich,
Ich bringe Dir eine Sammlung von Gaben,
Du schützt uns vor Scheußlichkeit und Sünde.
Du verlängerst unser Leben,
Du vermehrst unser Vieh,
Du vermehrst Kartoffeln und Korn in der Stunde der Not.
Wohlwollender und fruchtbringender Meister,

verkleidet als alter Mann ...
Oh Meister der Welt in der Verkleidung eines Alten,
Als Belohnung für unsere Opfergaben
Halte uns fern
Vor der Furcht vor bösen Feinden
Vor der Furcht vor giftigen Schlangen
Vor der Furcht vor Räubern und Banditen.“[25]

Frei von Furcht sollen die Verehrer des Weißen Alten sich bewegen, so schnell wie dieser selbst, denn der Weiße Alte hat die Fähigkeit, seinen Anbetern sofort in jedem Winkel des Landes zu erscheinen. Wieder sind wir bei „Faktor N“ angelangt: Schutz der Wegefreiheit für wandernde Kaufleute und Klosterschüler, freie Versorgung der Bevölkerung mit Korn. Es ist der Nikolaus, wie wir ihn bereits kennengelernt haben, Nikolaus, der von einem Sarazenen, einem muslimischen Nordafrikaner, als goldenes Amulett auf der Seidenstraße mitgenommen wird, immer an der Mongolei vorbei, im 7. oder 8. oder 9. Jahrhundert nach Christus. Auch das Vieh soll sich frei über die Landschaften ausbreiten. Das als Handschrift überlieferte Gebet ist für Viehzüchter und nomadische Jäger und Sammler der Tundra gedacht. Als Opfer setzte man bei den Mongolen für den Weißen Alten Pferde und Vieh frei, die als lebende Reserven der alten mongolischen Wirtschaftsweise die Steppe bevölkern und, leicht erkennbar durch Tücher, die um ihre Ohren gebunden wurden, von den Menschen als Besitz des Weißen Gottes respektiert werden.[26] Die Tiere der Wildnis, insbesondere die Hirsche, stehen unter seinem Schutz.[27] Er schenkt den Menschen Vieh, das sich auf wunderbare Weise vermehrt.[28] Der Kopf des Alten ist breit, sackförmig, mit einem Buckel auf der Stirn – darum nannten mongolische „Horden“ (ordo) des 18. und 19. Jahrhunderts ihn sogar manchmal „Der mit dem Kuhmagenkopf“. Sie sagten: „Das ist der Geistvater des Viehs.“[29] Der Weiße Alte kontrolliert von den weißen Bergen herab alle Geister, so, wie ein guter sibirischer Schamane die Menschen, die Jagdtiere, die halbzahmen Rentiere und die Totenseelen in einem bestimmten lokalen Umfeld zusammenhält. Der Weiße Alte trägt ein Gewand aus dem Fell eines weißen Löwen.[30] Er ist der gute Geist von Grund und Boden, der Herr der Erde und der Vermehrung ihrer tierischen und menschlichen Bewohner.[31] Er ist ein Gott der Globalisierung.

„… weißhaarig, mit einem Körper wie ein weißer Berg,
… mächtig wie der unermesslich starke Löwe …“[32]

Ein Löwe? Seit es Mongolen gibt, gab es keine Löwen in der Mongolei. Aber im südlicheren Europa, im Mittelmeerraum, in Indien und in Mesopotamien, sind Löwen seit der Prähistorie bekannt gewesen und als Bilder des Schreckens und der Macht überliefert worden, so dass auch buddhistische Chinesen und Mongolen mit Bildern dieser schlimmen Konkurrenten des Menschen experimentiert haben. Hier ist eher mal etwas von Südwest nach Nordost gewandert als von Ost nach West oder umgekehrt. Mit seinem weißen Haarkranz sieht Tsaghan Ebügen im Übrigen aus wie ein Berg, dessen Gipfel über schneebedeckte Höhen ragt.[33] Er ist riesig und ewig wie das Land, wie die Berge, und darum ist er alt und jung zugleich, überzeitlich, und sein liebster Aufenthaltsort ist irgendwo jenseits der Welt und ihrer Berge und Flächen. Nur an bestimmten Tagen steigt der Weiße Alte herab, am zweiten und am 16. Tag des Mondkalenders, und dann darf keine Milch verkauft werden. Aber an seinem höchsten Festtag, wenn er den Tsam-Reigen der Dämonen anführt, trinken viele Mongolen gerne Pferdemilch bei ihren häuslichen Festen.

Dieser Berg tanzt und fliegt. In einer weiteren Anrufung erscheint der übernatürliche Helfer mongolischer, tibetischer und sibirischer Viehnomaden als „Buddha, genannt der Weiße Alte Mann“ und garantiert nicht nur dem Vieh, sondern seinen Anhängern selbst die Vermehrung: „ein Sohn wird gezeugt“ und „alle Menschen auf der Welt“, die weit wandern müssen auf der Suche nach Jagdbeute, sollen nur diese Anrufungen siebenmal lesen und Weihrauch opfern, dann werden ihre Wünsche in Erfüllung gehen. Der lachende, über Zeit und Raum triumphierende Buddha mit seinem hohen Kopf und dem hochgebundenen Schopf des Asketen versteckt sich hinter dem Weißen Alten, so wie sich hinter den Masken des mongolischen Neujahrsfestivals und des „Tsam“ meist lamaistische Mönche verstecken. Die in Sachen Übernatürliches am meisten abgeklärte, die duldderischste der großen Weltreligionen wird zum magischen, von Menschen zu erwerbenden Schutz, zu einem Schutzbrief für die frühe Globalisierung der Nomaden, die zeitweise große Teile Eurasiens mit ihren Herden und Reitertruppen beherrscht haben.

Außenpolitiken
Mongolen / Chinesen

Innenpolitiken
Buddhistische Mönche – Anhänger des Weißen Alten

Körperarbeit
Vernichtetes Individuum
Tanz
Wunscherfüllung

Buddha versteckt sich hinter dem Weißen Alten oder wird als der Weiße Alte erkannt. Jeder noch so große und kühne Gedanke muss Kompromisse machen, wenn er Bodenhaftung erlangen will in den Niederungen des Lebens. In Tuva, in der Mongolei und in den umliegenden Gebieten des nördlichen Asien ist der Buddhismus seit dem 16. Jahrhundert immer wieder präsent, in einer großen Bekehrungswelle haben tibetische Lamas diese Landschaften bis heute geprägt. Im 17. Jahrhundert wurde der Buddhismus in Form des Lamaismus zur Staatsreligion der Mongolei. Die heutige Rolle des tibetischen Dalai Lama als eine Art Papst des Buddhismus ist dieser Phase der Vermengung mit dem mongolischen Herrscherhaus zu verdanken. Doch der mongolisch-tibetische Staatskult musste mit dem Kult eines Weißen Alten umgehen, der als schamanischer Gott bei den Mongolen vielleicht schon länger als der Buddhismus bekannt war. Oder man musste zumindest so etwas wie den Weißen Alten hinzuerfinden zum Buddhismus, damit die Reitervölker und Rentiernomaden nach und nach auch Gefallen finden konnten an den abstrakten Wiedergeburtslehren des Buddha. Das tibetische und mongolische Klosterwesen hat sich in die vormals durch Clans und Kasten regulierten Gesellschaften eingenistet, vielleicht als Reserve von Arbeitskraft und Soldatentum für gute Zeiten und als Überschussreservoir für junge Menschen, in das sie sich in schlechten Zeiten vor dem Hunger flüchten konnten. Gesellschaften, die auf großen Herden basieren, können sehr schnell wachsen, wenn es ein paar Jahre lang keine Tierseuchen gab und viel Futter, aber sie können auch sehr schnell kollabieren, wenn sich Seuchen ausbreiten oder das Großklima umschlägt und die riesigen Flächen austrocknen. Der Weiße Alte kann solche Seuchen schicken, heißt es in mongolischen Manuskripten des 18. und 19. Jahrhunderts, mit seinem Stock schlägt er auf das Vieh ein, das sofort tot umfällt.[34] Durch die Maske des Weißen Alten hindurch kommuniziert der Buddha mit nordasiatischen Viehnomaden und versucht, sie in das riesige Netzwerk hochentwickelter buddhisierter Agrar- und später Industriestaaten einzubinden. Diese „Welt", von der die Anrufungstexte sprechen, ist auch der Kosmos von Geburt und Wiedergeburt, in dem es eigentlich egal ist, ob man jetzt gerade gute oder schlechte Jahre erlebt. Der Buddha sieht Welt und Leben aus der Vogelperspektive, aber er kann auf den Weißen Alten nicht verzichten, wenn er sich Menschen erklären will, die vor allem am Überleben ihrer Kinder und ihrer Tiere interessiert sind. Es reicht nicht aus, jenseits der Zeiten und Räume durch die Lüfte zu fliegen, auf dem „großen Fahrzeug" oder dem „kleinen Fahrzeug", den Hauptschulen der Lehre von der Wiedergeburt. Diese schmerzhafte Erfahrung mussten auch die Gründer der Lehre von der Dreifaltigkeit aus Vater, Sohn und Heiligem Geist machen und der Autor des einzigen Buchs von dem einen Gott, das anscheinend wirklich weitgehend aus einer Feder stammt, des Koran. Sibirier, Tibeter und Mongolen leben in schwer zugänglichen Gebirgen und in der Weite der Tundren, Steppen und Wüstenränder, sie haben längere Winter auszuhalten als die Menschen in Südasien, auf der arabischen Halbinsel oder in Europa, und sie können das Wasser im Himmel, in den Flüssen, in der nicht enden wollenden Erde nicht so erfolgreich kontrollieren wie die Bewohner der von Kanälen und Terrassen durchzogenen Bauerngesellschaften Indiens, Chinas, Japans, Vorderasiens, Andalusiens oder des Rheinlandes. Neben den üblichen Versprechungen des abstrakten Gottes und überzeitlicher Prinzipien – Wiedergeburt und langes Leben, himmlischer Ausgleich weltlicher Sünden, Strafe für Vergehen gegen die Schöpfung – brauchen sie dringlicher als die Bewohner mancher anderen Weltteile den magischen Schutz und den übernatürlichen Trost des quietschvergnügten Alten mit dem weißen Bart. Auch die Elektrifizierung durch die Sowjetmacht und die Segnungen der modernen Konsumindustrie haben sie gerne angenommen. Das sollte uns lehren, dass Buddhismus und auch der Kult des Weißen Alten ihren praktischen Sinn haben.

In den Archiven der Russischen Akademie der Wissenschaften sind Texte überliefert, die im Umfeld schamanistischer Praktiker in Sibirien und in der Mongolei entstanden[35] – einmal wird dort sogar eine Begegnung zwischen Buddha und dem Weißen Alten beschrieben. Der Gründer der Religion der Wiedergeburt und Reformator aller asiatischen Religionen wandert mit seinen Jüngern in den Bergen. Da begegnen sie einem Alten, der ein weißes Gewand trägt und einen Stock mit Drachenknauf dabeihat – Drachen gelten in der buddhistischen Kunst und Literatur oft als Mittler zwischen Himmel und Erde, als Regulatoren von Trockenheit und Feuchtigkeit des Bodens. Der Buddha fragt den Alten, was er hier oben macht, und der erklärt ihm, dass er von hier aus alle Schlachttiere kontrollieren und beherrschen kann und dass er auch die Herrscher der Erde überwacht, dass er der Herr aller Dinge sei und jedem Glück bringen kann – und den Bösen das Unglück. So ist das alles … Aha … Hm Hm …

Und dann kommt es zu einer bemerkenswerten Wendung des Gesprächs. Wie jeder geschickte Chef nimmt Buddha den Alten beim Wort und gibt ihm eine einfache Weisung auf den Weg, als ob der Weiße Alte hilfesuchend umherwandern würde und er, der Buddha säße dort oben auf dem Berg und würde alles kontrollieren. Er sagt: „Mach weiter so!“

Nun gehört auch der weiße Gott zu seinem Gefolge. Man könnte es die freundliche Übernahme einer Religion nennen. Doch diese Religionen sind von vorneherein miteinander verbandelt, wie das ja auch bei freundlichen Übernahmen zwischen Firmen oft der Fall ist. Der Weiße Alte könnte seinen hohen breiten Schädel, für den wir uns so interessieren, einfach von jener hohen Stirn geerbt haben, die in der Geschichte der buddhistischen Kunst die Gestalt des Buddha signalisiert. Es gibt sogar Darstellungen des Buddha und buddhistischer Heiliger mit jener breiten Beule auf der Stirn, die den „Weißen Alten“ auszeichnet. Wenn man einen Streifzug durch ein großes Museum der asiatischen oder buddhistischen Kunst unternimmt, kann man sehen, dass es dort immer wieder Figuren mit erhöhtem Kopf zu besichtigen gibt, zum Beispiel brahmanisch-hinduistische Asketen, ein japanischer Berggott oder Ananda, der treueste Schüler des Buddha Gautama.[36] Aber die Dargestellten gehören nicht zu den zentralen Figuren der buddhistischen und hinduistischen Kunst. Stammt der hohe Kopf der buddhistischen Heiligen also von den Erd- und Viehherren der alten Religionen der Jäger und Viehzüchter? Wurde er integriert in das Pantheon der buddhistischen Wiedergeburtslehre, als höheres Wesen, als buddhistischer Heiliger oder als Lama, der spirituelle Kraft angesammelt hat, zum Beispiel in einem Auswuchs auf dem Kopf?[37]

Kopflastig ist die Beziehung des Gautama Buddha zu den vor ihm existierenden Gottheiten allemal. Buddha, „der selige Herr Gautama", ist nach buddhistischer Doktrin ein einfacher Mensch, wenn auch ein Prinz, der aber seinen Hof verlassen hat und seine Lehre von der Wiedergeburt am Rande der Gesellschaft entwickelt. Er geht vielleicht in die Glückseligkeit ein, aber er ist kein Gott. Doch das wird in den buddhistischen Kulten und Legenden konsequent ausgeschmückt und umgedeutet, hier wird Gautama ständig zum Gott gemacht. Gleich nach seiner Erleuchtung, so „schnell wie ein starker Mann den gekrümmten Arm ausstreckt", soll ihn der vierköpfige Glücksgott Brahma Sahampati aus der Götterwelt heraus aufgesucht haben. Brahma Shampati bat Buddha inständig, seine neue Erkenntnis zu verkündigen, denn die Menschen hätten Staub auf den Augen. Brahma Sahampati, der in Teilen Asiens gerne in Form einer in höchst handfester Weise glatt vergoldeten, unnahbar wirkenden Statue verehrt wird, scheinen die Lehren des Buddha aber auch gar nicht so wichtig zu sein wie dessen Überlegenheit als neuer Gott. Am Ende seiner kleinen Rede behandelt er den Erleuchteten als Gott, indem er ihn umkreist, wie man es in vielen Religionen der Welt mit Götterbildern macht. „Und er brachte dem Erhabenen ehrfurchtsvollen Gruß entgegen, umwandelte ihn rechtshin und verschwand von selbiger Stätte."[38]

„Mach weiter so!", befiehlt der Buddha dem Weißen Alten, ein paradoxer Befehl, weil der Alte es ja immer schon so gemacht hat. Das kennzeichnet die komplizierte Beziehung zwischen universaler, globaler buddhistischer Erkenntnis und den meist älteren lokalen Kulten, in denen Gottesbilder und Litaneien bestimmten Landschaften, bestimmten Menschengruppen Glück verheißen. Der Weiße Alte ist eine Figur, die sich neben und im Rahmen der buddhistischen Kunst der Mongolei, Tibets und angrenzender Gebiete hält, jedoch nicht wichtig ist für deren grundlegende Idee von Heiligkeit oder Erlösung. Ebenso unwichtig ist Weihnachtsmann ja auch für die christliche Lehre von Geburt, Tod und Wiederauferstehung Jesu. Er ist für etwas anderes wichtig, er steht letztlich für sich. Darum kann er dabei helfen, die christliche Lehre zu propagieren, als Wintergott des erfundenen Geburtstages Jesu. Aber er ist nicht unbedingt notwendig dafür, und er kann es auch ganz sein lassen, ohne dabei gleich sichtbar Schaden zu nehmen.

Edelsteine, goldene Kugeln und ein Winterfest im August

Ein seltsames Detail im Bild des Weißen Alten zeigt die Verklammerung eurasiatischer Religionen und lässt uns durch die Nebelwände der Archive und Traditionen hindurch einen Blick auf machtvolle Ri-

Abb. 53: Blauer „Medizin-Buddha" mit Cintamani-Stein (heutiges Tibet, nach älteren Vorbildern).

tuale werfen. Sie haben es dieser Figur ermöglicht, zwischen Ost und West als multikultureller Gott zu wandern. Das wichtigste Mitbringsel des Weißen Alten der Mongolen und Tuwiner ist rund und wertvoll, mal fleischig, mal hart, passt gut in die Hand. Es leuchtet hell und klar und zieht unsere Aufmerksamkeit an, unsere Begierde. Es sind die „drei Kleinodien".[39] Drei goldene Kugeln schenkt der Nikolaos aus Myra heimlich den ehelosen Töchtern seines Nachbarn, und diese Kugeln werden neben seinem hohen bärtigen Kopf und dem Bischofshut zu seinem wichtigsten Erkennungsmerkmal. Wenn Nikolaus gefeiert wurde, hat man häufig Kinder mit Äpfeln beschenkt, die karge süße Reserve im bitteren Winter. 6000 Kilometer weiter östlich und mehr als tausend Jahre später haben im 19. und 20. Jahrhundert der Weiße Alte der Tuwiner und Mongolen und sein tibetischer Vetter, der Gott der Langlebigkeit und der Kinder (Mitsering), oft einen oder mehrere Cintamani-Steine in der Hand, Edelsteine, die Wünsche erfüllen können. Dieses Requisit muss man sich vorstellen wie aus einem nordamerikanischen Fantasy-Film geborgt, ein leuchtender Stein, der ein langes Leben und unendlichen Reichtum verspricht. Genauer gesagt: Der Cintamani-Stein geistert tatsächlich weltweit durch Fantasy-Filme und Videospiele.[40] Cintamani, „Juwel der Wunscherfüllung", ist aber auch ein wichtiges Elemente im Kult des Siddharta Gautama (um 4. Jahrhundert vor unserer Zeitrechnung), des Buddha. Hier dient er als Bild der Reinheit seiner Lehren – ob das Detail des heiligen Steines der Buddhisten jedoch vor dem Wurf der goldenen Kugeln von Myra entworfen wurde oder nicht, konnte ich nicht feststellen. Man kann davon ausgehen, dass Juwelen der Wunscherfüllung nicht gerade zum Grundbestand der buddhistischen Lehre der Weltabwendung und des Verzichts gehört haben und dem Buddha erst später in die Hand gelegt wurden. Im chinesischen Götterpantheon aus Buddhismus, Daoismus und Konfuzianismus kommen die Handschmeichler als Paradiesfrüchte ins Spiel, die Pfirsiche des langen Lebens, welche der hochbestirnte und weißbärtige Gott mit sich führt, Shou Xing. Er schenkt sie Kindern, wenn die sich so gut zu benehmen wissen wie Yan Chao, der Junge, der eigentlich mit 19 Jahren sterben sollte. Das Wort des Buddha als Juwel, die Reinheit der Lehre oder ein langes Leben von Staat oder Einzelmenschen – „innere" Zusammenhänge wie diese, das lernen wir von

Claude Lévi-Strauss, bestimmen über den Erfolg oder Misserfolg bei der Wanderung einer „äußeren“ kulturellen Form wie Bild, Name, jahreszeitliches Fest, Anrufung oder Redensart.

Der mongolisch-deutsche Schriftsteller Galsan Tschinag (geb. 1943) beschreibt, wie er in seiner Jugend den Weißen Alten erlebt hat – als eine Mischung zwischen russischem Weihnachtsmann und mongolischem Hirtengott. Als Neujahrsgott einer Mongolei erscheint der Weiße Alte bei Tschinag, wo die familiären Katastrophen und Freudenbotschaften noch ebenso von der Gemeinschaft geteilt werden wie von den neuen Medien der Russen – wobei wir uns diese Gemeinschaft bestimmt nicht als den mongolischen „neuen Sowjetmenschen“ vorstellen müssen, sondern eher als das komplexe Gewirr mongolischer Clans und Netzwerke: „Der Gabe-Sack, den zum Jahreswechsel der gute Weiße Alte auf seinem gebeugten Rücken vom Weltenberg herübergetragen hat, scheint viel mehr zu enthalten als besternte und befranste Tütchen mit Süßigkeiten und Gebäck: Gleich der erste Morgen des neuen Jahres hat zwei schreiende Meldungen. Sie kommen von entgegengesetzten Himmelsrichtungen aufeinander zugeflogen, vereinigen sich zu einem Paar und eilen schon wieder von dannen, um wohl schnell bis in den letzten Schlupfwinkel der sechstausend Köpfe beherbergenden Bezirksstadt einzudringen ... Drillinge sind zur Welt gekommen, und eine fünfköpfige Familie ist erstickt!“[41]

Leben wird gegeben und genommen, eine kasachische Familie in Tschinags Heimatort hat den primitiven Steinkohleofen nicht fest verschlossen und ist am Kohlegas erstickt, gleichzeitig hat eine Frau, die schon mehrfach tote Kinder geboren hatte, in einer gefährlichen Geburtskrise gesunde Drillinge hervorgebracht und ist auch selbst schon wieder „aus dem Totenreich zurückgekehrt“. Hinter dem Weißen Alten, dem Gott des langen Lebens und hinter dem Heiligen Nikolaus steht das Geheimnis der Gabe, die von Hand zu Hand wandert. Das Leben selbst wird weitergegeben, in Form eines kostbaren Geschenks, in Form einer testamentarischen Verfügung, in Form von Münzen, die beim Betteln auf der Straße den Besitzer wechseln – oder als Apfelschnitz, den man einer kleinen Rotznase in den Mund schiebt. Ist das nicht das ewige Leben? Das Leben geht weiter auf diese Weise, daran ist nicht zu zweifeln. Was einmal irgendeine verblasste Kugel ist, das langweilige Attribut einer staubigen Heiligenfigur oder eines Gottes, den keiner mehr richtig zu fürchten versteht, ist im nächsten Moment, bei genauerem Hinsehen, wieder ein köstlicher Gegenstand, ein Geheimnis, eine heilbringende kleine Sphäre oder eine vitaminreiche Frucht, eine Hostie oder ein Geldstück, das beim Betteln auf der Straße seinen Besitzer wechselt. Heute schenken die Menschen in den westlichen Kulturen und ihre Dialogpartner in aller Welt im Zeichen eines weißbärtigen Alten. Sie schenken den Kindern mehr, als sie von ihnen geschenkt bekommen werden. Das Bild des Geldes, aber auch das Bild der unbezahlbaren Kostbarkeit (Juwel, langes Leben, Gesundheit) kreuzt sich mit Ritualen der Gabe, in denen wir durch Zeiten und Räume hindurch die goldenen Kugeln aufblitzen sehen, welche auch die hoch in den gotischen Kirchen aufragenden Statuen des Heiligen Nikolaus von Myra geschmückt haben.[42] Der Haupttrend der Übernahmen und Einflüsse zwischen dem Weißen Alten und dem Hyperhagios Nikolaos verläuft wohl eher von Ost nach West,[43] immerhin hat sich auch der Kult des Heiligen Nikolaus vom Osten her, von Kleinasien aus in Europa ausgebreitet. Ein großer Autor der westlichen Buddhismuskunde, Edward Conze, beschreibt es so: „Europa hat auf diesem Gebiet alles von Asien entliehen … Es gibt wohl kaum eine religiöse Schöpfung Europas, die nicht aus zweiter Hand stammt und ihren ursprünglichen Impuls dem Osten verdankt."[44]

Aber vielleicht, warum nicht, ging es auch immer wieder hin und her. Dann gäbe es so etwas wie eine Religion der Bodenhaftung, des Bodens, für Menschen, die in Bewegung sind, für Viehnomaden, Viehzüchter, Händler und Seeleute, für alle, die vom Wasser überschwemmt werden oder von der Dürre geschädigt sind, für die, die nicht heiraten können oder keine Kinder bekommen, für die Gehemmten in jeder Hinsicht und darum auch für die Gefangenen. Es ist ein Gott für die freie Bewegung im Raum und schnelles, von gesunden Tieren und guten Wegen gekennzeichnetes freies Reisen, ein Gott der Globalisierung. Diese Religion, undogmatisch, mobil, eurasiatisch, wurde immer wieder, mehr oder weniger geschickt, in die Korsetts der großen Lehren gezwängt, des Buddhismus, der russischen

Orthodoxie, des Katholizismus und sogar der modernen Konsumgesellschaft als Kult des flugfreudigen, frei überallhin sich bewegenden Kindergottes Santa Claus, der eigentlich in den Bergen wohnt, am Nordpol. Diese Religion hätte seit dem 17. Jahrhundert in ganz Eurasien verstärkt Fuß gefasst, in den lamaistischen Klöstern Nordasiens ebenso wie in den Bürgerstuben Westeuropas – der Welthandel hatte sich ins Ungeheure vergrößert. Dieser Gott steht aber gleichzeitig auch zu den Leuten vor Ort, er hilft ihnen bei ihrer Vermehrung ihrer selbst und bei der Vermehrung ihres Besitzes, ein Gott der Zukunft, der aber nicht nur global, sondern auch lokal denkt. Das gilt nicht nur für den „Weihnachtsmann", sondern auch für den „Tsaghan Ebügen" der 8000 km östlich von Westeuropa hergestellten schamanistischen Manuskripte, aus denen ich hier zitiert habe. Der Weiße Alte der Mongolen schützt auch die Kinder vor der Ausbreitung von Seuchen, und in seiner chinesischen Version beschenkt er die Kinder, um sich dann wieder auf die schneebedeckten Berge zurückzuziehen, denen er körperlich so sehr ähnelt.[45] „Im Westen, in der Kontaktzone russischer beziehungsweise christlich-orthodoxer Besiedelung verschmolz der Weiße Alte mit dem heiligen Nikolaus, der beliebtesten Gestalt der für das Christentum gewonnenen Bevölkerung in Zentral- und Nordasien. Dabei herrschten in der Ikonographie des Heiligen die Züge des Weißen Alten vor, wie unter anderem noch aus dem ziemlich hohen Schädel ersichtlich ist."[46] So schloss der deutsche Tibetologe Siegbert Hummel, dem vielleicht als einzigem Autor im Westen diese Beziehung schon vor über 50 Jahren aufgegangen ist.

Wieder einmal sehen wir uns Videos vom Weißen Alten an, Britta und ich. Diesmal haben wir uns Mario Bandis Filmmaterial über die Tsam-Zeremonie vorgenommen, das 2008 in der Mongolei gedreht wurde (siehe Abbildung 6 im Farbbildteil).[47] Britta hat es in einer durchlaufenden DVD-Wiedergabe entdeckt, mit der die Berliner Ausstellung „Anders zur Welt kommen" im Jahre 2009 Techniken und Ansätze eines Museums der Zukunft erproben wollte, die irgendwann einmal im bis dahin neuerbauten Berliner Stadtschloss zum Zug kommen sollen – wenn es denn jemals gebaut werden wird. Aber das kleine Belegstück, das Britta zu guter Letzt in der Ausstellung erspäht hat, das hat es wirklich in sich für mich und mein Buch. Eine Milliarde Euro? Was sind schon Milliarden heute, im Zeitalter der Finanzkrise und der großen Finanzpakte, bei denen es um Hunderte von Milliarden geht. Aufgehoben in einem Nichts aus Milliarden, sozialer Unsicherheit und Projektemacherei hängen wir in einer der schicken futuristischen Sitzgelegenheiten ab, um die es den Ausstellungsmachern vor allem zu gehen scheint, und schauen uns stundenlang in aller Ruhe Mario Bandis Film an. Irgendetwas ist das Wissen der Folkloreforscher, Ethnologen und anderer Gelehrter wohl selbst hier noch wert. Schon umschleichen uns misstrauische Museumswärter, Angestellte der „Stiftung Preußischer Kulturbesitz", denn in der schwach besuchten Ausstellung sitzt sonst niemand so lange herum. Aber wir kümmern uns nicht um sie, wir kommen jetzt anders zur Welt, weil wir das Video von Mario Bandi entdeckt haben, ganz neue, ruhige und klare Bilder von einer mongolischen Tsam-Zeremonie. Der Weiße Alte darf da nicht fehlen, aus den weiten Ärmeln seines Gewandes pult er in einer Pause des verhängnisvollen Spektakels um Tod und grausame Tiergötter kleine Süßigkeiten und Ähnliches für die Kinder hervor. Sie sollen durchhalten und die Masken nicht allzu bedrohlich erleben, er hält sie bei Laune, aber auch er kann nicht verhindern, dass am Ende das Bild eines Menschen verbrannt werden wird. Hier also finden wir endlich glasklare und reproduzierbare Abbildungen eines Weißen Alten, der Gaben an die Kinder verteilt. So hat es Anfang der 1930er Jahre auch der deutsche Asien-Reisende Ferdinand Lessing erlebt: „Er ist die volkstümlichste Figur der ganzen Handlung, die einzige, die in diesem Mysterienspiele eine nicht nur stumme Rolle spielt. Seine Worte, Gebärden und Taten drücken sämtlich eine tölpelhafte Komik aus, die die atemraubende Schauerlichkeit der gesamten Handlung wie mit Blitzlichtern aufhellt. Er ist der Clown des Spiels …" Dazu fällt mir nur ein deftiges „Ho-Ho-Ho" ein, und genau in diesem Ton geht es auch bei Lessing weiter, der Berggott, der zum Clown geworden ist bei den buddhistischen Mönchen, beschäftigt sich auch gerne mit Geschenken: „Wie er zu mir kommt, sagt er: ‚Wollen mal sehen, ob dieser ausländische Bettelmönch mongolische Sitten kennt', und hält mir Äpfel hin."[48] Der Kreis ist geschlossen, von „Faktor N" mit seinen Kugeln und Äpfeln sind wir auf „Faktor SX" gekommen und von „Faktor SX" auf „Faktor WA", den Weißen Alten, und auch der ist wiederum ein Gabengott und ein Wintergott, zum Neuen Jahr wird er gezeigt, am Ende des harten mongolischen Winters. Als ich von Mario Bandi, den wir sofort kontaktierten, die DVD seines Films und aus dem Film Fotos mit den Bildern des Weißen Alten erhalten hatte, konnte ich die Recherche beenden und endlich das Buch schreiben, das hier vor Ihnen liegt.

Natürlich geht die Recherche immer weiter, auch während man an einem Buch schreibt. Diesmal haben Britta und ich Videos vor uns, die bei YouTube gestaut sind, der weltweit abrufbaren gigantischen Datenbank mit Filmen aller Art, vom Amateurstreifen über die Abenteuer mongolischer Rennmäuse in ihren deutschen oder amerikanischen Käfigen bis zu langatmigen bebilderten Abhandlungen über die mongolische Milchwirtschaft. Wir sind bei den YouTube-Vorräten zum Thema Tsam oder Zam oder Cham gelandet, Aufnahmen des mongolischen Nationaltanzes, die z. B. von der mongolischen Fremdenverkehrsverwaltung oder von Firmen der Tourismusindustrie ins Netz gestellt wurden.[49] Wir lernen, dass im Kloster Amarbayasgalant, fünf Stunden mit dem Auto von der mongolischen Hauptstadt Ulan Bataar entfernt, am 13. 9. 2009 von den Mönchen der Tsam aufgeführt wurde. Wieder hat der Weiße Alte die Kinder besänftigt, aber am Ende werden diesmal nicht Bilder von einem Menschen verbrannt, sondern die Wünsche der Menschen. Die Tanzrituale unterscheiden sich von Kloster zu Kloster, hier wirft man Kuchen ins Feuer als Sinnbild menschlicher Sünden, und einzelne Kranke aus dem Publikum werfen Papiertücher hinein, welche die Stellen darstellen, an denen sie Schmerzen verspüren. Vom buddhistischen Verbrennen aller Wünsche ist das Ritual sachte herübergewechselt zur Wunscherfüllung durch höhere Mächte, was mit Buddhismus im strengen Sinne des Wortes nichts zu tun hat. „Merkst du was?“, fragt Britta mich. Ich merke nichts. „Doch, schau doch mal genau hin, die Leute drum herum sind ja ganz leicht bekleidet, nicht wie in dem älteren Film, der den Neujahrs-Tsam zeigt, in der Kälte, mit eingemummelten Zuschauern.“[50] Britta hat recht. Und wir finden eine Menge ähnlicher Aufnahmen, Tsam auf grünen Wiesen, Tsam im sommerlichen Ulan Bataar, Tsam-Zuschauer in T-Shirts, Tsam als Bühnenshow in Klöstern und im Fernsehen, großer Tsam-Maskenverkauf und Tsam-Festival, 2007 im Juni und Juli, organisiert von Exilmongolen aus Bloomington, Indiana.[51] Eine mongolische Fremdenverkehrsexpertin aus Bonn verrät mir später, dass die besten

Tsam-Aufführungen heutzutage im Juli und August stattfinden, der Haupt-Reisezeit für das Ziel Mongolei.[52]

Und damit haben wir das Reich der eurasiatischen Winterfeste verlassen! Das Geflecht von Bildern und Bräuchen, das ich hier beschreibe, ist nicht aus festen Figuren und ewigen Traditionen zusammengesetzt, sondern besteht aus Überkreuzungen und zweckorientierten Handlungen, aus geklauten Knochen und Notlösungen und Erfindungen und Funden und Wieder-Erfindungen. Ulan Bataar wird heute von einem riesigen Kohlekraftwerk beheizt, das sich über den Plattenbauten, Hochhäusern und nomadischen Zelten erhebt, es stellt der Stadt ein enormes Problem in Sachen Luftverschmutzung. Das Fest hat seine Anlehnung an den Winter verloren, und die mongolischen Verkehrsämter werben mit dem Tsam als einem mongolischen Nationaltanz, der auf Wunsch für Gruppen von Touristen in den Klöstern aufgeführt wird, zu jeder Jahreszeit. Als die Macht der sowjetischen Funktionäre nachließ, hat man die Klöster wiederhergestellt und die alten Kulte, aber sie haben ihre winterliche Grundnatur geändert. Die Mönche wiederum betonen in ihren Aufführungen den Weißen Alten als Spottfigur, zusammen mit ihrer Selbstparodie als dumme Mönche mit übergroßen Maskenköpfen. Aber seine alte Übermacht ist noch dadurch erhalten, dass er, der Weiße Alte, die anderen Masken einführt und vorführt. „Mach weiter so" – wer dirigiert hier wen? Das Fest ist insgesamt unwichtiger geworden, was den Wintergott angeht, und leichter konsumierbar für Fremde. Mittlerweile werden die Masken auch im Kölner Karneval getragen, von der Mongolenhorde und anderen Vereinen. Die Ethnologin Anja Dreschke[53] hat einen erstaunlichen Film darüber gedreht, sie zeigt unter anderem, wie sehr die Kölner Karnevalisten von den buddhistischen und viehnomadischen Mysterien geprägt werden, an die sie da rühren. Anja Dreschke hat auch die meisten Originalbilder zu meinem Buch geschossen, bei kleinen Feldforschungen auf Borkum und in Sonthofen, und sie hat das Umschlagfoto aufgenommen. Wie es dazu kam, erzählt sie selbst:

> „Nachdem ich vergeblich versucht habe, einen Nikolaus zu finden, der in einem Kölner Kaufhaus ‚auftritt', habe ich im Internet den Weihnachtsmannservice von Stefan Dößereck gefunden. Er ist geprüfter Weihnachtsmann, hat einen Ehrenkodex der Weihnachtsmänner und Nikoläuse

unterzeichnet und schult auch Neueinsteiger. Infos dazu findest Du auf seiner Internetseite: http://www.weihnachtsmannservice.com/. Ich hatte vor ihm bereits ein paar Nikolaus-Darsteller angerufen, die aber alle nicht fotografiert werden wollten. Meistens befürchteten sie, die Kinder könnten so ihre Verkleidung entlarven. Stefan Dößereck schien eher medienfreundlich zu sein und lud mich auch sofort ein, ihn bei einem Nikolaus-Termin in der Kölner Stadtbibliothek zu fotografieren. Das erwies sich aber als schwierig, weil viele Eltern nicht wollten, dass ihre Kinder fotografiert werden.
Für das Titelbild brachte er sechs weitere Weihnachtsmänner und zwei Engel mit zum Fototermin. Der Weihnachtsmannauflauf war ziemlich lustig, weil sie sich alle untereinander kannten und sofort begannen, über das Weihnachtsmann-Business zu fachsimpeln. Einige hatten auch Erfahrung als Sankt Martin. Nachdem ich verschiedene Gruppenfotos aufgenommen hatte, wollten alle Weihnachtsmänner einzeln fotografiert werden. Jeweils in verschiedenen Posen mit unterschiedlichen Utensilien, die sie dafür mitgebracht hatten (z. B. Jutesack schleppen, mit erhobenem Zeigefinger aus dem goldenen Buch vorlesen, Glocke schwingen). Das haben sie auch ganz professionell durchgezogen. Die Tsam-Maske hat Klaus Simonis, Mitglied der 1. Kölner Mongolenhorde, zur Verfügung gestellt. Er hat sie von einer Reise in die Mongolei mitgebracht. Unter der Tsam-Maske war Aaron Szentpétery, der damals 17-jährige Sohn einer Freundin von mir, den wir nur mit Mühe dazu überreden konnten (bzw. mit einer DVD bestechen mussten). Ihm war das damals sehr peinlich, aber jetzt würde er sich freuen, wenn er genannt wird – falls Du überhaupt die Namen erwähnen möchtest."

Es hat Anja und mir großen Spaß gemacht, als sie für das Buch auch all die seltsamen Götter aus Schokolade, Papier und Ton fotografiert hat, die ganzen verknorzten alten Männer mit Bart und übertrieben hohen Köpfen oder Mützen, die hier in diesem Buch abgebildet sind. Auch Ethnologen haben ihren Spaß, so ist das nicht. Am Ende des Winters versammeln sich die Kölner Karnevalisten und feiern den fremden Gott – für sie sind die Jahreszeiten mittlerweile dabei fast wichtiger als für die Mongolen, denn Karneval ist in Köln die „fünfte Jahreszeit", eine Festsaison, in der man sich vom Winter erholt. Der Weiße Alte ist zur Reserve geworden, bedeutungslos, aber eindrucksvoll, ein Bild der Tradition, das seine Tiefe verloren hat. Aber ohne ihn kann man immerhin noch keinen gescheiten mongolischen Tourismus organisieren, zu viele Mongolen hängen noch am „echten" Tsam, zu neugierig sind die Touristen auf die Masken der Mongolen. In der Werbung für das Tsam-Festival im Juni und Juli 2007 ziert der Alte die erste Seite der digitalen Anzeigen. Er steht jetzt für die mongolische Tradition als Ganzes da, so, wie der Gott des langen Lebens und die Darstellung der drei Glücksgötter Fu Lu Shou zum Bild der traditionellen chinesischen Religionen geworden ist. Und wenn man in Köln die letzten schlappen Ausläufer der sibirischen Kälte hinter sich gebracht hat, die man in dieser alten Metropole des Rheinlandes „Winter" nennt, taugt er sogar dort noch als Erinnerung an ganz andere Zeiten.

Fundus Schamanismus?

> „Leider hab' ich keine Zeit, / Ansonsten ohne Zögern / Käm besuchen ich euch heut' / Aber nur auf Rentiern! / … Hinterm Rücken fliegt der Schnee, / Vom Hang die Schlitten preschen. / Eine Dampflok – das ist gut. / Und ein Flugzeug – das geht auch, / Besser geht's per Rentier!"

Das singt ein bejahrter fröhlicher Herr mit asiatischen Gesichtszügen. Dick in Pelz gehüllt, gleitet er auf einem Rentierschlitten durch Schneelandschaften. Aber damit man sein Gesicht beim Filmen besser sehen kann, hat er trotz der Kälte auf die Fellmütze verzichtet. Es ist der sibirische Schlagerstar Kola Beldy (1929–1993). Seine „Megahits aus der Tundra" komponierte er aus klassischer Musik im Stile des russischen Komponisten Rimskij-Korsakoff und der Volksmusik sibirischer Ethnien.[54] Sibirien nennt man den gesamten asiatischen Teil der Russischen Föderation, 7000 Kilometer vom Ural bis zu den Gebirgen der pazifischen Wasserscheide, 3500 Kilometer vom Polarmeer bis zu den Grenzen des russischen Riesenstaates mit der Mongolei und mit China. Sibirien ist schwach besiedelt, mit ca. 38 Millionen Einwohnern hat es eine Bevölkerungsdichte, wie man sie sonst nur in den Gebieten findet, die von Jägern und Sammlern bewohnt werden: zwei bis drei Menschen pro Quadratkilometer. Auch die Mongolei ist bevölkerungsarm, das Land mit der niedrigsten Einwohnerdichte der Welt. Es gibt hier ein Infrastrukturproblem. Manchmal muss eine phantasierte Reise die reale Reise ersetzen, oder es bleibt bei einem kleinen Ausflug mit dem Schlitten: „Besser geht's per Rentier" – vor allem, wenn das Rentier fliegen kann! Die enormen Schwierigkeiten bei der Aufrechterhaltung von Infrastruktur in Sibirien haben mit dazu beigetragen, dass in den 1980er Jahren die Sowjetunion kollabiert ist. Das Gebiet ist riesig, heute befürchtet man, dass der Klimawandel die sibirischen Dauerfrostböden auftaut und damit das Weltklima noch weiter aufgeheizt wird. In dieser Einöde, die nur von wenigen großen Wasserstraßen und Verkehrswegen durchschnitten ist, hat man schon lange von freien Wegen geträumt. Hier wurde von den Europäern nicht nur der „Türriegel der Welt"[55] lokalisiert, durch den die Polarwinde strömen können, der Buran und der Borcas, sondern man hat in Sibirien auch immer wieder Heilpraktiken und Ekstasekulte entdeckt, die das Fliegen und andere Formen der phantastischen Fortbewegung zum Thema haben: Schamanismus. In Sibirien muss man wenigstens vom Fliegen träumen können, sonst geht nichts mehr.

Schamanismus wird von Ethnologen und Religionshistorikern immer dann diagnostiziert, wenn Menschen Wandlungsprozesse durchlaufen, die sie befähigen sollen, andere Menschen zu heilen, ihren seelischen Haushalt zu vervollständigen, verlorengegangene Anteile des Selbst wiederherzustellen. Ein großes Verbreitungsgebiet althergebrachter schamanistischer Formen von Ekstase und Seelenreise liegt in Sibirien, in vielen anderen Teilen Asiens und, damit wohl zusammenhängend, bei den nord- und südamerikanischen Indianern. Aber auch in der alten europäischen und afrikanischen Folklore lassen sich bis weit in das 20. Jahrhundert hinein Schamanismen nachweisen. Und heute überschwemmen neoschamanische, oft auf den Büchern der Ethnologen und Religionshistoriker und auch vieler Praktiker beruhende Formen von Schamanismus die Volksmedizin und die spirituellen Moden der westlichen Welt. Die Tungusen und Ewenken – zwei ineinander übergehende Bezeichnungen für sibirische Rentierhalter, die zwischen China, Russland und der Mongolei nomadisiert haben und heute noch zum Teil auf Wanderung dort leben – sind berühmt für ihren drastischen und lautstark von Trommeln begleiteten Schamanismus, darum hat ihre Sprache dem Phänomen den auch bei westlichen Wissenschaftlern gültigen Namen gegeben. Das tungusische Wort „Shaman“ soll vielleicht über das chinesische Wort für „Mönch“ abgeleitet worden sein, und dieses Wort soll wieder aus dem Sanskrit-Wort „Shramana“ hergekommen sein, als Bezeichnung für Menschen, die in heilige Texte oder in ihre Gedanken versunken sind. Wie auch immer, „in Gedanken“ erheben sich die Schamanen über die Ebene und verbinden weit auseinanderliegende Landschaften, weil sie die verlorengegangenen Seelenanteile ihrer Patienten suchen, Kranke, denn die Kranken haben ihr Selbst in der Weite der Möglichkeiten verloren. Diese Kranken wissen nicht mehr, was sie tun sollen, und sind sich selbst fremd geworden. Das geschieht bei schweren körperlichen Krankheiten ebenso wie bei depressiven Zuständen, und in beiden Fällen kann ein kleiner Anstoß von außen manchmal Wunder wirken. Die Schamanen oder Schamaninnen treten in ekstatische Zustände ein, verursacht mal durch innere Übungen, mal durch Wahnsinn, Drogengebrauch oder die Nutzung von eindrucksvollen Symbolen des Fliegens. In diesen Zuständen erfahren sie den magischen Flug, sie erkunden die Fremde und finden, wenn es gutgeht, nach Hause zurück. Schamanen treffen die Geister der Toten und erleben andere Möglichkeiten des Daseins. Oft gewinnen sie dabei einen Freund, ein Schutztier, das sie bei ihren Reisen begleitet. So, von außen betrachtet, wird der verlorene kleine Winkel, aus dem sie kommen, wieder ein Ort von Heimat und Gesundheit. Aber der Schamane selbst wächst durch seine Flüge zu einer fremdartigen Figur in seinem Umfeld heran. Das kann man sich so vorstellen wie in den zahlreichen westlichen Literaturen und Filmen, die schamanistische Motive als Grundlage haben, „Nils Holgerssons Reise“, „Faust“, „Die göttliche Komödie“, „Matrix“ oder „Wo die wilden Kerle wohnen“. Das Wissen über die Grenze, der Überblick, das ist die Gabe der Schamanen an diejenigen, die unten auf sie gewartet haben, in weitverstreuten sibirischen Siedlungen oder in den armseligen Wohnungen der „urban poor“, in den Hochhaussiedlungen Indonesiens oder Koreas.

Die Bandbreite schamanistischer Rituale reicht von dramatischen Bewusstseins- und Körperkrisen, z. B. unter dem Einfluss starker Drogen, bis hin zu kleinen Scharaden, mit denen Normalmenschen buchstäblich vor-gespielt wird, dass die Welt groß ist und dass sie nicht allein sind in der Welt. Selbst eine kleine Schwindelei auf diesem Gebiet kann wohl manchmal tröstend wirken oder heilsam sein. Das Flugerlebnis steht immer wieder im Mittelpunkt schamanistischer Trance-Erfahrungen und wird von Schamanen wie von Beteiligten häufig als reales Erlebnis geschildert – wie real, werden wir gleich sehen.

Der deutsche Ethnologe Michael Oppitz lebte lange Zeit Köln, der Hauptstadt des deutschen Karnevals, vielleicht hat er deshalb diesen Sinn für Zeremonien, Ekstasen und Verkleidungen entwickelt, der seine weltweit bekannten Filme über Schamanismus in Nepal kennzeichnet. Oppitz hatte bereits mit „Schamanen im blinden Land"[56] internationale Filmpreise eingesammelt, als er im Frühjahr 2010 wieder nach Nepal fuhr, um für die Ausstellung „Der Traum vom Fliegen – the art of flying" (Berlin März–Mai 2011[57]) den Film „Rituelle Reise der Schamanen" zu drehen.[58] Mit dem Schamanen Rana Prasad Gharti, aus der westnepalesischen Ethnie der Magar, bestieg er einen Hubschrauber – um den Flugweg der schamanistischen Sitzungen Ghartis abzufliegen. Für den gestandenen Forscher Oppitz wie für den Piloten des Hubschraubers war dabei erstaunlich, wie leicht Gharti sich von oben her in seinem Tal unterhalb des Dhaulagiri-Massivs zurechtfand. Nie verlor er während des Fluges die Orientierung, sicher lenkte Gharti den Piloten des Hightech-Gerätes auf dem Kurs, den die Schäfer des Tals jedes Jahr bei ihren Trecks mühsam mit den Tieren abwandern. Wie schwierig das sein kann, versteht man erst, wenn man einmal versucht hat, das eigene Umfeld, die eigene Wohnung bei Google-Earth zu erkunden. Das Vertraute kommt einem schnell fremd vor, man erkennt kaum etwas und verliert sehr leicht die Orientierung. Aber Gharti war es gewohnt, sich diese Landschaft von oben vorzustellen, auszumalen, sie realistisch aus der Vogelperspektive zu erleben und hoch über den Wegen der Schäfer, die im Tal auf dem Boden mit ihren Herden umherziehen, seinen Weg durch die Luft zu träumen. Die nepalesischen Schamanen bringen sich mit Trommelmusik in Stimmung, in monotonen Rhythmen singen sie ihren Weg durch die Luft. In anderen Gegenden Asiens zielen schamanistische Drogen und Körpertechniken darauf ab, den Gleichgewichtssinn neu zu polen und im Gehirn ein authentisches Erlebnis des Fluges zu erzeugen. Es wird ausgehend von der Erfahrung der realen umgebenden Landschaft abgespult. Am „Jenseitspass“, wo die imaginäre und körperlich-reale Reise der Schamanen in einer mühsamen Wende zurückentwickelt wird, machte auch der Hubschrauber kehrt. Wenn die Wende schiefgeht, kann der Schamane in seiner Trance sterben. Kehrt er zurück, hat er hilfreiche Seelen angesammelt und kann die Menschen, die am Boden des Tals in einer unscheinbaren Ortschaft auf ihn gewartet haben, wieder vollständig machen und mit seiner Gabe heilen. Schamanismus ist, so besehen, vielleicht die erste globale Religion. Diese Religion benötigt keine Schrift, keinen Erlöser, keinen totalen Staat, gegen und mit dem sie die Seelen regiert. Schamanismus beruht auf einem intelligenten Spiel mit dem Wahrnehmungsapparat des Menschen und erkundet Räume, die erst in den letzten Jahrzehnten von den westlichen Verkehrstechnologien wie von der westlichen Bewusstseins- und Hirnforschung untersucht wurden.[59]

Oppitz kennt sich aus. Er ist nicht nur – dank asiatischer Seide und nepalesischem Schneider – der bestgekleidete deutsche Ethnologe, sondern er hat das Thema auch breiträumig in seinem Bezug zu den großen Schriftkulturen untersucht. Zu der Ausstellung „Der Traum vom Fliegen“[60] trug er auch Fotografien bei: Sie zeigen ein sibirisches Schamanengrab. Es besteht unter anderem aus einer Art Rampe, die von aufsteigend angeordneten Holzpfählen gebildet wird, auf die geschnitzte Vögel montiert wurden. Wir haben diese Rampe in unserer Ausstellung über das Fliegen nachgebaut und konnten feststellen, dass alle Besucher, die wir befragt haben, sofort den Sinn dieser Konstruktion verstanden – der Schamane, die Schamanin sollen aus dem Grab wiederauferstehen, auffliegen, dem Himmel zu. Bei Begräbnissen von Schamanen der sibirischen Klein-Ethnie der Nenzen wurden Mitte der 1920er Jahre die toten Heiler auch auf einem Schlitten aufgebahrt, der mit Stecken geschmückt war, auf denen wiederum Holzvögel angebracht sind. Mit Vögeln ausstaffierte Wagen sind in Europa wie in China schon seit der Bronzezeit überliefert. Santa Claus hätte sicher seinen Spaß daran, es mal mit so einem Schlitten oder Wagen zu versuchen, zumal die Nenzen Rentiernomaden sind, mit Rentieren, wie sie schließlich Santas Schlitten ziehen. Rudolf, das rotnasige Rentier, das seinem Herren als Nebelleuchte wertvoll ist, stammt wohl letztlich aus Sibirien.

Abb. 54: Totenschlitten der Nenzen, Sibirien, ca 1925.

Vögel, Federn bilden einen wichtigen Bestandteil vieler Schamanenausrüstungen. Die weiten Mäntel der Schamaninnen und Schamanen waren und sind oft mit Objekten besteckt, die auf übermächtige Technologien der Zukunft hinweisen, Eisenstücke zum Beispiel. Manche Accessoires des Schamanismus greifen auch wieder zurück auf ältere Erfahrungen des Menschen mit dem Oben und mit der Verwirrung der Sinne: Vögel, Spiegel. Die runden Rahmentrommeln der Schamanen, mit denen unsere kleinen Tamburine verwandt sind, tragen oft Zeichnungen und Malereien, welche die Himmelsrichtungen, Ober-, Mittel- und Unterwelten, fliegende Menschen und Vögel zeigen. Mit diesen Trommeln wird rhythmisch das Trommelfell des Schamanen, der Schamanin in Schwingung versetzt und so auch das Gleichgewichtsorgan im Innenohr irritiert. Tinnitus und Gleichgewichtsstörungen, die wir nur als Krankheitszeichen und Stress-Symptome kennen, werden hier mit Absicht provoziert, um Menschen in den öden Weiten und Bergwelten Asiens eine aufregende und erschütternde Erfahrung zu verschaffen. Alle Menschen können fliegen, man braucht nicht unbedingt ein Flugzeug oder ein Raumfahrzeug dazu. Natürlich gibt es in Sibirien und in der Mongolei auch

Rhapsodien dazu, einen Rap, der mit der Trommel zusammengeht und die Verwandlung des menschlichen Körpers in flugfähiges Gerät befördern kann.

> „Trommel wie ein runder See, der sogleich zu Eis erstarrt ist,
> Dich verwandeln meine Worte in ein Roß von Heldengröße,
> Und ein Pferd von großer Schnelle wird geschaffen aus
> der Trommel.
> Weiter wirst du eine Feder, golden, glänzend, flügelrauschend …
> Brause, ein gewalt'ger Renner, stürme in das unt're Land!
> Trommel, kühn und ruhmbedeckt, aus
> neun vertieften Höhlen tönend …
> Im Galopp herbeigeflogen, kehr zurück aus mächt'gen Ländern!"[61]

Auf ihren Reisen, sei es nun, dass sie in den Geschichten der Normalmenschen vollzogen werden, in schamanistischen Theatertricks oder in ernsthaften Trance-Erfahrungen, begegnen die Schamanen und Schamaninnen Geistpartnern oder Geisterpartnerinnen.[62] Sexuelle Anziehung überstürzt sich mit Kämpfen zwischen Hexen und Schamanen und rasanten Flugerfahrungen. Auch darum wird Schamanismus oft mit den Flugerfahrungen und Geistreisen der Yogis des alten Indien und mit der daoistischen Alchemie des kaiserzeitlichen China in Zusammenhang gebracht.[63] Das „Megadhutta", ein Werk Kalidasas, der im vierten oder fünften Jahrhundert unserer Zeitrechnung auf Sanskrit dichtete, beschreibt geographisch korrekt den Flug eines Mannes über Indien hinweg. Am Ende geht er im Norden nieder, als Regenwolke schüttet er sich aus über seiner Frau, die er so vermisst hat.[64] Irgendwie scheint es um eine körperliche Geographie der Energieflüsse zu gehen, wie sie auch auf dem Schaubild Nei Jing Tu abgebildet ist (Abb. 45).

Von zahlreichen Drogen der Schamanen ist nachgewiesen, dass ihre pharmakologische Wirkung vor allem Flugerlebnisse vermittelt, durch Beeinträchtigung des Gleichgewichtsorgans, durch direkte Einwirkung auf Nerven und Gehirn, durch Veränderungen im Wasserhaushalt und im Kreislaufsystem.[65] Bei manchen sibirischen Schamanismen steht der Gebrauch von Fliegenpilz im Vordergrund. Aufgrund seiner Giftigkeit werden die Wirkstoffe des Fliegenpilzes auf unterschiedlichste Weise vor der Einnahme als Droge verarbeitet: gesotten, getrocknet, gefiltert oder auch angesammelt im Urin. Manchmal soll dabei auch der Umweg über Rentier-Urin genommen worden sein, oder man beobachtete den Verlauf von Fliegenpilz-Räuschen bei Rentieren. All das hat einige Forscher zu der Vermutung gebracht, dass die seltsame Gegenwart von Fliegenpilzen im romantischen Weihnachtsmann-Dekor des 19. und 20. Jahrhunderts in Deutschland, England und in den USA etwas mit Schamanismus zu tun haben könnte.[66] Ein gewisser Tony Van Renterghem hat dazu eine leicht überspannte, aber in sich gar nicht so unsinnige Konstruktion entwickelt: „When Santa was a Shaman."[67] Damit wären wir fast schon wieder bei dem „Cola-Rausch" angekommen, der den Werbe-Kult oder die Kultwerbung mit Bildern von Santa Claus und seinen Rentieren so nachhaltig begleitet. Bei solch einem pharmakologischen „Kurzschluss" zwischen Asien und Europa werden viele, vielleicht allzu viele Zwischenschritte übergangen. Die besondere Rolle der Kläuse und Südsterne im Zusammenhang mit Winter und Staat hat Van Renthergem übersehen, aber einige grundlegende Beobachtungen stimmen schon: Der magische Flug, die seltsamen Pilze, die Rentiere, der Ritt in fremde Welten und das Mitbringen von Gaben – all das haben Santa und Weihnachtsmann mit Schamanen gemein. Wie eine Insel ragt ein einsames Fundstück des Petersburger Völkerkundemuseums aus einem Meer von Prozessen der Übertragung zwischen den Schamanismen und den großen Zeremonien der eurasiatischen Staaten und Weltreligionen hervor. Es ist die unscheinbare kleine Metallmaske eines sibirischen Schamanen, die wohl beim fliegerischen Tanz getragen wurde. Sie zeigt, kaum für uns erkennbar, den Heiligen Nikolaus der russischen Nutzer, Förderer und Unterdrücker sibirischer Kultur. Gelegentlich soll Sankt Nikolaus von tungusischen Schamanen sogar als „oberster Schamane" gehandelt worden sein[68].

Der italienische Historiker Carlo Ginzburg hat als Erster wirklich bewiesen, dass man noch die europäischen Hexenverfolgungen des 16. bis 19. Jahrhunderts im Zusammenhang mit Schamanismus sehen muss. Das Treiben der Hexen auf ihren Bergen, die phantasierten Flüge und Feste, der angebliche plötzliche Überfluss an Waren und Nahrungsmitteln in den Häusern der „Hexen", das sind Phantasien der Hexenjäger, die jedoch als Spiegel damals noch nachwirkender, letztlich mit den sibirischen Ekstasekulten verwandter Feste

Abb. 55: Schamanenmaske mit dem Motiv des Heiligen Nikolaus, Sibirien, 1920er Jahre.

verstanden werden können.[69] Die Erfahrung der „kleinen Eiszeit", extrem harter Winter, haben die Phantasien der europäischen Hexenjäger des 16. und 17. Jahrhunderts immer wieder in Richtung auf mörderischen Fanatismus verstärkt,[70] so viel ist heute deutlich an diesem komplexen und für die Zukunft Europas prägenden Ereignis der Hexenverfolgungen und ihrer Abschaffung. Ginzburgs Werk über den „Hexensabbat" fußt auf stärker spekulativ gefassten Annahmen einer älteren Generation von Forschern, welche die West-Ost-Achse der Rituale gerne als alleinigen Besitz „indoarischer" oder, maßvoller formuliert: indoeuropäischer Bevölkerungen gesehen hätten.[71] Sie waren, der eine mehr, der andere weniger, in die Nationalismen und den Rassismus ihrer Zeit verwickelt und sahen nicht, dass diese Feste und die an sie gekoppelten Schwebezustände und Vermehrungswunder überall dort brauchbar waren und sind, wo es einen eurasiatischen Winter gibt. Darum ist ihnen die Parallele des Shou Xing mit Weihnachtsmann bei den nun gar nicht mehr „indoarischen", wenn auch von Indien her beeinflussten Chinesen entgangen. Auch die indoeuropäischen Ekstasetechniken, um welche die nationalsozialistisch begeisterten Autoren wie Otto Höfler so viel Theater gemacht haben, stehen als eine Variante von vielen in einem riesigen eurasiatischen Kontinuum.[72] Dass Indoeuropäer einst eine kulturelle Verbindung zwischen Asien und Europa dargestellt haben, würden auch ernsthafte Historiker heute nicht bezweifeln – die indogermanische Sprachfamilie hat mit ca. drei Milliarden Sprechern die größte Verbreitung auf der Welt. Und man musste kein „Indoarier" sein, um während der harten Winter der Vergangenheit durchzudrehen oder während der in Eurasien im 15. bis 18. Jahrhundert herrschenden „kleinen Eiszeit".

Wie all das gewandert ist, hin und her? Nach dem Debakel der „indoarischen" Theorien sollte man vorsichtig mit Vermutungen sein. Ein eher nüchtern gestimmter Zeitgenosse der „Indoarier", der finnische Folklorehistoriker Waldemar Ljungman, hat in seinen Werken über Traditionswanderungen zwischen Rhein, Euphrat und Jenissej ein gigantisches Panorama von Winterbräuchen aufgemacht. Neben den vielen Frauengestalten, welche die Austreibung des Winters bewirken oder ihr selbst zum Opfer fallen, sind auch immer wieder Berührungspunkte zu den Nikolauskulten erkennbar. Ein anderer, wie Ljungman sehr vorsichtig argumentierender Forscher, der Volkskundler Robert Wildhaber,[73] hat in seinem kleinen Büchlein über tschechische Masken insgesamt 77 verwaschene Schwarzweißaufnahmen vergessener Maskenkulte und Masken zu bieten, mit denen tschechische Bauern den Wechsel der Jahreszeiten begleitet haben – 44 von ihnen zeigen einen bärtigen, vollköpfigen Fremden. Oft genug stehen sie in irgendeinem Verhältnis zu den Kulten des Nikolaus, manchmal auch wieder nicht. Alter und Jugend, Männlichkeit und Weiblichkeit, Not und Gabe werden in allen eurasiatischen agrarischen Gesellschaften um- und umgeformt. Konkrete Wanderungen sind nur partiell bezeugt. Man sollte bei all dem bedenken, dass die schriftkundigen und Bilder produzierenden eurasiatischen Oberschichten der letzten Jahrtausende meist nur in geringem Maße am „Volk" interessiert waren. Allerdings, wenn der Winter vor der Tür stand, waren sie eben doch häufiger gezwungen, die Leiden und Ängste des Volkes zu spüren, darauf zu reagieren mit Brot und Spielen oder anderen, viel drastischeren Maßnahmen. Auch das, was wir heute als „authentischen" sibirischen Schamanismus ansehen, hat mehrfach Phasen der Verstaatlichung und Umformung durchgemacht. Priester traten an die Stelle von Schamanen und Schamaninnen. Beim Zerfall der zentralstaatlichen Strukturen, die man sich ein wenig wie das Reich der Tibeter vorstellen kann, wurden aus Priestern und Gelehrten dann wieder die Schamanen. Während des wohl klimageschichtlich bedingten Untergangs der westsibirischen Reiche und ihrer Bedrängung und Eroberung durch China ab dem 6. Jahrhundert n. u. Z. (genau zu der Zeit also, als die Faktoren SX und N, Shou Xing, der Gott des langen Lebens und der Hyperheilige Nikolaos große Anhängerschaft finden sollten) fand die letzte dieser großen Umgestaltungen statt. Aber vielleicht wird es nicht die letzte bleiben, denn das Interesse aus den „zivilisierten" Kulturen am sibirischen Schamanismus ist heute übergroß.[74]

Schamanismus wurde zwar lange Zeit in Sibirien von Menschen praktiziert, die in einer sehr direkten Auseinandersetzung mit einer überwältigenden und grausamen Natur lebten, aber das heißt nicht, dass es sich hier um eine Naturreligion der Menschheit handelt, die seit prähistorischen Zeiten unverändert weiterlebt. Auf der anderen Seite können die ordnenden und unterdrückerischen Impulse der Buddhisten und Christen auch wieder rückgängig gemacht werden oder ins Stocken geraten. Das kann man am fortlaufenden Kult des „Weißen Alten" in der Mongolei ebenso erkennen wie an den rüden Weihnachtsritualen auf Borkum, in Osttirol und in vielen anderen verkehrstechnisch abgelegenen oder stärker traditionsbegeisterten Ecken der deutschsprachigen Welt. Selbst das Ende der schwarzen Pädagogik mit ihrer Prügelei hat den rüden Riten der Borkumer kein Ende setzen können. Zugleich wird der sanfte und zivile Gott des Langen Lebens vielfach abgebildet, kommentiert und gefeiert – in China, wo Prügelstrafen und staatlich verordnete Prügelei noch heute alltäglich sind, nicht nur für Kinder. Weihnachtsmann, Shou Xing und Weißer Alter „sind" keine archaischen Urgötter, die aus prähistorischer Zeit „stammen" und ihre Identität immer beibehalten haben. Der Dialog prähistorischer Gottheiten mit Staat, Buchreligionen und parzellierten Stadtgesellschaften hat die mittelalterlichen und modernen Wintergötter hervorgebracht, um die es uns hier geht. Den inneren Zusammenhang dieser Gestalten haben bisher vor allem Autoren beachtet, die sich auf den Trip der „alten Naturreligion" begeben hatten. Ich bin hier einen anderen Weg gegangen und versuche, das komplizierte Geflecht der Winterkulte und der religiösen Bilder und Dogmen in seinem eurasiatischen Zusammenhang zu deuten, ohne dabei in einfache Thesen über „Natur“, „Ursprung“ oder „kulturelle Identität“ zu verfallen. Westlicher Weihnachtsmann und östlicher Gott des langen Lebens gehören allen Menschen, die es verstehen, etwas aus diesem Erbe zu machen.

Das Geflecht

Es geht um ein Geflecht aus Erzählungen und Bildern, aus Ritualen und Büchern, in denen sich „Faktor SX“ und „Faktor N“ wie auch „Faktor WA“, der Weiße Alte der Mongolen, Tibeter und Tuviner, herausbilden konnten. Es würde die Kräfte eines Einzelnen, ja ganzer Arbeitsgruppen von Forschern übersteigen, die zugrundeliegenden Wanderungen von Bildern, Erzählungen und Riten Punkt für Punkt zu rekonstruieren. Wahrscheinlich ist das gar nicht möglich, es gibt zu viele Lücken, weil sich die Oberschichten, die geschlossene schriftliche und bildliche Zeugnisse hinterlassen, meist nur wenig für die Unterschichten und ihre Bräuche interessieren. Vielleicht ruhen unsere winterlichen Gabenbringer wirklich auf einem prähistorischen Fundus aus schamanistischen Praktiken. Aber das nimmt Weihnachtsmann und Santa Claus, dem chinesischen Gott des langen Lebens und dem Weißen Alten nicht ihre historische Rolle im Spiel zwischen Staat und Mönchstum, Familien und Gesamtgesellschaft. Es geht um einen alten Mann, hinter dem dämonische Gestalten hervorlugen, manchmal sogar Frauen. Er ist manchmal streng und hat ein Buch dabei, aber trotzdem hat er das Gesicht eines Kindes. Überall auf der Welt, wo es Jahreszeiten gibt, können wilde Winterfeste mit Gabentausch und Prügeleien um Frauen aufkommen, in milderen Gebieten manchmal sogar als reine Freudenfeste, welche die Monsunsaison oder das Ende der Erntezeit begleiten. In der Reichweite der eurasiatischen Winter bleibt es eher bei härteren Übungen von Körper und Geist, bis hin zum ritualisierten Aufstand der Heischebräuche, die dann von der Milde des Gebens konterkariert werden. In großen Werken der Weltliteratur und Weltkunst werden die zugrundeliegenden Geflechte von Riten und Bildern und Erzählungen gebündelt und umgeformt und damit neuen zentrierten Nutzungen zugeführt, z. B. durch kaiserliche und andere Staaten. Ich beende meine Vergleiche zwischen Ost und West darum nicht mit einer großen Synthese und trügerischen Verbreitungskarten, sondern mit der Wiedergabe zweier bebilderter Erzählungen, die zwischen allen Kulturen Eurasiens zu stehen scheinen.

Der Brite J. R. R. Tolkien (1892–1973) ist heute als Schöpfer einer Fantasy-Welt berühmt, in „Der Hobbit", in „Herr der Ringe" und im „Silmarillion" kämpfen Zwerge und Feen, Helden und Zauberer um das Gute und Böse von „Mittelerde". Aber wenn ich bei meinen Forschungen mit Menschen zu tun bekam, die sich wirklich tief und breit mit dem Stoff der Erzählungen von Weihnachtsmann und Santa Claus beschäftigt hatten, kamen unweigerlich auch Tolkiens „Letters from Father Christmas" zur Sprache.[75] Von den frühen 1920er Jahren an hat Tolkien für seine damals drei- bis vierjährigen Kinder Jahr für Jahr einen bebilderten Brief verfasst, der das Leben von Weihnachtsmann am Pol beschreibt. Seit der Erstausgabe für die Öffentlichkeit aus dem Jahre 1976 hat die Sammlung dieser Briefe meiner Ansicht nach tief auf die zahlreichen Spiel- und Zeichentrickfilme über „Santa" eingewirkt. Sie sind selbst durch den Mythos von Santa Claus informiert gewesen, bringen ihn aber dichter mit europäischen und amerikanischen Ideen über „Vater Weihnacht" zusammen, mit Santa Claus und Weihnachtsmann. Begleitet von einem sehr tölpelhaften und rüden Eisbären, mit Eskimokindern und den Rentieren trotzt Weihnachtsmann am Pol dem ewigen Eis und bereitet seinen Schlitten für den großen Ausritt am Heiligen Abend vor. Die Briefe sind teilweise in einer Art skandinavischer Runenschrift verfasst, und manchmal sind sie mit Zeichnungen von Tieren garniert, wie wir sie in sibirischen, polaren und anderen prähistorischen Ritzzeichnungen finden. Sie behandeln banale oder auch grandiose Ereignisse in Weihnachtsmanns seltsamem Haushalt ebenso ernsthaft wie die grandiosen Erscheinungen des ewigen Winters am Pol. Einmal, 1927, berichtet Weihnachtsmann Folgendes an die Kinder im fernen Oxford:

„Liebe Jungs … es war auch sehr dunkel hier, seit der Winter begann. Natürlich haben wir die Sonne drei Monate lang nicht zu Gesicht bekommen, aber dieses Jahr gab es auch keine Nordlichter – ihr erinnert euch an den blöden Unfall letztes Jahr (der Polarbär hatte da die Nordlichter zur Explosion gebracht). Bis zum Ende des Jahres 1928 werden wir keine haben. Aber der Polarbär hat seinen Cousin (und entfernten Freund), den Großen Bären, für uns zum Scheinen gebracht und diese Woche haben wir einen Kometen angeheuert, der mir beim Einpacken helfen soll, aber es klappt nicht besonders gut.“[76]

Wir sind wieder bei der Astronomie der chinesischen Kaiserzeit angekommen, links oben in Tolkiens Blatt zum Jahre 1928 kann man gut das Sternbild des „Reisscheffels“ erkennen, den Wagen oder Bären. Der Bär zeigt den Winter an, und bange fragen sich die Menschen, auch die Jungs in Oxford, ob es diesmal überhaupt Geschenke geben wird, weil Weihnachtsmann nicht genug Licht hat, um die Geschenke einzupacken. Es sind also viel mehr Einflüsse als bloß ein bisschen europäisches Brauchtum um Sankt Nikolaus in das Bild von Santa Claus eingeflossen, bei Tolkien geht es um den hohen Norden,

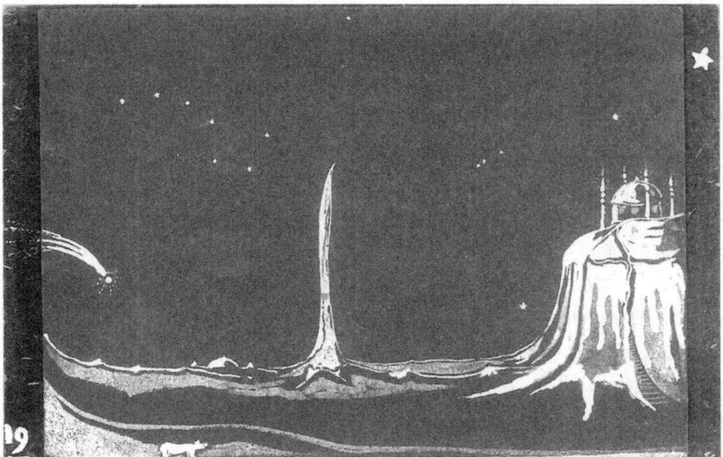

Abb. 56: J. R. R. Tolkien: Nordlicht, Santas Wohnhaus und der „Große Wagen“ über dem Nordpol (1928; siehe auch Abb. 8 im Farbbildteil).

der altskandinavisches und asiatisches Gedankengut in seine britische Weihnachtswelt hinüberweht.

Ganz am anderen Ende Eurasiens, weit weg von Oxford, in Japan, ist die westliche Botschaft von Weihnachtsmann und Santa Claus längst angekommen. Sie darf sich hier mit Gestalten der traditionellen japanischen Folklore mischen, wie dem merkwürdigen Mönch Hotei-osho, einem Neujahrsgott. Er trägt eine rote Robe, einen roten Hut und hat Augen auf dem Hinterkopf, um „das Jungvolk in Schach zu halten", wie John und Juliette Atkinson verraten, in ihrem schönen und sehr unterhaltsamen Bilder-, PopUp- und Sachbuch „Ich, der Weihnachtsmann".[77] Doch das ist nichts gegen die Geschichte von Kurumi. Kurumi lebt in einer japanischen Großstadt und kann dieses Jahr nicht zu Weihnachten nach Hause fahren, sie hat viel zu tun in der Stadt. In den weihnachtlich geschmückten Straßen prallt sie „mit dem Jungen Kaito zusammen. Dieser behauptet dreist, sie sei Santa Claus und er ihr Rentier. Kurumi kann kaum glauben, was sie da hört! Doch Kaito hat die Wahrheit gesprochen. Und so erwartet Kurumi von nun an alle Jahre wieder eine wichtige und zugleich wundervolle Aufgabe."[78] Für immer verbindet Kurumi und Kaito ein unsichtbarer Zügel. Wenn dem weiblichen Santa Kurumi danach ist, kann sie das männliche Rentier zu sich rufen, es taucht sofort aus der Luft auf wie ein Gespenst und ist doch dann ein sehr realer hübscher junger Mann. Das führt zu allerhand Komplikationen, denn auch Kurumi ist sehr hübsch, und beide sind Figuren aus einem Manga-Comic von Sakura Tsukuba, die sich nicht nur durch das Seil zueinander hingezogen fühlen. Zwischen erster Liebe und westlicher Weihnachtsmode, zwischen Trieb und zivilem Gabentausch entfalten sich Kaitos und Kurumis Reisen in die Anderwelt, immer für das Gute, für arme Waisenkinder zum Beispiel, die von allen vergessen wurden. Aber das junge Paar muss auch durch eine Fülle von Manga-typischen Schwierigkeiten hindurch. Vor allem gibt es Probleme mit der strengen Kommission, welche aus anderen Rentier-Santa-Paaren gebildet wird, um ihr unprofessionelles verliebtes Treiben zu überwachen. Santa und Rentier gehören zusammen, dürfen sich aber eigentlich nicht lieben, das ist die Regel.

Weihnachten in Japan? Das Fest wurde schon von japanischen Christen in der Zeit der holländischen Kolonialstation (Ende des

16. Jahrhunderts) gefeiert – haben die Niederländer damals dieselben rüden Nikolausbräuche eingeführt wie in „Nieuw Amsterdam", später New York, wo in den 1820er Jahren noch ein Santa Claus erfunden werden musste, dessen mystische Flüge die altniederländischen Heischebräuche endlich überflüssig machte? Weihnachten überstand die Periode der Abschließung Japans nach außen hin unter den Samurai (bis 1853) und wurde dann im 19. und 20. Jahrhundert zu einem der großen japanischen Feste. Weihnachten nimmt man in Japan besonders als ein Fest der Liebe „ganz, ganz wörtlich".[79] Die deutschen Japanologen Klaus Kracht und Katsumi Tateno-Kracht haben japanische Zeitungen des 20. Jahrhunderts durchgeforstet und Reklame für Sexpillen gefunden, die von Santa Claus gebracht werden. Heute ist Weihnachten in Japan ein Fest, bei dem sich junge Leute zu Single-Kennenlern-Dinners versammeln und die Kinder mit Geschenken überhäuft werden. Die Entwicklung ist in etwa wie die in den Niederlanden selbst verlaufen, wo sich heute und schon das ganze 20. Jahrhundert hindurch vor allem Paare, Ehepaare und Verliebte am 6. Dezember mit Überraschungsgeschenken durcheinanderbringen.[80] Hyperhagios Nikolaos hätte seinen Spaß an all diesem Treiben in den am weitesten voneinander entfernten Enden Eurasiens, in Holland und in Japan, denn schließlich hat er vor langer Zeit einmal sein Vermögen in Form von Goldkugeln verschenkt, die jungen Frauen eine Heirat ermöglichten. Auch in den letzten rüden mittelalterlichen Bräuchen, die in abgelegeneren Gegenden Europas überdauert haben, beim Borkumer „Klaasohm" und beim „Klaubauf" in Osttirol, kann man das Necken und den manchmal brutalen Kontakt zwischen den Geschlechtern beobachten, von dem hier die Rede ist.

„Indem man das Weihnachtsfest beging, wurde man, nach Ansicht der Japaner, eins mit der Weltgemeinschaft ... Das Fest der Liebe wird ganz, ganz wörtlich genommen." Auf diese Weise ist Weihnachten „ebenso wichtig" geworden wie „der höchste japanische Feiertag, das (buddhistische) Neujahrsfest." Und weiter heißt es dann: „Den aufgeschlossenen, vorurteilslosen Umgang mit der fremden Kultur bewundert Klaus Kracht sehr. ‚Bei uns käme niemand auf den Gedanken, ein muslimisches Fest einzuführen.'"[81] Das war im Jahre 1994, seitdem hat sich zumindest auf der Ebene der Kindertagesstätten in Deutschland einiges getan, denn man bemüht sich hier häufi-

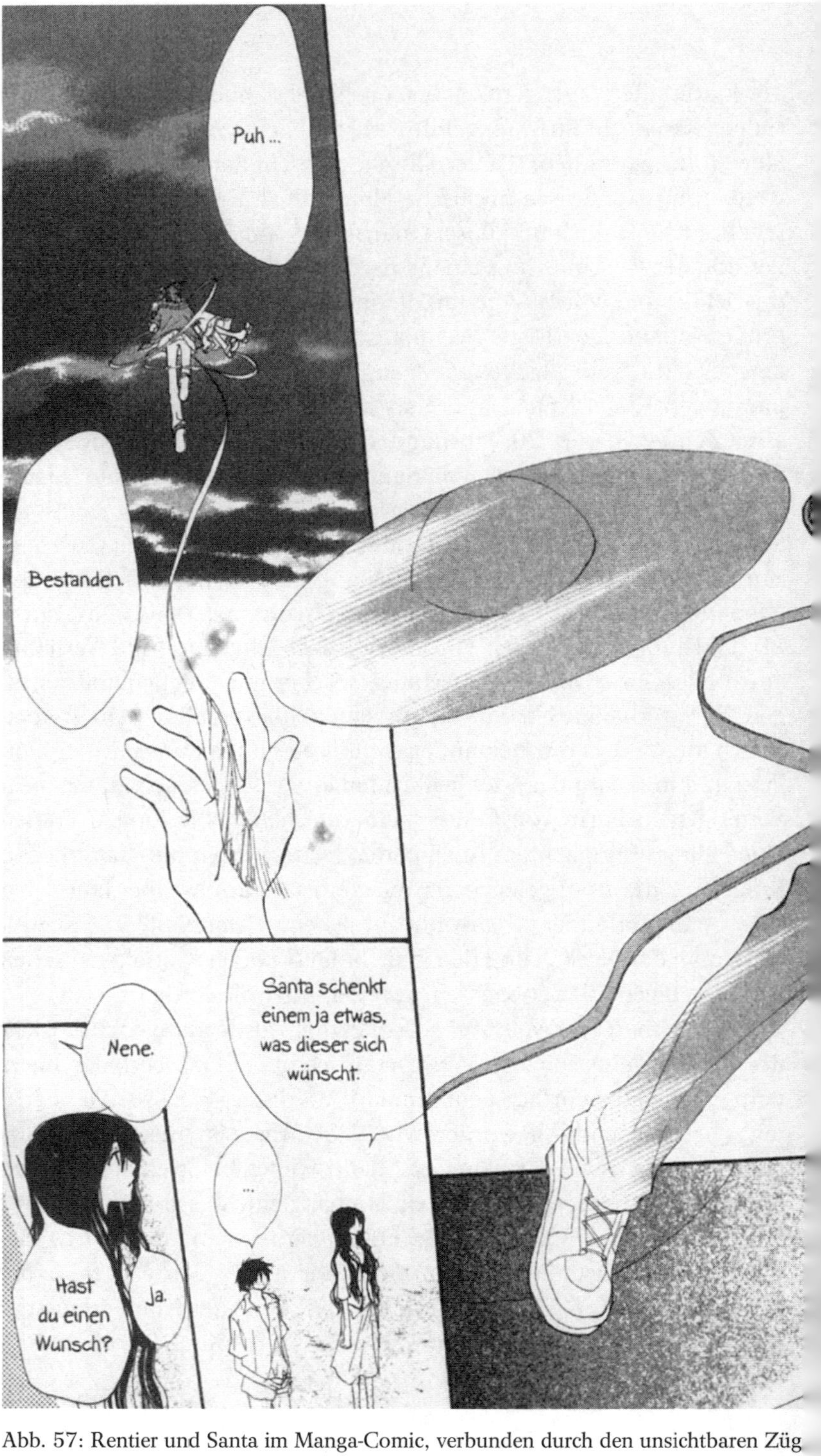

Abb. 57: Rentier und Santa im Manga-Comic, verbunden durch den unsichtbaren Züg

... zusam-
men!

ger, muslimische und christliche Feste nebeneinander zu feiern. Ohne die Bewunderung für die Weltoffenheit der Japaner zumindest auf diesem Gebiet schmälern zu wollen, möchte ich aber auch zu bedenken geben, dass den Japanern Nikolaus und Santa Claus ursprünglich vielleicht gar nicht so fremd gewesen sind, wie Klaus Kracht voraussetzte. Die Figur des Santa Claus und alte Nikolausbräuche und vielleicht noch manche anderen Aspekte des europäischen Winterbrauchtums passen erstaunlich gut zu traditionellen japanischen Vorstellungen.[82] Auch in Japan gibt es Schamanismus, der tief in die übrigen Religionen eingeflochten ist, vom Shintoismus bis zum Buddhismus und zum Staatskult. Auch der japanische Schamanismus kennt den magischen Flug. Kurumi können wir als Schamanin verstehen, die mit ihrem Schutzgeist Kaito Gaben aus dem Jenseits fischt und den kleinen Menschen bringt. Wenn Kaito und Kurumi mit ihrem Zügel durch die Lüfte fahren, erinnert das viele Japaner heute noch vage an traditionelle Erzählungen über Geistpartnerschaften, Verbindungen zwischen Menschen und Naturgeistern. Sie sind von Sibirien bis Japan und vom Polarkreis bis nach Indien überall zu finden und auch in Europa sehr populär gewesen, bis zur Zeit der Hexenverfolgungen.

Den Manga-Comic von Sakura Tsukuba kann man als eine japanische Antwort auf den Mythos von Santa Claus verstehen, aber es ist eben eine japanische, eine ostasiatische Antwort, mit tierischen Geistpartnern und übermenschlichem Höhenflug, mit strengen Regeln und Sexualmagie, mit guten Gaben und bösen Geistern. Diese Elemente müssen als Reserve tief im Weihnachtsbrauchtum des Westens gesteckt haben – die japanischen Freunde des Santa Claus und schließlich auch die Mangazeichnerin Sakura Tsukuba haben sie nur auf der Basis ostasiatischer Mythen und Erzählungen freigelegt. Vor einigen Jahren haben Bonner Philosophiestudenten zu einer Weihnachtsparty eingeladen. Auf dem Poster ist ein Porträt des Philosophen Friedrich Nietzsche abgebildet, er trägt eine Weihnachts-Cap auf dem Kopf. Daneben steht ein Zitat, das die Studenten Nietzsche untergeschoben haben: „Der Weihnachtsmann ist ein Seil, das zwischen Rentier und Übermensch gespannt ist. Es muss überwunden werden. Friedrich Nietzsche." Scherzhaft wandeln sie dabei einen Ausspruch von Friedrich Nietzsche ab, der vom Menschen als einem verbindenden Seil zwischen dem Tier und dem „Übermenschen" der Zukunft spricht. Kaito und Kurumi halten sich in ihrer schamanischen Körperarbeit vielleicht nicht für die Übermenschen der Zukunft, aber die Sache mit dem Seil würden sie nur zu gut verstehen, denn beide verbindet ja der unsichtbare Zügel, im Guten wie im Bösen. Der Zügel beflügelt und bremst sie zugleich, er belehrt sie über Potentiale der Entfaltung zu Höherem ebenso wie über ihre Tiernatur. Dieses Seil muss immer wieder neu geknüpft werden, wenn der Winter kommt oder wenn andere Krisen zwischen den Geschlechtern heraufziehen und zwischen den Generationen. Weihnachtsmann, Nikolaus, Shou Xing und dem Weißen Alten, jedem Schamanen, jeder Schamanin wird das einleuchten, aber auch jedem anderen Menschen – es ist „ein Seil über einem Abgrunde", das setzte Nietzsche noch hinzu.[83] Dieser deutsche Philosoph, der von Ostasien nicht allzu viel verstand, aber sehr viel vom schwierigen Wechselverhältnis zwischen Buchwissen und Leben, legte seinem mönchischen Übermenschen die Worte der großen Wende zurück zum Leben in den Mund. Viele Jahre hat der Übermensch Zarathustra auf seinem Berg verbracht, allein mit sich und der natürlichen Umwelt und mit seiner eigenen Natur, seinem Körper. Aber die einzige gute Idee, die er dort letztlich gehabt hat, ist die Rückkehr. Also sprach Zarathustra, der Übermensch – aber es könnte auch der Überheilige Nikolaos sein oder Santa Claus, der vom Nordpol aus zur Erde kommt, oder der Stern des langen Lebens, der sich als unsterblicher Mensch in China materialisiert hat, oder der Weiße Alte, der von seinem Berg herab die Fortpflanzung der Tiere und Menschen verwaltet:

> „Siehe! Ich bin meiner Weisheit überdrüssig, … ich bedarf der Hände, die sich ausstrecken.
> Ich möchte verschenken und austeilen, bis die Weisen unter den Menschen wieder einmal ihrer Torheit und die Armen wieder einmal ihres Reichtums froh geworden sind."[84]

Nietzsche schrieb die Wortorgien seines Übermenschen auf dem Höhepunkt des Winters 1883 nieder. Ein halbes Jahr zuvor hatte er der russischen Avantgardistin und Schriftstellerin Lou Andreas-Salomé auf dem Monte Sacro vergeblich einen Heiratsantrag gemacht. Rüdiger Safranski,[85] der in seinem Buch über Nietzsche die Lebensgeschichte des Philosophen zusammengefasst hat, sieht einen direkten Zusammenhang zwischen dem gescheiterten Heiratsantrag und der Niederschrift des Zarathustra. So hatte es den eingefleischten Junggesellen doch noch erwischt. Der Prophet des Übermenschen wollte ein Ehemann werden, wenn auch kein ganz normaler, nur für zwei Jahre, wie Nietzsche manchmal angekündigt hatte. Aber durch die Krise mit Lou war ihm bewusst geworden, dass er nicht nur über die Evolution und den Körper des Menschen philosophieren kann, sondern eigentlich auch ein körperliches Leben zu leben hat.

Shou Xing und Nikolaos sind Götter der Rückkehr zur Normalität, sie haben sich abgewandt und kommen zurück. Großköpfig und stark sind sie geworden in der Wildnis, in der Klausur, und sie ringen in staatlichen, verwalteten Systemen mit aller Kraft um Gnade für die Schwachen. Noch heute werden über ihr mongolisches Pendant, den Weißen Alten, Märchen erzählt, in denen er es sich nach langen Jahren der Kinderlosigkeit noch einmal anders überlegt.[86] Mit dem Hinweis auf Ungerechtigkeit und die Härten des Winters bringen sie das „Volk“ ins Spiel, nachdem es den Kaisern, die sich ja aus dem Volk erhoben hatten, gelungen war, sich gottgleich über das Volk zu stellen. Wieder! Das „lange Leben“, das der chinesische Südstern verheißt, ist zunächst weniger ein individuelles langes Leben als das Weiterleben des Reichs, eher das Weiterleben des Kaisertums als das Leben des individuellen Kaisers. Auch der Nikolauskult beginnt mit der Sorge um das kollektive Überleben – das Überleben einer ganzen Stadt, Myra. Sein Kampf ist von Randale um die Frage der Gerechtigkeit im Kaiserreich begleitet und von dem Appell, dass der Kaiser sich dem Schutz von Unschuldigen widmen soll. Aus dieser Sorge um das Ganze entstehen nach und nach individualisierte Kulte. Im Keim können wir sie schon in der Mogelei erkennen, die Nan Dou am Geburtsdatum des armen Yan Chao vollzieht, und in der Randale des Hyperheiligen Nikolaos vor dem Palast des mörderischen Richters – beide Male geht es um das persönliche Überleben von Unschuldigen. Diese Erzählungen stammen aus dem vierten bzw. sechsten Jahrhundert nach unserer Zeitrechnung, später geht es immer weniger um das Kollektiv und immer mehr um das Individuum. Das ist dann die Sorge um das lange Leben, die sich in chinesischen Geburtstagskarten der Ming-Dynastie äußert, aber auch der Wunsch nach einem gu-

Abb. 58: Friedrich Nietzsche als Weihnachtsmann, Studentenulk, Universität Bonn, frühe 2000er Jahre.

ten familiären und individuellen Leben im Winter, der sich in einem Santa Claus personifiziert, wenn er seine Gaben über den parzellierten Haushalten amerikanischer Vorstädte per Luftpost verteilt. Der Wandel zur Individualität, der sich auf der Grundlage viel älterer Erzählungen vom Überleben des Kollektivs vollzieht, findet im China der Ming-Zeit statt (1368–1644 n. u. Z.). Aber derselbe Wandel ist auch im Deutschland des 16. Jahrhunderts nachweisbar, als Entwicklung zu einem „kultivierten" Weihnachtsfest mit Gabentausch, und noch einmal in den USA der 1820er Jahre mit dem Übergang von rüden Heischebräuchen zur Vorstellung der individuellen Bescherung durch Santa Claus. Beide, „Faktor N" und „Faktor SX", machen diesen Prozess der Zivilisation durch. Aber die Entwicklungsschübe sind leicht ungleichzeitig, und es wirkt so, als könnten sie bei entsprechenden Veränderungen der materiellen Verhältnisse und des gesellschaftlichen Wohlstandes auch jederzeit rückgängig gemacht werden. Mal geht der Osten schneller in Richtung Zivilgesellschaft, mal der Westen – in China wird heute noch in staatlichen Institutionen an der legalen Prügelei von Armen, psychisch Kranken, Strafgefangenen, Oppositionellen festgehalten, am körperlichen Quälen von gestörten und störenden Menschen,[87] während sich im Westen die Figur des Nikolaus mit dem Ende der „schwarzen Pädagogik" arrangieren musste. Dafür hat Shou Xing viel früher als Nikolaos und Nikolaus die dämonischen Züge des hyperheiligen Randalierers abgelegt, in seinen Legenden sind die Prügel nur in der Form des unsichtbaren Gegenteils vorhanden, denn dem Gott des langen Lebens steht ein mürrischer Gott der Todesdaten gegenüber. Menschenfreundlich bis zum Letzten tut der milde Alte vom Südstern seine Werke an den Menschen, seit Canopus in China als alter Mann mit zu hoch geratener Stirn personifiziert wird – vorher galt er den Kaisern als Versprechen wie als Drohung, je nachdem. Aber beide, Weihnachtsmann und Alter Mann im Südstern, haben eine Reserve des Bösen beibehalten: Knecht Ruprecht, kranky Claus, Klaasohm und andere fiese Masken lugen immer noch um die Ecke, wenn Santa und Weihnachtsmann die Szene betreten, und den Chinesen wird weiterhin die Geschichte von Nan Dou und Bei Dou erzählt, das seltsame Erlebnis des Knaben Yan Chao mit dem konzilianten Gott des langen Lebens – und mit einem unwirschen Verwalter der Todestage.

Schluss

Woher?

Wie sollen alle diese Masken, Bräuche, Legenden, Bilder hin- und hergewandert sein? Wir haben uns immer wieder um die Frage des Ursprungs herumgedrückt, aus gutem Grund, denn in dieser Frage liegt das gerade in Deutschland sehr verbreitete Verlangen nach einer Identität verborgen, die in unverwechselbaren Ursprüngen fußt, das Verlangen nach einer homogenen und historisch sauber abgeleiteten „Kultur".

Wanderungen von West nach Ost nimmt man im Westen immer gerne wahr, die Wanderung in Gegenrichtung dagegen nicht so gern. Aber eine direkte Beeinflussung der chinesischen Traditionen vom Stern des langen Lebens durch frühe Legenden von Hagios Nikolaos oder Sanct Nicolaus können wir ausschließen. Der Zusammenhang zwischen einem Gott und einem Tempel des langen Lebens und dem Canopus ist schon deutlich vor der christlichen Zivilisation angesiedelt, in den Berichten des großen Schreibers Sima Qien (etwa 145 bis 90 vor unserer Zeitrechnung). Er schrieb über Zeiten, die für ihn schon weiter zurücklagen, eine noch ältere, vielleicht ein ganzes Jahrtausend vor unserer Zeitrechnung liegende Herkunft des chinesischen Kultes liegt nahe.[1] Mehr als 150 Jahre vor dem vermutlichen Leben des Bischofs Nikolaos und drei oder vier Jahrhunderte vor den ältesten legendären Überlieferungen dieses Heiligen fährt ein chinesischer Kaiser bereits als Wintergott in einem Schlitten über den südlichen Weltkreis und ähnelt darin überraschend dem Santa Claus unserer Tage.[2] Andererseits sind vom Heiligen Nikolaos der Russen und Byzantiner mittelalterliche Bilder überliefert, die ihn mit dem bekannten hohen Schädel zeigen. Diese Bilder stammen aus Zeiten, als in China noch keine Bilder von Shou Xing produziert wurden, die bis heute überlebt haben. Die ältesten chinesischen Darstellungen des Südgottes scheinen aus dem 16. Jahrhundert zu stammen. Ihre Hersteller behaupteten, dass es sich um Kopien wesentlich älterer Abbildungen handeln soll, aber das scheint nicht bewiesen zu sein. Die Bildähnlichkeit zwischen Klaus und Shou ist aber ein Ausgangspunkt meiner Analysen.

Man kann also nicht ohne weiteres behaupten, dass Weihnachtsmann aus China stammt, auch wenn der Kult des Shou Xing tatsächlich mindestens auf das zweite, sehr wahrscheinlich sogar auf das vierte Jahrhundert vor unserer Zeitrechung zurückgeht.[3] In einem chinesischen Witz, den ich hier schon erzählt habe, werden Santa Claus und Shou Xing als „Mitarbeiter derselben Firma" vorgestellt, und Ekaterina Shchus hat diesen chinesischen Zeitungsartikel gefunden, in dem die enge Verwandtschaft der beiden Figuren angesprochen wird. Allerdings, so schreibt der Autor oder die Autorin, Hui Xian, habe sich Santa gegen sein chinesisches Gegenstück auch in China durchgesetzt, weil er hübscher sei und den Kindern Geschenke in die Socken steckte. Ich konnte nicht finden, dass da einer „Kulturregion" oder Nation das Urheberrecht zugesprochen wird. Aber auch das wird es sicherlich geben, denn die Anhänger der fast religiösen Begeisterung für Kultur und Identität sind auch im Osten zahlreich zu finden.

Das Motiv eines Sternengottes, der im Schlitten am Himmel schwebt und im Winter gute Gaben bringt (Nan Dou – oder auch den Tod: Bei Dou), muss nicht „aus China stammen" – auch wenn die Chinesen das Schwarzpulver erfunden haben und sehr viel früher eine Schrift kannten als die Europäer. Beide Kulte, der chinesische und der kleinasiatisch-europäische, sind eingebettet in ein großes eurasiatisches Kontinuum der religiösen Bearbeitung von Jahreszeiten. Es geht um die Versorgung der Bevölkerung, um den Schutz der Schwachen im manchmal schwierigen Winter. Und im Gegensatz zum ägyptischen Osiris, zum altiranischen Zurvan und vielen anderen Gestalten, die als Götter der Zeit, des Winters und der Winterbräuche bei der Entstehung von Shou Xing und Nikolaus Pate gestanden haben mögen, teilen der „Hyperhagios Nikolaos" und der Weiße

Alte nicht nur kostbare Kugeln und hohe Köpfe, sondern auch die Bücher, aus denen das Schicksal der Menschen gelesen wird oder ihre guten und ihre bösen Taten. Nikolaus und Shou Xing sind keine „reinen“ Naturgötter – was auch immer das sei bei einer so menschlichen und künstlichen und skandalösen Angelegenheit wie „Religion“. Sie sind mehr als Verbildlichungen uralter bäuerlicher Feste im Jahreslauf. Ihre Rituale und Bilder sind zu tief in die Geschichte der großen Imperien verflochten, das unterscheidet sie von Geistern und Personifikationen der Natur, die wir in Zeugnissen der vorstaatlichen Vergangenheit oder im ethnographischen Material über die Stammesgesellschaften finden, welche die Ethnologen in den letzten Jahrhunderten noch untersuchen konnten.

Das Geflecht der offenen Fragen

Die größten Lebewesen der Erde sind weder Tiere noch Pflanzen, sondern Pilze der Sorte Riesen-Hallimasch. Sie produzieren sogar essbare Früchte, aber das Riesige an ihnen sind nicht die Früchte, sondern das darunterliegende Wurzelgeflecht, das Mycel. Die Hallimasch-Pilze bilden weiträumig vernetzte Geflechte aus geklonten Wurzelballen. Einer wurde in Oregon entdeckt, er erstreckt sich über neun Quadratkilometer und ist 2400 Jahre alt. Das schnürsenkelartig gebündelte Geflecht wiegt etwa 600 Tonnen.

„Geflecht“ – dieses Wort habe ich immer wieder gewählt, um den gewachsenen historischen Zusammenhang der Winterbräuche und Gabengötter zu benennen: Unterirdisch erstreckt sich das Geflecht in Form von Legenden und Bildern durch unterschiedlichste Landschaften hindurch, um hier und da, je nach Lebensbedingungen, an der Oberfläche zu erscheinen und Pilzkörper auszubilden, große Festtraditionen, die wiederum Legenden und Bilder hinterlassen, die weiter wachsen, irgendwohin. Der Vergleich mit den Hallimaschen hört hier schon auf, denn das Geflecht der Winterbräuche bringt natürlich vor allem da größere Verdichtungen und Früchte hervor, wo es besonders kalt wird. Beim Hallimasch scheint es hingegen so zu sein, dass er nach mild-feuchten Regionen sucht mit seinem Mycel. Trotzdem scheint mir dieses Bild von einem Geflecht zutreffend zu sein, wenn ich über die Zusammenhänge zwischen eurasiatischen Winterbräuchen, Legenden und Bildern schreibe, und ich fühle mich bestärkt darin durch die Methode mancher Philosophen, die Zusammenhänge zwischen Formen des Wissens als Wurzelballen beschrieben haben.[4] Auch der Begriff Patchwork hätte sich angeboten, er wird in Deutschland gerne benutzt, wenn es um Familien geht, die keine klare Struktur von Verheirateten und Blutsverwandten zeigen, sondern aus unterschiedlichen Lebensabschnittpartnern und deren Ablagerungen in Form von Kindern. Aber ein Patchwork ist uns auch als sehr ordentliches Ganzes aus unordentlichen Einzelteilen bekannt, von den schönen, aus Quadraten zusammengesetzten Patchwork-Decken, die amerikanische Siedlerfrauen aus Stoffresten und gesammelten Einzelfäden gefertigt haben. So ordentlich scheint es nicht zuzugehen bei der Verbreitung von Weihnachtsmann, Shou Xing und dem Weißen Alten. „Netzwerk" könnte man es deshalb auch nennen, aber hier sind die Punkte, die durch die Verbindungsstriche verbunden sind, relativ haltbar gedacht, z. B. als Einzelmenschen, die in einem Netzwerk von Freunden verbunden sind. Doch Feste und Bräuche sind nicht nur durch Legenden und Bilder miteinander verbunden, sondern befinden sich auch lokal in schnellem Wandel, wie wir an den Veränderungen der Weihnachtsfeste in den USA beobachten können, wo aus rüden Bräuchen eine häusliche Legende vom Gabenbringer wurde, oder am Bedeutungswandel des Kultes von Shou Xing im kaiserlichen China, wenn das Überleben der Dynastie zum langen Leben des einzelnen Menschen wird. Ein Geflecht erstreckt sich je nach Lebensbedingungen unregelmäßig über eine Landschaft oder als Flechte über einen Baum, einen Stein. Grundeigenschaften des Geflechts der eurasiatischen Winterbräuche und Hilfsgötter der Schwachen, von dem hier die Rede ist, sind das Wünschen und Geben, der magische Flug, hohe Köpfe und die Geschichte von einem alten Mann, der sich von seiner Umwelt zurückgezogen hat – aber in seiner Einsamkeit ist er nur auf eine Idee gekommen: dass sein Rückzug rückgängig gemacht werden muss, dass er geben muss, damit das Leben weitergeht. Mit meinem Buch bin ich ein Teil dieses Geflechts geworden, natürlich ohne daran „zu glauben", aber voller Respekt vor der Großzügigkeit, Geschicklichkeit und sogar noch vor der Gemeinheit und Hinterhältigkeit, mit der diese Bräuche und Bilder über Jahrtausende hinweg entwickelt, gepflegt, umgedeutet und ausgenutzt wurden.

Das Geflecht ist unregelmäßig, und es gibt große Lücken, die man vielleicht nie rekonstruieren wird. Welche Elemente des Flechtwerks, die Wurzeln aus Legenden und Bildern oder die aufkeimenden großen regionalen Kulte, die Pilze mit ihren Samen ausschlaggebend für eine Wanderung waren, ist schon deshalb schwer festzustellen, weil sich die gelehrten Oberschichten der frühen Imperien, die Schamanen der Stammesgesellschaften, die vor und zwischen den Imperien florieren, aus sehr unterschiedlichen Gründen selten einen Kopf darum machen, aufzuzeichnen, was sie selbst oder ihre Zeitgenossen im Alltag und an Festtagen tun. Die Gelehrten haben es meist nur getan, wenn das Geflecht so bedrängend um die Staatsleute und Priester herum angewachsen war, dass sie es nicht mehr ignorieren konnten und von dem Willen beseelt wurden, es zu kontrollieren, umzulenken, zu züchten oder zu vernichten. Viele Fragen sind also offengeblieben in meinem Buch. Es fängt mit großen Fragen an: Wo sind die Frauen in den Kulten des westlichen Mittelalters und des kaiserlichen China abgeblieben – sie bringen doch die Kinder hervor, um die es in den Bräuchen und Legenden geht. Heute versucht man, den modernen Santa-Kult mit Frauenfiguren aufzuladen, es gibt eine mütterliche Gattin von Santa, die mit ihm am Nordpol lebt, und eine Menge sexy Weihnachtsfrauen. Bei der deutschen Sexshop-Kette Beate Uhse wird jedes Jahr Reizwäsche aus rotem Stoff (oder Gummi) mit weißen Borten angeboten. Weiter sind wir inzwischen nicht gekommen, das kann ich dazu nur konstatieren, und eine Abwesenheit ist immer auch eine große Anwesenheit. Dient der Kult von Santa letztlich nur der Verklärung des nebensächlichen Beitrages, den Männer bei der Zeugung von Kindern haben? Bis heute müssen Männer und Frauen sich zivilisieren, wilde wie eremitische Rollen aufgeben, damit es weitergehen kann zwischen den Generationen.

An der großen Frage hängt eine kleine Frage, die von der seltsamen Tatsache ausgelöst wird, dass ausgerechnet in Italien heute noch eine Gabenbringerin sehr populär ist, die Verkörperung des christlichen Erscheinungsfestes, Befana (Epiphanias), die man sich heute als eine Bilderbuchhexe der Harry-Potter-Tradition vorstellt. Zum

Dreikönigstag bringt sie die Geschenke, „Babbo Natale", der italienische Weihnachtsmann, ist ihr nicht immer überlegen. Warum in Italien? Italien gilt als eine der wesentlichen Drehscheiben der Vermittlung des griechisch-orthodoxen Kultes von Nikolaos zum europäischen Kult von Nikolaus – im Jahre 1087 wurden ja die Knochen des Hyperhagios Nikolaos aus Myra nach Bari übertragen, vorher schon hatten die Normannen sich in Unteritalien zum Nikolauskult bekehrt, der dort auf der Grundlage der byzantinischen Okkupation sehr verbreitet war. Vielleicht kann man hier mit stärkster kirchlicher Kontrolle der Kulte durch den Vatikan argumentieren – Heischegang und Gabentausch richten sich letztlich immer auch gegen kaiserliche und kirchliche Kulte, sie verformen die heiligen Gestalten. Vielleicht ist es der Kirche gelungen, das wenigstens in Italien unter der Decke zu halten, und sie muss nun erst recht mit der seltsamen Hexe leben. Oder liegt es an der sprichwörtlichen mutterzentrierten italienischen Familie, dass dort die Befana die guten Gaben bringt und am 6. Januar in Straßenprozessionen als Maske und Puppe aufgeführt wird? Ich weigere mich, das einfach so zu behaupten, auch das muss erst mal genauer erforscht werden. Um psychologische Fragen habe ich mich in diesem Buch eher herumgedrückt, aber am Ende treten sie natürlich wieder hervor. Ich kann sie nur provisorisch in den Themen von Großzügigkeit und Warenfetisch und familiären Notlügen und Notfälschungen unterbringen, mit denen das Leben der Kinder nun mal verbunden ist, seit es Kleinfamilien gibt und große Zivilisationen, die sie fördern.

Welche Rolle spielen also die alten indischen, ägyptischen und die persischen Zivilisationen bei der Ausarbeitung von Winterbräuchen zu heiligen Personen und Lehren? Vorläuferfiguren von Shou Xing, Weißem Alten und Nikolaos lassen sich leicht ausmachen, etwa Zurvan, den nur schattenhaft bezeugten Gott der indoeuropäischen Gesellschaften zwischen dem heutigen Pakistan und Persien, oder Osiris, der ägyptische Gott der Nilfluten und Kornlieferungen; Poseidon, der griechische Gott der Winterstürme, der schon oft als Vorläufer des Nikolaus ausgemacht worden ist; Agastya, der altindische Gott des Wassers, der als weißbärtiger Alter mit dickem Bauch dargestellt wurde, identisch mit dem Südstern Canopus, aus dem die Chinesen ihren Gott des langen Lebens machen; Chronos, der weißbärtige uralte Gott der Zeit, der seine eigenen Kinder frisst und dadurch den Lauf der Zeit umkehren will. Nikolaos, Weihnachtsmann, Shou Xing und der Weiße Alte ähneln diesen Gestalten, sind aber noch mehr als diese alten Götter in die Schriftkulturen großer hochorganisierter Religionen und Imperien eingebunden – davon zeugen die Bücher, mit denen sie immer wieder hantieren, die Mönche, die sie begleiten, ihr pädagogisches Verhältnis zu Kindern, ihr direkter Bezug zu den Heilslehren von Buddhismus und Christentum. Schamanismus, winterliche Heischebräuche und Kulte der Wildnis, der Sterne und des Körpers werden in Buddhismus, Christentum und anderen genormten Religionen verwunden, gewissermaßen umgestülpt und damit zu etwas Neuem gemacht – an die Stelle von Naturgestalten (Alter, Wasser, Kinder) treten verstärkt Vorstellungen von einer Rückkehr zu der Natur, die man verlassen hat. Ich versuche, die Geschichte der Winterbräuche der letzten zwei-, dreitausend Jahre im Zeichen der Spannung von Staat (Krieger, Könige, Kaiser), Religion (Priester, Gelehrte) und Produzenten (Bauern, Viehzüchter, Handwerker, Händler) zu verstehen. Mit Legenden, Bildern, Festen und ritueller Körperarbeit schaffen sie eine Plattform für sozialen Frieden. Die komplizierte Geschichte des Geflechts von Traditionen, um das es hier geht, ist letztlich eine Fußnote der Geschichte der Ost-West-Ausbreitung und der Intensivierung von Ackerbau und Viehzucht[5] und der damit verbundenen großen Imperien. Aber welche Rolle spielen Nord und Süd bei der Ausbreitung der Bräuche und Bilder? Je weiter nach Norden die Bräuche und Bilder wandern, desto stärker müssen sie sich dem Problem des Winters als eisiger Bedrohung des Lebens gestellt haben, wenn nicht winterliche Fluten und Monsunregen schon das Ihre zur Herausbildung von jahreszeitlichen Ritualen von Angst, Beschwichtigung und Weiterleben beigetragen haben.

Damit stellt sich die Frage, auf welchen Wegen die Winterbräuche wohl zwischen den eurasiatischen Gesellschaften gewandert sind. Auf der Seidenstraße finden wir einen Sarazenen, der ein goldenes Bild des heiligen Nikolaos verehrt und doch Sarazene bleibt, und eine Sternenkarte, auf welcher der Stern des langen Lebens viel zu weit nördlich eingetragen ist, vielleicht weil man ihn auch dort braucht, wo er nicht zu sehen ist. Aber der chinesisch-mongolisch-tibetische

Grenzraum zum Russischen Reich ist ebenfalls interessant, hier finden wir die zum Schamanismus und Buddhismus zurückbekehrten Burjäten, die ihre Nikolausikonen behalten, weil sie für Burjäten den Weißen Alten zeigen. Sogenannte Naturreligionen von Stammesgesellschaften könnten hier die Rolle einer Reserve gespielt haben, mit der es beim Einbruch der großen Zivilisationen weitergeht und auf die zurückgegriffen wird, wenn es später wieder darum geht, eine „hohe" Kultur aufzubauen. Ich behaupte damit aber nicht, dass es eine schamanistische „Urreligion" geben würde, die bis in die moderne Welt fortdauert. Teilweise sehr alte Motive des Handelns, Erzählens und Erschauens wurden im Kult von Shou Xing und Santa aufgegriffen, mobilisiert, wieder verworfen. Welche Rolle spielen die großen Religionsstifter in diesem west-östlichen Geflecht, Buddha, Jesus? Jesus erscheint selbst als der menschgewordene Gott, Buddha als heiliger menschlicher Führer, der in die jenseitigen Welten aufgeht. Nach diesem Vorbild ist der christliche Priester Nikolaos zum Heiligen aufgestiegen, und der chinesische Südstern steigt zur Erde herab, wird zum Gott des langen Lebens, der wieder in den Himmel aufsteigt. Sie alle, Buddha, Jesus, Nikolaos und Shou Xing sind verbunden durch Legenden von einer seltsamen Geburt, die sie wiederum mit einer Fülle religiöser Gestalten der vergangenen Jahrtausende gemeinsam haben.

Die ältesten Abbildungen von Shou Xing stammen aus dem 16. Jahrhundert, aus der Zeit der Ming-Dynastie. Man weiß nicht, ob die oft wiederholte Behauptung wahr ist, dass sie auf sehr viel älteren Vorbildern beruhen. Auf der anderen Seite sind schriftliche Zeugnisse vom Kult eines Shou Xing bereits aus dem dritten Jahrhundert vor unserer Zeitrechnung bezeugt. Die ältesten Texte von Nikolaos stammen wohl bloß aus dem sechsten Jahrhundert nach unserer Zeitrechnung, und er soll fünf- oder sechshundert Jahre nach der Zeit gelebt haben, aus der schon ein chinesischer Kult um den Stern des langen Lebens überliefert ist. Die ältesten Bilder von Nikolaos, griechische Ikonen, sind wiederum mindestens fünfhundert Jahre älter als die ältesten Bilder von Shou Xing. In diesem Geflecht sind keine eindeutigen Ursprünge auszumachen, keine Besitzansprüche zu begründen. Die Natur des Nordens und des Südens prägt die jeweilige Bedeutung und Ausformung von Winterbräuchen, zugleich sind christliche und buddhistische Kraftzentren wirksam im Geflecht und bringen ihre sehr unterschiedlichen Ideen über das Wechselverhältnis von übernatürlichen Kräften und heiligen Personen mit. Das wirft wiederum die Frage des Bilderverbots auf; wie leuchtet der Stern des langen Lebens und der winterlichen Feste im Islam, der in einer winterlosen Region entstand, sich dann aber weit über Eurasien ausgebreitet hat? Auch hier habe ich nur ein loses Ende des Geflechts in Händen, den winterlichen Kult türkischer Alewiten um Hızır, den kahlköpfigen und weißbärtigen Herren gemeinschaftlicher Essen und des Gabentauschs.

Auch im Kleinen stellen sich eine Fülle von Fragen: Wieso kommen einerseits der Designer der ersten bedeutenden Coca-Cola-Reklame, Hadden Sundblom in den USA, und andererseits ein Fantasy-Autor, J. R. R. Tolkien in England, ungefähr gleichzeitig auf die Idee, Santa Claus mit einem fliegenden Schlitten zu versehen, der von Rentieren gezogen wird? Es gibt einen Vorläufer, aber das ist noch das Pferd mit dem kupierten Schweif, das 1857 in dem amerikanischen Lied „Jingle Bells" Santas Schlitten zieht. Tolkiens Weihnachtsbriefe wurden erstmals im Jahre 1976 veröffentlicht und sind Sundblom sehr wahrscheinlich nicht zugänglich gewesen. 1932 konnte man die Rentiere dann in dem Disney-Film über Santas Workshop am Nordpol bewundern. Irgendetwas hat die Rentiere wichtig werden lassen, in England wie in den USA, zwischen 1857 und den späten 1920er Jahren, bis dann die Hit-Single über Rudolph, das rotnasige und tölpelige Rentier, im Jahre 1949 hinzukam und die Rentiere endgültig Kultstatus erreichten.[6] Die Geschichte von Santas Rentieren mit den rätselhaften deutschen Namen (Donner, Blitzen, Rudolph …) ist ungeklärt, weist aber auf die deutsche wie die nordosteuropäische Folklore hin, nach Lappland und nach Ostpolen. Auch der immer wieder vermutete Zusammenhang mit dem in China wie in Osteuropa bezeugten Gebrauch von Fliegenpilzen als Droge[7] könnte dabei eine Rolle spielen. Von sibirischen Schamanen wird berichtet, dass sie die Pilze durch den Verdauungsapparat von Rentieren gefiltert haben und dass die Einnahme dieser Droge mit nordosteuropäischen Jul (Weihnachts-)-Feiern einherging – das könnte wiederum dazu beitragen, das hartnäckige Weiterleben von Fliegenpilzen im Weihnachtsdekor westlicher Länder zu erklären. Kann dieser Zusammenhang aber wirklich auch noch für die peinlich-rote Nase von Rudolph geltend gemacht werden? Dann hängt wirklich bald alles mit allem zusammen. Was heißt hier „erklären“, wenn den Benutzern diese untergründigen Bezüge gar nicht mehr bewusst sind, Nase-Rentier-Pisse-Pilze-Julbrauch-Santa-Schlitten? Jedenfalls bildet das Rentierbrauchtum der westlichem Winterbräuche und Konsumkulturen eine ganz eigene Reserve, eine Brücke zwischen Asien und Europa, die vielleicht schon im späten 19. Jahrhundert in den USA und in England in Kinderbüchern mit Weihnachtsthemen verarbeitet worden ist – was wiederum Thema für eine ganze Doktorarbeit wäre oder auch zwei! Zwei oder drei Doktorarbeiten schulde ich auch den russischen Gestalten des Heiligen Nikolaj, dem Väterchen Frost, seiner Gefährtin Snegurotschka (Schneeflöckchen) und seiner Widersacherin Baba Jaga, der alten Hexe. Würde ich zufällig Russisch lesen können, wäre hier mehr von ihnen die Rede gewesen, so aber ist eine weitere Lücke im Geflecht zu beklagen. Nördlich der mongolischen Verbindungen zwischen Ost und West können wir sogar noch eine weitere Linie zwischen zwei recht weit voneinander entfernten Punkten ziehen: Wie sind die Rentiere, verbreitet von Lappland bis nach Sibirien, als Hirschdämonen im tibetisch-mongolischen Tsam gelandet und in der chinesischen Folklore als Hirsch Lu, der den Alten vom Südstern begleitet? Oder war es umgekehrt, und das Ganze hat sich von China und der Mongolei her ausgebreitet? Oder sind die östlichen wie die westlichen Rentiere Reaktionen auf die Rolle von Rentieren in der Religion und Ökonomie Sibiriens?

Das sind schon bald Forschungsaufgaben für ganze universitäre Exzellenzcluster und internationale Akademien. Aber diese Fragen werfen nur wieder eine Frage auf: Wie viel historisches Wissen brauchen wir eigentlich? Müssen wir das alles so genau wissen? Ich muss gestehen, ich weiß auch das nicht, obwohl ich mein Leben der Forschung über solche Themen gewidmet und viele Dutzende von jungen Wissenschaftlern und Wissenschaftlern auf dem Gebiet der Ethnologie und Kulturgeschichte ausgebildet habe, die nun ihren eigenen Karrieren nachgehen. Ich weiß es nicht, aber ich bin zufrieden damit, dass ich dem Wahn einer ureigenen Identität, dem ewigen Streit um Santa, dem kulturstolzen Ausschluss der Fremden aus „unseren“ Festen das Bild eines Geflechts gegenüberstellen kann, in dem

Santa und Weihnachtsmann neben vielen anderen stehen. Als ich dieses Buch schrieb, bin ich immer wieder Wissenschaftlern begegnet, die sich bei diesem Thema sofort in zwei Persönlichkeiten aufspalten, die aber durch eine tiefe Gemeinsamkeit verbunden sind: Zum einen wehrt sich die spezialisierte Regional-Historikerin oder der kritische Literaturwissenschaftler dagegen, die großen Weltreligionen als sich überlappende Geflechte zu sehen. Oder man hat gerade erkannt, dass die Enden kultureller Einheiten ausfransen, und betont nun frenetisch einzelne kleine Übergänge, ohne den Gesamtzusammenhang genauer betrachten zu wollen. Und dann ist da noch das Kind im erwachsenen Wissenschaftler übrig, das plötzlich zu mir sagt: „Aber der Weihnachtsmann ist doch gar nicht so wichtig, bei mir in Bayern hat das Christkind noch die Geschenke gebracht!" Ich habe immer versucht, all dem gerecht zu werden und mein Buch als eine Schilderung von Ähnlichkeiten und Geflechten aufzubauen, die offen ist für das, was ich nicht weiß – so gut es eben ging.

Das Geflecht der Winterbräuche ist so vielschichtig und vielgestaltig wie die große Wintergeschichte der Christen, die Geschichte von der Geburt Jesu in der Krippe von Bethlehem. In Bethlehem, damals, hatte man auf allen Ebenen der alten Machtpyramide – von den Bauern und Viehzüchtern über die Krieger und Adeligen bis hin zu den Priestern und Gelehrten – in Erfahrung gebracht, dass ein ganz besonderes Kind geboren werden wird. König Herodes ließ auf Anraten seiner Sterndeuter alle Kinder der Jahrgänge um Jesu Geburt umbringen. Sterngucker und Traumdeuter haben Herodes gewahrsagt, dass aus dem Kind von Bethlehem ein neuer König werden würde, der ihn entthront. Aber Josef war gewarnt und hatte zum Zeitpunkt des Mordes an den „unschuldigen Kindern" bereits Bethlehem zusammen mit Maria und Jesus in Richtung Ägypten verlassen (Matthäus-Evangelium). Die Hirten, am unteren Ende der Pyramide der Macht, hatten auch von der Geburt Jesu geträumt. Angehörige viehzüchtender Stämme zogen mit ihren Schafen zur Krippe, um dem Befreier der Juden zu huldigen (Lukas-Evangelium). Und noch vor den Hirten müssen die Weisen aus dem Morgenland den Stern gesehen haben, der die Geburt des Kindes anzeigt, denn sie haben sich auf den langen Weg gemacht und kommen pünktlich an, um den neuen Heilsbringer zu begrüßen.

Die Weisen stehen für den östlichen Teil des Geflechts der eurasiatischen Kulturen. Aus freien Stücken bringen sie das mit, worauf später auch die Kreuzfahrer aus waren bei ihren mörderischen Raubzügen im Orient: Weihrauch und Gold. Krieg ist nur eine Variante im Dominospiel der zwischen Ost und West aufgestellten großen Zivilisationen. Man kann die Geschichte auch aus der Perspektive der östlichen Weisen erzählen. In der biblischen Überlieferung werden sie auch Könige genannt. Aber es sind keine kriegerischen, sondern friedliche Könige, und sie begrüßen Jesus als Kollegen. Das kann man auch so verstehen, dass sie ihn als einen von vielen Königen in Ost und West begrüßen, „auf Augenhöhe", wie man heute in Deutschland sagen würde, als einen der Ihren im Geflecht der eurasiatischen Königreiche und Stammesgebiete. Dieser „König von Jerusalem" wird im Namen der Schwachen den Kreuztod erleiden, und das nur, um zurückzukehren und die Gabe des ewigen Lebens weiterzugeben. Shou Xing und der Weiße Alte, diese Weisen im Morgenland, werden nicht gekreuzigt, aber sie müssen als Eremiten und Geister der Wildnis leben, fern der Zivilisation, fern jeder Wärme, und das nur, um am Ende zurückzukommen zu den Menschen mit ihrer Gabe des unbeschädigten Lebens im Winter der Zeiten.

Wohin?

Als vor etwa 15 000 Jahren die Kälte und die Eisschilde zurückgingen waren, waren die wenigen Menschen der Gattung „Homo Sapiens" gut auf dieses Ereignis vorbereitet. An den Rändern des großen Eises hatten sie ihre soziale Organisation verfeinert und ausgedehnte Kenntnisse der Jagd auf komplette Herden und des intensiven Sammelns von Wildfrüchten entwickelt. Nun begannen sie, immer größere Jagden zu veranstalten, sie feierten Vermehrungsfeste zur Förderung und Ausdehnung ihrer Wildbeuterei, errichteten Großbauten und erfanden schließlich Ackerbau und Viehzucht. Mit all dem bauten die Menschen am Ende der Eiszeit eine Reserve des Überlebens weiter aus, die sich bereits im finsteren Winter der Klimageschichte herausgebildet hatte. Diese Religion oder Kunst oder Wissenschaft ist uns durch die Höhlenmalerei überliefert, aber wir können sie nicht so gut verstehen wie zum Beispiel die von vielen anderen Zeugnissen und Schriften begleitete Tafelmalerei des Mittelalters. Es sind Bilder von wilden Tieren, dargestellt in größter Perfektion, mal als eine Art Amulette, mal als große flächendeckende Zeichnungen. Aus den Tiefen der Höhlen scheinen die Tiere nach dem Licht zu drängen, in Massen. Und es gibt Statuetten von kopflos geformten üppigen Frauen, Frauen, die schon geboren haben, Frauen, die so aussehen, als habe man alle kargen Nahrungsreserven auf sie konzentriert, damit sie weiter Leben hervorbringen können. Ihre Gesichter schienen nicht weiter wichtig zu sein, und vielleicht haben sie darum oft gar keinen richtigen Kopf. Nur wenige Bilder von Männern sind aus dieser Frühphase der Kunst des Homo sapiens überliefert, einer scheint mit einem Stock zu hantieren, auf dessen Spitze ein Vogel angebracht ist, wie ein Schamane; ein anderer hat den Kopf eines Löwen – so haben sich die Mongolen und Tibeter manchmal den Weißen Alten vorgestellt, als löwenköpfige bärtige menschliche Figur, obwohl sie kaum selbst Löwen gekannt haben werden.

Seitdem die Höhlenkunst und die Höhlenmalereien entstanden sind, vor über 30 000 Jahren, hat sich die Menschheit immer weiter über den Planeten ausgebreitet mit ihren künstlichen Feuern und Riten der Vermehrung, ihrer Gewalt gegen die Natur und andere Menschen, mit Kooperation, Freundschaft und der Sorge für die Nachkommen, aus denen letztlich wir entstanden sind. Nach und nach haben „heiße", schnell wachsende Gesellschaften die alten „kalten" Gesellschaften der Jäger und Sammler ersetzt und verdrängt.[8] Heute leben die Menschen der industriellen Zivilisation in Wärmeblasen oder auch in großen Kühlhäusern, in denen wir jedoch Jahr für Jahr das Ritual des Winters zelebrieren. In einer Zeit fortschreitenden Klimawandels wissen wir nicht, ob die gegenwärtige Warmperiode andauern oder abrupt in eine neue Kaltperiode umschlagen wird, und wir wissen auch nicht, welche Rolle dabei die menschliche Entwicklung und Einwirkung spielt. Aber wir spielen mit, und wir müssen immer wieder mitspielen, wenn es weitergehen soll. Wird die gegenwärtige Krise zu einer neuen Hyperzivilisation führen, die das künstliche Feuer zu den Sternen trägt? Oder gerät sie zu einem tiefen Einbruch, den allenfalls ein paar Menschen in Höhlen überleben werden? Alles entscheidet sich, wenn „der letzte Zentner fossilen Brennstoffs verglüht“[9] ist, den die Wärmeperioden der Zeit vor unserer Eiszeit mit ihrem katastrophischen Ende hinterlassen haben. Süß oder sauer, warm oder kalt, in jedem Falle wird es weiter wichtig sein, mit wem wir feiern und wie, mit wem wir uns vernetzen im Geflecht der Winterbräuche und wer draußen vor der Tür bleiben wird. Vielleicht werden wir noch einmal froh sein, wenn wir alle Feste gemeinsam feiern können, das buddhistische Neujahr mit Buttertee und Hirschgulasch, das christliche Weihnachtsfest mit gebratener Gans und Schokolade, das islamische Zuckerfest, den heidnischen Halloween. Es wird immer um Zucker und Fett gehen, und irgendwie muss es weitergehen, Menschen müssen Mahlzeiten miteinander teilen, Kinder müssen geboren werden und sich über Geschenke freuen, familiäre Verhältnisse und Schuld müssen hinter der Gestalt von Gabenbringern verschleiert werden.

Vielleicht sollten wir uns besser als den einen Homo sapiens vorstellen und nicht mehr nur als Europäer oder Deutsche oder Chinesen, als Weiße, Gelbe oder Schwarze, Christen oder Buddhisten oder Muslime, wenn wir die kommenden Krisen oder auch Höhenflüge überstehen wollen.

Neulich habe ich in einer deutschen Bahnhofshalle künstlichen Schnee gesehen, aufgeschüttet in einem Gatter, hinter dem ein Rentier aus Plastik den Schlitten mit Santa zieht. Sie sind kurz vor dem Abheben, so scheint es – draußen herrschte der seltsame milde Winter, den wir manchmal in letzter Zeit in Mitteleuropa erleben, doch die Halle war zusätzlich erwärmt. Das Bild des Schlittens in einem Winter, in dem wir nicht ein einziges Mal Schlitten fahren konnten, ist eine Reserve, ein Anzeichen dafür, dass es früher „richtige“ Winter gab und dass man sie überleben kann. Auf einer bestimmten Ebene ist es egal, ob man mit einem Schlitten, der von Rentieren gezogen wird, über die Eisflächen der Tundra saust oder in einem Jet sitzt, der einen nach Mallorca bringt – oder ob man das alles nur träumt, während man in einer menschenleeren Landschaft in einem Zelt oder in einem Iglu auf dem Boden liegt in schamanistischer Trance. Flug ist Flug für das menschliche Bewusstsein. Nostalgisch und dankbar, oft auch achtlos ziehen die Menschen in der Bahnhofshalle vorüber, hektische Mitarbeiter der Bahn, gutgenährte Reisende, zerquälte Obdachlose, die sich hier aufwärmen. Der künstliche Schnee und der fröhliche unverwüstliche Alte mit seinem kindlichen Kopf und den eifrigen Rentieren geben uns das Gefühl, dass es immer so weitergehen wird, Jahr für Jahr. Wir machen uns dabei bewusst, dass ein Leben mit Schlitten im Schnee, in Höhlen und als Fischer an den Stränden eisiger Meere weiterhin genauso gut zu unseren Optionen für die Zukunft zählt. Aber die Legenden von Nikolaos, Weihnachtsmann, Santa, Shou Xing und dem Weißen Alten erinnern uns daran, dass irgendwo zwei Alte sitzen, unter einem Maulbeerbaum, beim Schachspiel der Ewigkeit. In einem Buch haben sie die Geburts- und Todesdaten eingetragen, unsere einzelnen Lebensläufe ebenso wie die Daten von Ursprung und Untergang der Weltzivilisation.

Vieles habe ich auch nicht verstanden im Flechtwerk der Bräuche, weltweit verbreitet, Jahr für Jahr begangen und wieder vergessen, aufgehoben oder verloren im Abgrund der Erzählungen, Schriften und Bilder. Es bleibt bei riesigen Aufgaben für zukünftige Forschungen, und einiges wird man nie verstehen. Aber das war's jetzt erst einmal mit diesem Buch. Versonnen schaue ich aus meiner Dachluke im fünften Stock über die Dächer und Bäume Berlins. Hoch im fünften Stock habe ich mir ein Büro gemietet, um dieses Buch zu schreiben, ein Jahr schreibe ich nun schon. Vor Aufregung über all meine Entdeckungen habe ich wieder mit dem Rauchen angefangen, nach 14 Jahren, und lasse nun den Qualm aus meiner Dachluke in den Himmel schweben. Der Mittagskranich fliegt vorbei, der scheinbar unsterbliche Vogel der Chinesen, der im Frühjahr kommt und im Herbst geht und umgekehrt. Je nachdem, wo man lebt, ist er von oder nach Nordafrika, von oder nach Indien unterwegs, von Ost nach West und umgekehrt. In der Ferne beobachte ich einen Falken im taumelnden Flug, und ganz nah nisten in einer Baumkrone zwei Tauben. Im kaiserlichen Zeremoniell der Jahreszeiten vor 2000 Jahren waren Falken und Tauben eine einzige Vogelart, die durch ihre Wandlungen den friedlichen Frühling und den kriegerischen Winteranfang signalisierte. Etwas verwundert bin ich dann aber doch, als ich auch noch einen Urvogel bemerke, den Archaeopterix. Er flattert zwischen Bäumen und Dächern umher. Ach nee, bei genauerem Hinsehen ist das doch bloß eine Elster. Drei Schwalben schießen hoch über mir in den grauen Himmel Richtung Spree, sie erscheinen mir wie eine Formation von Kampfflugzeugen. Langsam fange ich wohl an, alles mit allem zu vergleichen. Neulich ist mir schon ein Berliner Obdachloser als Weißer Alter erschienen mit seinem Bart, verdutzt hat er meine ungewöhnlich hoch ausgefallene milde Gabe angenommen. Ich muss den Sack zumachen, sonst hebe ich noch ganz ab. Mit dem Rauchen sollte ich wohl auch mal wieder aufhören, sonst wird es vielleicht nichts mit einem langen Leben. Außerdem wartet der Verlag auf das Manuskript, das Wintergeschäft ist nicht so fern, wie es scheint an diesem Tag im Mai.

Abb. 59: *Macht sich gut am Weihnachtsbaum und wenn sie keinen haben, dann können sie die Kugeln auch in's Fenster hängen – Im Sommer 2012 gehören Baumkugeln, die den chinesischen Gott des langen Lebens in die Nähe von Santa Claus stellen, zu den Rennern auf dem inner-chinesischen und auslands-chinesischen Versandmarkt.*

Anmerkungen

Einleitung

1 http://www.aleviforum.com/showthread.php?t=38129, http://www.turkish-talk.com/small-talk/30328-weihnachten-feiern-tuerkisch.html, gesehen am 17. 8. 2009.
2 http://www.morgenpost.de/incoming/article360406/Tuerkische_Weihnachten.html, aus der Berliner Morgenpost vom 24. 12. 2005, gesehen am 17. 8. 2009.
3 http://www.turkish-talk.com/small-talk/30328-weihnachten-feiern-tuerkisch.html, gesehen am 3. September 2009.
4 Abspielbar über http://www.youtube.com/watch?v=-sDnhGkWNTQ (gesehen am 16. 10. 2011 und am 17. 7. 2012); siehe auch Staudt 2010.
5 Gantenbrink/Keller 2011: 13.
6 Schütze 2003.
7 http://www.pastoralweb.de/Islam/islam.html, gesehen am 20. 11. 2011.
8 Focus, Heft 32, 2009, S. 11.
9 Balzter 2010.
10 Kugelmann 2005.
11 De Crescenzo 1986.

I. Am Nordpol und im Westen

1. *Warum Weihnachtsmann?*

1 Exler 2006.
2 Hauschild 2002: 382.
3 http://www.coca-cola-gmbh.de/unternehmen/mythos/weihnachten/pdf/0911_santa_claus.pdf.

2. *Der Fetisch und die Liebe*

1 Mezger 1993; Eberspächer 2002.
2 Eberspächer 2002: 87 ff., Norman 1993.
3 Eberspächer 2002; Mezger 1993.
4 Eberle 1967.
5 Eberspächer 2002: 382 ff.
6 Moritz v. Schwind, Herr Winter, Münchener Bilderbogen No. 1/5 1847; vgl. Mezger 1993: 219.
7 Irving 1809/1984.
8 De Groot 1949; Nissenbaum 1996.
9 Nissenbaum 1996: 12.
10 Pierpoint 1857.
11 Kalender „Frate Indovino" des Jahres 2012, Perugia: Frate Indovino, Blatt Januar, Eintrag zum 6. Januar.
12 Meisen 1931: 172/3, 392, 415.
13 Le Roy Ladurie 1989.
14 Schulz 2010.
15 Vgl. z. B. http://www.youtube.com/watch?v=5zyxnpuTPUA, gesehen am 30. 12. 2011 und http://www.youtube.com/watch?v=75IXmvA-4Ok, gesehen am 15. 6. 2012.
16 Kohl 2003; Böhme 2006.
17 Wolf 1964; Weber-Kellermann 1978; Miller 1993; Stronach und Hodkinson 2011.
18 Santa's Workshop, Walt Disney's Silly Symphonies, v. Wilfried Jackson, 1932.
19 Nur in der originalen Langversion.
20 Vgl. Bessels 1879: 213 f.
21 Edgerton 1994; Diamond 2012; Kollewe/Jahnke 2009.
22 Graeber 2012: 116; ich danke Erhard Schüttpelz und Dieter Sturm für letzte wichtige Hinweise zu diesem verzwickten Thema.
23 Vgl. Abbildungen bei Mezger 1993; Meisen 1931.
24 Vgl. Anrich 1913/1917 II: 441; Schunert 2005: 44 ff. – die Schlussfolgerung der Autorin, dass Nikolaus- und Weihnachtsmannbrauchtum einzig aus christlichen Quellen stammt, kann ich allerdings nicht teilen.
25 Erinnerungen von Heinz Schulz (* 1932), Duisburg, Februar 2007 (http://www.hdg.de/lemo/forum/kollektives_gedaechtnis/425/index.html, gesehen am 20. 2. 2011).
26 Böll 1977.
27 Diese Selbstverständlichkeit musste der große deutsche Anthropologe und jüdische Aktivist Lazarus mit einem umfangreichen Buch beweisen: Lazarus 1898/1911.
28 Diamond 1998.
29 Lévi-Strauss 1967 II: 169–224.

3. *Christentum und Weihnachtsmann – eine unlösbare Verbindung?*

1 Nilsson 1916–1919; Engberding 1952; Fendt 1953; Förster 2007.
2 Meisen 1931: 22 ff.
3 Meisen 1931: 57.
4 http://de.wikipedia.org/wiki/Camauro.
5 Vgl. die Mischung aus Kippa und Santa-Cap als „Yarmaclaus / Kipputze" einer amerikanischen Fernsehserie, Kugelmann 2005: 15.
6 Hauschild 2008: 37–62.
7 Anrich (1913 / 1917 II: 494) fasst seine Studien zur griechischen Überlieferung mit den Worten zusammen, dass Nikolaus immer bärtig und „immer mit hoher, breiter, freier Stirn" abgebildet ist.

4. *Faktor „N"*

1 Jones 1978: 2.
2 De Voragine 1979: 26 ff.
3 Meisen 1931: 390 ff.
4 Anrich 1913 / 1917, II: 466 f.
5 De Voragine 1979.
6 Anrich 1913 / 1917, II: 464 ff.
7 Schunert 2005.
8 Bredekamp 1993.
9 De Voragine 1979: 29–30.
10 De Voragine 1979: 29.
11 De Voragine 1979: 29.
12 De Voragine 1979: 29.
13 De Voragine 1979: 30.
14 De Voragine 1979: 31.
15 De Voragine 1979: 31.
16 Jones 1978: 7 ff.
17 Meisen 1931.
18 Jones 1978.
19 Meisen 1931: 50–118.
20 Wittfogel 1981: 182–183.
21 Anrich 1913 / 1917, Bd. II: 395–397.
22 Erdkamp 2005: 179.
23 Meisen 1931: 270
24 Höfler 1934; Lecouteaux 2001.
25 De Voragine 1979: 28 / 29.
26 Needham / Ling 1959.
27 Gartz 2007.
28 De Voragine 1979: 32
29 De Voragine 1979: 32
30 Lazarus 1898, 1911.
31 Anrich 1913 / 1917 I: 343, 354, 357.

32 Schunert 2005.
33 Anrich 1913/1917 II: 463; Meisen 1931: 70.

5. *Der Winter, das Ritual*

1 Vgl. z. B. http://www.statistik.baden-wuerttemberg.de/Pressemitt/2011127.asp.
2 Anrich, 1913/1917 I: 340, 359, 385 – vgl. Geary 1983.
3 Das kirchentreue, aber mit wissenschaftlich-historischen Methoden arbeitende „Centro studi Nicolaiani" der Nikolaus-Kathedrale von Bari verkündet zu diesem Punkte deutlich: „Die Phantasie der Hagiographen ordnet dem Heiligen Nikolaus bei diesem Konzil eine Reihe von wundersamen Begebenheiten zu. Sie gehen von der durch nichts gesicherten Annahme aus, dass der heilige Nikolaus bei dieser Versammlung eine maßgebliche Rolle gespielt habe." (http://www.centrostudini colaiani.it/liv1.php?lingua_id=4&liv1_id=74, aufgerufen am 31. 5. 2012).
4 Rappaport 1967; die Analyse von Rappaports Daten durch Foin, Davis und Davis 1984 zeigte erst, wie zerbrechlich das Gleichgewicht einer u. a. auf Schweinezucht basierenden Ökologie und Ökonomie sein kann.
5 Hauschild 2002: 195.
6 Hauschild 2002: 52 ff.
7 Anrich 1913/1917 II: 423; Meisen 1931 281–285, zu türkischen Kostümierungen im Karneval des 16. Jahrhunderts in Frankreich: Le Roy Ladurie 1989.
8 Meisen 1931: 408.
9 Ljungman 1937–38, 1941–1945.
10 Am 31. 10. 2008 kritisierte Margot Käßmann, die damalige niedersächsische Landesbischöfin der Evangelischen Kirche Deutschlands, Halloween als „Ausdruck der Spaßgesellschaft", der nicht in kirchliches Denken integrierbar sei (siehe http://www.welt.de/vermischtes/article2654483/Halloween-ist-Ausdruck-der-Spassgesellschaft.html, konsultiert am 1. 6. 2012). Dagegen forderte der Sektenbeauftragte der Evangelischen Kirche Rheinland einen verantwortungsvollen Umgang mit den Halloween-Bedürfnissen der Jugendlichen: „Entscheiden Sie selbst! Das ist gute protestantische Tradition und wird der Tatsache gerecht, dass Halloween erst in seinem jeweiligen situativen Kontext sein wenn überhaupt religiöses Gepräge bekommt." (http://www.ekd.de/reformationstag/halloween/als_christ_feiern.html, aufgelesen am 1. 6. 2012).
11 Bereits 1991 fragte eine Journalistin in der Zeitschrift „USA Today" angesichts brennender Barrikaden am Halloween, ob das Fest in den USA „ausgeartet" sei (Samira 1991). In fast gleichlautenden Formulierungen findet man dieselbe Frage z. B. in der englischsprachigen schwedischen Zeitschrift „the local" aus dem Jahre 2008 (http://www.thSlocal.se/15380/20081101/, gesehen am 1. 6. 2012).
12 Meisen 1931: 310–12.
13 Meisen 1931: 329.
14 Ariès 1978: 452.
15 Shahar 1991: 210.
16 Vgl. z. B. https://sites.google.com/site/wanderncwsurfde/home/3-12-2011-weihnachtsmannparade-brandenburg (20. 12. 2011). In Brandenburg wurde 2011 die 12. Weihnachtsmannparade oder Weihnachtsparade gefeiert.

17 Ariès 1978: 364, die eingeschobenen Übersetzungen der Bezeichnungen für kirchliche Würdenträger stammen vom Verfasser.
18 Ariès 1978: 259.
19 Ariès 1978: 261.
20 Ariès 1978: 262.
21 Meisen 1931: 324, 325, 327, 333; „lasterhafte Praktiken" bei Ariès 1978: 350.
22 Vgl. z. B. Mezger 1991.
23 Alberti 1986: 65.
24 Ariès 1978: 373.
25 Foucault 1977.
26 Ariès 1978: 286; vgl. Platter d. Ä. 1912.
27 Ariès 1978: 357.
28 Siehe z. B. Ariès 1978: 363.
29 Ariès 1978: 357.
30 Ariès 1978: 363.
31 Hävernick 1964.
32 Shahar 1991: 212.
33 Ariès 1978: 378.
34 Ariès 1978: 395, 440 ff.
35 Michel Foucault (1977: 72) weist ausdrücklich auf die „demographische und gewissermaßen biologische Situation" hinter dem Wandel des Diskurses über den menschlichen Körper in der Zeit der sich anbahnenden Industrialisierung hin.
36 Anrich 1913/1917 I: 359.
37 Mauss 1999.
38 Mauss 1999: 182.
39 Ariès 1978: 365–370; Foucault 1977.
40 Vgl. den gut belegten und aktualisierten Eintrag „Körperstrafe" bei „Wikipedia": http://de.wikipedia.org/wiki/Körperstrafe (besucht am 10. 1. 2012).
41 Bourke 1913; Turner 2009.

6. *Ritual und Gewalt*

1 Ariès 1978: 105.
2 Foucault 1977: 82, 88.
3 Hauschild 2008: 205–222.
4 Koenig 1980: 9.
5 Ich habe das Fest im Jahre 1990 (gemeinsam mit Dr. Marlies Backhus und Dr. Uli Roters) und im Jahre 2009 (gemeinsam mit MA Britta Heinrich, Oliver Müller, Julia Mittwoch und Nicole Peilke) erforscht; vgl. auch den Film „Klaasohm sin Hunk" – St. Nikolaus auf Borkum (M. Backhus, Institut für den wissenschaftlichen Film/IWF Wissen und Medien, Göttingen, 1993); für Hinweise zu danken habe ich auch Dr. Michaela Schäuble, die mit einer Gruppe Bremer Studierender Anfang der 2000er Jahre auf Borkum geforscht hat.
6 Koenig 1980: 56 ff.; Thurnwald 1953–1959; Trümpy 1969.
7 Vgl. z. B. Borkumer Zeitung vom 7. 12. 1950: „Das sind keine Dumme-Jungensstreiche mehr!" … „Verrohung der Jugend"; Borkumer Zeitung vom 8. 10. 1990, „Rund um den alten Leuchtturm – Gedanken-Anregungen-Amüsantes": „Eine

Unsitte möchte ich zum Schluß noch ansprechen …"; vgl. auch Jödecke 1981 und die Interviews (geführt im Herbst des Jahres 1990) mit W. Specht, C. Burkart, J. Okkenga, K. u. G. Gerdes sowie insbesondere mit Herrn Albert Bakker, alle aus Borkum. Die Interviews führten Marlies Backhus, Uli Roters und Thomas Hauschild für den Film „Klaassohm sin Hunk" – St. Nikolaus auf Borkum (M. Backhus, Institut für den wissenschaftlichen Film / IWF Wissen und Medien, Göttingen, 1993).

8 Ich danke Julia Mittwoch für zahlreiche Hinweise aus ihrer teilnehmenden Beobachtung bei einer Mädchengruppe im Klaasohm 2009 und verweise auf das Interview, das Marlies Backhus im Jahre 1988 mit einer feministisch eingestellten Göttinger Studentin, später Berufstätigen, gemacht hat, die, wie ich bei einer Begegnung im Jahre 2009 feststellen konnte, seither weiter Jahr für Jahr zum Klaasohm vom Festland aus in ihren Heimatort Borkum aufbricht.

9 Anrich 1913/1917 I: 353 ff.

10 Hasluck 1929.

11 Anrich 1913/1917 II: 478, Fußnote 3.

12 Anrich 1913/1917 II: 408 ff.

13 Hasluck 1929.

14 Anrich 1913/1917 I: 340, 359, 385; Geary 1983; Hauschild 2002: 54 ff., 601 ff.

15 Anrich 1913/1917 II: 459.

16 Anrich 1913/1917 II: 466.

17 Anrich 1913/1917 II: 466.

18 Vgl. Meisen 1931: 229

19 Aus einem byzantinischen Text des 9. Jahrhunderts, Anrich 1913/1917 II: 464.

20 Anrich 1913/1917 II: 478.

21 Anrich 1913/1917 II: 463.

22 Meisen 1931, Kapitel IV.

23 Meisen 1931: 81 ff., 505.

24 McNeill 1979.

25 McNeill 1979: 25.

26 Horden/Purcell 2000.

27 Anrich 1913/1917 I: 345.

28 Meisen 1931: 253.

29 Schunert 2005.

30 Meisen 1931: 428.

31 Anrich 1913/1917 II: 463.

32 McEwan 1997: 364.

33 Meisen 1931: 390 ff.; Golowin 1975; Ginzburg 1990.

34 Litak 1997: 6 und 15; oder kurzweg: „Santa wears real boots." Kelsh 2001: 13.

35 Meisen 1931: 429

36 „Gottes Werk und Teufels Beitrag" v. Lasse Hallström, USA, 1999.

37 http://www.jugendwort.de/voting.cfm, gesehen am 23. 1. 2012.

38 Siehe auch Meisen 1931: 446 ff.

39 Foucault 1977: 181; Eberspächer 2002.

40 Das ergaben meine Borkumer Interviews im Jahre 1990. Siehe auch Meisen 1931: 39.

41 Krause/Bröger 1990; Faustmann 2011.

42 Siehe die äußerst instruktiven Websites http://www.hans-dieter-arntz.de/advent_und_weihnachten_im_nationalsozialismus01.html (von Amrei Arntz, 29. 12. 2009, gesehen am 1. 6. 2012, siehe dort besonders die Rolle des Weihnachtsmannes in einem „Muster einer (NS-) Weihnachtsfeier") und http://de.wikipedia.org/wiki/Nationalsozialistischer_Weihnachtskult (gesehen am 1. 6. 2012).
43 Kugelmann 2005.
44 Dickens 2010.
45 Dickens 2010: 9–86.
46 Nissenbaum 1996.
47 Vgl. http//www.spiegel.de/flash/flash-25014.html, „China – Aufstieg zur Weltmacht" (Spiegel-online), gesehen am 26. 12. 2010.
48 Pinker 2011; Duerr 1988 ff.
49 Boehme 2011.
50 Lorenz 1942.
51 Glocker 2009.
52 „Kranky Klaus" von Cameron Jamie, 2002, spielt mit Motiven aus österreichischem Krampus-Brauchtum (Nikolausmasken), die „punk-anthropologisch" umgesetzt werden; vgl. auch ähnliche Filme mit weniger künstlerischem Anspruch: „Satan Claus" von Massmiliano Cerchi, 1996; „Satan Claus" von Tim Lota, 2008.
53 Nissenbaum 1996: 3 ff.
54 Lévi-Strauss 1991.
55 http://news.tj/en/news/interior-ministry-killing-parviz-davlatbekov-murder-rowdy-motive; http://www.universalnewswires.com/centralasia/tajikistan/security/viewstory.aspx?id=11065;http://news.tj/en/news/16-year-old-teenager-admits-killing-parviz-davlatbekov; gesehen am 25. 1. 2012.
56 Vgl. http://the-salfordian.com/infidel-santa-killed-in-tajikistan-muslims-being-muslim/; http://www.jihadwatch.org/2012/01/tajikistan-muslims-shouting-infidel-murder-santa-claus.html; http://rt.com/news/infidel-santa-killed-tajikistan-133/; das Motiv des als Tatort abgesperrten Kamins verwendete die islamfeindliche Website http://www.jakefinnegan.com/?tag=parviz-davlatbekov; alle gesehen und kopiert am 3. 1. 2012.
57 Lévi-Strauss 1991: 188.
58 Foucault 1977.
59 Lévi-Strauss 1991: 188.
60 http://de.wikipedia.org/wiki/Gibt_es_einen_Weihnachtsmann%3F

II. Im Osten und am Südpol

1. *Götter des langen Lebens*

1 Es gibt eine Fülle von Methoden der Umschreibung chinesischer Wörter in westliche Sprachen. Der besseren Lesbarkeit wegen verwende ich hier nicht die unter Sinologen gebräuchliche phonetische Umschreibung, sondern ältere und

neuere deutsche und englische Formen, die ich im Zweifelsfall auch nebeneinander stelle – mir kam es darauf an, dass sinologisch unerfahrene Leser die verwendeten chinesischen Wörter und Namen in Lexika oder Übersetzungen wiederzuerkennen in der Lage sind, mehr nicht.

2 Gan Bao 1992: 64–65; Werner 1922: 431; Fong 1983: 161.
3 Shouxiang / Seow 1999.
4 In dieser Hinsicht habe ich viel aus der Lektüre von Jullien 2002 und Holenstein 2009 gelernt.
5 Vgl. Shouxiang / Seow 1999; Gan Bao 1992: 65.
6 Werner 1922: 431.
7 Fong 1983: 162.
8 Wu 1989.
9 Pankenier 2010.
10 Mueller 2009; Warburg 1908 / 1909.
11 Huei-Shyong / Meng-Fai 2010.
12 Doré 1966: 330–331 und Abb. Fig. 155. Vgl. heute noch http://wenhousecrafts.com/facereading/12houses.htmife.
13 Anrich 1013 / 1917 II: 494, 495; Meisen 1931: 193.
14 Fong 1983, Abb. 1.
15 Fong 1983: 181.
16 Fong 1983: 181.
17 Meisen 1931: 92, 209.
18 De Voragine 1979: 26.
19 Grünwedel 1900: 10.
20 Vgl. auch das fiktive Porträt, das der mittelitalienische Tafelmaler Fra Angelico von Sankt Romuald um 1441 gemalt hat, aufbewahrt im Convento di San Marco, Florenz – es zeigt, ganz in der Tradition der Nikolausikonen und der Abbildungen eremitischen Lebens in Ost wie West, den Heiligen mit einem unnatürlich hohen Kopf.
21 Anrich 1913 / 1917, Bd. I: 509, dazu Fußnote 1 auf S. 509.

2. *Der Südstern und die Kaiser*

1 Allan 1963: 68 f.
2 Allan 1963: 68.
3 Needham / Wang 1959; Schafer 1977; Sun / Kistemaker 1997.
4 McNeill 1979: 107, übertragen v. Verf.
5 Nienhauser 2010: 220.
6 Nienhauser 2010: 220, 221.
7 Nienhauser 2010: 254.
8 Nienhauser 2010: 254.
9 Nienhauser 2010: 242 ff.
10 Nienhauser 2010: 243.
11 Nienhauser 2010: 226.
12 Nienhauser 2010: 246 ff.
13 Nienhauser 2010: 246 / 47.
14 Nienhauser 2010: 246.

15 Elias 2001.
16 Fong 1983.
17 Vgl. Klabund 1959.
18 Allan 1963: 67,68.
19 Schafer 1977: 68.
20 Schafer 1977: 68.
21 Schafer 1977: 69.
22 Schafer 1977: 68.
23 Schafer 1977: 68–69.
24 Schafer 1977: 69.
25 Schafer 1977: 68/69.
26 Schafer 1977:68.
27 Schafer 1977: 68.
28 Fong 1983: 161.
29 Bodde 1975: 344.
30 Bodde 1975: 344.
31 Bodde 1975: 345.
32 Granet 1963: 98.
33 Bodde 1975: 353.
34 Bodde 1975: 353.

3. *Faktor „SX“*

1 Bodde 1975: 380.
2 Granet 1959: 332.
3 Granet 1959: 332–335.
4 Granet 1959: 332.
5 Granet 1959: 333, 334, spricht von einer „fête de revenants“, einem Fest der wiederkehrenden Toten.
6 Granet 1959: 321, 322.
7 Granet 1959: 321.
8 Granet 1959: 327 ff.
9 Granet 1959: 333.
10 Fong 1983: 161.
11 Kuhn 1950: 184.
12 Needham/Wang 1959: Plate CDXLIII, Fig. 1309, 3. Reihe v. oben, 4. Figur v. links.
13 Vgl. http://www.youtube.com/watch?v=ePzwxjb5_64, abgerufen am 22. 12. 2011, siehe auch http://china-tourism-landscape.blogspot.de/2009/01/malus-mengshan-scenic-area-chinese.html.
14 http://www.chinatravel.com/shandong/linyi/attraction/mengshan-national-forest-park/
15 Schafer 1963.
16 Z. B.: http://www.chinatownology.com/longevity_peaches.html (gesehen am 6. 6. 2012). Ich danke Frau Dr. Xinjie Wu vom MPI für ethnologische Forschung in Halle für Notizen zum Weihnachtsfest in China, die sie mir freundlicherweise überlassen hat.

17 http://weburbanist.com/2010/04/19/15-bizarre-buildings-around-the-world/; http://mymojobox.wordpress.com/tag/fu-lu-shou/.
18 Granet 2010.
19 Eberhard 1985.
20 Bonnet 2000: 368f.; Stichwort „Kanopus (Ägypten)". In: Meyers Konversations-Lexikon. 4. Auflage. Band 9, Bibliographisches Institut, Leipzig 1885–1892, S. 462.
21 Allan 1963: 68.
22 Casson 1974: 153.
23 Casson 1974: 159; Freyberg 1988: 46.
24 Zu Myra als Drehscheibe im internationalen Handel von Indien über Ägypten bis Konstantinopel und Rom vgl. Drexhage u. a. 1985: 146; Engelmann 1985.
25 Anrich 1913/1917, Bd. II: 495
26 Wilkinson 2003; Assmann 2003; Griffiths 1980: 85f.
27 So Dr. Rainer Herbster vom früheren Institut für die Geschichte der Naturwissenschaften der Goethe-Universität Frankfurt am Main: Rainer Herbster, copyright 2004): Ruder, Maß der Welt, Maß der Wasser. http://user.unifrankfurt.de/~klaudius/Dateien/Die%20%E4gyptische%20Seite.html.
28 Kunitzsch 1961: 55.
29 Unter http://www.google.de/imgres?imgurl=http://www.chinese-antique-shop.com/1295-4976-large/9-lucky-chinese-silver-god-of-longevity-star-shouhsing-with-peach-statue- (besucht am 10. 5. 2012).
30 Stevens 1997: 107, Bilderklärung rechts oben.
31 Z. B. aus dem Jahre 2003 von Hu Xian aus „Nanfangribao" (die „Südliche Tageszeitung"), http://ent.sina.com.cn/2003-12-22/0939259857.html – ich danke Frau Ekaterina Shchus, MA vom Lehrstuhl für Religionen Ostasiens (Prof. Dr. Jörg Plassen) im Centrum für Religionswissenschaftliche Studien der Ruhr-Universität Bochum herzlich für die Auffindung und Übersetzung dieser Web-Notiz.
32 Forumeintrag in bbs.uc.cn/thread-1032498-1-.html. Wiederum muss ich Frau Ekaterina Shchus, MA vom Lehrstuhl für Religionen Ostasiens (Prof. Dr. Jörg Plassen) im Centrum für Religionswissenschaftliche Studien der Ruhr-Universität Bochum herzlich für die Auffindung und Übersetzung dieser Web-Notiz danken.
33 Fong 1983: 160.
34 Kaltenmark 1981: 210.
35 v. Schröder 2004 (1922): Kap. 6, Vers 10; siehe auch http://12koerbe.de/hanumans/gita-6.htm.
36 Eliade 2004: 139.
37 Debon 2007: Einleitung, S. 8.; siehe auch: Dschuang Dsi 2008: 124, 125.
38 Debon 2007: 8.
39 Hou 2008: Bambustäfelchen B5–8 (W13; H13), S. 81.
40 Wenzig 1857: 20–21, 45–59.
41 Wang 1992: 145.
42 Schafer 1977: 68.
43 Hauschild, 2002: 105–107.
44 Shouxiang/Seow 1999.
45 Schipper 1993: 141.
46 Schipper 1993: 146.

47 Needham 1959, Eliade 2004: 282–300.
48 Schafer 1993: 69/70.
49 Schafer 1993: 235.
50 Hauschild/Heinrich u.a. 2011; Göpper 1962.
51 Hauschild/Heinrich u.a. 2011: 94–97.
52 Schafer 1993: 70.
53 http://de.wikipedia.org/wiki/Nachbild.
54 Schafer 1993: 224.
55 Boll 1903: 468 Fn 1; Kunitzsch 1961: 55.
56 Khazanov 1984.
57 Schlehe 1987.
58 Faustmann 2011: 6–8.
59 Schipper 1993: 121.
60 McNeill 1979: 102–126.
61 Dumézil 1958; Duby 1986.
62 Conze 1953: 16–18.

4. *Wandernde Rituale und Bilder*

1 Hummel 1960; Forman/Rintschen 1967; Taube/Taube 1983: 83; Oelschlägel 2005.
2 Hauptfleisch 1998.
3 Uchtomskij 1899: II, 438, 439, 440; Grünwedel 1900; Haslund-Christensen 1936: 43–53; http://www.tibetan-museum-society.org/java/arts-culture-Mongolia: „Mongolian Tsam“ v. Geshe Luvsangenden, 2007 (gesehen am 2.6.2012).
4 http://www.youtube.com/watch?v=re1iHt0H1Bk&feature=related (gesehen am 23.5.2012).
5 http://www.youtube.com/watch?v=2Ao_fZYjyJI&feature=relmfu (gesehen am 23.5.2012).
6 Lessing 1935: 110–137.
7 Meisen 1931: 489, nach Anton Schlosser, Deutsche Volksschauspiele, 2 Bände, Halle 1891, Bd. I, S. 235 ff. und 336 ff.
8 http://maps.google.de/
9 Ljungman 1937–1938: 883, 1941–1945.
10 Diamond 1998.
11 Bonnet-Bidaud/Praderie 2004, inbes. S. 88.
12 Walker/Uysal 1973 (Ich danke Fritz Kramer für den Hinweis auf diesen Text!); http://alevi.com/de/alevitinnen-und-aleviten-feiern-hizir/ (zuletzt gesehen am 2.6.2012).
13 http://www.aleviten.at/de/wp-content/uploads/2012/02/Hizir.jpg.
14 Panofsky 1939; Zaehner 1955; Hummel 1960: 205–206; Meisen 1931: 3 ff.
15 Fielding 1988: 9, 19.
16 Nilsson 1939.
17 Lévi-Strauss 1967 I: 282.
18 Zum Einfluss des chinesischen Gottes des „Langen Lebens“ auf den mongolischen „viellard blanc“ mit seinem Hirsch: Mostaert: 1957: 111; andererseits Heissig

1987: 590/591, der für das 18. Jahrhundert eine Art „gewollte“ Verbindung der beiden Figuren beobachtet, in der Gestalt einer Neuschöpfung namens „Mergen“. Die Verehrung eines „ebügen“ (von „tsaghen ebügen“, der Weiße Alte) soll schon im China des 13. Jahrhunderts belegbar sein. Am Wu tài shan, dem Hausberg von Peking, wurde der Kult des „Ebügen-ü manjusri-yin süme“ lokalisiert (also wohl: „Weißer Alter mandschurischer Herkunft“ – die Mandschu haben als mongolische Oberschicht damals China beherrscht). Hummel 1960: 193 schätzt den Kult des Weißen Alten als „viel älter“ ein.

19 Hummel 1960: 199; ich bin Reinhard Greve sehr zu Dank verpflichtet für die Hinweise auf diese und die in der vorigen und in den folgenden Fußnoten aufgeführten Quellen zur gegenseitigen chinesisch-tibetisch-mongolischen Beeinflussung auf diesem Gebiet.

20 Filchner 1933: 499. Anm. 1388.

21 Weinshtein 2004: 256.

22 Vgl. vor allem Taube/Taube 1983: 83; Oelschlägel 2005.

23 „Vieillard de longue vie généralement représenté sous l'auvent des monastères lamaïstes, entouré d'un rocher, d'un arbre, d'un oiseau et d'un cerf qui symbolisent la Création.“ (aus: http://sangharime.com/ed/index.php?title=Mitsering (gelesen am 1. 12. 2011).

24 Vgl. http://www.fotuva.org/misc/shamanism/clinic.html (gelesen am 1. 12. 2011) und Weinshtein 2004.

25 Sarközy 1983: 363–364.

26 Heissig 1987: 604.

27 Oelschlägel 2005: 517.

28 Oelschlägel 2005: 518.

29 Mostaert 1957: 110, 111.

30 Mostaert 1957: 111.

31 Vgl. Heissig 1976: 53.

32 Heissig 1987: 607.

33 Hummel 1960: 203.

34 Mostaert 1957: 112; Heissig 1987: 594.

35 Poppe nach Mostaert, 1957: 108, 109.

36 Das ergab auch ein Gang durch das Berliner Museum für Asiatische Kunst im Februar 2009, wo ich zum Beispiel den zornigen Asketen Arhat auf den Turfan-Fresken gesehen habe (Inv. Nr. III 7241) und vor allem interessante Buddhakinder auf den Armen der Himmelskönigin Guanyin, die deutliche Beulen auf der Stirne tragen, wie der mongolische oder tibetische Weiße Alte (Inv. Nr. K780, 781, 788, 789) – und den japanischen Berggeist Sôjôbô, der überzeugend an Hummels (1960) Überlegung erinnert, dass der Weiße Alte so etwas sei wie eine Vermenschlichung eines Berges mit kahlem Gipfel und weißen Schneerändern (Inv. Nr. 60073 (2)).

37 Frédéric 2003: 276–282.

38 Schmidt-Glintzer 2005: 14.

39 Heissig 1976: 55 (aus einer mongolischen Handschrift des frühen 19. Jh.); Heissig 1987: 593.

40 http://de.uncharted.wikia.com/wiki/Cintamani-Stein; http://www.youtube.com/watch?v=zue8dlod8xM.

41 Tschinag 2002: 12.

42 Heissig 1987: 595–596, 599 beschreibt im Zusammenhang mit dem Weißen Alten ein magisches Ritual mit Fass und Gerbestock, das an die Befreiung der Knaben aus dem Pökelfass durch Sankt Nikolaus erinnert.
43 „Par cette légende le Vieillard blanc est donc nettement attaché au bouddhisme, ce qu'à l'origine il ne peut avoir été." Mostaert 1957: 109.
44 Conze 1953: 9–10.
45 Mostaert 1957: 109; Hummel 1960: 203–206.
46 Hummel 1960: 199.
47 Vgl. „Ein Löwe im Reigen der Götter", Film von Mario Bandi, Laufzeit: 55 min, 2009. Ich danke Mario Bandi sehr für eine Kopie des Materials auf DVD und Unterstützung und Genehmigung bei der Herstellung einiger Standaufnahmen aus dem Material.
48 Lessing 1935: 121 f.
49 http://www.youtube.com/watch?v=meqSewwuCWc.
50 http://www.youtube.com/watch?v=kwJR7rpIhB8.
51 http://www.youtube.com/watch?v=WCXcV4exkv4; http://www.youtube.com/watch?v=g8M8MS4my7M; http://bi-bid.com/news.htm; http://www.youtube.com/watch?v=pR5mxy0oHm8.
52 Mario Bandis Film aus dem Jahre 2009 entstand 2008. Im Text zur Kassette heißt es: „Das Zam-Mysterium – ein mystischer Karneval buddhistischer Gottheiten – beginnt am 15. Juli, dem 8. Tag des zweiten Sommermondes, lockt Besucher aus allen Teilen der Mongolei in die Hauptstadt Ulaanbaatar. Gefeiert wird es im Hofe des Klosters Daschtschoilin Hijd. Von den Kommunisten fast vollständig zerstört, wurde es in den Neunzigern neu aufgebaut."
53 Film „Die Stämme von Köln" v. Anja Dreschke, Kölnfilm-Edition, 2011.
54 Kola Beldy: Lied des Rentierhirten, 1973, http://www.youtube.com/watch?v=rUzddcqXmlA http://www.gerka.ru/2009/09/27/pesnya-olenevoda-kola-beldy/ (gefischt im Jahre 2009 und übersetzt von Alexander Seidel u. J. Otto Harbeck für die Ausstellung „Brisante Begegnungen – Nomaden in einer sesshaften Welt", im Hamburger Museum für Völkerkunde – mit Dank für die Vermittlung an Annegret Nippa); vgl. http://en.wikipedia.org/wiki/Kola_Beldy (gesehen am 6. 6. 2012).
55 Fielding 1988: 202–204.
56 Film „Schamanen im Blinden Land – Shamans of the Blind Country", Michael Oppitz, 222 min., vgl. http://dokujunkies.org/dokus/mysterymythen/schamanen-im-blinden-land-dvdrip-xvid.html; vgl. Oppitz 1989.
57 Hauschild / Heinrich u. a. 2011: 124 ff.; die Filmaufnahmen wurden vom Haus der Kulturen der Welt, Berlin, und vom Internationalen Kolleg für Kulturtechnikforschung und Medienphilosophie der Bauhaus Universität Weimar gefördert.
58 Film: Rituelle Reise der Schamanen, Michael Oppitz, 2011, 27 min.
59 Metzinger 2009; Duerr 1978; sowie Hauschild / Heinrich u. a. 2011: 19–48 und 112 ff.
60 Haus der Kulturen der Welt, Berlin, März–Mai 2011, siehe Hauschild / Heinrich 2011.
61 Friedrich / Budruss 1955: 304–305; vgl. auch Taube / Taube 1983.
62 Mühlmann 1981.
63 Eliade 2004: 326–334.

64 Kalidasa 1990: 230–252 – für diesen Hinweis bin ich Fritz Kramer außerordentlich dankbar.
65 Golowin 1974; Duerr 1978; Hauschild 1981; James Arthur: Amanita muscaria: The Mushrooms that shaped Mankind, http://www.amanitashop.com/amanita-arthur/mankind1.htm (gesehen am 30. 3. 2012).
66 Bauer/Klapp/Rosenbohm 2000.
67 Van Renthergem 1996.
68 Lewis 1989: 120.
69 Ginzburg 1980, 1990.
70 Behringer u. a. 2005; Heinsohn/Steiger 1992.
71 Höfler 1934; Dumézil 1958; Hummel 1960.
72 Vgl. Höfler 1934; Eliade1975: 358–402.
73 Wildhaber 1968.
74 Johansen 1987: 18–19.
75 Tolkien 1981.
76 Tolkien 1981.
77 Atkinson/Atkinson 2011:11; vgl. http://www.global-christmas.com/weihnacht-der-welt/asien/Japan/ (gesehen am 16. 11. 2011).
78 Tsukuba 2011: Klappentext.
79 Anonym 1994.
80 Anonym 1994.
81 Anonym 1994, Kracht/Tateno-Kracht 1999.
82 Eder 1958, Mühlmann 1981: 175 ff.; Kawamura Kunimitsu: The Life of a Shamaness of Northeastern Japan, http://www2.kokugakuin.ac.jp/ijcc/wp/cpjr/folkbeliefs/kawamura.html (gesehen am 6. 6. 2012).
83 „Der Mensch ist ein Seil, geknüpft zwischen Thier und Übermensch, – ein Seil über einem Abgrunde.“ Nietzsche 1990: Vorrede.
84 Nietzsche 1990: Vorrede.
85 Safranski 2002: 259–268.
86 Oelschlägel 2005: 521–522.
87 Liao 2009: 142, 377 ff., 385, 414, 480.

Schluss

1 Fong 1983: 160.
2 Pankenier 2010.
3 Werner 1922: 431.
4 Deleuze/Guattari 1977.
5 Diamond 2012.
6 Von Gene Autry, vgl. http://de.wikipedia.org/wiki/Rudolph,_the_Red-Nosed_Reindeer.
7 Bauer u. a. 2000; Golowin 1975: 44–47.
8 Lévi-Strauss 1979: 270 f.
9 Weber 1988: 203.

Danksagung

Ohne meinen Jugendfreund Reinhard Greve wäre ich nie auf die Idee zu diesem Buch gekommen. Das war im Jahre 1974. Zusammen haben wir in Hamburg Ethnologie studiert, surrealistische Filme debattiert, herumgealbert und Witzbilder gezeichnet. Wir lasen alles, was wir zum Thema „Schamanismus" finden konnten, und machten uns über die dogmatischen marxistisch-leninistischen Sekten lustig, in denen wir beide leider vor dem Studium eine harte Zeit erlebt hatten. Wir waren auf der Suche nach neuen Ufern.

Eines Tages schleppte Reinhard die befremdlichen Wälzer von Albert Grünwedel über die interreligiösen Höhlenmalereien der Seidenstraße an, in der kleinen Sozialwohnung, die ich mit meiner damaligen Frau Anita und unserem Sohn Simon über dem Gewölbe der evangelischen Kirche in der Bogenstraße bezogen hatte. Beim Lesen der Bände, beim Betrachten der Abbildungen in ihrem verblassten Charme wurde mir klar, dass Europa und Asien nie als voneinander abgeschlossene kulturelle Einheiten existiert haben. Es gab immer nur eine Welt der Menschen, afrikanisch, mediterran, eurasiatisch und weiter, über alle Kontinente hin verstreut.

So entwickelten Reinhard und ich ein Feeling für die Welt als Gesamtzusammenhang, das über die platte Identifikation mit dem Fremden hinausging, die wir als maoistische Jugendliche durchgemacht hatten.

Diese Zeit liegt nun weit hinter uns, aber es führt ein direkter Weg von meiner Freundschaft mit Reinhard zu diesem Buch. Beim Schreiben, im Sommer 2011, habe ich die alten Aufzeichnungen wieder hervorgekramt. Sie gehen bis auf die 1980er Jahre zurück: gemeinsam verfasste Listen der Ähnlichkeiten zwischen europäischen Konsumgöttern und asiatischen Unsterblichen, Gliederungsentwürfe, Bildmaterial und heute vergilbte Kopien der Schriften von Siegbert Hummel, Walther Heissig, Waldemar Ljungman und anderen Autoren, die ich hier zitiert habe. Aus all unseren Plänen ist im Laufe unserer jeweiligen Karrieren, Krankheiten und Krisen nichts geworden – außer diesem Buch. Wir haben uns aus den Augen verloren, der Reiseleiter in Asien und der Hochschullehrer in Europa. Aber ich hoffe immer noch, dass ich durch dieses Buch meinen Freund Reinhard wiederfinden werde.

Die Idee zum eurasiatischen Vergleich hochköpfiger Gestalten von Göttern und Heiligen entstand im Gespräch zwischen Reinhard Greve und mir. Reinhard brachte das Wissen über die Rolle des „Weißen Alten" in tibetischen und mongolischen Festen ein. Ich habe die Bezüge zur heutigen Situation von Weihnachten und Weihnachtsmann in der Weltgesellschaft beigesteuert, Studien zu fast vergessenen Aspekten der Geschichte des Nikolauskultes, die Aufarbeitung der chinesischen Astronomie und der Körperlehre des Südsterns sowie die Einbeziehung von heutigen Bildern, Bräuchen und Comics – wobei ich glaube, dass gerade die Comics Reinhard gut gefallen werden. Die Verantwortung für alle Formulierungen in diesem Buch muss ich allein übernehmen.

Ausgerechnet eine schwere Krankheit gab mir die Gelegenheit dazu, das Buch endlich zu schreiben – aber auch die Geduld meiner Hallenser Kollegen Richard Rottenburg und Burkhard Schnepel, sowie generös finanzierte Lehrstuhlvertretungen: im Internationalen Forschungszentrum Kulturwissenschaften in Wien (2004/5, im Austausch mit Lutz Musner, Sergius Kodera und Hans Belting), im Wissenschaftskolleg zu Berlin (2006–2008, im Austausch mit zahlreichen anderen Fellows und Luca Giuliani), im Internationalen Kolleg für Kulturtechnikforschung und Medienphilosophie der Bauhaus-Universität Weimar (2010/11, im Austausch mit Bernhard Siegert und Lorenz Engell) und im Käthe-Hamburger Kolleg am Centrum für Religionswissenschaftliche Studien der Ruhr-Universität Bochum (2011–2012). Vor allem in Bochum, während des eigentlichen Schreibprozesses, habe ich aus der Zusammenarbeit mit Volkhard Krech, Jörg Plassen, Ekaterina Shchus und vielen anderen Fellows und Kollegen unendlichen Vorteil gezogen – obwohl ich aus der Sicht des Kollegs betrachtet bestimmt ein ziemlich fauler Fellow gewesen bin.

Mein Freund, der Medienwissenschaftler Erhard Schüttpelz (Universität Siegen), hat die Entstehung des Buches mit immer neuen Ideen und Materialien bereichert. Der visuellen Anthropologin Anja Dreschke (Universität Siegen) bin ich für die Zusammenarbeit bei einer Forschungsreise, gute Ideen und für ihren großen Beitrag zur Herstellung der fotografischen Grundlage des Buches dankbar. Der Ethnologe, Sinologe und Qi-Gong-Lehrer Harald Sorg hat mich immer wieder mit wichtigen Hinweisen und Überlegungen zu Daoismus und Körpertechniken unterstützt. Die Sinologen Philipp Clart (Universität Leipzig) und Rudolf G. Wagner (Universität Heidelberg) gaben mir chinakundliche Orientierungen. Der Ethnologe und Theologe Joachim Piepke vom Anthropos-Institut in Bonn-St. Augustin hat meine Recherchen in der wunderbar reichhaltigen Bibliothek des Institutes großzügig und tatkräftig unterstützt. Als studentische Hilfskräfte waren Sabine Hänsel, Annemarie Gronover, Christian Köhler, Carolin Faustmann und Moritz Gleich an der Entstehung des Buches beteiligt.

Bei einer Fülle von Freunden und Freundinnen, Kollegen und Kolleginnen erntete ich Erinnerungen, Bilder, Zitate, Gespräche, Rat, Korrektur und all das, was man noch zum Schreiben braucht – vor allem bei Göran Ajmer, Irene Albers, Wolfgang Arnold, Marlies Backhus, Mario Bandi, Mechthild Beck, Hans Belting, John Borneman, Hans Peter Duerr, Carolin Faustmann, Petra Fiener, Sjaak van der Geest, Parvis Ghassem-Fachandi, Bettina Gockel, Chris Hann, Inge und Peter Heinrich, Elmar Holenstein, Gerhard Huhn, Ulla Johansen, Monika Kirschner, Christian Köhler, Karl-Heinz Kohl, Gottfried Korff, Klaus Kracht, Fritz Kramer, Sabine Lowsky, Oliver Müller, Annegret Nippa, Lena Obendiek, Ulf Palitza, Dieter Richter, Michaela Schäuble, Sieglinde von der Goltz, Esther Voswinckel, Bernd Jürgen Warneken, Eric Wolf und Xiujie Wu. Ich bitte alle diejenigen um Verzeihung, die ich hier vergessen habe.

Mein Freund, der Dramaturg und große Anreger Dieter Sturm hat zum Schluss das ganze Manuskript gelesen und mir letzte wichtige Hinweise gegeben. Oliver Vogel vermittelte den Kontakt zum S. Fischer-Verlag, wo ich von Alexander Roesler immer wieder, auch in der schweren Phase der Krankheit, mit inspirierenden Gesprächen ermutigt wurde. Alexander Roesler hat dann auch das Manuskript in verschiedenen Entstehungsphasen gelesen und mir vielfach weitergeholfen. Ich danke ihm und dem Team beim Verlag, insbesondere Mattina Roth und Peter Palm für die gute Zusammenarbeit.

Meine Schwester Caroline Peters hat mich ermutigt und zum Lachen gebracht, seit wir Geschwister wurden. Der Psychologe Jürgen Mees, die Physiotherapeutin Monika Beer-Astfalk und die Schwerbehindertenbeauftragte der Hallenser Universität, Monika Lück, begleiteten mich in schweren Zeiten, wofür ich ihnen sehr dankbar bin. Meine Frau, die Ethnologin und Körpertherapeutin Britta Heinrich, prägte in den letzten Jahren mein Leben und mein Schreiben wesentlich. Durch alle Phasen der Entstehung hindurch führte sie endlose Gespräche mit mir über „das Weihnachtsbuch“. Sie hat es getragen und ertragen und das Konzept der „Körperarbeit“ in diesem Buch stammt von ihr. Ich danke Dir, Britta!

In Erinnerung an meine verstorbene Mutter Johanne Peters, die in Weihnachts-Angelegenheiten stets ein großes und großzügiges Kind blieb, widme ich dieses Buch meiner Tochter Carmen Albers und allen Kindern, auch wenn sie es als Kinder kaum verstehen werden.

Literatur

Alberti, Leon Battista
1986 Vom Hauswesen. München: dtv (1962).
Allan, Richard
1963 Star Names. Their Lore and Meaning. New York: Dover.
Anonym
1994 Das etwas andere Fest der Liebe. Die „Santa“-Religion hat ihren festen Platz neben dem Buddhismus und dem Shintoismus. Südwestpresse, 28. 12. 1994, S. 17.
Anrich, Gustav
1913/1917 Hagios Nikolaos. Der Heilige Nikolaus in der griechischen Kirche, Bd. I u. II. Berlin: Teubner.
Ariès, Philippe
1978 Geschichte der Kindheit. München: dtv.
Assmann, Jan
2003 Tod und Jenseits im Alten Ägypten. Sonderausgabe. München: Beck.
Atkinson, John u. Juliette
2011 Ich, der Weihnachtsmann. Bargteheide: ed. Neugebauer.
Balzter, Sebastian
2010 Höchststrafe Kartoffel. Auf Island gibt es 13 verschiedene Weihnachtsmänner. Frankfurter Allgemeine Zeitung, 23. 12. 2010
Bauer, Wolfgang, u. Edzard Klapp u. Alexandra Rosenbohm (Hg.)
2000 Der Fliegenpilz. Basel: AT-Verlag.
Behringer, Wolfgang u. a.
2005 Kulturelle Konsequenzen der „Kleinen Eiszeit“. Veröffentlichungen des Max-Planck-Instituts für Geschichte, Bd. 212. Göttingen: Vandenhoeck und Ruprecht.
Belting, Hans
2009 Florenz und Bagdad. Eine westöstliche Geschichte des Blicks. München: Beck.
Bessels, Emil
1879 Die amerikanische Polarexpedition, Leipzig: Brockhaus (Nachdruck 2010: Salzwasser Verlag, Bremen o. D.).
Bodde, Derk
1975 Festivals in Classical China. New Year and other annual observances during the Han Dynasty 206 B.C.–A.D. 220. Princeton: Princeton University Press.
Boehme, Tim Caspar
2011 „Kaufen ist billiger als stehlen“, Interview mit Steven Pinker. Tageszeitung, 30. 11. 2011, S. 23.

Böhme, Hartmut
2006 Fetischismus und Kultur. Eine andere Theorie der Moderne. Reinbek bei Hamburg: Rowohlt.
Boll, Franz Johannes
1903 Sphaera. Neue griechische Texte und Untersuchungen zur Geschichte der Sternbilder. Leipzig: Teubner.
Böll, Heinrich
1977 Nicht nur zur Weihnachtszeit. In: Balzer, Bernd (Hg.): Heinrich Böll Werke. Romane und Erzählungen 1. 1947–1952. Köln: Kiepenheuer & Witsch, S. 810–838.
Bonnet, Hans
2000 Kanopus, in: Lexikon der ägyptischen Religionsgeschichte, Hamburg: Nikol.
Bonnet-Bidaud, Jean-Marc u. Françoise Praderie
2004 Star Charts on the Silk Road. Astronomical Star Maps in Ancient China. In: Whitfield, Susan u. Ursula Sims-Williams (Hg.): The Silk Road. Trade, Travel, War and Faith. London: The British Library (Ausstellungskatalog). S. 81–90.
Bourke, John Gregory
1913 Der Unrat in Sitte, Brauch, Glauben und Gewohnheitsrecht der Völker. Leipzig: Ethnologischer Verlag.
Bredekamp, Horst
1993 Florentiner Fußball: Die Renaissance der Spiele. Calcio als Fest der Medici. Frankfurt am Main / New York: Campus.
Casson, Lionel
1974 Travel in the Ancient Worlds. London: Allen and Unwin.
Conze, Edward
1953 Der Buddhismus: Wesen und Entwicklung. Stuttgart: Kohlhammer.
Crosby, Alfred
2002 Throwing Fire. Projectile Technology through History. Cambridge: Cambridge University Press.
Debon, Günther
2007 Tao-Te-King. Das heilige Buch vom Weg und von der Tugend. Stuttgart: Reclam (1961).
De Crescenzo, Luciano
1986 Also sprach Bellavista. Neapel. Liebe und Freiheit. Zürich: Diogenes.
De Groot, A. D.
1949 Sint Nicolaas, patron van liefde. Amsterdam: N. V. Noord-Hollandsche Uitgevers Maatschappij.
Deleuze, Gilles, u. Félix Guattari
1977 Rhizom. Berlin: Merve.
De Voragine, Jacobus
1979 Die legenda aurea, übers. v. Richard Benz. Heidelberg: Lambert u. Schneider.
Diamond, Jared
1998 Arm und Reich. Die Schicksale menschlicher Gesellschaften, Frankfurt am Main: S. Fischer.
Dickens, Charles
2010 The Christmas Books, Ghost stories and other Tales. London: Wordsworth Library Collection.

Doré, Henry
1966 Researches into Chinese Superstitions, Bd. IV, Taipei: Ch'eng Wen Publishing Company, Nachdruck der Ausgabe Peking 1917.
Drexhage, Hans Joachim, u. Heinrich Konen u. Kai Ruffling
2002 Die Wirtschaft des Römischen Reiches (1.–3. Jahrhundert). Berlin: Akademie-Verlag.
Dschuang Dsi
2008 Das wahre Buch vom südlichen Blütenland. Übersetzt von Richard Wilhelm. Kreuzlingen: Hugendubel (1969).
Duby, Georges
1986 Die drei Ordnungen. Das Weltbild des Mittelalters. Dt. v. Grete Osterwald. Frankfurt am Main: Suhrkamp.
Duerr, Hans-Peter
1978 Traumzeit. Über die Grenze zwischen Wildnis und Zivilisation. Frankfurt am Main: Syndikat.
1988ff. Der Mythos vom Zivilisationsprozess, Bd. I–V. Frankfurt: Suhrkamp.
Dumézil, Georges
1958 L'Idéologie tripartite des Indoariens. Brüssel: Berchem.
Eberhard, Wolfram
1985 Lexikon chinesischer Symbole. Köln: Eugen Diederichs.
Eberle, Josef
1967 Die rote Mütze. Zur Geschichte eines Freiheitssymbols. In: Josef Eberle (alias Sebastian Blau): Lateinische Nächte. Stuttgart: Deutsche Verlags-Anstalt.
Eberspächer, Martina
2002 Der Weihnachtsmann. Zur Entstehung einer Bildtradition der Aufklärung und Romantik. Books on Demand Gmbh / Dissertation Universität Tübingen.
Eder, Matthias
1958 Schamanismus in Japan. In: Paideuma, Bd. VI, Heft 7, S. 367–380.
Edgerton, Robert B.
1994 Trügerische Paradiese. Der Mythos von den glücklichen Naturvölkern. Hamburg: Kabel Verlag.
Eliade, Mircea
1975 (1957) Schamanismus und archaische Ekstasetechnik. Frankfurt am Main: Suhrkamp.
2004 Yoga. Unsterblichkeit und Freiheit. Frankfurt am Main: Insel (1977).
Elias, Norbert
2001 Die Symboltheorie. Gesammelte Schriften, Bd. 13. Frankfurt am Main: Suhramp.
Engberding, Hieronymus
1952 Der 25. Dez. als Tag der Feier der Geburt des Herrn. In: Archiv für Liturgiewissenschaft 2, S. 25 ff.
Engelmann, Helmut
1985 Die Zollinschrift von Myra. In: Zeitschrift für Papyrologie und Epigraphik, Bd. 59, S. 113–119.
Erdkamp, Paul
2005 The Grain-Market in the Roman Empire. Cambridge: Cambridge University Press.
Exler, Andrea
2006 Coca-Cola. Vom selbstgebrauten Aufputschmittel zur amerikanischen Ikone. Hamburg: Europäische Verlagsanstalt.

Faustmann, Carolin
2011 Studie zur Kinder- und Jugendliteratur mit der Thematik Weihnachten und Weihnachtsmann. Manuskript.
Fendt, Leonhardt
1953 Der heutige Stand der Forschung über das Geburtsfest Jesu am 25. XII. und über Epiphanias. In: Theologische Literaturzeitung 78, S. 1 ff.
Fenollosa, Ernest F.
1923 Ursprung und Entwicklung der chinesischen und japanischen Kunst. Leipzig: Karl W. Hiersemann.
Filchner, Wilhelm
1933 Kumbum Dschamba Ling. Das Kloster der hunderttausend Bilder Maitreyas. Leipzig: Brockhaus.
Foin, Theodore C., u. William G. Davis
1984 Ritual and Self-Regulation of the Tsembaga Maring Ecosystem in the New Guinea Highlands. In: Human Ecology, Bd. 12, S. 385–412.
Fong, Mary
1983 The Iconography of the Popular Gods of Happiness, Emolument, and Longevity. In: Artibus Asiae, Bd. 44, No. 2/3, S. 159–199.
Forman, Werner, u. Bjamba Rintschen
1967 Lamaistische Tanzmasken. Der Erlik-Tsam in der Mongolei. Leipzig: Koehler u. Amelang.
Förster, Hans
2007 Die Anfänge von Weihnachten und Epiphanias: Eine Anfrage an die Entstehungshypothesen. Tübingen: Mohr.
Foucault, Michel
1977 Überwachen und Strafen. Die Geburt des Gefängnisses. Frankfurt am Main: Suhrkamp.
Frédéric, Louis
2003 Buddhismus. Götter, Bilder und Skulpturen. Paris: Flammarion.
Freyberg, Hans Ulrich von
1988 Kapitalverkehr und Handel im römischen Kaiserreich. Freiburg: Rudolf Haufe.
Friedrich, Adolph, und Georg Budruss
1955 Schamanengeschichten aus Sibirien. München: O. W. Barth.
Gan, Bao
1992 À la recherche des esprits (Récits tirés du *Shou Shen Ji*). Paris: Gallimard.
Gantenbrink, Nora und Martin Keller
2011 Friede sei mit euch … Ein Angelausflug mit Sido und Bushido. Kultur-Spiegel. Nr. 12.
Gartz, Jochen
2007 Vom griechischen Feuer zum Dynamit. Eine Kulturgeschichte der Explosivstoffe. Hamburg: E. S. Mittler & Sohn.
Geary, Patrick
1983 Humiliation of Saints. In: Wilson, Stephen (Hg.), Saints and their Cults. Cambridge: Cambridge University Press, S. 123–140.
Ginzburg, Carlo
1990 Hexensabbat: Entzifferung einer nächtlichen Geschichte. Berlin: Wagenbach.
1980 Die Benandanti: Feldkulte und Hexenwesen im 16. und 17. Jahrhundert. Frankfurt am Main: Syndikat.

Glocker, Melanie, u. a.
2009 Baby schema modulates the brain reward system in nulliparous women. In: Proceedings of the National Academy of Sciences, Bd. 106, 9115–9119.
Golowin, Sergius
1975 Die Magie der verbotenen Märchen: Von Hexenkräutern und Feendrogen. Hamburg: Merlin.
Göpper, Roger
1962 Vom Wesen chinesischer Malerei. München: Prestel.
Graeber, David
2012 Schulden. Die ersten 5000 Jahre. Dt. v. U. Schäfer u. H. Freundl. Stuttgart: Klett/Cotta.
Granet, Marcel
1959 Danses et légendes de la Chine ancienne. Paris: Presses Universitaires de France.
1963 Das chinesische Denken. München: Piper.
2010 La religion des chinois. Paris: Albin Michel (1922).
Gretzschel, Matthias
2003 Auf der Seidenstraße kam Apollo zu Buddha. In: Spielmann, Heinz (Hg.): Kunst der Seidenstraße, Hamburg: Hatje Cantz.
Griffiths, John Gwyn
1980 The Origins of Osiris and his Cult. Studies in the History of Religions. Bd 40. Leiden: Brill.
Grünwedel, Albert
1900 Mythologie des Buddhismus in Tibet und in der Mongolei. Leipzig: Brockhaus.
Hasluck, Frederick William
1929 Christianity and Islam under the sultans. Oxford: Clarendon.
Haslund-Christensen, Henning
1936 Zajagan. Menschen und Götter in der Mongolei. Stuttgart: Union Deutsche Verlagsgesellschaft.
Hauptfleisch, Wolfgang
1998 Tibet, Bhutan, Ladakh. In: Blume, Friedrich u. Ludwig Finscher (Hg.), Die Musik in Geschichte und Gegenwart. Kassel: Bärenreiter, Stuttgart: Metzler, Sachteil 9, Sp. 572–598.
Hauschild, Thomas
1981 Hexen und Drogen. In: Völger, G. (Hg.): Rausch und Realität. Köln: Museum für Völkerkunde, S. 360–366.
2002 Magie und Macht in Italien. Über Frauenzauber, Kirche und Politik. Gifkendorf: Merlin.
2008 Ritual und Gewalt. Ethnologische Studien an europäischen und mediterranen Gesellschaften. Frankfurt am Main: Suhrkamp.
Hauschild, Thomas u. Britta Heinrich u. a.
2011 Von Vogelmenschen, Piloten und Schamanen. Kulturgeschichte und Technologien des Fliegens. Leipzig: Edition Azur.
Hävernick, Walter
1964 Schläge als Strafe: Ein Bestandteil der heutigen Familiensitte aus volkskundlicher Sicht. Hamburg: Museum für Hamburgische Geschichte.
Heinsohn, Gunnar u. Otto Steiger
1992 Die Vernichtung der weisen Frauen. Beiträge zur Theorie und Geschichte von Bevölkerung und Kindheit. München: Heyne.

Heissig, Walter
1976 Eine Anrufung des „Weißen Alten". In: Voigt, Wolfgang (Hg.), Folia Rara, Supp. Bd. 19, Wiesbaden: Harrassowitz, S. 51–60.
1987 Einige Bemerkungen zum Kult des „Weißen Alten". In: Serie Orientale Roma, Bd. LVI, Nr. 2, Rom: Istituto Italiano per l'Africa e l'Oriente, S. 589–616.
Höfler, Otto
1934 Kultische Geheimbünde der Germanen. Frankfurt am Main: Diesterweg.
Holenstein, Elmar
2009 China ist nicht ganz anders. Zürich: Ammann.
Horden, Peregrine u. Nicholas Purcell
2000 The Corrupting Sea: A Study of Mediterranean History. Oxford: Blackwell.
Hou, Cai
2008 Das Bambustäfelchen Lao Zi. Texte mit Textkritik und Anmerkungen. Bd. 1. Berlin: LIT-Verlag.
Hu, Xian
2003 Santa Claus und Shouxinglao'er. Nanfangribao / Die südliche Tageszeitung. 22. 12. 2003, (http://ent.sina.com.cn/2003-12-22/0939259857.html).
Huei-Shyong, Wang u. Meng-Fai Kuo
2010 Nan-ji-xian-wenig: the God of Longevity. In: Child's Nervous System, Bd. 26, S. 1–2.
Hummel, Siegbert
1960 Der Weiße Alte. Ein tibetisches Bild. In: Sinologica, Bd. VII, No 3, S. 193–206 (The White Old Man. In: The Tibet Journal, Bd. XXII, 1997, No 4, S. 59–70).
Hutchinson, Sharon
1996 Nuer Dilemmas, Berkeley: University of California Press.
Irving, Washington (Diedrich Knickerbocker)
1809 A History of New-York from the Beginning of the World to the End of the Dutch Dynasty. New York (The complete works of Washington Irving, hg. v. Herbert Klienfield, Bd. VII, hg. v. Michael L. Black, Chicago: Twayne, 1984).
Jödecke, Rainer
1981 Die Schatzinsel, Stern Nr. 22, S. 41 ff.
Johansen, Ulla
1987 Zur Geschichte des Schamanismus. In: Heissig, Walther und Hans-Joachim Klimkeit (Hg.): Synkretismus in den Religionen Zentralasiens, Wiesbaden: Harrassowitz, S. 8–22.
Jones, Charles W.
1978 Saint Nicholas of Myra, Bari, and Manhattan. Biography of a Legend. Chicago, London: The University of Chicago Press.
Jullien, François
2002 Der Umweg über China. Ein Ortswechsel des Denkens. Berlin: Merve.
Kalidasa
1990 Werke, Leipzig: Reclam.
Kaltenmark, Max
1981 Lao-tzu und der Taoismus. Frankfurt am Main: Suhrkamp.
Khazanov, Anatolij Michajlovic
1984 Nomads and the Outside World. Engl. V. Julia Crookenden. Cambridge: Cambridge University Press.

Klabund
1959 Li-Tai-Pe. Frankfurt am Main: Insel (1916).
Kelsh, Nick
2001 How to be Santa Claus. New York: Stewart, Tabori and Chang.
Khazanov, Anatolij Michajlovic
1984 Nomads and the outside World. Cambridge: Cambridge University Press.
Kohl, Karl Heinz
2003 Die Macht der Dinge: Geschichte und Theorie sakraler Objekte. München: Beck.
Kollewe, Carolin u. Karsten Jahnke (Hg.)
2009 FaltenReich – Vom Älterwerden in der Welt. Begleitbuch zur Sonderausstellung im GRASSI Museum für Völkerkunde zu Leipzig vom 19.3. bis 4.10.2009. Berlin: Reimer.
Kracht, Klaus und Katsumi Tateno-Kracht
1999 Kurisumasu. Dô yatte Nihon ni teichaku shita ka („Weihnachten – wie es in Japan heimisch wurde"), Tôkyô: Kadokawa Shoten.
Krause, Ute u. Achim Bröger
1990 Die Weihnachtsmänner. Ravensburg: Ravensburger Buchverlag.
Kugelmann, Cilly (Hg.)
2005 Weihnukka. Geschichten von Weihnachten und Chanukka, Berlin: Jüdisches Museum u. Nicolai-Verlag.
Kuhn, Franz (Hg.)
1950 King Ping Meh oder die abenteuerliche Geschichte von Hsi Men und seinen sechs Frauen. Übers. v. Franz Kuhn. Wiesbaden: Büchergilde Gutenberg.
Kunitzsch, Paul
1961 Untersuchungen zur Sternennomenklatur der Araber. Wiesbaden: Harrassowitz.
Lazarus, Moritz
1898, 1911 Die Ethik des Judenthums. Bd. 1, Frankfurt am Main: Kaufmann. Bd. 2, herausgegeben von Jakob Winter u. August Wünsche. Frankfurt am Main: Kaufmann.
Lecouteux, Claude
2001 Das Reich der Nachtdämonen. Angst und Aberglaube im Mittelalter. Düsseldorf: Artemis & Winkler.
Le Roy Ladurie, Emmanuel
1989 Karneval in Romans. Eine Revolte und ihr blutiges Ende, 1579–80. München: Klett/Cotta/dtv.
Lessing, Ferdinand
1935 Mongolen. Hirten, Priester und Dämonen. Berlin: Klinckhardt u. Biermann.
Lévi-Strauss, Claude
1967 Strukturale Anthropologie. Bd. I–II. Frankfurt am Main: Suhrkamp.
1991 Der hingerichtete Weihnachtsmann. Der Komet. Almanach der Anderen Bibliothek auf das Jahr 1991. Frankfurt am Main: Eichborn, S. 162–190.
Lewis, Ioan M.
1989, Schamanen, Hexer, Kannibalen. Die Realität der Religiösen. Frankfurt am Main: Athenäum.
Liao, Yiwu
2009 Fräulein Hallo und der Bauernkaiser. Chinas Gesellschaft von unten. Frankfurt am Main: S. Fischer.
Litak, Bob
1997 Reflections of a Small Town Santa. A True Story About Santa Claus. Saint Paul, MN: Blue Sky Marketing Inc.

Ljungman, Waldemar
1937–1938 Traditionswanderungen Euphrat–Rhein. Studien zur Geschichte der Volksbräuche. Helsinki: Academia Scientiarum Fennica/FF Communications Bd. 118, 119.
1941–1945 Traditionswanderungen Rhein–Jenissei. Eine Untersuchung über das Winter- und Todaustragen und einige hierhergehörige Bräuche. Helsinki: Academia Scientiarum Fennica/FF Communications Bd. 129, 131.

Lorenz, Konrad
1942 Die angeborenen Formen möglicher Erfahrung. Zeitschrift für Tierpsychologie, Bd. V, Heft 2, S. 235–409.

Mauss, Marcel
1999 Die Gabe. Form und Funktion des Austauschs in archaischen Gesellschaften. 4. Aufl., Frankfurt am Main: Suhrkamp.

McEwan, Dorothea
1997 Aby Warburg und die Figur des Nikolaus im ‚Russischen Struwwelpeter'. In: German Life and Letters, Bd. 50, S. 354–364.

McNeill, William Hardy
1979 A World History. New York, Oxford: Oxford University Press (3. Auflage).

Meisen, Karl
1931 Nikolauskult und Nikolausbrauch im Abendlande. Forschungen zur Volkskunde Heft 9–12. Düsseldorf: Pädagogischer Verlag Schwann (Nachdruck Basel: Schwitter, 1981).

Metzinger, Thomas
2009 Der Ego-Tunnel. Berlin: Berlin Verlag.

Mezger, Werner
1991 Narrenidee und Fastnachtsbrauch. Studien zum Fortleben des Mittelalters in der europäischen Festkultur (= Konstanzer Bibliothek, hg. v. Peter Böger u. a., Bd. 15), Konstanz: UVK.
1993 Sankt Nikolaus. Ostfildern: Schwabenverlag.

Miller, Daniel
1993 Unwrapping Christmas. Oxford: Clarendon.

Mostaert, Antoine
1957 Note sur le culte du Vieillard blanc chez les Ordos. In: Studia Altaica. Festschrift für Nikolaus Poppe zum 60. Geburtstag. Wiebaden: Harrassowitz, S. 108–117.

Mueller, Markus
2009 Beherrschte Zeit. Lebensorientierung und Zukunftsgestaltung durch Kalenderprognosen zwischen Antike und Neuzeit. Kassel: Kassel University Press.

Muhammad, Samira
1991 Halloween has gotten out of Hand, USA Today, 1. 11. 1991, S. 3 A.

Mühlmann, Wilhelm Emil
1981 Die Metamorphose der Frau: Weiblicher Schamanismus und Dichtung. Berlin: Reimer.

Needham, Joseph u. Wang Ling
1959 (1995) Science and Civilisation in China. Bd. III. Cambridge: Cambridge University Press.

Nienhauser, William H. Jr. (Hg.)
2010 The Grand Scribe's Record. Bd. II. The Basic Annals of Han China by Ssu-ma Ch'ien. Bloomington & Indianapolis: Indiana University Press.

Nietzsche, Friedrich
1990 Also sprach Zarathustra. Ein Buch für Alle und Keinen. Werke, Band I. München: Hanser (1967).
Nilsson, Martin Persson
1916–1919 Studien zur Vorgeschichte des Weihnachtsfests. In: Archiv für Religionswissenschaft, Bd. 19, S. 114–137.
Nissenbaum, Stephen
1996 The Battle for Christmas. New York: Alfred Knopf.
Norman, Karin
1993 Celebrating Nikolaus Day: Ideology and Emotion in a German Children's Ritual. In: Ethnology, Bd. 32, S. 325–338.
Oelschlägel, Annett C.
2005 Der weißbärtige Alte. In: Geisenheiner, Katja u. a. (Hg.): Bewegliche Horizonte. Festschrift zum 60. Geburtstag von Bernhard Streck. Leipzig: Universitätsverlag, S. 507–528.
Oppitz, Michael
1989 Schamanen im Blinden Land. Ein Bilderbuch aus dem Himalaya. Bodenheim: Athenäum.
Pankenier, David
2010 Cosmic Capitals in Numinous Precints in Early China. In: Journal of Cosmology, Bd. 9, S. 2030–2040.
Panofsky, Erwin
1939 Father Time. In: Ders., Studies in Iconology. New York: Oxford University Press.
Pierpoint, James Lord
1857 The One Horse Open Sleigh. Boston: Oliver Ditson & Co (Gedruckte Notenblätter, deponiert in der Library of Congress).
Pinker, Steven A.
2011 Gewalt: Eine neue Geschichte der Menschheit. Frankfurt am Main: Fischer.
Platter, Thomas d. Ä.
1912 Ein Lebensbild aus dem Jahrhundert der Reformation. Hg. v. Horst Kohl. Leipzig: R. Voigtlander.
Rappaport, Roy A.
1967 Pigs for the Ancestors: Ritual and ecology of a New Guinea people. New Haven: Yale University Press.
Safranski, Rüdiger
2002 Nietzsche. Biographie seines Denkens. Frankfurt am Main: S. Fischer.
Sarközi, Alice
1983 Incense Offerings to the White Old Man. In: Sagaster, Klaus (Hg.): Documenta Barbarorum. Festschrift für Walter Heissig zum 70. Geburtstag. Wiesbaden: Harrassowitz, S. 359–367.
Schafer, Edward Hetzel
1963 The Golden Peaches of Samarkand. A Study of T'ang Exotics. Berkeley: University of California Press.
1977 Pacing the void. T'ang approaches to the Stars. Berkeley: California University Press.
Schipper, Kristofer
1993 The Taoist Body. Englisch v. K. Duval. Berkeley, Los Angeles, London: University of California Press (1982).

Schlehe, Judith
1987 Das Blut der fremden Frauen. Menstruation in anderen und in der eigenen Gesellschaft. Frankfurt am Main: Campus.
Schmidt-Glintzer, Helwig
2005 Die Reden des Buddha. München: Beck.
Schröder, Leopold von
2004 Bhagavad Gita. Kreuzlingen: Hugendubel (1922).
Schulz, Sandra
2010 Zipfelmützen für die Welt, Der Spiegel, Heft 48, S. 132.
Schunert, Kristine
2005 Vom Weltenrichter zum Weihnachtsmann. Neue Erkenntnisse zur Identität der Nikolaus-Brauchgestalt und zur Entstehung des Gabenbrauches, Bremen / Oldenburg: Aschenbeck und Siensee.
Schütze, Elmar
2003 Wie lange willst du sitzen bleiben? Berliner Zeitung, 23. 12. 2003.
Shahar, Shulamit
1991 Kindheit im Mittelalter. München: Artemis und Winkler.
Shouxiang, Song u. Jeffrey Seow
1999 Fu Lu Shou. Gods of Blessings, Prosperity and Longevity. Singapur: Asiapac Comic Series.
Staudt, Claudia
2010 Kita verzichtet auf christliche Feste. Ruhr-Nachrichten, 4. 12. 2010 und www.ruhrnachrichten.de, Art. 932, 1116209.
Stevens, Keith
1997 Chinese Gods. London: Collins and Brown.
Stronach, Ian und Alan Hodkinson
2011 Towards a Theory of Santa. Or, the Ghost of the Christmas Present. In: Anthropology Today, Bd. 27, S. 15–19.
Sun, Xiaochun u. Jacob Kistemaker
1997 The Chinese Sky under the Han. Constellating Stars and Society. Leiden, New York, Köln: Brill.
Taube, Erika und Manfred Taube
1983 Schamanen und Rhapsoden. Die geistige Kultur der alten Mongolei, Leipzig: Köhler und Amelang.
Thurnwald, Richard
1953–1959 Forschungen zur Sozialpsychologie und Ethnologie. Berlin: Duncker u. Humblot.
Tolkien, J. R. R.
1981 Die Briefe vom Weihnachtsmann. Frankfurt am Main, Berlin, Wien: Ullstein.
Trümpy, Hans
1969 Sphären des Verhaltens. In: Rheinisches Jahrbuch für Volkskunde, Bd. 20, S. 226–233.
Tschinag, Galsan
2002 Der weiße Berg. Frankfurt am Main: Suhrkamp.
Turner, Victor
2005 Das Ritual: Struktur und Antistruktur. Frankfurt am Main: Campus.
Uchtomskij, Fürst Esper
1899 Orientreise seiner Majestät des Kaisers von Russland Nikolaus II. als Groß-

fürst-Thronfolger 1890–1891. Bd. II. Dt. v. Hermann Brunnhofer. Leipzig: Brockhaus.
Van Renthergem, Tony
1996 When Santa was a Shaman. Woodburry, Minnesota: Llewellyn Publications.
Walker, Warren S. u. Ahmet E. Uysal
1973 An Ancient God in Modern Turkey: Some Aspects of the Cult of Hizir. In: The Journal of American Folklore, Bd. 86, Nr. 341, S. 286–289.
Wang, David Teh-Yu
1992 Nei Jing Tu, a Daoist Diagram of the Internal Circulation of Man. In: The Journal of the Walters Art Gallery. Bd. 49–50, S. 141–158.
Warburg, Aby
1908/1909 Über Planetengötterbilder im niederdeutschen Kalender von 1519. In: Jahresbericht der Gesellschaft der Bücherfreunde zu Hamburg 1908–1909. Hamburg, S. 45–57.
Weber, Max
1988 Gesammelte Aufsätze zur Religionssoziologie. Bd. I. Tübingen: Mohr.
Weber-Kellermann, Ingeborg
1978 Das Weihnachtsfest. Eine Kultur- und Sozialgeschichte der Weihnachtszeit. Luzern: Bucher.
Weinshtein, Sewjan I.
2004 Geheimnisvolles Tuwa. Expeditionen in das Herz Asiens. Mit DVD. Oststeinbek: Alouette Verlag.
Wenzig, Joseph
1857 Westslawischer Märchenschatz. Leipzig: Lorck.
Werner, E. T. C.
1922 Myths and Legends of China. London, Calcutta, Sidney: George G. Harrap & Co.
Wildhaber, Robert
1968 Masken- und Maskenbrauchtum aus Ost- und Südosteuropa. Basel: G. Krebs Verlagsbuchh., Bonn: Habelt.
Wilkinson, Richard H.
2003 Die Welt der Götter im Alten Ägypten. Glaube, Macht, Mythologie. Stuttgart: Theiss.
Wittfogel, Karl A.
1981 Die orientalische Despotie. Eine vergleichende Untersuchung totaler Macht, Frankfurt am Main: Ullstein (Original 1977).
Wolf, Eric
1964 Santa Claus: Notes on a Collective Representation. In: Manners, Robert A., Process and Pattern in Culture. Essays in Honor of Julian H. Steward. Chicago: Aldine, S. 147–155.
Wolfram, Eberhard
1983 Lexikon chinesischer Symbole. Köln: Diederichs.
Wu Hung
1989 The Wu Liang Shrine: The Ideology of Early Chinese Pictorial Art. Stanford: Stanford University Press.
Zaehner, Charles Robert
1955 Zurvan, a Zoroastrian dilemma. Oxford: Clarendon.

Nachweis der Abbildungen

Abb. 1: Der Autor. Privatfoto.
Abb. 2: Coca-Cola-Reklame mit Santa Claus (Werbekarte).
Abb. 3: Moritz v. Schwind: „Herr Winter“, *Fliegende Blätter*, München 1847. Aus: Mezger, Werner (1993): *Sankt Nikolaus*, Ostfildern: Schwabenverlag, S. 219.
Abb. 4: „Old Santa Claus“ von Thomas Nast. *Harper's Weekly*, 1. Januar 1881.
Abb. 5: „Väterchen Frost“. Foto: Thomas Hauschild.
Abb. 6: „Santa's Workshop“, Walt Disney 1931.
Abb. 7: „Santa's Workshop“, Walt Disney 1931.
Abb. 8: Papst Benedikt mit Camauro. Patrick Hertzog / AFP / Getty Images.
Abb. 9: „Vergleich Ikone-Weihnachtsmann“. Foto: Anja Dreschke.
Abb. 10: Agnolo Gaddi (1350–1396): „Jungfrauenlegende des Heiligen Nikolaus“, Florenz, Santa Croce, Cappella Castellani. Aus: Meisen, Karl (1931): *Nikolauskult und Nikolausbrauch im Abendlande. Forschungen zur Volkskunde Heft 9–12*. Düsseldorf: Pädagogischer Verlag Schwann (Nachdruck Basel: Schwitter, 1981), S. 349, Abb. 148.
Abb. 11: Sebastian Dayg oder Daig (1508–1553/54): „Jungfrauenlegende“, Museum Ulm, Alte Sammlung. Aus: Meisen, Karl (1931): *Nikolauskult und Nikolausbrauch im Abendlande. Forschungen zur Volkskunde Heft 9–12*. Düsseldorf: Pädagogischer Verlag Schwann (Nachdruck Basel: Schwitter, 1981), S. 382, Abb. 167.
Abb. 12: Massaccio (Tommaso di Ser Casais, 1401–1428): „Schifferwunder“, Vatikanische Pinakothek. Aus: Meisen, Karl (1931): *Nikolauskult und Nikolausbrauch im Abendlande. Forschungen zur Volkskunde Heft 9–12*. Düsseldorf: Pädagogischer Verlag Schwann (Nachdruck Basel: Schwitter, 1981), S. 395, Abb. 175.
Abb. 13: Lorenzo di Niccolò (aktiv zwischen 1391u. 1412): „Der Heilige Nikolaus rettet drei zum Tode verurteilte Männer vor dem Schwerte des Henkers“, Rom, Vatikanische Pinakothek. Aus: Meisen, Karl (1931): *Nikolauskult und Nikolausbrauch im Abendlande. Forschungen zur Volkskunde Heft 9–12*. Düsseldorf: Pädagogischer Verlag Schwann (Nachdruck Basel: Schwitter, 1981), S. 326, Abb. 132.
Abb. 14: Auszug aus Abb. 13.
Abb. 15: Karte: Peter Palm.
Abb. 16: Sebastian Dayg oder auch Daig (1508–1553/54): „Artemislegende“, Museum Ulm, Alte Sammlung. Aus: Meisen, Karl (1931): Nikolauskult und Nikolausbrauch im Abendlande. *Forschungen zur Volkskunde Heft 9–12*. Düsseldorf: Pädagogischer Verlag Schwann (Nachdruck Basel: Schwitter, 1981), S. 441.

Abb. 17: „Pökelwunder St. Nikolaus", aus: Mezger, Werner (1993): *Sankt Nikolaus.* Ostfildern: Schwabenverlag, S. 95 ff.

Abb. 18: „Münze des Knabenbischofs Nicolas Fournier in Amiens", aus: Meisen, Karl (1931): *Nikolauskult und Nikolausbrauch im Abendlande. Forschungen zur Volkskunde Heft 9–12.* Düsseldorf: Pädagogischer Verlag Schwann (Nachdruck Basel: Schwitter, 1981), S. 49.

Abb. 19: Franz-Xaver von Paumgartten: „Sankt Nikolaus und der Krampus bei der Einkehr", Aquarell, Wien 1820, Museen der Stadt Wien. Aus: Mezger, Werner (1993): *Sankt Nikolaus.* Ostfildern: Schwabenverlag, S. 149.

Abb. 20: „Plebejischer Santa", aus: Nissenbaum, Stephen (1996): *The Battle for Christmas.* New York: Alfred Knopf, S. 79.

Abb. 21: Bernardo Nello di Giovanni Falconi (14. Jhd.), „Hl. Nikolaus", Museo civico, Pisa. Aus: Meisen, Karl (1931): *Nikolauskult und Nikolausbrauch im Abendlande. Forschungen zur Volkskunde Heft 9–12.* Düsseldorf: Pädagogischer Verlag Schwann (Nachdruck Basel: Schwitter, 1981), Abb. 69, S. 231.

Abb. 22: (A bis D): A: Foto Anja Dreschke. B: Kindchenschema. C: Schädelrekonstruktion aus Mezger, Werner (1993): *Sankt Nikolaus.* Ostfildern: Schwabenverlag, S. 25

Abb. 23: A: Kranky Klaus (Quelle: Internet). B: Sticker „Weihnachtsmannfreie Zone" der katholischen Bonifatius-Gemeinden.

Abb. 24: Song Shouxiang u. Jeffrey Seow: *Fu Lu Shou. Gods of Blessings, Prosperity and Longevity,* aus: Singapur: Asiapac Comic Series 1999, S. 61.

Abb. 25: „Nikolaus und Schüler mit ABC-Tafel", Silberstiftzeichnung, 18. Jh. Augsburg, staatliche Kunstsammlungen, Inv. Nr. G13156. Aus: Metzger, Werner (1993): *Sankt Nikolaus,* Ostfildern: Schwabenverlag, S. 112.

Abb. 26: Zhao Xixian: „The Three Stars", 16.–17. Jh., Ming Dynastie, Abreibung eines Steinreliefs, Sammlung Wang Shucun, Beijing. Aus: Fong, Mary (1983): „The Iconography of the Popular Gods of Happiness, Emolument, and Longevity", *Artibus Asiae,* Bd. 44, No. 2/3, S. 159–199.

Abb. 27: Song Shouxiang u. Jeffrey Seow: *Fu Lu Shou. Gods of Blessings, Prosperity and Longevity,* aus: Singapur: Asiapac Comic Series 1999, S. 70 f.

Abb. 28: Abrieb und Umzeichnung aus den Steinreliefs der Grabstätte Wuliang, 2. Jh. n. Chr., aus: Pankenier, David: „Cosmic Capitals and Numinous Precincts in Early China", *Journal of Cosmology,* 2010, Vol. 9, 2030–2040.

Abb. 29: Nikolaus-Ikone des Klosters St. Johannes in Aachen-Burtscheid aus dem 11. Jh.

Abb. 30: „Spongebob" von Stephen Hillenburg, Foto von Anja Dreschke.

Abb. 31: „Santa-Puppe ohne Mütze", Foto: Thomas Hauschild.

Abb. 32: „The Three Stars", Ming Dynastie, kolorierter Holzschnitt, Sammlung Wang Shucun, Beijing. Aus: Fong, Mary (1983): „The Iconography of the Popular Gods of Happiness, Emolument, and Longevity", *Artibus Asiae,* Bd. 44, No. 2/3, S. 159–199, Abb. 9.

Abb. 33: „Nikolaus und die drei Knaben im Pökelfaß", kolorierter Kupferstisch, Antwerpen, 1. Hälfte 18. Jahrhunderts, aus: Mezger, Werner (1993): *Sankt Nikolaus.* Ostfildern: Schwabenverlag, S. 110.

Abb. 34: Hängebild Shou Xing aus der Sammlung des Autors (Foto: Anja Dreschke).

Abb. 35: Song Shouxiang u. Jeffrey Seow: *Fu Lu Shou. Gods of Blessings, Prosperity and Longevity,* aus: Singapur: Asiapac Comic Series 1999, S. 55 f.

Abb. 36: S. Romualdo Abbate, 17. Jahrhundert, unbekannter Meister, Kloster Camaldoli, Italien.

Abb. 37: Song Shouxiang u. Jeffrey Seow: *Fu Lu Shou. Gods of Blessings, Prosperity and Longevity*, aus: Singapur: Asiapac Comic Series 1999, S. 59.
Abb. 38: „The Old Man of the South Pole", 1588, vermutlich von Ding Yunpeng (1547–1621), Ming Dynastie, aus: Fong, Mary (1983): „The Iconography of the Popular Gods of Happiness, Emolument, and Longevity", *Artibus Asiae*, Bd. 44, No. 2/3, S. 159–199, Abb. 2.
Abb. 39: Canopus-Verlauf, Bearbeitung Peter Palm.
Abb. 40: „Die drei Religionen", unbekannter Künstler, Ming Dynastie, 16. Jahrhundert, Hängerolle aus der Collection of Freer Gallery of Art, Smithsonian Institution, Washington D. C. Aus: Fong, Mary (1983): „The Iconography of the Popular Gods of Happiness, Emolument, and Longevity", *Artibus Asiae*, Bd. 44, No. 2/3, S. 159–199, Abb. 7.
Abb. 41: (A bis D) Fotos: Anja Dreschke.
Abb. 42: Karte: Peter Palm.
Abb. 43: Schildkröte mit phallischem Motiv aus dem Katalog der Carl Ed. Schünemann KG.
Abb. 44: Mao und Shou Xing nebeneinander, Danilo Elia / getty images / Keren Su.
Abb. 45: „Abbildung der Innenwelten" (nei jing tu), Abdruck einer Steintafel aus dem daoistischen „Tempel der weißen Wolken", Beijing, 19. Jahrhundert. http://en.wikipedia.org/wiki/Neijing_Tu.
Abb. 46: (A bis C): Details aus: Song Shouxiang u. Jeffrey Seow: *Fu Lu Shou. Gods of Blessings, Prosperity and Longevity*, aus: Singapur: Asiapac Comic Series 1999.
Abb. 47: „Weißer Alter" aus der Sammlung von Fürst Uchtomskij. Aus: Grünwedel, Albert (1900): *Mythologie des Buddhismus in Tibet und in der Mongolei*. Leipzig: Brockhaus.
Abb. 48: Der Weiße Alte des mongolischen Tsam-Rituals in einer Fotografie aus den 1920er Jahren. Aus: Lessing, Ferdinand (1935): *Mongolen. Hirten, Priester und Dämonen*, Berlin: Klinckhardt u. Biermann, S. 120.
Abb. 49: Karte: Peter Palm.
Abb. 50: Der Boreas aus dem „Buch der Winde" von Xan Fielding, Gravur von James Basire, 1762, Britisches Museum, Illustration zu Stuart und Revetts „The Antiquities of Athens" Band I (London, 1762); Kapitel 3, Platte XVI.
Abb. 51: „Chronos (Saturn) verschlingt eins seiner Kinder", Francisco de Goya (1821–1823), Museo del Prado, Madrid.
Abb. 52: Tibetischer Mitsering aus dem Kloster Taschi Linpu (Tashi Lhunpo), Tibet, Foto: Reinhard Greve.
Abb. 53: Blauer Medizin-Buddha mit Cintamani-Stein, nach tibetischen Thankas.
Abb. 54: Der Totenschlitten für die Begräbniszeremonie eines Schamanen bei den Nenzen, Sibirien, 1925. Mit freundlicher Genehmigung von Michael Oppitz für die Übernahme seiner Lichtkopie einer Fotografie von L. Kostikov, ca. 1925. Reproduziert von Matthias Knoch.
Abb. 55: Nikolaus-Maske, Sibirien, aus Gorbacheva, Valentina (Hg., 2006), *Between worlds: shamanism of the peoples of Siberia; from the collection of the Russian Museum of Ethnography St. Petersburg*, Moskau, S. 278.
Abb. 56: Blatt „1928". Aus: Tolkien, J. R. R. (2004): *Letters from Father Christmas*, New York: Mariner Books, S. 20.
Abb. 57: Tsukuba, Satura, Sweet Santa, Band 2, Hamburg, Tokypop-verlag, 2011, S. 68f.
Abb. 58: Nietzsche als Weihnachtsmann, aus der Sammlung des Autors.
Abb. 59: Weihnachtsbaumkugeln, Internet-Versand China Sprouds.

Farbabbildungen:

Farbabbildung 1: Sebastian Dayg oder Daig (1508–1553/54): „Jungfrauenlegende“, Museum Ulm, Alte Sammlung. Aus: Meisen, Karl (1931): *Nikolauskult und Nikolausbrauch im Abendlande. Forschungen zur Volkskunde Heft 9–12*. Düsseldorf: Pädagogischer Verlag Schwann (Nachdruck Basel: Schwitter, 1981), S. 382, Abb. 167.

Farbabbildung 2 und 3: Der „liebe“ und der „böse“ Klaasohm, Borkum, 5. Dezember 2009. Foto: Anja Dreschke

Farbabbildung 4: Shou Xing und Santa Claus im Vergleich: Batteriebetriebenes deutsches Spielzeug aus einem Berliner Billig-Shop und Keramik aus einem vietnamesischen Kramladen in Berlin. Foto: Anja Dreschke.

Farbabbildung 5: „Das sind Glücksgötter. Aber wir sind Vietnam, nicht China.“ (Restaurant „China-Pfanne“, Spandauer Damm 82, Berlin). Foto: Britta Heinrich.

Farbabbildung 6: Der Weiße Alte verteilt kleine Gaben an die Kinder, die von den Masken des Tsam-Rituals erschreckt wurden. Aus dem Dokumentarfilm „Ein Löwe im Reigen der Götter“ von Mario Bandi.

Farbabbildung 7: Weißer Alter und Weihnachtsmann bei den Aufnahmen für das Coverfoto des Buches. Foto: Anja Dreschke

Farbabbildung 8: „Nordlicht, Santa und die Rentiere ›1926‹“. Aus: Tolkien, J. R. R. (2004): *Letters from Father Christmas*, New York: Mariner Books.

Register